Personalbedarfsprognose im Gesundheits- und Pflegewesen

Sozialökonomische Schriften

Herausgegeben von
Bert Rürup und Werner Sesselmeier

Band 48

Zu Qualitätssicherung und Peer Review der vorliegenden Publikation

Die Qualität der in dieser Reihe erscheinenden Arbeiten wird vor der Publikation durch einen Herausgeber der Reihe geprüft.

Notes on the quality assurance and peer review of this publication

Prior to publication, the quality of the work published in this series is reviewed by one of the editors of the series.

Tobias Ehrhard

Personalbedarfsprognose im Gesundheits- und Pflegewesen

Eine berufs-, einrichtungs- und regionalspezifische Betrachtung für Deutschland

PL ACADEMIC RESEARCH

Bibliografische Information der Deutschen Nationalbibliothek
Die Deutsche Nationalbibliothek verzeichnet diese Publikation in der Deutschen Nationalbibliografie; detaillierte bibliografische Daten sind im Internet über http://dnb.d-nb.de abrufbar.

Zugl.: Landau (Pfalz), Univ., Koblenz-Landau, Diss., 2013

Der Druck dieser wissenschaftlichen
Arbeit wurde gefördert von

WifOR
Wirtschaftsforschung

Gedruckt auf alterungsbeständigem,
säurefreiem Papier.

Lan 1
ISSN 0172-1747
ISBN 978-3-631-65335-7 (Print)
E-ISBN 978-3-653-04516-1 (E-Book)
DOI 10.3726/978-3-653-04516-1

PL Academic Research ist ein Imprint der Peter Lang GmbH.

Peter Lang – Frankfurt am Main · Bern · Bruxelles · New York ·
Oxford · Warszawa · Wien

Dieses Buch erscheint in einer Herausgeberreihe bei
PL Academic Research und wurde vor Erscheinen peer reviewed.

www.peterlang.com

Meinem Vater in liebevoller Erinnerung

Inhaltsverzeichnis

Abbildungsverzeichnis

Tabellenverzeichnis

Abkürzungsverzeichnis

BA	Bundesanstalt für Arbeit
BÄK	Bundesärztekammer
BGS	Bundes-Gesundheitssurvey
BIP	Bruttoinlandsprodukt
BKZ	Berufskennziffer
BO	Berufsordnung
bpa	Bundesverband privater Anbieter sozialer Dienste e.V.
BRD	Bundesrepublik Deutschland
BZÄK	Bundeszahnärztekammer
DKG	Deutsche Krankenhausgesellschaft
DKI	Deutsches Krankenhausinstitut
GAR	Gesundheitsausgabenrechnung
G-BA	Gemeinsamer Bundesausschuss
GBE	Gesundheitsberichterstattung
GG	Grundgesetz
GKV	Gesetzliche Krankenversicherung
GKV-VStG	GKV-Versorgungsstrukturgesetz
GMK	Gesundheitsministerkonferenz
GPR	Gesundheitspersonalrechnung
IAB	Institut für Arbeitsmarkt und Berufsforschung
ICD	Internationale statistische Klassifikation der Krankheiten und verwandter Gesundheitsprobleme (International Statistical Classification of Diseases and Related Health Problems)
IGSF	Institut für Gesundheits-System-Forschung
KBV	Kassenärztliche Bundesvereinigung
KHG	Krankenhausfinanzierungsgesetz
KKR	Krankheitskostenrechnung
KldB	Klassifizierung der Berufe

KMK	Kultusministerkonferenz
MVZ	Medizinische Versorgungszentren
OECD	Organisation for Economic Co-operation and Development
PKV	Private Krankenversicherung
SGB	Sozialgesetzbuch
StBA	Statistisches Bundesamt
VZÄ	Vollzeitäquivalente
WHO	Weltgesundheitsorganisation (World Health Organization)

1 Einleitung

1.1 Ausgangslage und Problemstellung

Das Thema Gesundheit rückt zunehmend in den Fokus, da die Gesundheit als grundlegendes Element und Schnittstelle zwischen den verschiedenen gesellschaftspolitischen Bereichen wie etwa Bildung oder Arbeit bzw. Erwerbstätigkeit steht.[1] In einer globalisierten Welt, in der Produktionsfaktoren über Ländergrenzen hinweg bewegt werden, gewinnt der Gesundheitszustand einer Gesellschaft als Standortfaktor zunehmend an Bedeutung. Somit avanciert die Gesundheit neben der Bildung zum zweiten wichtigen Faktor des Humankapitals. Beide Faktoren beeinflussen das Wachstum und die Produktivität einer Volkswirtschaft entscheidend.[2]

Zur Sicherung eines langfristig angemessenen Gesundheitszustands der Gesellschaft ist der Einsatz von ökonomischen Ressourcen wie Sachanlagen und Arbeit erforderlich. Zu diesen Ressourcen gehören beispielsweise medizinische Einrichtungen wie Krankenhäuser, aber auch gesundheitliches Personal in Form von Pflegepersonal und Ärzten.[3] Es herrscht weitgehend Einigkeit darüber, dass die effektive Mobilisierung des Gesundheitspersonals den maßgeblichen Beitrag zur Verbesserung der Leistung der Gesundheitssysteme und die Realisierung der gesundheitspolitischen Ziele leistet.[4]

Neben der ausreichenden Verfügbarkeit medizinischer Einrichtungen traten in der jüngsten Vergangenheit zunehmend Klagen verschiedenster Institutionen über einen bereits bestehenden Personalmangel in den Einrichtungen des Gesundheits- und Pflegewesens auf. Dies betrifft sowohl ärztliche Berufe als auch nichtärztliches Personal.[5] Aus der aktuellen Lage wird abgeleitet, dass die Verfügbarkeit von medizinischem und pflegerischem Personal in Zukunft eine große Herausforderung darstellen wird. Vor diesem Hintergrund wurden in der jüngsten Vergangenheit zahlreiche Personalbedarfsprognosen für das Gesund-

---

1 Vgl. Bräuninger et al. (2007), S. 3.

2 Vgl. Martin/Henke (2008), S. 9ff.

3 Vgl. Hajen et al. (2011), S. 24.

4 Vgl. WHO (2010), S. 3.

5 Vgl. Blum/Offermanns (2009); Kassenärztliche Bundesvereinigung (2010); Marburger Bund (2011); Blum et al. (2011); Bundesagentur für Arbeit (2012a); bpa (2013). Der GKV-Spitzenverband betont, dass diese Aussagen teilweise interessegeleitet (z. B. Ärztevertretung) sind. Vgl. GKV-Spitzenverband (2010).

heits- oder Pflegewesen durchgeführt.[6] Für die Notwendigkeit werden in der Literatur vier Hauptgründe genannt:

- Der Wandel der demografischen, epidemiologischen, kulturellen und sozialen Profile der Bevölkerung führt zu einem veränderten Bedarf bzw. einer veränderten Bedürfnisstruktur nach Gesundheitsdienstleistungen.
- Die Nachfrage nach Dienstleistungen wird sich unter dem Einfluss verschiedener Faktoren verändern. Dazu gehören neben den sich verändernden Profilen der Bevölkerung vor allem technologische Innovationen (Arzneimittel, Diagnose- und Behandlungsgeräte sowie Behandlungsmethoden, Telemedizin) sowie organisatorische Neuerungen.
- Das Arbeitsangebot ändert sich. Neben soziodemografischen Veränderungen (z. B. Alterung) und einer zunehmenden Feminisierung bestimmter gesundheitsrelevanter Berufszweige, ändert sich die Einstellung jüngerer Arbeitnehmer bezüglich der eigenen Lebensqualität. Diese Entwicklungen beeinflussen die Teilnahme am Arbeitsmarkt und die Produktivität des Arbeitsangebots.
- Zeitliche Schwankungen zwischen Entscheidungen und den tatsächlichen Ergebnissen auf dem Ausbildungs- und Arbeitsmarkt (Stichwort: Schweinezyklus).[7]

Diese Entwicklungen zeigen, dass die Frage der zukünftigen Personalbedarfe in der gesundheitlichen und pflegerischen Versorgung eine Frage mit vielen Facetten ist. Gleichzeitig lässt sich aus dieser Auflistung ableiten, dass damit methodische Herausforderungen verbunden sind:

> „The planning of supply of and demand for human resources in healthcare is a neglected topic characterised by significant methodological weaknesses which have been discussed for decades but not resolved."[8]

In der wissenschaftlichen Diskussion werden diese methodischen Herausforderungen seit geraumer Zeit diskutiert.[9] Obwohl es unstrittig ist, dass die politischen Entscheidungsträger mit einer validen Datenbasis zur Entscheidungsfindung und Steuerung versorgt werden müssen, konnte bisher keine zufriedenstellende und allgemein anerkannte Methodik erarbeitet werden. Die Notwendigkeit einer aussagekräftigen Personalanalyse wurde im Rahmen der belgischen EU-

6 Vgl. Burkhart et al. (2012); Rothgang et al. (2012); Afentakis/Maier (2010); Ostwald et al. (2010); Kopetsch (2010); Blum/Löffert (2010); Hackmann (2009); Hackmann/Moog (2008).

7 Vgl. Dussault et al. (2010a), S. 1f; Dussault et al. (2010b), S. 3.

8 Bloor/Maynard (2003), S. ii.

9 Vgl. Bloor/Maynard (2003); Dussault et al. (2010a); Dussault et al. (2010b); O'Brien-Pallas et al. (2007); Birch et al. (2007).

Präsidentschaft (Juli bis Dezember 2010) erneut in den Fokus gestellt und als ein zentrales Element zur Stärkung nationaler Gesundheitssysteme identifiziert.[10] Auch in Deutschland hat sich die Politik der Problematik angenommen und mit dem Gesetz zur Verbesserung der Versorgungsstruktur in der gesetzlichen Krankenversicherung (GKV-VStG, Versorgungsstrukturgesetz)[11] erste Weichen gestellt:

> „Die Sicherstellung einer flächendeckenden bedarfsgerechten und wohnortnahen medizinischen Versorgung der Bevölkerung ist ein zentrales gesundheitspolitisches Anliegen."[12]

Um dieses Ziel zu erreichen, wird ein ganzes Maßnahmenbündel erforderlich sein. Zum einen gehört dazu eine Weiterentwicklung der bestehenden Bedarfsplanung[13], die flexibler und zielgenauer als bisher auf regionale Besonderheiten reagieren soll.[14] Darüber hinaus muss diese zur Sicherstellung der flächendeckenden medizinischen Grundversorgung, sektorenübergreifend installiert werden.[15] Zum anderen sollte neben der bereits erkannten Problematik der ärztlichen Versorgung und den diesbezüglichen Lösungsansätzen sowie dem damit verbundenen Fokus auf die Mediziner, auch das Potenzial der nichtärztlichen Berufe zur Sicherstellung der Grundversorgung herausgestellt werden.[16] Dies mündete im Rahmen der 84. GMK in einem einstimmigen Beschluss, der die Notwendigkeit herausstellt:

> „...den zukünftigen medizinischen und pflegerischen Fachkräftebedarf in Deutschland unter Berücksichtigung der Versorgungsnotwendigkeiten der Bevölkerung wissenschaftlich fundiert zu prognostizieren."[17]

10 Vgl. Dussault et al. (2010a), S. 1.

11 Der entsprechende Gesetzentwurf vom 05.09.2011, wurde am 01.12.2011 durch den Deutschen Bundestag verabschiedet. Vgl. Bundesregierung (2011); Bundesrat (2011); Deutscher Bundestag (2011).

12 Bundesregierung (2011), S. 1.

13 Siehe Kapitel 2.1.1.

14 Vgl. Bundesregierung (2011), S. 2. Dazu darf nicht weiter auf die bestehenden ärztlichen Verhältniszahlen aus der Bedarfsplanung zurückgegriffen werden, sondern es muss vielmehr aufbauend auf der zu erwartenden Krankheitslast der Bevölkerung ein neues normatives Rahmenwerk zur Ermittlung zukünftigen Fachkräftebedarf entwickelt werden. Vgl. GMK (2011).

15 Vgl. GMK (2010).

16 Vgl. Ebd.

17 GMK (2011).

1.2 Zielsetzung der Arbeit

Ausgehend von der zuvor beschriebenen Problematik wird im Rahmen dieser Arbeit die Frage beantwortet, wie sich Personalnachfrage und Personalangebot im Gesundheits- und Pflegewesen zukünftig entwickeln könnten. Um die eingangs geforderte Sicherstellung einer flächendeckenden und wohnortnahen Versorgung mit medizinischem und pflegerischem Personal zu gewährleisten, ist es erforderlich zu beurteilen, welche Qualifikationen, in welchen Einrichtungen, zu welchem Zeitpunkt und in welcher Region benötigt werden und ob diese Nachfrage durch das vorhandene Angebotspotenzial gedeckt werden kann. Um der Forderung einer wissenschaftlich fundierten Bedarfsprognose nachzukommen, wird ein umfassendes empirisches Berechnungsmodell zur Ermittlung der zukünftigen Personalbedarfe und des Personalangebots erstellt. Dieses Berechnungsmodell beabsichtigt, sowohl die ambulanten als auch teilstationären und stationären Einrichtungen des Gesundheitswesens und des Pflegewesens zu betrachten. Die einrichtungsübergreifende Analyse soll einen Beitrag – wie eingangs gefordert – für eine bessere Bedarfsplanung leisten.[18] Dies schließt eine berufsübergreifende Betrachtung ein, d.h. neben den bereits traditionell im Blickpunkt stehenden Berufen, wie beispielsweise Ärzte, müssen auch jene nichtärztlichen Berufe mit einbezogen werden, die einen entscheidenden Beitrag zur Sicherstellung der gesundheitlichen Versorgung leisten.[19] Außerdem wird die Betrachtung der genannten Dimensionen auf Ebene der Bundesländer angestrebt.

Um eine fortlaufende Aktualisierung – und damit auch eine Verwendung der Analysen im Rahmen von strategischen Planungsinstrumenten – zu ermöglichen, baut das Berechnungsmodell in dieser Arbeit ausschließlich auf amtlichen Statistiken auf. Diese werden in regelmäßigen Abständen erhoben und aktualisiert. Durch dieses Vorgehen wird bereits bei der Entwicklung des Berechnungsmodells berücksichtigt, dass die Bedarfsprognose als Instrument eines strategischen Planungsinstruments für die verschiedenen Akteure im Gesundheits- und Pflegewesen fortlaufend aktualisiert, und so den sich ändernden Rahmenbedingungen ausreichend Rechnung getragen werden kann.

---

18 Vgl. Kassenärztliche Bundesvereinigung (2009), S. 3.
19 Vgl. Dussault et al. (2010a), S. VIII und S. 8.

1.3 Aufbau der Arbeit

Nachfolgend werden in Kapitel 2 bestehende Planungsrichtlinien im Gesundheits- und Pflegewesen sowie längerfristige Bedarfsprognosen für diesen Sektor vorgestellt und der zukünftige Forschungsbedarf skizziert. Anschließend erfolgt in Kapitel 3 die Ableitung von Einflussfaktoren auf Arbeitsangebot und -nachfrage. Dazu werden, neben einer arbeitsmarkttheoretischen, gesundheitsökonomischen und sozialwissenschaftlichen Perspektive, aktuelle Trends im Gesundheits- und Pflegewesen beschrieben. Im vierten Kapitel erfolgt die einrichtungs- und berufsspezifische Abgrenzung des Untersuchungsgebiets und es werden die vorhandene Datenlage und die verwendeten Datenquellen beschrieben. Kapitel 5 befasst sich mit der angebots- und nachfrageseitige Methodik zur Bedarfsprognose im Gesundheits- und Pflegewesen. Außerdem erfolgt an dieser Stelle die kritische Würdigung des Berechnungsmodells. Anschließend erfolgt in Kapitel 6 die Analyse der Ergebnisse. Die Arbeit schließt in Kapitel 7 mit der Zusammenfassung und einem Ausblick.

2 Bedarfsplanung und -prognosen im Gesundheits- und Pflegewesen – Stand der wissenschaftlichen Diskussion

Im größtenteils öffentlich finanzierten, und damit auch stark reglementierten Gesundheitswesen, haben vorausschauende und die Entwicklung antizipierende „Blicke“, gerade vor dem Hintergrund der Sicherstellung der Gesundheitsversorgung Tradition. Daraus sind im Laufe der Jahre u.a. Planungsinstrumente entstanden, deren Historie bis in die 1970er Jahre zurückreicht. Die beispielsweise zu jenem Zeitpunkt verankerte Bedarfsplanung der Vertragsärzte hatte damals – vor dem Hintergrund der Finanzierbarkeit des Gesundheitswesens – primär die Intention, Überversorgung und damit Kostensteigerungen zu verhindern. Neben den reglementierenden bzw. eingreifenden Instrumenten, die eher kurz- bis mittelfristig angelegt sind, besteht darüber hinaus großer Bedarf, Wissen über die langfristige Entwicklung zu erlangen. Dieses Wissen ist für die strategische Steuerung des Gesundheitswesens unumgänglich.

Entsprechend werden in Kapitel 2.1 zunächst die institutionell verankerten Planungsrichtlinien bzw. -instrumente dargestellt. Daran anknüpfend werden in Kapitel 2.2 die neusten Studien und Prognosen in Bezug auf Personalbedarfs- und Angebotsprojektionen diskutiert. Abschließend wird in Kapitel 2.3 der weitere Forschungsbedarf in diesem Themengebiet herausgearbeitet.

2.1 Planungsrichtlinien als steuernde Instrumente

In diesem Kapitel werden die für das Gesundheits- und Pflegewesen geltenden Richtlinien und Gesetze skizziert, in denen die Planung, insbesondere die Planung der personellen Ressourcen verankert ist. Im weiteren Verlauf des Kapitels wird anhand der Gliederung ersichtlich, dass die Planung für den ambulanten Bereich des Gesundheitswesens, für die Krankenhäuser sowie für die Pflegeeinrichtungen getrennt vorgenommen wird. Entsprechend sind unterschiedliche Institutionen für die Ausgestaltung und Durchführung der Planungsrichtlinien verantwortlich.

2.1.1 Bedarfsplanung der Vertragsärzte

Die Richtlinie des Gemeinsamen Bundesausschusses (G-BA)[20] über die Bedarfsplanung sowie die Maßstäbe zur Feststellung von Überversorgung und Unterversorgung in der vertragsärztlichen Versorgung (Bedarfsplanungs-Richtlinie) trat zum ersten Mal im Jahr 1993 in Kraft und wurde stetig den sich verändernden Rahmenbedingungen angepasst. Die aktuellste Fassung ist am 06. September 2012 in Kraft getreten.[21]

Die zu Beginn der 90er Jahre eingeführte Bedarfsplanungsrichtlinie wurde aus Kostengründen und zur Sicherstellung der Finanzierbarkeit der gesetzlichen Krankenversicherung erlassen. Die steigenden Kosten des Gesundheitswesens wurden der zunehmenden Zahl praktizierender Ärzte zugeschrieben. Deshalb bestand das vorrangige Ziel der Bedarfsplanungsrichtlinie darin, Überversorgung in der ärztlichen Versorgung zu verhindern. Mit der Einführung von Obergrenzen sollte dies sichergestellt werden.[22]

Bis heute erfolgt auf Grundlage der vom G-BA erlassenen Richtlinie die praktische Durchführung der Planung durch die Kassenärztlichen Vereinigungen im Einvernehmen mit den gesetzlichen Krankenkassen. Sie stellen die Bedarfspläne zur Sicherstellung der vertragsärztlichen Versorgung auf Landesebene auf und passen diese jeweils der Entwicklung an.[23]

Zentrales Entscheidungskriterium der Bedarfsplanung bzw. zur Feststellung von Über- oder Unterversorgung sind arztgruppenspezifische Verhältniszahlen. Diese werden grundsätzlich einheitlich als Relation von Gesamtzahl der Einwohner der Bundesrepublik Deutschland zur Zahl der zugelassenen Kassenärzte (unterteilt nach Fachgebieten[24]) zum Stand vom 31. Dezember 1990 bestimmt.[25]

---

20 Oberstes Beschlussgremium der gemeinsamen Selbstverwaltung der Ärzte, Zahnärzte, Psychotherapeuten, Krankenhäuser und Krankenkassen in Deutschland. Der G-BA legt u.a. fest, welche Leistungen der medizinischen Versorgung von der GKV übernommen werden. Aufgabe des G-BA ist es, ausgehenden vom gesundheitspolitischen Rahmen der med. Versorgung in Deutschland einheitliche Vorgaben für die konkrete Umsetzung in der Praxis zu beschließen. Die von ihm beschlossenen Richtlinien haben den Charakter untergesetzlicher Normen und sind für alle Akteure der GKV bindend. Vgl. Gemeinsamer Bundesausschuss (2012b).

21 Vgl. Gemeinsamer Bundesausschuss (2012a).

22 Vgl. Kiesche (2012).

23 Vgl. AOK (2010).

24 Es werden lediglich Arztgruppen betrachtet, die mehr als 1.000 Ärzte umfassen: Anästhesisten, Augenärzte, Chirurgen, Frauenärzte, HNO-Ärzte, Hautärzte, Internisten (gemäß § 101 Abs. 5 SGB V), Kinderärzte, Nervenärzte, Orthopäden, Psychotherapeuten, Fachärzte für diagnostische Radiologie, Urologen, Hausärzte (gemäß § 101 Abs. 5 SGB V). Vgl. Gemeinsamer Bundesausschuss (2012a), § 4 (1).

Bei dieser Kennzahl handelt es sich demnach nicht um einen empirisch bestimmten und optimalen Versorgungsgrad mit medizinischen Leistungen, sondern lediglich um eine mathematisch festgelegte Verhältniszahl. Die auf die Rahmenbedingungen jenes Jahres zurückgehenden Verhältniszahlen haben im Zeitverlauf lediglich arztgruppenspezifische oder regionale Korrekturen erfahren.[26] So wurden für bestimmte Arztgruppen (Fachrichtungen) Sonderregelungen getroffen, die etwa andere Jahre als Bemessungsgrundlage des Einwohner/Arzt Verhältnisses besitzen.[27]

Als räumliche Dimension bzw. Planungsbereich werden dabei die kreisfreie Stadt, der Landkreis oder die Kreisregion in der Zuordnung des Bundesamtes für Bauwesen und Raumordnung gewählt. Diese werden je nach Bevölkerungsdichte in insgesamt zehn Regionstypen (Raumgliederung) eingeteilt, um den Anforderungen verschiedener Regionen gerecht zu werden.[28]

Durch die ausführenden Organe werden für jeden Planungsbereich und für jede Arztgruppe jährlich Planungsblätter erstellt, beginnend mit dem Stand 31. Dezember 1993.[29] Für jede Arztgruppe in Verbindung mit dem Regionstyp (Raumgliederung) werden dementsprechend bestimmte Verhältniszahlen (Einwohner/Arztrelation) für den allgemeinen Versorgungsgrad als Ausgangsrelationen für die Feststellung von Überversorgung oder Unterversorgung bestimmt. Eine Übersicht über die geltenden ärztlichen Verhältniszahlen findet sich in Abbildung A-1 im Anhang. Diese Verhältniszahlen entsprechen einem Versorgungsgrad von 100 Prozent. Anhand dieser Größe wird geprüft und entschieden, ob ein Planungsbereich offen oder gesperrt ist.

Neben der möglichen Berücksichtigung von regionalen und arztgruppenspezifischen Besonderheiten durch Korrekturfaktoren gelten bei der Feststellung von Über- oder Unterversorgung bestimmte Richtwerte.

Ein Planungsbereich wird gesperrt, wenn die allgemeine Verhältniszahl um zehn Prozent größer als die konkrete örtliche Einwohner/Arzt-Relation (110-Prozent-Grenze) ist. In diesem Fall wird von einer bestehenden Überversorgung gesprochen und der jeweilige Planungsbereich wird für Neuansiedlungen von Vertragsärzten gesperrt. Eine Überprüfung der Sperrung findet spätestens nach sechs Monaten statt. Sinkt der Versorgungsgrad jedoch unter die 110-Prozent-Grenze, wird die Zulassungsbeschränkung teilweise ausgesetzt, der Planungsbereich ist partiell entsperrt. Für diejenige Arztgruppe, für die sich der Versorgungsgrad geändert hat, sind entsprechend wieder Neuzulassungen möglich.

25 Vgl. Gemeinsamer Bundesausschuss (2012a), § 5.

26 Vgl. Bundesärztekammer (2010).

27 Vgl. Gemeinsamer Bundesausschuss (2012a), § 5 (3) - (6).

28 Vgl. Ebd., § 2 (3), § 6.

29 Vgl. Ebd., § 2 (2).

Dagegen wird ein Planungsbereich in dem der Versorgungsgrad dauerhaft unter der 110-Prozent-Grenze liegt, als offener Planungsbereich bezeichnet, d.h. es besteht keine Zulassungsbeschränkung, die freie Niederlassung für beliebig viele Ärzte ist möglich.[30]

Von Unterversorgung wird erst bei deutlichem Abweichen vom bestimmten Versorgungsgrad gesprochen. Bei den Hausärzten muss der „optimale" Versorgungsgrad um mehr als 25 Prozent unterschritten werden, bei den Facharztgruppen sind sogar mehr als 50 Prozent notwendig. Neben diesen drei Kategorien gibt es Sonderregelungen für den lokalen Versorgungsbedarf[31], auf die an dieser Stelle nicht näher eingegangen werden soll.

Die kassenärztliche Bundesvereinigung (KBV) setzt sich neben anderen Institutionen für eine grundlegende Überarbeitung der derzeitigen Bedarfsplanung ein. Demnach muss die Bedarfsplanung eine weitere Flexibilisierung erfahren, um über die stärkere Berücksichtigung von demografischen Faktoren und Morbiditätskennzahlen den regionalen Besonderheiten besser Rechnung tragen zu können. Dazu sieht die KBV u.a. eine Ausweitung auf 21 anstatt der bisher 14 ärztlichen Planungsgruppen vor. Dadurch können auch Arztgruppen mit weniger als 1.000 Ärzten berücksichtigt werden. Ebenso sollte die Aufteilung der Planungsbereiche überdacht werden. Die KBV betont, dass die derzeitige Aufteilung für bestimmte Arztgruppen, wie beispielsweise Hausärzte, zu groß, für hoch spezialisierte Fachärzte hingegen zu klein sei. Hier würde sich eine zusätzliche Trennung und deutlichere Differenzierung in der räumlichen Planung zwischen haus- und fachärztlicher Versorgung anbieten. Im Zuge dessen müssen die Verhältniszahlen auf den aktuellen Stand angepasst werden und die Grenzwerte für Über- oder Unterversorgung ebenfalls der flexibleren Bedarfsplanung angepasst werden.[32]

Anknüpfend an die Verabschiedung des GKV-Versorgungsstrukturgesetz (GKV-VStG) und die darin beschlossene Neuordnung der ärztlichen Bedarfsplanung hat das IGES Institut im Auftrag des Gemeinsamen Bundesausschusses (G-BA) ein Konzept zur Neuordnung erarbeitet, das Mitte 2012 veröffentlich wurde.[33] Darin werden im Wesentlichen die Forderungen einer flexibleren und differenzierten Bedarfsplanungsrichtlinie umgesetzt, die eine bessere Ausrichtung der ärztlichen Behandlungskapazitäten am regionalen Versorgungsbedarf ermöglicht. Ziel ist es, das Gefälle in der Versorgungssituation zwischen ländlichen Regionen und Ballungsgebieten abzubauen.[34] Das vorgeschlagene Konzept

30 Vgl. Gemeinsamer Bundesausschuss (2012c).

31 Vgl. Kassenärztliche Vereinigung Berlin (2010).

32 Vgl. Kassenärztliche Bundesvereinigung (2012).

33 Vgl. Albrecht et al. (2012).

34 Vgl. Ebd., S. 15.

sieht eine Neubestimmung der Norm-Verhältniszahlen – und damit stärkere Orientierung am regionalen Versorgungsbedarf – unter Einbeziehung bedarfsbezogener Determinanten vor. Zu diesen Determinanten gehören die Einwohnerzahl sowie alters-, geschlechts- und morbiditätsspezifische Faktoren.[35]

Zusammenfassend kann festgehalten werden, dass die arztgruppenspezifischen Verhältniszahlen als Einwohner-Ärzte-Relation das zentrale Entscheidungskriterium der Bedarfsplanung darstellen. Neben den Arztgruppen findet eine zusätzliche Differenzierung der Verhältniszahlen nach insgesamt 10 Regionstypen statt. Mit der jetzigen Fassung der Bedarfsplanungsrichtlinie ist es bisher nicht im ausreichenden Maße gelungen, das Versorgungsgefälle zwischen ländlichen und urbanen Regionen zu verringern. Aus diesem Grund ist eine Weiterentwicklung hin zu einer flexibleren Planungsrichtlinie notwendig.

2.1.2 Krankenhausplanung der Länder

Im Krankenhausfinanzierungsgesetz (KHG) werden die Bundesländer verpflichtet, im Sinne einer Gewährleistung einer bedarfsgerechten Versorgung mit leistungsfähigen und eigenverantwortlich wirtschaftenden Krankenhäusern, Krankenhauspläne aufzustellen.[36] Dazu stellen die Länder Krankenhauspläne und Investitionsprogramme auf.[37]

Die auf Landesebene zuständigen Stellen prognostizieren den zukünftigen Bettenbedarf eines Bundeslandes. Dazu wird überwiegend die sogenannte Hill-Burton-Formel verwendet, die seit rund 60 Jahren Verwendung findet und eine der bekanntesten und am längsten verwendeten Methoden der Bettenplanung darstellt. In die aus den USA stammende Formel fließen als Determinanten Einwohnerzahl, Verweildauer, Krankenhaushäufigkeit und Bettennutzungsgrad (Auslastungsgrad) ein. Auf eine genaue Definition der Kennzahlen wird an dieser Stelle verzichtet, sie finden sich im Anhang unter Abbildung A–2.[38]

Aufgrund der notwendigen Anpassung der Bettenplanung an die sich ändernden Rahmenbedingungen wurden in den zurückliegenden Jahren im Rahmen verschiedener Gutachten alternative bzw. ergänzende Methoden in der Bettenbedarfsermittlung vorgeschlagen, die sich mehr oder weniger erfolgreich in der Krankenhausplanung der Bundesländer durchgesetzt haben.

So ergänzt das Gutachten von Dornier und IGES die Hill-Burton-Formel um einen Morbiditätsfaktor, der die Entwicklung der Krankheiten (Diagnosearten)

---

35 Vgl. Albrecht et al. (2012), S. 112.

36 Vgl. Deutsche Krankenhausgesellschaft (2012), S. 2.

37 Vgl. §6 (1) Krankenhausfinanzierungsgesetz – KHG.

38 Vgl. Deutsche Krankenhausgesellschaft (2012), S. 9.

abzubilden versucht, um so den Bettenbedarf für einzelne Fachrichtungen besser prognostizieren zu können. Auch das Gutachten von Rüschmann (Gesellschaft für Systemberatung im Gesundheitswesen) verwendet einen Morbiditätsfaktor, bezieht diesen allerdings auf einen leistungsorientierten Ansatz.[39]

Ein weiterer Ansatz vom Institut für Gesundheits-System-Forschung (IGSF) unterstellt dagegen gleichbleibende Morbidität nach Alter und Geschlecht, bezieht allerdings eine Bevölkerungsvorausberechnung in das Prognosemodell mit ein. Darauf aufbauend berücksichtigen BASYS und I+G in ihrem Gutachten nicht nur die krankenhausbezogene Morbidität, sondern auch die bevölkerungsbezogene Morbidität. Vorrangiges Ziel dieser Methode ist es, einen Zusammenhang von Morbidität und Krankenhausinanspruchnahme herzustellen und so neue Erkenntnisse zu gewinnen. Die Ermittlung des zukünftigen Bettenbedarfs steht nicht im Fokus des Gutachtens.[40]

Zusammenfassend kann festgehalten werden, dass in allen Bundesländern maßgeblich die Fallzahl, Verweildauer, Bettenzahl je Fachgebiet und Krankenhaus im Planungsbezirk im Vordergrund stehen. Insbesondere hinsichtlich der vorgegebenen Normauslastung (Bettennutzungsgrad), der Planungstiefe und dem Planungshorizont unterscheiden sich die bundeslandspezifischen Krankenhauspläne. Die wesentliche Erkenntnis für diese Arbeit ist jedoch, dass die Krankenhausplanung vor allem der mittelfristigen Finanzplanung der Länder dient, in der objektbezogen die Mittel für Krankenhausinvestitionen festgelegt werden.[41] Eine Personalkomponente ist in den bundeslandspezifischen Krankenhausplänen nicht vorgesehen.

2.1.3 Personalbemessung im Pflegewesen

In § 75 des 11. Sozialgesetzbuches ist in Absatz 1 geregelt, dass auf Bundeslandebene verbindliche Rahmenverträge zwischen den Landesverbänden der Pflegekassen und den Vereinigungen der Träger der ambulanten oder stationären Pflegeeinrichtungen geschlossen werden, die „eine wirksame und wirtschaftliche pflegerische Versorgung der Versicherten“ sicherstellen.[42] Neben Umfang und Abrechnung der Pflegeleistungen werden in diesen Verträgen insbesondere auch

39 Vgl. Deutsche Krankenhausgesellschaft (2012), S. 10f.

40 Vgl. Ebd.

41 Vgl. Hajen et al. (2011).

42 Vgl. § 75 SGB XI, Absatz 1.

„Maßstäbe und Grundsätze für eine wirtschaftliche und leistungsbezogene, am Versorgungsauftrag orientierte personelle und sächliche Ausstattung der Pflegeeinrichtungen“[43]

festgelegt. Bezüglich der personellen Ausstattung sieht das Gesetz zum einen landesweite Verfahren zur Ermittlung des Personalbedarfs vor, dies sind in Deutschland oder international erprobte Verfahren, ohne dass diese im Gesetzestext genauer beschrieben werden. Zum anderen besteht die Möglichkeit, die Ausstattung mit personellen Ressourcen über die Festlegung von landesweiten Personalrichtwerten zu regeln. Diese Richtwerte definieren sich aus dem Verhältnis von der Zahl der Heimbewohner zu der Zahl der Pflege- und Betreuungskräfte (in Vollzeitkräfte) und werden nach Pflegestufen differenziert. Es besteht die Möglichkeit, für diese Personalrichtwerte auch eine Bandbreite zu vereinbaren.[44] Außerdem wird in diesen Rahmenverträgen der regionale Einzugsbereich der Pflegeeinrichtungen festgelegt, um den lokalen Versorgungsbedarf sicherstellen zu können.[45]

Das Gesetz gibt somit nur den Rahmen für die Personalbemessung in den Bundesländern vor und überlässt die Ausgestaltung den beteiligten Institutionen auf Bundeslandesebene. Die sich aus den Rahmenverträgen ergebende Personalrichtwerte sind in Tabelle A-1 im Anhang dargestellt.

2.1.4 Zwischenfazit

Die zuvor skizzierten Planungsrichtlinien der ambulanten und stationären Versorgung des Gesundheits- und Pflegewesens lassen erkennen, dass es sich im Grunde um zwei unterschiedliche Systeme der Bedarfsplanung handelt. Während die Planung der Vertragsärzte und auch die Planungsrichtlinien im Pflegewesen personalorientiert sind, handelt es sich bei der Krankenhausplanung um einen bettenorientierten Ansatz, in dem keine Personalplanung verankert ist. Grundsätzlich besteht kein Zweifel an der Notwendigkeit sowie Art und Umfang dieser Planungsinstrumente. Sie stellen allerdings vielmehr regulierende Instrumente dar, die durch statische Personalkennzahlen die personelle Ausstattung der relevanten Einrichtungen regeln. Vor diesem Hintergrund bleibt es fraglich, ob beispielsweise eine Modifizierung der ärztlichen Bedarfsplanung ausreicht, die Unterversorgung in diesem Bereich wirkungsvoll zu verhindern.[46] Darüber hinaus beziehen sich die Richtlinien auf einzelne Teilsektoren des Gesundheits-

---

43 § 75 SGB XI, Absatz 2, Nr. 3.

44 Vgl. § 75 SGB XI, Absatz 3.

45 Vgl. § 75 SGB XI, Absatz 2, Nr. 8.

46 Vgl. Jacobs et al. (2012), S. 15.

und Pflegewesens, Schnittstellen existieren keine. Ob sich damit langfristig die Sicherstellung der sektorenübergreifenden Grundversorgung gewährleisten lässt, kann an dieser Stelle nicht abschließend beurteilt werden.

Dennoch kann zusammenfassend festgehalten werden, dass sich mit den angewendeten Planungsrichtlinien und -instrumenten – in ihrer jetzigen Form – ganz offensichtlich nicht die Frage beantworten lässt, welche Entwicklung der Personalsituation im Gesundheits- und Pflegewesen langfristig zu erwarten ist. Methodisch bedingt können diese Informationen aus den statischen und regulierenden Instrumenten nicht abgeleitet werden. Hinzu kommt, dass der Prognosehorizont sehr kurz ist, sofern überhaupt ein mehrjähriger Planungshorizont angestrebt wird. Außerdem werden nur bestimmte Personengruppen betrachtet. Selbst im Rahmen der Bedarfsplanung der Vertragsärzte werden beispielsweise nicht alle in der ambulanten Behandlung tätigen Ärzte berücksichtigt. Im Jahr 2011 waren knapp 15% der Ärzte als angestellte Ärzte oder als Privatärzte tätig.[47] Krankenhausärzte, die per se nicht an der vertragsärztlichen Versorgung teilnehmen, werden gar nicht berücksichtigt.

Zur Beantwortung der Frage der zukünftigen Personalsituation im Gesundheits- und Pflegewesen sind in der Vergangenheit deshalb regelmäßig Personalbedarfsprognosen durchgeführt worden. Das folgende Kapitel stellt eine Auswahl von aktuellen und längerfristigen Bedarfsprognosen vor.

2.2 Bedarfsprognosen als ergänzende Analysen

In diesem Kapitel werden längerfristige Personalbedarfsprognosen für das Gesundheits- und Pflegewesen vorgestellt. Die Auswahl erfolgte anhand der Aktualität der Studien und der Aufmerksamkeit, die sie in der wissenschaftlichen Diskussion erfahren haben. Es wird kein Anspruch auf Vollständigkeit erhoben. Grundsätzlich findet in der Literatur eine Fokussierung auf bestimmte Berufsgruppen statt. In den nachfolgenden Studien wird stets zwischen einer Betrachtung von ärztlichem und nichtärztlichem bzw. pflegerischem Personal getrennt.[48] Aus diesem Grund erfolgt in den folgenden Kapiteln eine getrennte Darstellung dieser beiden Untersuchungsgebiete.

---

47 Vgl. Bundesärztekammer (2011), eigene Berechnung.

48 Diese Betrachtung beschränkt sich bewusst nur auf Bedarfsprognosen für das deutsche Gesundheits- und Pflegewesen. International finden sich eine Reihe sehr umfangreicher Bedarfsprognosen und Projekte zur Quantifizierung des Personalangebots und der Personalnachfrage im Gesundheitswesen. Sie bieten zwar wertvolle Hinweise zur methodischen Gestaltung, lassen sich aber mit den hier vorgestellten Projektionen aufgrund un-

2.2.1 Bedarfsprognosen für ärztliche Berufe

Unter dem Titel „*Dem deutschen Gesundheitswesen gehen die Ärzte aus! Studie zur Altersstruktur und Arztzahlentwicklung*" wurde von der Bundesärztekammer und der Kassenärztlichen Bundesvereinigung im Jahr 2010 die 5. aktualisierte Auflage dieser Reihe veröffentlicht.[49] Wie der Titel bereits suggeriert, handelt es sich primär um eine Analyse der ärztlichen Angebotsstruktur. Als Datengrundlage dienen die Ärztestatistiken der Bundesärztekammer und der Kassenärztlichen Vereinigung. Neben einer umfangreichen Status Quo Analyse der Altersstruktur der Ärzte bis zum Jahr 2009 wird die Entwicklung des ärztlichen Nachwuchses aufgezeigt. Diese wird maßgeblich anhand der Zahl der Medizinstudenten, der Entwicklung der Zahl der Absolventen, Approbationen und Facharztanerkennung analysiert.[50]

Ausgehend von der aktuellen Angebotsstruktur wird ein Ausblick auf die zukünftige Entwicklung im ambulanten und stationären Sektor der Gesundheitsversorgung gegeben. Für die zukünftige Angebotsentwicklung im ambulanten Sektor stellt der Autor die Bruttoabgänge, d.h. die altersbedingt ausscheidenden Ärzte heraus. Diese Ersatzbedarfe aller im vertragsärztlichen Bereich tätigen Ärzte belaufen sich laut dieser Schätzung bis zum Jahr 2020 auf 51.774 Ärzte.[51]

Neben den Bruttoabgängen erfolgt ebenfalls eine Schätzung der bis zum Jahr 2020 zu erwartenden Beschäftigten in den genannten Arztgruppen. Aus der Studie geht allerdings nicht hervor, welche Entwicklungen – neben den Bruttoabgängen – dieser Schätzung zugrunde liegen. Zwar werden die zurückliegenden Entwicklungen hinsichtlich der Zugänge oder Facharztanerkennung bis zum Jahr 2009 aufgezeigt, in welchem Umfang bzw. mit welcher Annahme diese in die Prognose einfließen, wird nicht erläutert. Für den stationären Sektor sind quantitative Prognosen nicht in diesem Umfang möglich. Allerdings wird auch hier anhand der aktuellen Altersstruktur ein Ersatzbedarf von knapp 20.000 Ärzten bis zum Jahr 2020 errechnet.[52]

Insgesamt handelt es sich bei dieser Prognose um eine reine Betrachtung des ärztlichen Angebots, in dem ausgehend von der Altersstruktur, die Ersatzbedarfe bestimmt werden. Dabei findet keine Justierung der Bedarfe durch die Nachfra-

---

terschiedlicher nationaler Gesundheitssysteme und den damit einhergehenden Besonderheiten nicht vergleichen.

49 Vgl. Kopetsch (2010).

50 Vgl. Ebd., S. 17.

51 Vgl. Kopetsch (2010), S. 49. Darüber hinaus wird in der Studie der Ersatzbedarf (Bruttoabgänge) bis zum Jahr 2020 für Hausärzte (23.768), Augenärzte (2.114), Nervenärzte (2.971), Frauenärzte (4.356) und Hautärzte (1.472) quantifiziert. Vgl. Ebd., S. 64ff.

52 Vgl. Ebd., S. 77f.

geseite statt, vielmehr wird davon ausgegangen, dass der heutige Status-Quo gehalten werden soll. Es wird darüber hinaus rein qualitativ argumentiert, dass bereits offensichtlich ein Ärztemangel besteht und die Personallücke in der ambulanten und stationären ärztlichen Versorgung in Zukunft immer größer werden wird.[53] Begründet wird dies unter anderem mit dem medizinischen Fortschritt, der – vereinfacht ausgedrückt – neben seiner positiven lebensverlängernden und leidensreduzierenden Wirkung auf die Patienten auch ein ganz neues Volumen medizinischer Leistungen erzeugt, die vorher nicht bekannt oder nicht durchführbar waren. Diese Expansion des medizinisch Möglichen in Verbindung mit einem gesteigerten Anspruch an den Gesundheitszustand induziert einen zusätzlichen Ärztebedarf.[54] Aber auch dem demografischen Wandel und seinen Folgen für die Gesundheitsversorgung (Stichwort: Multimorbidität) wird seitens des Autors eine nachfragesteigernde Wirkung zugesprochen. Auf der Angebotsseite führt die Feminisierung der ärztlichen Profession, d.h. der steigende Frauenanteil in den ärztlichen Berufen, zu rückläufigen Arbeitsvolumina. Frauen leisten statistisch belegbar durchschnittlich weniger Wochenstunden als ihre männlichen Kollegen. Die immer noch dominante Rolle der Frau bei der Familienplanung spiegelt sich in dieser Statistik wider.[55] Abschließend macht der Autor die steigenden Beschäftigungsmöglichkeiten von Ärzten außerhalb des Gesundheitswesens, etwa in der Pharmaindustrie, für den steigenden Personalmangel in ärztlichen Berufen verantwortlich.[56]

Auf den Ergebnissen der Bundesärztekammer und der Kassenärztlichen Bundesvereinigung teilweise aufbauend, wurde vom Deutschen Krankenhausinstitut (DKI) eine umfassende Studie für die Deutsche Krankenhausgesellschaft (DKG) durchgeführt, die den aktuellen und zukünftigen Ärztemangel in Krankenhäusern untersucht. Für diese Arbeit sind insbesondere die folgenden Ziele der Studie von Interesse:[57]

- Detaillierte Analyse des aktuellen Ärztebedarfs bzw. des Ärztemangels nach Krankenhausmerkmalen und Arztmerkmalen
- Prognose des Ärztebedarfs bzw. -mangels bis zum Jahr 2019

In der Studie werden beide Fragen mit unterschiedlichen methodischen Ansätzen beantwortet. Für die Analyse des aktuellen Ärztemangels wurde eine schriftliche Repräsentativbefragung von Krankenhäusern durchgeführt. Dabei wird der aktuelle Ärztemangel über offene und wegen Mangels geeigneter Bewerber

53 Vgl. Kopetsch (2010), S. 11.
54 Vgl. Ebd., S. 127ff.
55 Vgl. Ebd., S. 130ff.
56 Vgl. Ebd., S. 139f.
57 Vgl. Blum/Löffert (2010), S. 5f.

nicht besetzbare Arztstellen gemessen.[58] Die Prognosen bis zum Jahr 2019 bauen dagegen auf einer sekundärstatistischen Analyse auf, die insbesondere folgende Einflussgrößen berücksichtigen:[59]

- Ersatzbedarf
- Mehrbedarf
- Zugang neuer Ärzte

Hinsichtlich der Messung des Ersatzbedarfes bedient sich die Studie an den Ergebnissen der regelmäßig erscheinenden Studie zur Altersstruktur und Arztzahlentwicklung der Bundesärztekammer (BÄK) und der Kassenärztlichen Bundesvereinigung (KBV).[60] Insgesamt wird aus dieser Studie ein Ersatzbedarf von 108.260 Ärzten bis zum Jahr 2019 abgeleitet. Dieser setzt sich aus altersbedingt ausscheidenden Ärzten aus Krankenhäusern und Vorsorge- und Rehabilitationseinrichtungen, aus vertragsärztlicher ambulanter Versorgung, aus Behörden und Körperschaften und aus sonstigen ambulant tätigen Ärzten zusammen. In der Summe der Ersatzbedarfe ist ebenfalls der negative Wanderungssaldo von Ärzten – also die Abwanderung ins Ausland – von rund 11.300 Ärzten bis zum Jahr 2019 enthalten.[61]

Den Mehrbedarf, also den vom aktuellen Status-Quo ausgehenden zusätzlichen Bedarf, beziffern die Autoren bis zum Jahr 2019 auf 30.830 Ärzte.[62] Er wird durch Berücksichtigung der aktuell offenen Stellen, dem demografisch bedingten Mehrbedarf sowie über die Steigerung der Teilzeitquote quantifiziert. Die aktuell offenen Stellen entstammen der eigenen Umfrage, wonach zum Zeitpunkt der Erhebung etwa 5.500 Vollzeitstellen in deutschen Krankenhäusern nicht besetzt werden konnten. Unter Berücksichtigung der seinerzeit geltenden „Vollzeitquote“[63] entspricht dies rund 6.000 benötigten Ärzten. Darüber hinaus sind laut der Studie zur Altersstruktur und Arztzahlentwicklung der BÄK und KBV rund 3.600 Vertragsarztsitze zum Untersuchungszeitpunkt nicht besetzbar und werden in die offenen Stellen mit aufgenommen. Für die restlichen Bereiche des Gesundheitswesens stehen diesbezüglich keine verlässlichen Daten zur Ver-

58 Vgl. Blum/Löffert (2010), S. 7f.

59 Vgl. Ebd., S. 25.

60 Die Ergebnisse, die im Rahmen der DKI Studie verwendet werden, entstammen der 4. Auflage aus dem Jahr 2007.

61 Vgl. Blum/Löffert (2010), S. 26ff.

62 Vgl. Ebd., S. 31.

63 Hier das Verhältnis von Vollkräften (Vollzeitäquivalenten) zu Beschäftigten in „Köpfen“.

fügung, folglich gehen die Autoren von einer Unterschätzung der Zahl der offenen Stellen aus.[64]

Der demografisch bedingte Mehrbedarf, getrieben durch die Alterung der Gesellschaft, wird für den stationären Bereich in einer steigenden Zahl der Krankenhausfälle begründet. Die Autoren nutzen zur Quantifizierung dieses Mehrbedarfs die Prognosen der Statistischen Ämter des Bundes und der Länder.[65] Darin ist die Zahl der zu erwartenden Krankenhausfälle bis zum Jahr 2030 anhand den Szenarien „Status-Quo" und „sinkender Behandlungsquoten"[66] quantifiziert, die als Unter- bzw. Obergrenzen der möglichen Entwicklung definiert werden können. Für die Berechnung des Mehrbedarfs wird explizit unterstellt, dass das Verhältnis von Ärzten zu Krankenhausfällen konstant bleibt und vereinfachend angenommen, dass die tatsächliche Entwicklung dem mittleren Wert zwischen beiden Szenarien entspricht. Daraus ergibt sich ein demografisch bedingter Mehrbedarf von 3,5% bzw. rund 4.880 Ärzten bezogen auf die beschäftigten Krankenhausärzte im Jahr 2008.[67] Bis zum Jahr 2019 werden für die Vorsorge- und Rehabilitationseinrichtungen sowie für die ambulante ärztliche Versorgung die gleichen Zuwachsraten unterstellt.[68]

Die letzte Komponente des Mehrbedarfs stellt die in den zurückliegenden Jahren beobachtbare Zunahme der Teilzeitarbeit dar. Daraus folgt c.p. ein steigender Mehrbedarf an „Köpfen". Um diesen Trend für die Zukunft zu quantifizieren, schreiben die Autoren die in den Jahren 2004 bis 2008 beobachtbare Zunahme der auf Teilzeit basierenden Beschäftigungsverhältnisse bis zum Jahr 2019 linear fort. Im Ergebnis bedeutet dies eine Zunahme der in Teilzeit tätigen Krankenhausärzte um 10.270 Personen, in Vorsorge- und Rehabilitationseinrichtungen sind es dagegen nur rund 920 Ärzte.[69] Aus diesen Zahlen wird direkt auf den Mehrbedarf geschlossen.[70] In wie weit sich diese Teilzeitbeschäftigung auf den Mehrbedarf auswirkt bzw. mit welcher Vollzeitquote diese Teilzeitbeschäftigung in den Mehrbedarf eingeht, wird nicht ersichtlich. Es scheint, als würde die Zunahme der Teilzeitbeschäftigungsverhältnisse zu einem Mehrbedarf in gleichem Umfang führen.

64 Vgl. Blum/Löffert (2010), S. 28f.

65 Vgl. Statistische Ämter des Bundes und der Länder (2010).

66 Die Prognose und die Szenarien werden in Kapitel 3.4.1.1 näher erläutert.

67 Vgl. Blum/Löffert (2010), S. 29f.

68 Vgl. Ebd., S. 30.

69 Auf die Quantifizierung des teilzeitbedingten Mehrbedarfs im ambulanten vertragsärztlichen Bereich wird verzichtet. Die Autoren argumentieren, dass dort Teilzeitarbeit derzeit lediglich eine untergeordnete Rolle spielen.

70 Vgl. Blum/Löffert (2010), S. 30f.

Als drittes Element der Prognose berücksichtigen die Autoren neben den Ersatz- und Mehrbedarfen die Zugänge neuer Mediziner aus den Reihen der Studienabsolventen. Weitere Gruppen werden nicht berücksichtigt bzw. sind implizit in anderen Kenngrößen enthalten oder sind zu vernachlässigen.[71] Zur Prognose der Zugänge aus Studienabsolventen des Medizinstudiums gehen die Autoren von einer Studiendauer von 12 Semestern aus und schreiben die tatsächliche Anzahl der Erstsemesterstudenten bis zum Jahr 2008 so in die Zukunft fort. Dieser letzte Jahrgang wird demnach das Studium im Jahr 2013 beenden. Für die Absolventen ab dem Jahr 2014 werden die Erstsemesterstudenten ab 2008 (13.510) konstant fortgeschrieben. Im besten Fall könnten so bis zum Jahr 2019 rund 145.300 Neuzugänge in den ärztlichen Berufen zur Verfügung stehen. Da aber erfahrungsgemäß nicht alle Anfänger ihr Medizinstudium erfolgreich beenden bzw. direkt nach der Beendigung in andere, nicht zur medizinischen Versorgung gehörende Bereiche abwandern, verwenden die Autoren zur Prognose der tatsächlich zur Verfügung stehenden Absolventen der Jahre 2009 bis 2019 sog. Drop-out-Raten, die diesen Verlust von Medizinstudenten und Absolventen darstellen. Sie geben dabei Werte von 15%, 30% und 45% vor, wobei sich die beiden letzten Werte an der Variationsbreite der tatsächlichen Drop-out-Raten seit dem Jahr 2000 orientieren. Als realistisches Szenario wird ein Drop-Out von 30% angesehen, so dass bis zum Jahr 2019 mit rund 101.700 Zugängen zu rechnen sein könnte.[72]

Nach Zusammenfügen von Ersatzbedarf und Mehrbedarf auf der einen und Zugänge neuer Ärzte auf der anderen Seite ergibt sich für das Jahr 2019 das in Tabelle 2-1 dargestellte Ergebnis. An dieser Stelle sei erwähnt, dass es sich bei diesem Vorgehen um eine Fortschreibung des Status-Quo handelt, der per Definition mindestens gehalten werden sollte. Die Frage, ob dieser Status-Quo insgesamt bedarfsgerecht ist, beantwortet die verwendete Methodik nicht, da es zur Beurteilung an geeigneten Maßstäben mangelt.[73]

71 Vgl. Blum/Löffert (2010), S. 32.
72 Vgl. Ebd., S. 33f.
73 Vgl. Ebd., S. 8.

Tab. 2-1: Ergebnisse der Prognose des Ärztemangels bis 2019

Szenarien	Ärzte
Bedarf an Neuzugängen bis 2019	
Ersatzbedarf	108.260
Mehrbedarf	30.830
Summe Bedarf an Neuzugängen bis 2019	139.090
Neuzugänge aus dem Medizinstudium bis 2019	
Drop-out 0%	145.320
Drop-out 15%	123.520
Drop-out 30%	101.720
Drop-out 45%	79.930
Ärztemangel 2019 (Zugänge – Bedarf an Neuzugängen)	
Drop-out 0%	6.230
Drop-out 15%	-15.570
Drop-out 30% (Status-quo-Szenario)	***-37.370***
Drop-out 45%	-59.160

Quelle: Blum/Löffert (2010), S. 35.

Um die aus der Fortschreibung des Status-Quo und den sich daraus ergebenden Ersatz- und Mehrbedarfen entstehende Personallücke im ärztlichen Dienst zu schließen, werden 139.090 Neuzugänge bis 2019 benötigt. Im Falle des Szenarios mit 30% Drop-Out-Rate kommen nur 101.720 Neuzugänge hinzu, so dass im Jahr 2019 rund 37.400 Ärzte fehlen könnten. Dieser Mangel vergrößert bzw. verkleinert sich je nach angenommener Drop-Out-Rate. Eine kurzfristige Reduzierung der Drop-Out-Rate auf 15% erscheint den Autoren nicht realistisch. Verschärft sich dagegen der aktuelle Trend, dass immer mehr Mediziner in andere prosperierende Teilbereiche der Gesundheitswirtschaft wie etwa die Pharmaindustrie abwandern, könnte sich die Drop-Out-Rate weiter verschlechtern. Im hier angenommen Szenario mit 45% stiege der Ärztemangel sogar auf über 59.000 Ärzte im Jahr 2019.[74]

Im Vergleich zur Bedarfsprognose der Bundesärztekammer und der Kassenärztlichen Bundesvereinigung werden hier zum einem mehr und wesentliche Einflussfaktoren auf der Angebotsseite berücksichtigt, zum anderen wird ein nachfrageinduzierter Mehrbedarf in die Berechnung mit einbezogen. Es bleibt offen, warum die gesamte Berechnung nicht in Vollzeitäquivalenten durchgeführt wurde. Gerade bei den Neuzugängen der Medizinstudenten wird es durch den hohen Frauenanteil in Zukunft zu einem steigenden Teilzeitanteil kommen, der zu Verzerrungen der hier in „Köpfen“ vorgestellten Ergebnissen führen

74 Vgl. Blum/Löffert (2010), S. 34f.

kann. Zwar geben die Autoren an, diese zunehmende Anzahl der Teilzeitbeschäftigungsverhältnisse im Mehrbedarf zu berücksichtigen, allerdings erscheint anhand der vorliegenden methodischen Erklärungen die reine Addition dieser Beschäftigungsverhältnisse als Teil des Mehrbedarfs nicht schlüssig. Aus methodischer Sicht erscheint es sinnvoller, alle Größe in Vollzeitäquivalente zu transformieren, bevor sie aggregiert werden. Dann hätte bei der Berücksichtigung der Neuzugänge lediglich die Vollzeitquote dem Trend folgend reduziert werden müssen. Es bleibt auch offen, warum an dieser Stelle überhaupt von der Methodik der Status-Quo Prognose abgewichen und ein zukünftiger Trend antizipiert wurde. Mit dem Festlegen der Vollzeitquote auf den aktuellen Status-Quo wäre der eigenen Berechnungslogik mehr Rechnung getragen worden.

Neben diesen beiden, auf Deutschland ausgelegten Prognosen, gibt es eine Reihe regionaler Bedarfsprognosen, die von den kassenärztlichen Vereinigungen in den Bundesländern durchgeführt wurden. Diese ermitteln beispielsweise ausgehend von der aktuellen Altersstruktur der Facharztgruppen und unter der Annahme, dass diese mit 68 Jahren aus der Versorgung ausscheiden, den Nachbesetzungsbedarf bis zum Jahr 2020.[75] Ergänzend dazu werden auch Bevölkerungsvorausberechnungen herangezogen, um für das Jahr 2020 einen fiktiven Versorgungsgrad (vgl. Kapitel 2.1.1.) zu ermitteln, aus dem sich – korrigiert um die altersbedingt ausscheidenden Ärzte – die Versorgungslücke ableiten lässt.[76]

2.2.2 Bedarfsprognosen für pflegerische Berufe

In ihrer Veröffentlichung aus dem Jahr 2008 *„Pflege im Spannungsfeld von Angebot und Nachfrage"* bestimmen Hackmann und Moog die Anzahl der zu erwartenden Pflegefälle und der für die informelle Pflege zur Verfügung stehenden Pflegepersonen[77] bis zum Jahr 2050. Aus dem Personalbedarf zur Versorgung aller Pflegefälle und der zur Verfügung stehenden informellen Pflegekräfte leiten sie den Bedarf nach professionellen Pflegekräften ab.[78]

---

75 Vgl. Kassenärztliche Vereinigung Rheinland-Pfalz (2010).

76 Vgl. Kassenärztliche Vereinigung Niedersachsen (2008).

77 Pflegepersonen sind nach § 19 SGB XI „Personen, die nicht erwerbsmäßig einen Pflegebedürftigen … in seiner häuslichen Umgebung pflegen." Um Leistungen der Pflegeversicherung zu erhalten, muss die pflegebedürftige Person durch die Pflegeperson mindestens 14 Stunden wöchentlich gepflegt werden. Somit wird unter informeller Pflege die häusliche, nicht professionelle Pflege durch beispielsweise Angehörige verstanden.

78 Vgl. Hackmann/Moog (2008), S. 1f.

Als Einflussfaktoren zur Quantifizierung der Anzahl der Pflegepersonen berücksichtigen die Autoren die demografische Entwicklung, die Erwerbsbeteiligung, die Zusammenlebenswahrscheinlichkeit mit einem Partner und die Pflegehilfewahrscheinlichkeit. Die demografische Entwicklung wirkt sowohl auf das Angebot als auch auf die Nachfrage nach (informellen) Pflegekräften. Die Autoren schätzen, dass sich die Zahl der Pflegefälle von rund 2,1 Mio. zum Betrachtungszeitpunkt auf 4,4 Mio. Fälle bis zum Jahr 2050 verdoppeln wird – bei demografisch bedingtem Schrumpfen des generellen Arbeitsangebots.[79]

Die anderen Determinanten beeinflussen das Angebot von Pflegepersonen. Dabei ist zum einen die zukünftige Erwerbsbeteiligung in Verbindung mit dem Umfang von Teilzeitbeschäftigung von Bedeutung. Ab einem gewissen Umfang kann informelle Pflege nur von nicht erwerbstätigen Personen bzw. Teilzeitbeschäftigten erbracht werden. Da bei Frauen sowohl die Erwerbsbeteiligung geringer, als auch die Teilzeitbeschäftigung wesentlich größer sind als bei Männern, ist die informelle Pflege seit jeher eine Frauendomäne. Aus diesem Grund berechnen die Autoren alters- und geschlechtsspezifische „Potentialerwerbsquoten" bis zum Jahr 2050, die auf Daten des Instituts für Arbeitsmarkt und Berufsforschung (IAB) aufbauen. Als Ergebnis einer steigenden Erwerbsbeteiligung der Frauen bis zum Jahr 2050 sinkt das potenzielle Angebot an Pflegepersonen für die informelle Pflege.[80]

Eine weitere entscheidende Determinante auf das Angebot informeller Pflegekräfte wird mit der Zusammenlebenswahrscheinlichkeit von Ehepartnern bzw. nichtehelichen Lebensgemeinschaften beschrieben. Darunter verstehen die Autoren das Vorhandensein eines Partners, der Pflegetätigkeiten übernehmen kann. Berechnungen des Bundesinstituts für Bevölkerungsforschung zeigen, dass sich bis zum Jahr 2030 die Zusammenlebenswahrscheinlichkeiten – als Folge einer steigenden Scheidungsrate und rückläufiger Heiratswahrscheinlichkeit – über alle Alters- und Geschlechtergruppen deutlich reduziert. Hackmann und Moog schreiben die Wahrscheinlichkeiten des Jahres 2030 für den Zeitraum 2030 bis 2050 konstant fort. Bis zum Jahr 2050 wird sich so das Angebot an informeller Pflege, die aus der Übernahme von Pflegetätigkeiten durch den Lebenspartner resultiert, deutlich reduzieren.[81]

Als letzte Determinante des Angebots berücksichtigen die Autoren die Pflegehilfewahrscheinlichkeit. Darunter wird die Wahrscheinlichkeit verstanden, mit der ein Partner bei zunehmendem Alter die Versorgung seines pflegebedürftigen Partners übernehmen kann. Vor dem Hintergrund einer alternden Gesellschaft

79 Vgl. Hackmann/Moog (2008), S. 3.
80 Vgl. Ebd., S. 3ff.
81 Vgl. Ebd., S. 6.

wird so dem Umstand Rechnung getragen, dass der nichtpflegebedürftige Lebensgefährte mit zunehmendem Alter nicht mehr zur Pflege des Pflegebedürftigen imstande ist.[82]

Im Modell von Hackmann und Moog werden jedoch nicht alle möglichen (Verwandtschafts-) Beziehungen zwischen Pflegebedürftigem und informeller Pflegekraft untersucht, sondern die Autoren beschränken sich auf die intragenerative Pflege durch einen Ehe- oder Lebenspartner sowie die intergenerative Pflege durch die Kinder des Pflegebedürftigen. Die daraus resultierenden Abweichungen zwischen Modell und Empirie hinsichtlich der Anzahl der informellen Pflegekräfte machten eine Kalibrierung auf das Jahr 2005 notwendig. Die auf diese Weise ermittelte Anzahl von 1 Mio. informeller Pflegekräfte im Jahr 2005 bildet den Ausgangspunkt für die Projektion bis zum Jahr 2050.[83]

Unter Berücksichtigung der genannten Einflussfaktoren auf der Angebotsseite und vor dem Hintergrund einer Verdopplung der Pflegefälle bis zum Jahr 2050, steigt die Anzahl der informellen Pflegekräfte von 1 Mio. im Jahr 2005 auf rund 1,2 Mio. Personen im Jahr 2050. Somit steht einem Anstieg der Pflegefälle um den Faktor 2,1 lediglich eine Zunahme der informellen Pflegepersonen um den Faktor 1,2 gegenüber. Unter der Annahme, dass lediglich ein Pflegefall je informeller Pflegekraft versorgt wird, bedeutet das für die professionelle (formelle) Pflege einen Anstieg von 1,1 Mio. Fällen im Jahr 2005 auf 3,2. Mio. im Jahr 2050.[84]

Zur Verteilung dieser Gesamtzahl der Pflegefälle auf den ambulanten und stationären Sektor des Pflegewesen unterstellen Hackmann und Moog drei Szenarien:

- Szenario 1: Verhältnis der stationären Pflegefälle zu ambulanten Pflegefällen der Jahre 1996 bis 2006 von 1,5:1 wird bis 2050 als konstant angenommen
- Szenario 2: Unterstellt Verteilungsverhältnis von 1:1
- Szenario 3: Verhältnis stationärer Pflege zu ambulanter Pflege liegt bei 2,3:1

Somit stellen die Szenarien 2 und 3 den Korridor der möglichen Entwicklung dar.[85] Um aus der Prognose der Pflegefälle auf die benötigten Personalbedarfe professioneller Pflegekräfte zu schließen, errechnen die Autoren aus den Vergangenheitsdaten zunächst Personalquoten pro Pflegefall auf Basis von Vollzeitäquivalenten. Für den ambulanten Bereich beträgt diese Quote 0,3 Beschäftigte pro Pflegefall, im stationären Bereich kommen auf einen Pflegefall 0,6 Pflegekräfte. Unter der Annahme, dass die Steigerung der Arbeitsproduktivität

82 Vgl. Hackmann/Moog (2008), S. 7.
83 Vgl. Ebd., S. 8ff.
84 Vgl. Ebd., S. 15ff.
85 Vgl. Ebd., S. 19f.

im Pflegewesen begrenzt ist und sich daraus ableitend die Personalquoten in Zukunft nicht ändern, werden abhängig von den Szenarien die benötigten professionellen Pflegekräfte im ambulanten und stationären Sektor berechnet.[86]

In Szenario 1 entsteht ein Gesamtbedarf von 390.000 Pflegekräften im ambulanten und 1,2 Mio. im stationären Bereich. Im zweiten Szenario entfallen rund 490.000 Vollzeitäquivalente auf den ambulanten und 1 Mio. auf den stationären Pflegesektor. Szenario 3 verzeichnet einen Bedarf von 290.000 ambulanten Kräften und 1.4 Mio. stationär tätigen Personen. Das als realistisch einzustufende erste Szenario hat einen Gesamtbedarf von 1,6 Mio. Vollzeitäquivalenten im Jahr 2050. Wird die Teilzeitquote von 2005 zugrunde gelegt, werden etwa 2,2 Mio. „Köpfe" in der Pflege benötigt. Das entspricht einer Verdreifachung im Vergleich zum Jahr 2005.[87]

Das Angebot an formellen Pflegekräften[88] ist nicht Bestandteil der Analyse von Hackmann und Moog. Folglich ist auch keine Aussage darüber möglich, ob der Bedarf gedeckt werden kann.

Die Frage des formellen Pflegekräftemangels greift Hackmann erneut auf und betrachtet in seiner Veröffentlichung *„Arbeitsmarkt Pflege"* aus dem Jahr 2009 ausschließlich professionelle Pflegekräfte, genauer die Altenpflegekräfte. Im Jahr 2007 waren laut Hackmann 445.000 Altenpflegekräfte im ambulanten und stationären Sektor tätig, dies entspricht 316.000 Vollzeitäquivalenten.[89] Unter dem zuvor beschriebenen ersten Szenario steigt der Personalbedarf im Pflegewesen bis zum Jahr 2050 auf rund 850.000 Altenpflegekräfte (in Vollzeitäquivalente) an. Diese teilen sich auf 640.000 Vollzeitäquivalente im stationären und rund 210.000 VZÄ im ambulanten Pflegesektor auf.[90]

Unklar bleibt, wie Hackmann ausgehend von seiner Prognose aus dem Jahr 2008, die für das Jahr 2050 einen Bedarf von 1,6 Mio. professioneller Pflegekräfte errechnet, auf die genannten Zahl der benötigten Altenpflegekräfte kommt. Laut Aussagen des Autors sind im Berufsfeld Pflege ca. 43% der Be-

86 Vgl. Hackmann/Moog (2008), S. 22.

87 Vgl. Ebd., S. 22f.

88 Formal ausgebildete, professionelle Pflegekräfte.

89 Hackmann beruft sich auf das Statistische Jahrbuch (Statistisches Bundesamt (2008). Offensichtlich ist die Zahl allerdings deutlich zu hoch (Vgl. Simon (2012), S. 33.). Laut Gesundheitspersonalrechnung des Statistischen Bundesamtes waren in ambulanten und stationären/teilstationären Pflegeeinrichtungen im Jahr 2007 rund 271.000 Altenpfleger (204.000 Vollzeitäquivalente) beschäftigt. In allen Einrichtungen des Gesundheitswesens waren es 354.000 (267.000 Vollzeitäquivalente). In einer späteren Veröffentlichung stellt Hackmann klar (Vgl. Hackmann (2012), S. 48), dass diese Angaben dem Mikrozensus entstammen und auf Anfrage beim Statistischen Bundesamt erhältlich waren.

90 Vgl. Hackmann (2009), S. 5.

schäftigten Altenpfleger.[91] Selbst unter Berücksichtigung dieses Anteils kann weder aus der Gesamtzahl aller benötigten professionellen Pflegekräfte im Jahr 2050 auf die genannte Zahl von Altenpflegekräften geschlossen werden, noch gelingt dies für die Beschäftigung im ambulanten und stationären Sektor.

Zur Ermittlung des zukünftigen Angebots an Altenpflegekräften entwickelt der Autor ein Zeitreihenmodell „indem die Entwicklung der Altenpflegekräfte für den Zeitraum 1975-2004 mittels einer Angebots- und Nachfragefunktion geschätzt wird."[92] Demnach soll diese Entwicklung anhand einzelner Determinanten erklärt werden. Bei der Vergangenheitsbetrachtung finden sowohl nachfrage- als auch angebotsseitige Einflussfaktoren Berücksichtigung. Dieses Vorgehen erlaubt eine Differenzierung zwischen nachfrageinduzierten (durch den Anstieg der Pflegefälle) und demografiebedingten (Schrumpfung der Erwerbsbevölkerung) Effekten.[93]

Als signifikante[94] Determinante der nachfrageinduzierten Angebotssteigerung (Nachfragefunktion) identifizierte Hackmann den Zuwachs an Pflegebedürftigen und die Zunahme der Pflegeintensität.[95] So zeigt die lineare Schätzgleichung, dass ein im nächsten Jahr erwarteter Zuwachs von 100 Pflegebedürftigen fünf neue Vollkraftstellen in den Pflegeeinrichtung induziert. Das gleiche Vorzeichen besitzt die Steigerung der Pflegeintensität. Eine Steigerung der Pflegeausgaben pro Kopf um real einen Euro induziert rund 4,5 neue Beschäftigungen in der Altenpflege. Die Ergebnisse der Arbeitsangebotsfunktion sind sogar mindestens auf dem 5%-Niveau signifikant. Zu den signifikanten Determinanten gehören die Zahl der weiblichen Erwerbspersonen im Alter von 35 bis 55 Jahre, das reale Tagesentgelt und die Arbeitslosenquote. Wächst die Gruppe der weiblichen Erwerbspersonen um 1.000 Personen, führt dies zu ca. sieben neuen Vollzeitbeschäftigten in den Altenpflegeberufen. Weitere 1.850 Vollzeitäquivalente entstehen bei einem Anstieg des realen Tagesentgelts der weiblichen Altenpflegekräfte um einen Euro. Ein Anstieg der gesamtwirtschaftlichen Arbeitslosenquote um einen Prozentpunkt führt zu einem um 2.780 Personen gestiegenen Arbeitsangebot der Altenpflegevollzeitkräfte. Hackmann begründet dies damit, dass in Zeiten von höherer Arbeitslosigkeit mehr Menschen in den konjunkturunabhängigen Altenpflegesektor drängen und dort auch ungelernte Kräfte vermehrt Hilfstätigkeiten übernehmen, weil sie im erlernten Berufe temporär keine Anstellung finden.[96]

---

91 Vgl. Hackmann (2009), S. 4.

92 Ebd., S. 2.

93 Vgl. Ebd., S. 5f.

94 Mindestens auf 10%-Signifikanzniveau.

95 Definiert Hackmann als öffentlichen Pro-Kopf-Pflegeausgaben.

96 Vgl. Hackmann (2009), S. 12.

Als Ergebnis dieser Schätzgleichung kommt Hackmann zu einem Angebot professioneller Altenpflegekräften von rund 420.000 Vollzeitäquivalenten im Jahr 2050. Bei einem zuvor ermittelten Bedarf von rund 850.000 Altenpflegekräften würden demnach etwa 430.000 Vollzeitäquivalente im Jahr 2050 fehlen. Als möglichen Ansatzpunkt zur Schließung dieser Lücke identifiziert Hackmann die Berufsverweildauer der Altenpfleger und untersucht im Folgenden die Auswirkungen einer längeren Berufsverweildauer auf das Personalangebot in Vollzeitäquivalenten.[97]

Ausgehend von einer durchschnittlichen Verweildauer von 8,4 Jahren[98] werden die beiden folgenden Szenarien betrachtet:[99]

- Szenario 1: Anhebung der Verweildauer um 63% auf das Niveau der Krankenschwestern[100] (13,7 Jahre).
- Szenario 2: Vergleich der Verweildauer der Altenpflegekräfte (12,7 Jahren) und Gesundheits- und Krankenpfleger (15,2 Jahren) mit mindestens einjähriger Berufsausbildung. Daraus folgt eine Anhebung der Verweildauer um 20%.

Im ersten Szenario würde sich das Angebot bis zum Jahr 2050 auf bis zu 680.000 Altenpfleger (Vollzeitäquivalente) erhöhen, im zweiten Szenario fällt die Steigerung mit rund 500.000 Vollzeitäquivalenten deutlich geringer aus.[101] Die methodische Umsetzung der Szenarien erschließt sich allerdings anhand der Ausführungen von Hackmann nicht. Anhand der Zahlen lässt sich jedoch darauf schließen, dass jene Angebotszahlen ohne Steigerung der Verweildauer mit denen in Szenario 1 und 2 angenommenen Steigerungsraten multipliziert wurden.

Afentakis und Maier betrachten in ihrer Veröffentlichung *„Projektion des Personalbedarfs und -angebots in Pflegeberufen bis 2025"* zunächst das gesamtwirtschaftliche Erwerbspersonenangebot und die Erwerbspersonennachfrage, indem sie unterschiedliche Projektionen bis zum Jahr 2025 heranziehen. Auf der Angebotsseite liegen die Projektionen des FIT-Modell und des BIBB-DEMOS-Modell zugrunde, die aufgrund der unterstellten Annahmen zu unterschiedlichen Erwerbspersonenpotenzialen kommen – im FIT-Modell ist das Potenzial im Jahr 2025 um rund eine Million geringer. Auf der Nachfrageseite (Bedarf) wird zum einen mit Hilfe des IAB-INFORGE-Modells die Erwerbsper-

97 Vgl. Hackmann (2009), S. 15f.

98 In dieser Verweildauer werden alle Altenpflegekräfte berücksichtigt, auch nicht examinierte.

99 Vgl. Hackmann (2009), S. 22f.

100 Der von Hackmann verwendete Begriff ist keine offizielle Bezeichnung für die Berufsgruppe. Diese lautet „Gesundheits- und Krankenpfleger".

101 Vgl. Hackmann (2009), S. 22f.

sonennachfrage projiziert, zum anderen wird die Nachfrage aus den bis zum Jahr 2025 zu erwartenden Krankenhaus- und Pflegefälle abgeleitet.[102]

Aufbauend auf BIBB-Berufsklassifikation, die 54 Berufsfelder umfasst, werden von den Autoren im Folgenden die Gesundheitsberufe ohne Approbation (Berufsfeld 48[103]) herausgegriffen und einer Angebots- und Bedarfsprojektion unterzogen. Ausgehend von der zurückliegenden Bedarfsentwicklung der Jahre 1996 bis 2007, als Entwicklung der Zahl der Erwerbstätigen im Berufsfeld 48 insgesamt, geht diese Projektion von einem Anstieg des Bedarfs um etwa eine halbe Million Personen bis 2025 im Vergleich zu 2005 aus.[104]

Da nicht alle Erwerbstätige in diesem Berufsfeld einen der Klassifikation entsprechenden Beruf erlernt haben, aus anderen Berufsfeldern kommen oder gar als un- oder angelernte Kraft arbeiten, differenzieren die Autoren ihre Analyse hinsichtlich der beruflichen Flexibilität. Zum einen wird unterstellt, dass alle Erwerbstätige mit ihrem höchsten Abschluss aus dem Berufsfeld 48 in diesem Feld arbeiten, somit keine berufliche Flexibilität angenommen wird. Zum anderen wird die berufliche Flexibilität berücksichtigt und es werden Berufswechsler und Erwerbstätige ohne entsprechende Berufsausbildung in der Angebotsprojektion mit einbezogen. In erstem Fall kommen die Autoren zu dem Schluss, dass bereits im Jahr 2005 rund 125.000 Erwerbstätige gefehlt hätten, je nach Projektionsmodell steigt dieser Engpass auf 470.000 (FIT) bzw. 523.000 (BIBB-Demos) Personen im Jahr 2025. Unter Berücksichtigung der beruflichen Flexibilität ergibt sich für das Jahr 2005 dagegen ein Überangebot von 284.000 ET in diesem Berufsfeld. Bis 2025 wird jedoch auch hier eine Lücke von 255.000 (FIT) bzw. 265.000 (BIBB-DEMOS) Personen erwartet.[105]

Nach dieser aggregierten Analyse werden im weiteren Verlauf eine Bedarfs- und Angebotsprojektion für ausgewählte Pflegeberufe durchgeführt.[106] Sie orientieren sich dabei an der Abgrenzung der Gesundheitspersonalrechnung des

---

102 Vgl. Afentakis/Maier (2010), S. 991f.

103 Der Klassifikation der Berufe 1992 folgend gehören dazu die Berufsordnungen (BO): Gesundheitssichernde Berufe (BO 805), Übrige Gesundheitsdienstberufe (BO 851-859) sowie die Sozialen Berufe (BO 864, 866). Die Klassifikation der Berufe wird auch in dieser Arbeit zur Abgrenzung der Berufe verwendet. Für einen genauen Überblick siehe Kapitel 4.3.

104 Vgl. Afentakis/Maier (2010), S. 993.

105 Vgl. Ebd., S. 993f.

106 Die Autoren aggregieren unter den Pflegeberufen: Gesundheits- und Krankenpflegerin/-pfleger (853), Gesundheits- und Krankenpflegehelferin/-helfer (854) und Altenpflegerin/Altenpfleger (864).

Statistischen Bundesamtes, die Personen nicht nach Abschluss, sondern nach ausgeübter Tätigkeit erfasst.[107]

Ausgangspunkt der Angebotsprojektion ist das Jahr 2005. Auf Basis des Mikrozensus 2005 findet eine Hochrechnung aller beschäftigten und erwerbslosen Personen mit dem höchsten beruflichen Abschluss im Berufsfeld 48 auf das Erwerbstätigenniveau der Volkswirtschaftlichen Gesamtrechnungen statt. Diese Köpfe werden mit Hilfe der Gesundheitspersonalrechnung in VZÄ umgerechnet und dem Niveau der GPR angepasst. Es werden also nicht nur Beschäftigungsverhältnisse gezählt, sondern diese Größen auch in Vollzeitäquivalente umgerechnet. Vor dem Hintergrund eines hohen Anteils an Teilzeitbeschäftigung in den Pflegeberufen ist dies im Sinne einer guten Vergleichbarkeit der Ergebnisse begrüßenswert. Da die Pflegeberufe über die Hälfte aller Beschäftigten im Berufsfeld 48 ausmachen, werden die zuvor in den Angebotsprojektionen getroffenen Annahmen bezüglich der Angebotsentwicklung des gesamten Berufsfeldes auf die Pflegeberufe übertragen und so das zu erwartenden Angebot an Pflegekräften bis ins Jahr 2025 projiziert. Die Berücksichtigung der beruflichen Flexibilität geschieht ebenfalls durch Übertragung der im Berufsfeld 48 beobachtbaren Zu- und Abgänge – aus bzw. in andere Berufe – auf die Pflegeberufe. Die Aufteilung auf Vollzeitäquivalenten auf die Pflegeeinrichtungen[108] erfolgt parallel zur einrichtungsspezifischen Personalstruktur in der Gesundheitspersonalrechnung.[109]

Die Nachfrageprojektion bis zum Jahr 2025 wird aus der Anzahl der zu erwartenden Krankenhausfälle und Pflegebedürftigen abgeleitet. Dazu greifen die Autoren auf eine Veröffentlichung der Statistischen Ämter des Bundes und der Länder[110] zurück, die die zu erwartenden Krankenhaus- und Pflegefälle bis ins Jahr 2030 vorausberechnen. Die Vorausberechnung unterscheidet zwischen dem „Status-quo-Szenario“ und einem Szenario mit „sinkenden Behandlungsquoten“. Ersteres unterstellt unter der Annahme konstanter Diagnosewahrscheinlichkeiten[111], dass die zukünftig zu erwartenden Krankenhausfälle allein von der demografischen Entwicklung und damit von Alter und Geschlecht abhängen.

107 Vgl. Afentakis/Maier (2010), S. 994f. Die Methodik der Gesundheitspersonalrechnung wird in Kapitel 4.1 näher erläutert.

108 Die für die Pflegeberufe relevanten Einrichtungen sind Krankenhäuser sowie ambulante und (teil-) stationäre Pflegeeinrichtungen.

109 Vgl. Afentakis/Maier (2010), S. 994ff.

110 Vgl. Statistische Ämter des Bundes und der Länder (2010).

111 Für die Vorausberechnungen wurden die durchschnittliche alters- und geschlechtsspezifischen Diagnosewahrscheinlichkeiten aus den Jahren 2006 bis 2008 (differenziert nach Fünfjahres-Altersgruppen und Diagnosearten) verwendet. Vgl. Ebd., S. 12.

Gleiches gilt durch konstante alters- und geschlechtsspezifische Pflegequoten[112] für die zukünftig zu erwartenden Pflegefälle.[113]

Das Szenario mit sinkenden Behandlungsquoten geht von einer unter dem Stichwort „Morbiditätskompression" bekannten Entwicklung aus, die unterstellt, dass die zusätzlich gewonnenen Lebensjahre gesund verbracht werden und schwere Krankheiten erst gegen Ende des Lebens komprimiert auftreten. Um die zu erwartende Anzahl von Krankenhaus- und Pflegefällen zu berechnen, werden alters- und geschlechtsspezifische Diagnose- und Pflegequoten der über 60 Jährigen in höhere Alterssegmente verschoben.[114]

Über die Annahme, dass die Relation von Krankheits- und Pflegefällen zu Pflegepersonal auch in Zukunft dem Verhältnis aus dem Jahr 2005 entspricht, können die Personalbedarfe bis zum Jahr 2025 bestimmt werden. Damit wird implizit unterstellt, dass alle Rahmenbedingungen wie die Verweildauer in Krankenhäusern, die Verteilung zwischen formeller und informeller Pflege oder die Verteilung der Pflegefälle auf die Pflegestufen konstant bleibt.[115]

Bei der Zusammenführung von Bedarfs- und Angebotsprojektion ergeben sich folgende Ergebnisse: Im „Status-quo-Szenario" steigt der Bedarf an Vollzeitäquivalenten in den Pflegeberufen von 2005 bis zum Jahr 2025 um insgesamt 27,3%, wobei der Anstieg der durch steigende Krankenhausfälle induzierten Personalnachfrage mit 12,4% im Vergleich zu 48,1% Steigerung in Pflegeeinrichtungen moderat ausfällt. Ohne Berücksichtigung der beruflichen Mobilität, d.h. nur unter Einbeziehung von ausgebildeten Pflegekräften, fehlten in Deutschland im Ausgangsjahr bereits 39.000 Vollzeitäquivalente. Diese Lücke erhöht sich bis zum Jahr 2025 auf 193.000 Pflegevollkräfte. Im Szenario „sinkende Behandlungsquoten" steigt der Bedarf an Pflegevollkräften mit 19,5% erwartungsgemäß weniger stark an. Dieses Szenario unterscheidet sich im Startjahr aufgrund des gemeinsamen Ausgangspunktes zunächst nicht vom „Status-Quo-Szenario", im Jahr 2025 wäre die Lücke mit 135.000 fehlenden Vollzeitäquivalenten dann jedoch deutlich kleiner.[116]

Wird die berufliche Flexibilität berücksichtigt, d. h. wird zugestanden, dass auch un- oder angelernte Personen in der Pflege arbeiten, liegt die Angebotsprojektion zunächst über der Nachfrageprojektion. Erst ab dem Jahr 2018 (Status-Quo-Szenario) bzw. 2021 (sinkende Behandlungsquoten) ist dann mit einem

112 Es werden die Pflegequoten der Jahre 2005 und 2007 getrennt nach Geschlecht und geschichtet nach 5-Jahres- Altersgruppen zugrunde gelegt. Vgl. Statistische Ämter des Bundes und der Länder (2010), S. 26.

113 Vgl. Ebd., S. 12, 26.

114 Vgl. Ebd., S. 16, 29.

115 Vgl. Afentakis/Maier (2010), S. 996f.

116 Vgl. Ebd., S. 997f.

Personalmangel in den Pflegeberufen zu rechnen. In ersterem Fall wird im Jahr 2025 mit einer Personallücke von 112.000 Vollzeitäquivalenten gerechnet, letzteres reduziert diese Lücke auf 55.000 Pflegevollkräfte.[117]

Daneben variieren die Autoren die Beschäftigungsstruktur (Vollzeit-, teilzeit- und geringfügig beschäftigt) anhand der in Gesamt-, Ost- und Westdeutschland anzutreffenden Struktur im Jahr 2005. Neben den bisher für Gesamtdeutschland beschriebenen Ergebnissen, führen diese Variationen zu Verschiebungen der Angebotskurve nach oben oder unten, d. h. der Personalmangel wird größer oder kleiner. Die Ergebnisse sollen an dieser Stelle aber nicht im Detail diskutiert werden.[118]

Die zum Zeitpunkt der Verfassung dieser Arbeit aktuellste Bedarfsprognose ist eine Studie der Bertelsmann Stiftung mit dem Titel *„Themenreport „Pflege 2030“, Was ist zu erwarten – was ist zu tun?“*. Die im Jahre Jahres 2012 veröffentlichte Studie legt den Fokus auf kleinräumige Vorausberechnung bis zum Jahr 2030. Die Projektionen erfolgen somit neben der Bundes- und Landesebene auch auf der Ebene der Landkreise und kreisfreien Städte (Kreisebene). Die Studie adressiert dabei die Zahl der zukünftig zu erwartenden Pflegebedürftigen nach Versorgungsart[119] und die zu erwartenden Versorgungslücke in der formellen Pflege.[120]

Ausgangspunkt der Studie ist der Status-Quo im Jahr 2009, sowohl hinsichtlich der Zahl der Pflegebedürftigen und der Inanspruchnahme nach Versorgungsart als auch des Personals in Pflegeeinrichtungen. Darauf aufbauend werden in drei Szenarien die zugrundeliegenden Annahmen variiert, um deren Auswirkung auf die Personalsituation in den genannten Versorgungsformen zu untersuchen und Handlungsempfehlungen für kommunale Planer abzuleiten.[121] Folgende Annahmen werden in den Szenarien variiert:[122]

- Szenario 1: Fortschreibung der regionalen alters- und geschlechtsspezifischen Anteile der Pflegebedürftigen in den Versorgungseinrichtungen (Status-Quo).
- Szenario 2: Pflege durch Angehörige (informelle Pflege) sinkt, Zunahme formeller Pflege gemäß dem Trend der letzten Jahre (Trendextrapolation).
- Szenario 3: Stärkung und Unterstützung der informellen Pflege, Zahl der Pflegebedürftigen in vollstationären Pflegeeinrichtungen bleibt auf Bundeseben auf dem Stand von 2009 (Wunsch Szenario).

117 Vgl. Afentakis/Maier (2010), S. 998f.
118 Vgl. Ebd., S. 998.
119 Ambulant und stationär Pflege sowie Pflege durch Angehörige (informelle Pflege).
120 Vgl. Rothgang et al. (2012), S. 10, 20.
121 Vgl. Ebd., S. 15.
122 Vgl. Ebd., S. 20.

Allen Szenarien liegt die Annahme zugrunde, dass die Pflegequote – die Wahrscheinlichkeit ein Pflegefall zu werden – je Geschlecht und Alterskategorie auch in Zukunft konstant bleibt.[123] Für die Nachfrageseite, also die in Zukunft zu erwartenden Pflegefälle nach Versorgungsart werden für jedes Szenario dann die landkreisspezifische Bevölkerungsprognosen mit den Pflegequoten des Jahres 2009 verknüpft.

Szenario 2 wird mathematisch so modelliert, dass der Anteil der informellen Pflege jedes Jahr um 1% schrumpft und auf diese Weise bis 2030 fortgeschrieben wird. Des Weiteren wird angenommen, dass sich diese in der formellen Pflege zusätzlich zu versorgenden Pflegefälle jeweils hälftig auf die ambulanten und stationären Pflegeeinrichtungen verteilen.[124]

Das dritte Szenario modelliert die dargestellten Änderungen in dem davon ausgegangen wird, dass die absolute Fallzahl der stationär versorgten Pflegefälle auf Bundesebene konstant bleibt. Zweitens wird unterstellt, dass der relative Anteil der informellen Pflege an allen Pflegebedürftigen bis 2030 unverändert bleibt. Trotz dieser Annahme auf Bundesebene kann es regional je nach Bevölkerungsstruktur zu Verschiebungen kommen.[125] Unter diesen Annahmen ergeben sich die in Tabelle 2-2 dargestellten Fallzahlen.

123 Die Autoren argumentieren, dass die altersspezifische Pflegeprävalenzrate in der ersten Dekade des 21. Jahrhunderts eher konstant geblieben ist und sehen aus diesem Grund von der Modellierung einer „Kompression“ ab. Vgl. Rothgang et al. (2012), S. 24.

124 Vgl. Ebd., S. 26.

125 Vgl. Ebd., S. 27.

Tab. 2-2: Projektion der Zahl der Pflegebedürftigen in Deutschland nach Szenario (in Tsd.)

	Jahr		Veränderung[1)]	
	2009	2030	%	absolut
Insgesamt	2.330	3.435	47,4	1.105
ambulante Pflege				
Szenario 1: Status quo	533	853	54,2	300
Szenario 2: Formelle Pflege nimmt zu	533	997	80,2	444
Szenario 3: Häusliche Pflege wird gestärkt	533	1.140	106,0	587
vollstationäre Pflege				
Szenario 1: Status quo	713	1.138	59,6	425
Szenario 2: Formelle Pflege nimmt zu	713	1.157	62,2	444
Szenario 3: Häusliche Pflege wird gestärkt	713	713	0	0
Angehörigenpflege				
Szenario 1: Status quo	1.063	1.443	35,7	380
Szenario 2: Formelle Pflege nimmt zu	1.063	1.280	20,4	217
Szenario 3: Häusliche Pflege wird gestärkt	1.063	1.581	48,7	518

1) Abweichungen aufgrund von Rundungen sind möglich.

Quelle: Rothgang et al. (2012), S. 36.

Zur Ermittlung des zukünftigen Personalbedarfs wird zunächst das Verhältnis von Vollzeitäquivalent zu Pflegefällen in den jeweiligen Versorgungseinrichtungen und regionalen Gebieten für das Jahr 2009 gebildet.[126] Hier kann es regional durchaus zu verschiedenen Ausgangsituationen kommen. Es ist methodisch gewollt, dass diese regional verschiedenen Ausgangssituationen für die Projektion berücksichtigt werden. Anschließend werden die zuvor prognostizierten Pflegefälle mit diesen Verhältniszahlen verknüpft um den Personalbedarf zu bestimmen. Die Autoren betonen, dass es sich bei diesem Ansatz nicht um „eine pflegewissenschaftlich begründete Bedarfsdeckung" handelt, sondern lediglich die Personalbedarfe zur Sicherung des heutigen Versorgungsniveaus errechnet werden.[127]

Die Bestimmung des Angebots – also des Erwerbspersonenpotenzials in der Pflege – auf der regionalen Kreisebene stellt dagegen eine größere methodische Herausforderung dar. Deswegen behelfen sich die Autoren mit der Annahme

126 Aus der methodischen Beschreibung geht es nicht klar hervor, allerdings ist davon auszugehen, dass die unterschiedlichen Pflegestufen bei der Ermittlung der Quotienten nicht berücksichtigt wurden. Da bei einer zunehmend alternden Gesellschaft davon auszugehen ist, dass die zeitintensive Pflegestufe III überproportional zunehmen wird, kann diese Nichtberücksichtigung die Ergebnisse verzerren.

127 Vgl. Rothgang et al. (2012), S. 22f.

einer proportional zur Zahl der potenziellen Erwerbstätigen verlaufenden Entwicklung. Dazu werden die regional in den ambulanten und stationären Pflegeeinrichtungen beschäftigten Vollzeitäquivalente in Relation zur erwerbsfähigen Bevölkerung im Alter von 19 bis 64 Jahren der jeweiligen Region gesetzt. Dieser Quotient dient im Folgenden zur Fortschreibung der Beschäftigung, in dem eine Verknüpfung mit den regionalen Bevölkerungsprognosen erfolgt. Hier wird also erneut eine statische Fortschreibung der gegebenen Rahmenbedingungen angewendet. Da ab dem Jahr 2020 bundesweit mit einem Rückgang dieser Altersgruppe zu rechnen ist, wird das Arbeitskräfteangebot in den Pflegeeinrichtungen ebenfalls schrumpfen.[128]

Die Beurteilung, ob regional eine Versorgungslücke zu erwarten ist, erfolgt immer vor dem Hintergrund der Ausgangssituation bzw. des regionalen Personalschlüssels[129] aus dem Jahr 2009. Da lediglich eine Fortschreibung dieser Ausgangssituation erfolgt, kann nicht beurteilt werden, ob zum Zeitpunkt der Ausgangssituation bereits eine Engpasssituation auf dem regionalen Pflegearbeitsmarkt herrschte. Dieser regionale Referenzpunkt wird per Definition als „ideal“ bzw. „gedeckt“ definiert. Das bedeutet, dass bereits bestehende regionale Versorgungsengpässe oder sogar Überversorgung nicht berücksichtigt werden und dieses eventuelle Missverhältnis auch als Ausgangspunkt der Projektion im Jahr 2030 dient.[130]

Aufgrund der Tatsache, dass sich die bisher dargestellten Studien ebenfalls nur auf Deutschland beziehen, werden an dieser Stelle nur die Ergebnisse der möglichen Versorgungslücke für Deutschland skizziert. In Tabelle 2-3 sind die Ergebnisse für die einzelnen Szenarien getrennt nach ambulantem und stationärem Sektor dargestellt.

128 Vgl. Rothgang et al. (2012), S. 23.
129 Vollzeitäquivalente in der ambulanten bzw. stationären Versorgung pro Pflegefall.
130 Vgl. Rothgang et al. (2012), S. 49f.

Tab. 2-3: Versorgungslücke in der ambulanten und stationären Pflege im Jahr 2030 in Deutschland nach Szenario

	Insgesamt	Durch Veränderung der Zahl der Pflegebedürftigen		Durch Veränderungen des Erwerbspersonenpotenzials	
	absolut	2030	%	absolut	%
ambulante Pflege					
Szenario 1	117.120	95.315	81	21.805	19
Szenario 2	162.845	141.040	87	21.805	13
Szenario 3	208.250	186.444	90	21.805	10
stationäre Pflegeeinrichtungen					
Szenario 1	317.378	262.712	83	54.666	17
Szenario 2	328.899	274.233	83	54.666	17
Szenario 3	54.666	0	0	54.666	100
ambulante und stationäre Pflegeeinrichtungen					
Szenario 1	434.498	358.027	82	76.471	18
Szenario 2	491.744	415.273	84	76.471	16
Szenario 3	262.916	186.444	71	76.471	29

Quelle: Rothgang et al. (2012), S. 52.

Ohne die Auswirkungen für den ambulanten und stationären Sektor getrennt zu analysieren, zeigen die Szenarien unterschiedliche Auswirkungen auf die Personallücke im gesamten Pflegewesen. Es ist nicht verwunderlich, dass im Falle des zweiten Szenarios, in dem der Anteil der informellen Pflege gemäß dem Trend der letzten Jahre sinkt, mit über 490.000 Vollzeitäquivalente die höchste Personallücke zu erwarten ist. Im Gegenzug kann im Szenario mit konstanten Fallzahlen im versorgungsintensiven stationären Bereich (Szenario 3) mit der geringsten Personallücke von rund 263.000 Vollzeitkräften gerechnet werden. Die Fortschreibung des Status-Quo lässt letztendlich im 3. Szenario eine Lücke von immer noch über 434.000 VZÄ erwarten.[131]

Neben der Projektion für Deutschland führen die Autoren wie bereits erläutert auch Projektionen auf Bundeslandebene bzw. auf Kreisebene durch und analysieren, wie sich die regionale Versorgungslücke aus der steigenden Pflegebedürftigkeit und dem Rückgang des Erwerbspersonenpotenzials zusammensetzt. Aus den Ausführung wird jedoch nicht klar, ob die Berechnungen auf tiefster Ebene durchgeführt wurden und für die Bundesländern bzw. Deutschland aggregiert wurden oder ob jede regionale Ebene einer eigenen Berechnung unterliegt.

131 Vgl. Rothgang et al. (2012), S. 52.

2.2.3 Zwischenfazit

Die Fokussierung auf bestimmte Berufsgruppen ist Ausdruck der Komplexität der Thematik, die eine Reduzierung auf einen bestimmten Teilbereich erfordert. Insbesondere die Themen Pflegekräftemangel und Bedarfsprognosen für Pflegekräfte werden auf breiter wissenschaftlicher Basis, teilweise kontrovers, diskutiert.[132]

Es konnte gezeigt werden, dass die Herangehensweise und die methodischen Ansätze auch in den hier auszugsweise dargestellten Studien äußerst vielfältig ist. Es wurde deutlich, dass die Messung eines Personalmangels immer von der verwendeten Methodik abhängig ist. Entsprechend müssen die Ergebnisse, so lange es keinen „Gold-Standard" der Bedarfsprognosen gibt, immer vor dem Hintergrund der verwendeten Methodik diskutiert und gegebenenfalls relativiert werden.

Neben den Unterschieden zwischen den ärztlichen und pflegerischen Bedarfsprognosen gibt es selbst innerhalb des Themenfelds eines Berufsstandes unter den einzelnen Bedarfsprognosen zum Teil deutliche Unterschiede, wie die Zusammenfassung in Tabelle 2-4 zeigt. Die Unterschiede fangen bei der Abgrenzung des Untersuchungsgebiets an. Vielfach ist nur von den ambulanten und stationären Einrichtungen im Gesundheits- oder Pflegewesen die Rede, ohne dass die genaue einrichtungsspezifische Abgrenzung dargestellt wird. Zwar lässt sich diese Unklarheit teilweise über den Rückschluss der verwendeten Daten ausschließen, klarere Definitionen wären dennoch im Sinne einer zweifelsfreien Interpretation wünschenswert.

Diese Unklarheit der Abgrenzung wird durch die berufliche Dimension verstärkt. Während die Abgrenzung der Gruppe der Ärzte auch ohne eine berufsspezifische Differenzierung einleuchtend ist – so lange keine Ausnahmen getroffen und bestimmte Gruppen (Facharztrichtungen) ausgeklammert werden – ist dies beim Begriff der Pflegekraft nicht eindeutig geregelt. Hier lassen die Autoren größtenteils eine klare Abgrenzung des Pflegeberufs vermissen bzw. nennen diese nicht explizit. Auch hier gelingt gegebenenfalls der Rückschluss über die Ausgangsdaten.

Entscheidend für Unterschiede der betrachteten Bedarfsprognosen ist das Erkenntnisziel der Forschungsarbeit der darauf aufbauende methodische Ansatz. Während „einfache" Bedarfsprognosen lediglich eine Betrachtung der Angebotsseite vornehmen und die aktuelle Altersstruktur der Beschäftigten nutzen,

---

132 Eine ausführliche Auseinandersetzung mit den Bedarfsprognosen der Pflegekräfte findet sich z. B. in Sozialer Fortschritt (2012).

um daraus den in der Zukunft benötigten Ersatzbedarf abzuleiten[133], werden darüber hinaus angebots- und nachfrageseitige Betrachtungen gewählt, die als Zielgröße die zu erwartende Personallücke ausweisen.

Trotz dieser Gemeinsamkeit finden sich wiederum deutliche Unterschiede bei der Modellierung von Personalangebot und -nachfrage und der zu diesem Zweck berücksichtigten Determinanten. Bei der Modellierung des zukünftigen Personalangebots kommen, neben der reinen Korrektur des Status-Quo durch Berücksichtigung der Renteneintritte, auch explizit die geschätzten Neuzugänge bestimmter Berufsgruppen aus den jeweiligen Ausbildungsgängen hinzu. Andere Studien projizieren das gesamte Angebot mittels geeigneter Modelle (FIT und BIBB-DEMOS), ohne getrennt auf die einzelnen Komponenten des Angebots einzugehen. Zudem wird in der Studie von Afentakis und Maier die berufliche Flexibilität berücksichtigt.

Maßgebliche Determinante der Nachfrageseite ist die demografische Entwicklung. Sie wird entweder direkt mit selbst berechneten Pflegequoten verknüpft oder es wird auf die Prognose der Krankenhaus- und Pflegefälle des Statistischen Bundesamtes zurückgegriffen. Falls das Untersuchungsdesign eine direkte Ableitung der Personalbedarfe aus den projizierten Krankenhaus- und Pflegefällen erfordert, geschieht dies immer unter Berücksichtigung des Status-Quo, d.h. die heutige Relation von Personal zu Krankenhaus- oder Pflegefällen wird auch in Zukunft als Maßstab angelegt.

Ein eigenständiges Vorgehen stellt das von Hackmann entwickelte Zeitreihenmodell dar, das die Entwicklung der Altenpflegekräfte mit Hilfe einer Angebots- und Nachfragefunktion schätzt. Weitere methodische Unterschiede zwischen den einzelnen Studien sowie betrachtete Determinanten sind Tabelle 2-4 zu entnehmen.

133 Vgl. Kopetsch (2010).

Tab. 2-4: Vergleich der Bedarfsprognosen

	Kopetsch (2010)	Blum/Löffert (2010)	Hackmann/ Moog (2008)	Hackmann (2009)	Afentakis/ Maier (2010)	Rothgang et al. (2012)
1.)	Ärzte	Ärzte	Pflegekräfte	Pflegekräfte	Pflegekräfte	Pflegekräfte
2.)	Alle Vertrags-ärzte (ambu-lant) und Dif-ferenzierung nach 5 Fach-richtungen	nein	nein (informelle Pflegekräfte)	Altenpfleger (ohne genaue Abgrenzung)	Gesundheits-dienst-berufe ohne Approba-tion; 3 Pflegeberufe	nein
3.)	Gesundheits-wesen (ambu-lant und stati-onär)	Krankenhäu-sern, Vorsor-ge- und Reha-bilitations-einrichtungen, vertragsärztli-che ambulante Versorgung, sonstigen am-bulant tätigen Ärzten, Ärzte aus Behörden und Körper-schaften	Informeller Pflegesektor	ambulante und stationäre Pflegeeinrich-tungen	Krankenhäu-sern, ambulan-ten oder (teil-)stationären Pflegeeinrich-tungen	Pflegewesen (ambulant und stationär)
4.)	Deutschland	Deutschland	Deutschland	Deutschland	Deutschland	Deutschland, Bundesländer, Landkreise
5.)	Reine Ange-botsbetrach-tung	sekundärstatis-tische Analy-se; Ange-bot/Nachfrage (Status-Quo soll gehalten werden)	Von Ange-bot/Nachfrage informeller Pflegekräfte wird auf Nach-frage professi-oneller Pflege-kräfte ge-schlossen	Zeitreihenmo-dell, Schätzglei-chung zur Quantifizie-rung der Ein-flussfaktoren	Angebotspro-jektion mit Fit-Modell und BIBB-DEMOS Mo-dell, Nachfrage mit IAB-INFORGE-Modell; Angebots- und Bedarfsprojek-tion; Status-Quo Fortschreibung der Rahmen-bedingungen	Angebot und Nachfrage (landkreisspe-zifische Be-völkerungs-prognosen mit den Pflegequo-ten des Jahres 2009 ver-knüpft)
6.)	Ersatzbedarfe (altersbedingt ausscheiden-den Ärzte); Einflussfakto-ren auf zu-künftige Ent-wicklung von Angebot und	Ersatzbedarf, Zugang neuer Ärzte, Mehrbedarf, Teilzeitbe-schäftigung Nachfrageseite über Prognose der Kranken-	Demografi-sche Entwick-lung, Er-werbsbeteili-gung, Teilzeit-beschäftigung, Zusammenle-bens-wahrschein-	Signifikante Einflussfakto-ren: Pflegebe-dürftigkeit, Pflegeintensi-tät, Zahl weibli-cher Erwerbs-personen, Ta-	Krankenhaus- und Pflegefäl-le, Berücksichti-gung berufli-cher Flexibili-tät	Demografi-sche Entwick-lung, Perso-nalbedarf über Verhältniszahl von Pflegefäl-len/Pflege-personal im Ausgangsjahr.

	Kopetsch (2010)	Blum/Löffert (2010)	Hackmann/ Moog (2008)	Hackmann (2009)	Afentakis/ Maier (2010)	Rothgang et al. (2012)
	Nachfrage werden nur qualitativ beschrieben	hausfälle, gleiche Zuwachsraten ambulant	lichkeit, Pflegehilfe-wahrscheinlichkeit	gesentgelt, Arbeitslosenquote		Angebot ebenfalls über Verhältniszahl Ausgangspunkt Status-Quo im Jahr 2009
7.)	bis 2020	bis 2019	bis 2050	bis 2050	bis 2025	bis 2030
8.)	Köpfe	Köpfe	Köpfe (informell) Beides (formell)	VZÄ	VZÄ	VZÄ
1.) Berufsgruppen 2.) Berufe 3.) Abgrenzung der Einrichtungen 4.) Regionale Abgrenzung 5.) Methodik 6.) Einflussfaktoren 7.) Prognosehorizont 8.) Köpfe/VZÄ						

Quelle: Eigene Darstellung.

2.3 Zusammenfassung und Ableitung des offenen Forschungsbedarfs

In diesem Kapitel wurden zunächst bestehende Planungsrichtlinien im Gesundheits- und Pflegewesen dargestellt. Diese Richtlinien haben bezüglich des Personals einen steuernden, eher kurzfristigen Charakter. Zur notwendigen langfristigen Steuerung und Planung des Gesundheitspersonals sind die daraus ableitbaren Informationen nicht ausreichend und die Sicherstellung einer kontinuierlichen Gesundheitsversorgung kann alleine damit nicht gewährleistet werden. Ein längerfristiger Planungshorizont ist insbesondere bei der Ausbildungsthematik geboten. Die Ausbildung von hochspezialisierten Fachkräften dauert nicht selten mehrere Jahre. Entsprechend muss die Bereitstellung der benötigten Ausbildungskapazitäten mit dem nötigen Vorlauf initiiert werden.

Um die Frage nach dem zukünftigen Personalbedarf zu beantworten, wurden in der Vergangenheit regelmäßig Personalbedarfsprognosen durchgeführt. Wie die skizzierten Planungsrichtlinien fokussieren sich die dargestellten langfristigen Bedarfsprognosen allerdings auf bestimmte Bereiche des Gesundheits- und Pflegewesens bzw. bestimmte Berufsgruppen. Sie greifen damit nur einen Teil des komplexen und heterogenen Gesundheits- und Pflegewesens heraus. Dieses selektive Vorgehen in Kombination mit der Vernachlässigung wichtiger Einflussfaktoren oder der Fokussierung auf die Nachfrage- oder Angebotsseite reichen nicht aus, um daraus ausreichend belastbare Informationen für eine effektive Steuerung des Gesundheits- und Pflegewesens zu erlangen.

Um möglichst valide Langfristprognosen durchführen zu können, werden umfassendere Modelle benötigt, als die bisher beispielhaft dargestellten. Die bisherigen Erfahrungen mit den Personalbedarfsanalysen sollten dabei in die Modellierung des Gesundheits- und Pflegewesens mit einfließen. Daraus muss ein Berechnungsmodell resultieren, das neben der Berücksichtigung von Angebot und Nachfrage nach Gesundheitspersonal, auch zahlreiche zentrale Einflussfaktoren auf beiden Seiten mit einbezieht, mit dem Ziel, Szenarienanalysen der zukünftigen Entwicklung durchzuführen.[134] Dazu ist es notwendig, die zentralen Determinanten zu identifizieren und in das Modell zu integrieren.

Der erste Schritt zu einer umfassenden Bedarfsprognose ist die gemeinsame und sektorenübergreifende Betrachtung aller ambulanten und stationären Einrichtungen im Gesundheits- und Pflegewesen. Eine strikte Trennung der Sektoren ist vor dem Hintergrund, dass ein Großteil aller Pflegeberufe auch in allen Einrichtungen des Gesundheits- und Pflegewesens anzutreffen ist, der falsche Ansatz. Treten Engpässe oder gar Überversorgung ein, sind diese Berufe in gewissem Maße über die Einrichtungsgrenzen hinweg substituierbar. Aus diesem Grund ist es für die Aussagekraft der Bedarfsprognose entscheidend, das gesamte, dem Gesundheits- und Pflegewesen zur Verfügung stehende Angebot zu quantifizieren. Diese Tatsache muss in einem langfristigen Bedarfsprognosemodell berücksichtigt werden.[135]

In einem zweiten Schritt sollten alle an der gesundheitlichen Versorgung beteiligten Berufe und Berufsgruppen in die Bedarfsprognose mit einbezogen und einer differenzierten Analyse unterzogen werden. Nur durch die Berücksichtigung aller Berufe lässt sich ein umfassendes Abbild des Gesundheits- und Pflegewesens zeichnen. Erst dadurch können bereits heute diskutierte Maßnahmen zur Bekämpfung von Personalknappheit, wie beispielsweise die Übertragung von ärztlichen Tätigkeiten auf nichtärztliche Fachkräfte in die Bedarfsprognose integriert und deren Auswirkungen analysiert und diskutiert werden.

Eine berufsspezifische Bedarfsprognose muss sich an den in den relevanten Statistiken – beispielweise der Gesundheitspersonalrechnung des Statistischen Bundesamtes – verwendeten Klassifizierungen orientieren. Den Statistiken zum Gesundheitswesen liegt die Klassifizierung der Berufe (KldB) der Bundesagentur für Arbeit als Abgrenzung zugrunde. Bedarfsprognosen im Gesundheits- und

---

134 Vgl. Dubois et al. (2006), S. 236f.

135 Vgl. Simon (2012), S. 34ff; Isfort et al. (2012), S. 18.

Pflegewesen sollten sich deshalb ebenfalls an dieser Abgrenzung orientieren, um klar nachvollziehbare und vor allem interpretationsfreie Ergebnisse zu liefern.[136]

Eine weitere wichtige Anforderung leitet sich aus der in Kapitel 2.2.3 geführten Diskussion um den Pflegekräftemangel in bestimmten Regionen Deutschlands ab. Die Ergebnisse dieser Studie haben unter anderem gezeigt, dass Über- und Unterversorgung regionale Herausforderungen darstellen. Aus diesem Grund sollte trotz aller methodischen Hürden angestrebt werden, ein Modell zur Bedarfsprognose im Gesundheits- und Pflegewesen möglichst tief zu regionalisieren. So könnten regionale Engpässe frühzeitig lokalisiert und wirksame Gegenmaßnahmen getroffen werden.

136 Vgl. Simon (2012), S. 26.

3 Herleitung von Determinanten des Personalangebots und der Personalnachfrage

Im Rahmen dieser Arbeit wird eine umfassende Personalbedarfsprognose für das Gesundheits- und Pflegewesen erstellt. Eine Bedarfsprognose muss zwangsläufig diesen abgegrenzten Arbeitsmarkt und all seine beteiligten Akteure mit einbeziehen. Hierzu zählen alle an der gesundheitlichen Versorgung teilnehmenden Einrichtungen sowie die dafür relevanten Berufsgruppen.

In Kapitel 3.1 werden zunächst die grundlegenden Prämissen der Ableitung von Personalnachfrage und -angebot im Gesundheits- und Pflegewesen skizziert. In Kapitel 3.2 werden die wesentlichen theoriegeleiteten angebots- und nachfrageseitige Einflussfaktoren und deren Zusammenhänge auf dem Arbeitsmarkt beschrieben sowie die Interaktion zwischen den Akteuren des Arbeitsmarktes erläutert. Anschließend werden in Kapitel 3.3 Möglichkeiten der theoretischen Modellierung der Nachfrageseite vorgestellt. Diese bauen auf gesundheitsökonomischen Modellen und sozialwissenschaftlichen Verhaltensmodellen auf und stellen relevante Einflussfaktoren auf die Nachfrage nach Gesundheit bzw. Gesundheitsleistungen heraus. In Kapitel 3.4 werden demografische Entwicklungen und ihre Auswirkungen für das Gesundheits- und Pflegewesen, die Entwicklung der Erwerbstätigkeit in jenem Sektor und weitere sektorale Entwicklungen vorgestellt. Durch dieses Vorgehen können in Kapitel 3.5 die entscheidenden Einflussfaktoren auf Arbeitsangebot und Arbeitsnachfrage im Gesundheits- und Pflegewesen abgeleitet und hinsichtlich ihrer Berücksichtigung in der Modellbildung beurteilt werden.

3.1 Grundlegende Prämissen

Vor der Analyse des Personalangebots und der -nachfrage im Gesundheits- und Pflegewesen werden zuvor einige grundlegende Wirkungszusammenhänge dargestellt. Die Nachfrage bzw. der Bedarf nach Gesundheitspersonal[137] bzw. personellen Ressourcen im Gesundheits- und Pflegewesen ist dem Bedarf nach Gesundheit und den sich daraus ableitenden (Dienst-) Leistungen nachgelagert (vgl. Abb. 3-1). Wie die Abbildung verdeutlicht, ist der tatsächliche Ressourcenbedarf, neben der Gesundheit, entscheidend von der Festlegung von Gesund-

---

137 "Health workers are people whose job it is to protect and improve the health of their communities." WHO (2006), S. 1.

heitszielen, Leistungszielen und Ressourcenzielen abhängig, die im Rahmen einer nationalen Gesundheitspolitik formuliert werden. Über die Festlegung dieser Ziele, wie beispielsweise Gleichheit des Zugangs, räumliche Abdeckung der Gesundheitsversorgung, finanzielle Absicherung sowie Qualität der Leistung wird schließlich der tatsächliche Personalbedarf eines nationalen Gesundheits- und Pflegewesens mitbestimmt.[138]

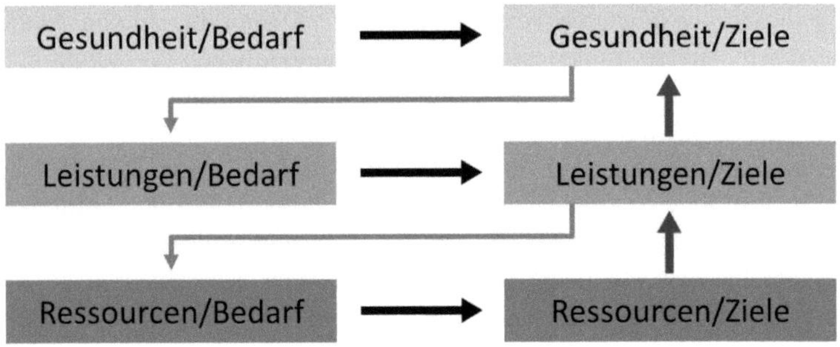

Quelle: Dussault et al. (2010a), S.4.

Abb. 3-1: Zusammenhang von Bedarf und Zielen im Gesundheits- und Pflegewesen

Unabhängig von den Zielen der Gesundheitspolitik bzw. unter der Annahme, dass sich diese in Deutschland in naher Zukunft nicht grundlegend ändern werden, müssen für die Bedarfs- und Nachfrageprognose zunächst die wichtigsten Einflussfaktoren auf die Nachfrageseite identifiziert werden. Diese Einflussfaktoren leiten sich beispielsweise aus den folgenden Entwicklungen ab:[139]

- Demografische Entwicklung und ihre Auswirkungen
- Entwicklung der Gesundheitsbedürfnisse und der Nachfrage nach Gesundheitsleistungen
- Technologische Entwicklung im Gesundheits- und Pflegewesen

Aus diesen Einflussfaktoren leitet sich der Ressourcenbedarf und entsprechend die Nachfrage nach Gesundheitspersonal ab. Hier stellt sich insbesondere die Frage, welche Fähigkeiten (Skillmix) benötigt werden.[140]

Neben den Kenntnissen über die Nachfragetreiber müssen die Einflussfaktoren auf die Angebotsseite aufgeschlüsselt werden. In Abbildung 3-2 sind ausgehend von dem aktuellen Personalbestand im Gesundheits- und Pflegewesen, jene

138 Vgl. Dussault et al. (2010a), S. 3f.
139 Vgl. Ebd., S. 5f.
140 Vgl. Ebd., S. 6.

Faktoren dargestellt, die den Eintritt in bzw. den Austritt aus diesem speziellen Arbeitsmarkt bedingen.[141]

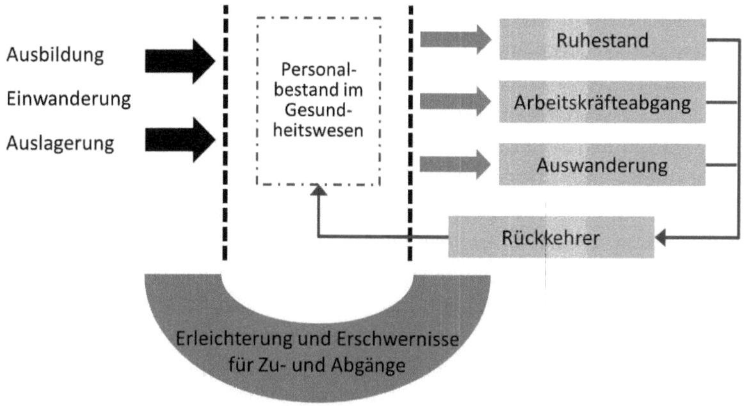

Quelle: Dussault et al. (2010a), S.5.

Abb. 3-2: Modellhafte Darstellung der Zu- und Abflüsse des Gesundheitspersonals

Der bestehende Personalbestand unterscheidet sich hinsichtlich demografischer (Alter, Geschlecht), fachlicher (erlernter Beruf, Skillmix), geografischer (Region) und organisatorischer (z. B. Einrichtungen) Faktoren. Die zukünftigen Eintritte in den Arbeitsmarkt des Gesundheits- und Pflegewesen werden maßgeblich durch Ausbildungsabsolventen, aber auch Einwanderungen bestimmt. Hier gilt es ebenfalls die relevanten Faktoren wie etwa Ausbildungsabschlussquoten zu identifizieren.[142]

Den Austritt aus dem Arbeitsmarkt des Gesundheits- und Pflegewesens bedingen Ruhestand, Auswanderung oder Arbeitskräfteabgänge aufgrund anderer Ursachen. Insgesamt gilt es, alle relevanten Arbeitsmarktkennzahlen auf der Angebots- und Nachfrageseite zu identifizieren und nach Möglichkeit zu quantifizieren. Nur durch eine Gegenüberstellung beider Seiten, kann eine Personalbedarfsprognose dazu verwendet werden, mögliche Diskrepanzen in der Zukunft zwischen diesen beiden Größen zu identifizieren.[143]

141 Vgl. Dussault et al. (2010a), S. 5.
142 Vgl. Ebd., S. 6.
143 Vgl. Ebd., S. 6f.

3.2 Arbeitsmarkttheoretische Betrachtung

Im vorherigen Kapitel wurden die grundlegenden Prämissen von Personalangebot- und Nachfrage im Gesundheits- und Pflegewesen aufgezeigt und die Notwendigkeit der Gegenüberstellung beider Größen betont. Zur Modellierung eines empirischen Berechnungsmodells werden nachfolgend wesentliche Einflussfaktoren aus einschlägigen Arbeitsmarktmodellen beschrieben und deren Berücksichtigung hinsichtlich der Anwendbarkeit in einem Berechnungsmodell für das Gesundheits- und Pflegewesen diskutiert.

Im Folgenden wird zunächst das grundlegende und mikroökonomisch fundierte Arbeitsmarktmodell der Neoklassik vorgestellt (Kapitel 3.2.1). In Kapitel 3.2.2 wird dann mit den neukeynesianischen Ansätzen eine makroökonomische Modellerweiterung vorgestellt, die einen Teil der Modellkritik der Neoklassik aufgreift und insbesondere zur Erklärung von Arbeitslosigkeit durch Lohn- und Preisrigiditäten herangezogen wird. Dabei werden, wie in der späteren Modellierung, sowohl die angebotsseitigen als auch die nachfrageseitigen Einflussfaktoren betont. Aufbauend auf den Limitationen beider Modellansätze wird in Kapitel 3.2.3 anschließend eine Modellerweiterung vorgestellt, die die Heterogenität der Marktteilnehmer berücksichtigt und die sich daraus ergebenden Such- und Matchingprozesse behandelt. Durch diese Modellerweiterungen sollen den Spezifika des Arbeitsmarktes im Gesundheits- und Pflegewesen Rechnung getragen werden.

3.2.1 Neoklassisches Arbeitsmarktmodell

Die neoklassische Betrachtung des Arbeitsmarktes dient als Ausgangspunkt nahezu aller neuen arbeitsmarkttheoretischen Ansätze. Als Grenzfall des theoretisch „idealen Arbeitsmarktes" stellt sie den Ausgangspunkt für alle realitätsbezogeneren Modellerweiterungen dar. Im Kern handelt es sich dabei um einen speziellen Anwendungsfall der allgemeinen Gleichgewichtstheorie.[144]

Den Theoremen der allgemeinen Gleichgewichtstheorie folgend, ergeben sich für den (neoklassischen) Arbeitsmarkt folgende Bedingungen:

- Es herrscht vollkommene Konkurrenz.
- Alle Arbeitsanbieter sind homogen.
- Es herrscht vollkommene Transparenz über alle marktrelevanten Informationen bezüglich der jetzigen und zukünftigen Arbeitsmarktsituation.
- Den Arbeitsanbietern wird vollkommene Mobilität unterstellt.

144 Vgl. Lärm (1982), S. 66f, S. 94.

- Es gibt keine Friktionen, Löhne sind vollkommen flexibel.
- Arbeitsnachfrager sind in der Lage, ihren gewinnmaximalen Output zu jeder Zeit abzusetzen.[145]

Das Arbeitsangebot bestimmt sich in der Neoklassik nach der Nutzentheorie. Das Individuum kann zwischen Arbeit (und damit Einkommen) und Freizeit wählen bzw. substituieren. Die optimale Zeitallokation ist erreicht, wenn der Grenznutzen einer zusätzlichen Einheit Freizeit den Grenzkosten entspricht, die durch die geringeren Einnahmen wegen des Verzichts auf eine Einheit Arbeit entstehen.[146] Entsprechend erhöht sich bei steigendem Reallohn das Arbeitsangebot der Individuen, da die Freizeit in Relation zur Arbeitszeit verteuert wird und sich die Opportunitätskosten für den Konsum von Freizeit erhöhen. Welches Arbeitsangebot letztendlich realisiert wird, ist von der persönlichen Präferenzstruktur des Individuums abhängig. Die Arbeitsangebotsfunktion ist eine monoton wachsende Funktion des Reallohns. Verändert sich die individuelle Präferenzstruktur des Individuums, führt dies zu einer Verschiebung der Arbeitsangebotskurve.[147]

Die Arbeitsnachfrage ist im neoklassischen Modell, im Unterschied zu den Gütermärkten, als abgeleitete Größe zu interpretieren. Arbeit dient produktiven und nicht konsumtiven Zwecken. Sie wird von profitmaximierenden Unternehmen im Produktionsprozess eingesetzt. Unter der Annahme, dass der Unternehmer jede mögliche Kombination aus Arbeit und Kapital in Abhängigkeit der relativen Preise realisieren kann, ist die Arbeitsnachfrage – bei kurzfristig gegebenem Kapitalbestand – nur noch eine Funktion des (Real-) Lohns. Analog zum Arbeitsangebot der Individuen wird der Unternehmer nun so lange Arbeitskräfte nachfragen bis die Grenzkosten einer zusätzlichen Einheit Arbeitskraft gleich den Grenzerlösen dieser zusätzlichen Einheit sind.[148]

Mengenmäßige Ungleichgewichte zwischen Arbeitsangebot und Arbeitsnachfrage – also Arbeitslosigkeit oder Arbeitskräftemangel – werden durch den flexiblen Reallohn gesteuert. Im Rahmen des Anpassungsmechanismus wird sich der Reallohn unter den oben skizzierten Voraussetzungen in Richtung Gleichgewichtslohn bewegen. Daraufhin revidieren die Akteure des Arbeitsmarktes ihre Entscheidung bezüglich der angebotenen und nachgefragten Arbeitsmenge. Schließlich wird dieser Anpassungsprozess so lange fortgesetzt bis ein Gleichgewicht erreicht ist, in dem bei gegebenem gleichgewichtigen Reallohnsatz weder unfreiwillige Arbeitslosigkeit auf Seiten der Arbeitsanbieter

---

145 Vgl. Sesselmeier et al. (2010), S. 76.

146 Vgl. Lärm (1982), S. 78.

147 Vgl. Sesselmeier et al. (2010), S. 78f.

148 Vgl. Lärm (1982), S. 76ff.

noch Arbeitskräftemangel auf Seiten der Arbeitsnachfrager herrscht. Das heißt, jeder Arbeitsanbieter findet einen Arbeitsnachfrager. [149]

Seit der Entstehung der neoklassischen Arbeitsmarkttheorie haben sich unzählige Publikationen kritisch mit ihr auseinandergesetzt. Dabei bezieht sich die Kritik vor allem auf die empirische Überprüfbarkeit der Theorie und daraus folgend auf ihre wirtschaftspolitische Relevanz.[150]

3.2.2 Neukeynesianische Modellierung des Arbeitsmarktes

Die Modellkritik an der Neoklassik und die fehlende empirische Überprüfbarkeit haben zu Modellerweiterungen – wie z. B. den neukeynesianischen Ansätzen – geführt. Insbesondere die anhaltende Arbeitslosigkeit in den 1980er Jahren war für die Entwicklung der neukeynesianischen Modellansätze verantwortlich, mit deren Hilfe Arbeitslosigkeit durch Lohn- und Preisrigiditäten erklärt werden konnte. In diesen Modellen ersetzt die Lohnsetzungskurve die Arbeitsangebotskurve und die Preissetzungskurve die Arbeitsnachfragekurve des neoklassischen Modells.[151]

In der Lohnsetzungskurve (Arbeitsangebot) ist der aggregierte Nominallohn abhängig vom erwarteten Preisniveau P^e, der Arbeitslosenquote u und weiteren Faktoren, die in einer Sammelvariablen z zusammengefasst werden. Als aggregierte Größe entspricht er dem durchschnittlichen Lohn eines durchschnittlichen Arbeitnehmers.[152] Damit ergibt sich die Lohnsetzungskurve zu:

$$W = P^e F(u, z) \tag{3.1}$$

Das erwartete Preisniveau ist für die Höhe der Löhne deshalb entscheidend, weil sowohl für Arbeitsnachfrager als auch Arbeitsanbieter der Reallohn – als Quotient von Nominallohn zu Preisniveau – von entscheidender Bedeutung ist. Beispielsweise spielt für die Individuen die Menge konsumierbarer Güter eine Rolle, weniger die absolute Höhe der Löhne. Bei steigenden Güterpreisen müsste der Nominallohn entsprechend steigen, damit die Individuen die gleiche Anzahl an Gütern konsumieren können. Da Löhne meist für einen bestimmten Zeitraum in der Zukunft festgelegt werden, ist für die Festsetzung der Nominallöhne weniger das aktuelle Preisniveau, sondern vielmehr das erwartete von Bedeutung.[153]

149 Vgl. Sesselmeier et al. (2010), S. 80.
150 Vgl. Ebd., S. 84.
151 Vgl. Gartner (2012), S. 84.
152 Vgl. Blanchard/Illing (2004), S. 188.
153 Vgl. Ebd., S. 188f.

Ferner ist die Arbeitslosenquote entscheidend für die Höhe des aggregierten Lohnsatzes. Üblicherweise werden Löhne zwischen Gewerkschaften und Arbeitgebervertretern ausgehandelt. Herrscht während dieser Verhandlungen beispielsweise eine hohe Arbeitslosigkeit und damit auch ein Überangebot auf dem Arbeitsmarkt, haben die Gewerkschaften eine schlechtere Verhandlungsposition und die Höhe der ausgehandelten Nominallöhne wird geringer ausfallen, als in Zeiten geringerer Arbeitslosigkeit.[154]

Darüber hinaus ist der Nominallohn von weiteren Faktoren abhängig. Dazu zählt die Ausgestaltung der Arbeitslosenversicherung, insbesondere die Höhe und die Dauer von Lohnersatzleistungen. Sind die Leistungen im Falle der Arbeitslosigkeit entsprechend hoch und werden für einen entsprechend langen Zeitraum gezahlt, erhöhen sie den Reservationslohn der Individuen. Bei gegebener Arbeitslosigkeit erhöhen sich so die Nominallöhne. Weitere Faktoren, wie beispielsweise ein gesetzlicher Mindestlohn oder Sozialleistungen, können eine gleichgerichtete Wirkung erzielen.[155]

Zusammenfassend ist die Höhe der Löhne positiv vom erwarteten Preisniveau und den anderen Faktoren abhängig. Dagegen besteht ein negativer Zusammenhang zwischen der Höhe der Arbeitslosigkeit und den Löhnen.

Die Preissetzung seitens der Unternehmen (Arbeitsnachfrage) ist abhängig von den Kosten, also den Preisen der für den Produktionsprozess notwendigen Inputs. Im neukeynesianischen Standardmodell wird angenommen, dass die Unternehmen nur mit dem Faktor Arbeit produzieren. Die Produktionsfunktion lautet $Y = AN$, wobei Y für den Output, N für die Anzahl der Beschäftigten und A für die Arbeitsproduktivität steht. Unter der Annahme konstanter Arbeitsproduktivität ist der Output des Unternehmens Y nur noch von der eingesetzten Anzahl der Beschäftigten N abhängig. Anders ausgedrückt entsprechen die Grenzkosten einer zusätzlich produzierten Einheit gerade dem eines zusätzlichen Beschäftigten mit dem Lohnsatz W.[156]

Unter der Annahme, dass kein vollkommener Wettbewerb auf den Absatzmärkten herrscht und die Unternehmen ihre Marktstellung ausnutzen können, werden Sie für ihre Güter einen Preis verlangen, der über ihren Grenzkosten liegt. Dieser Aufschlag drückt sich im Faktor μ aus und die Preissetzungsgleichung des Unternehmens lautet:[157]

(3.2) $$P = (1 + \mu)W$$

---

154 Vgl. Blanchard/Illing (2004), S. 189.

155 Vgl. Ebd., S. 190.

156 Vgl. Ebd., S. 190f.

157 Vgl. Ebd., S. 191f.

Eingangs des Kapitels wurde angedeutet, dass die Lohnsetzungskurve im neukeynesianischen Modell der Arbeitsangebotskurve im neoklassischen Modell entspricht. Um diesen Sachverhalt noch deutlicher herauszustellen, soll die Arbeitslosenquote u bzw. die Anzahl der Arbeitslosen U durch das Beschäftigungsniveau N ersetzt werden. Die Beziehung zwischen Arbeitslosen U und Beschäftigungsniveau N ergibt sich aus $U = L - N$, wobei L die Summe der Erwerbsbevölkerung darstellt. Dieser Zusammenhang ist in Abbildung 3-3 skizziert. Je niedriger das Beschäftigungsniveau, desto höher die Arbeitslosigkeit. Aus dem zuvor dargestellten Zusammenhang der Lohnsetzungsfunktion und der Annahme, dass das erwartete Preisniveau P^e dem tatsächlichen entspricht, ergibt sich eine steigende Lohnsetzungsgleichung, die der Arbeitsangebotsgleichung des neoklassischen Modells entspricht.[158]

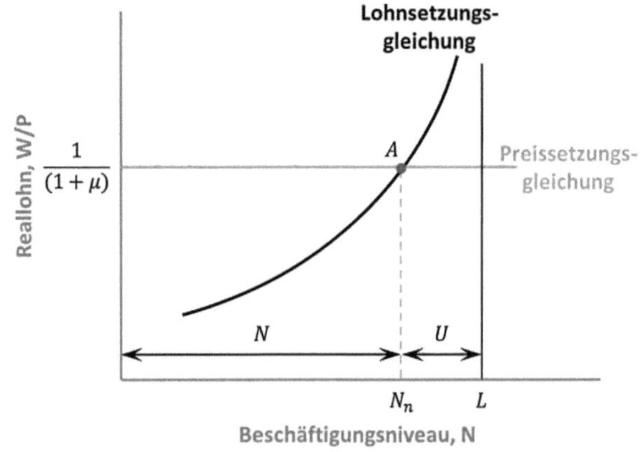

Quelle: Blanchard/Illing (2003), S. 203.

Abb. 3-3: Lohn- und Preissetzung im Arbeitsnachfrage-/Arbeitsangebots-Diagramm

Auf der Ordinate des Schaubilds ist der Reallohn dargestellt. Durch Umformung der Preissetzungsgleichung (Gleichung 3.2) zu

$$\frac{W}{P} = \frac{1}{(1+\mu)}$$

kann diese ebenfalls in das Diagramm eingetragen werden. Sie kann als flache Arbeitsnachfragegleichung interpretiert werden, aufgrund der Annahme einer konstanten Grenzproduktivität der Arbeit.[159] Somit sind in Abbildung 3-3 die

158 Vgl. Blanchard/Illing (2004), S. 202f.

159 Vgl. Ebd., S. 193ff.

Lohnsetzungsgleichung (entspricht dem Arbeitsangebot im neoklassischen Modell) und die Preissetzungsgleichung (Arbeitsnachfrage) dargestellt.

Das Gleichgewicht auf dem Arbeitsmarkt ergibt sich demnach dann, wenn der durch die Lohnsetzung festgelegt Reallohn dem durch die Preissetzung festgelegten Reallohn entspricht. In diesem Punkt stellt sich eine gleichgewichtige Arbeitslosenquote u bzw. ein gleichgewichtiges Beschäftigungsniveau N ein, die auch „natürliche" Arbeitslosenquote bzw. „natürliches" Beschäftigungsniveau genannt werden. Die Lohnsetzungsgleichung verschiebt sich nach links oben, wenn beispielsweise die Variable z durch eine Erhöhung des Arbeitslosengeldes ansteigt. Bei unverändertem Reallohn entsteht dadurch ein geringeres „natürliches" Beschäftigungsniveau. Erhöhen dagegen die Unternehmen am Markt ihren Preisaufschlag und damit den Preis ihrer Güter, sinkt bei gegebenem Nominallohn der Reallohn. Die Preissetzungsgleichung verschiebt sich nach unten und es stellt sich ebenfalls ein geringes Beschäftigungsniveau ein.[160]

Die wesentlichen Unterschiede zwischen der neukeynesianischen Darstellung und der zuvor skizzierten neoklassischen Modellierung des Arbeitsmarktes liegen in folgenden Punkten:

- In der neoklassischen Betrachtung ist der Beschäftigungsumfang lediglich eine steigende Funktion des Reallohns. Die neukeynesianische Modellierung berücksichtigt dagegen, dass Löhne zwischen Arbeitnehmern und Unternehmen verhandelt und von Faktoren wie der Höhe der Arbeitslosigkeit oder Arbeitslosenhilfe beeinflusst werden.
- Die Neoklassik unterstellt vollkommen Wettbewerb auf den Arbeits- und Absatzmärkten. Die Preissetzungsgleich der neukeynesianische Betrachtung berücksichtigt durch den Gewinnaufschlag auch die Wettbewerbsintensität.
- Im neoklassischen Basismodell kann zwar Arbeitslosigkeit auftreten, sie ist dann aber „freiwilliger" Natur, weil Individuen zum herrschenden Lohnsatz keine Arbeit anbieten. In der neueren Betrachtung ist die Arbeitslosigkeit unfreiwilliger Natur, da Unternehmen Löhne über dem Reservationslohn zahlen und die Individuen die Beschäftigung der Arbeitslosigkeit vorziehen.[161]

Während es im Modell der Neoklassik langfristig zu einem ausgeglichen Arbeitsmarkt kommt, stellt sich in letzterem eine „natürliche" Arbeitslosenquote ein. Reale Arbeitsmärkte sind zudem durch einen ständigen Zu- und Abstrom aus der Arbeitslosigkeit gekennzeichnet.[162] Die neukeynesianische Modellierung verhilft zu einer besseren Abbildung der Realität, dennoch erlaubt weder die ne-

160 Vgl. Blanchard/Illing (2004), S. 194ff.

161 Vgl. Ebd., S. 204.

162 Vgl. Ebd., S. 86.

oklassische noch die neukeynesianische Theorie eine vollständige Erklärung der gleichzeitigen Existenz von offenen Stellen und Arbeitslosen.[163]

Darüber hinaus sind – fernab von den skizzierten Modellen – weder Arbeitsnachfrager noch Arbeitsanbieter homogen. Vielmehr unterscheiden sich beide Seiten in vielerlei Merkmalen. Durch diese Sachverhalte werden Suchprozesse seitens der Marktteilnehmer angestoßen, die unter unvollständigen Informationen bzw. Ungewissheit ablaufen.[164] Nachfolgend wird daher die Mismatch-Problematik als weiterer wichtiger Erklärungsansatz für Ungleichgewichte auf dem Arbeitsmarkt vorgestellt. Zentraler Bestandteil dieser Modellerweiterungen sind die durch die Inhomogenität beider Markseiten hervorgerufenen, verzögerten Anpassungsprozesse auf dem Arbeitsmarkt.[165]

3.2.3 Mismatch als Folge von Suchprozessen auf dem Arbeitsmarkt

Arbeitsmärkte lassen sich als Suchmärkte charakterisieren, auf denen Unternehmen mit offenen Stellen qualifizierte Arbeitnehmer für diese Stellen suchen. Gleichzeitig suchen Arbeitsanbieter die für sie geeigneten Arbeitsplätze.[166] Weder Arbeitsnachfrager noch -anbieter kennen alle potentiellen Arbeitgeber bzw. -nehmer und damit Beschäftigungsmöglichkeiten. Als Folge dessen sind dem Arbeitsanbieter nicht alle potentiellen Löhne bekannt, die er erhalten könnte. Der Arbeitsnachfrager ist sich im Gegenzug nicht über die Produktivität der Bewerber im Klaren. Auf beiden Seiten müssen diese Informationen in einem zeit- und kostenintensiven Prozess beschafft werden. Als mögliche Folge kann ein und derselbe Arbeitnehmer in unterschiedlichen Unternehmen unterschiedliche Löhne erhalten.[167]

Das Optimierungsproblem des Individuums liegt darin, zwischen den Kosten der Suche und den zu erwarteten Erlösen eines möglicherweise besseren Angebots zu entscheiden.[168] Dabei gilt, dass je geringer die Suchkosten und je höher der Anspruchslohn des Individuums, desto länger wird die Suchdauer sein. Für höhere Suchkosten und geringeren Anspruchslohn gilt entsprechend der umgekehrte Zusammenhang.[169] Der Anspruchslohn ist allerdings keine fixe

163 Vgl. Gartner (2012), S. 85.
164 Vgl. Wagner/Jahn (1997), S. 64.
165 Vgl. Lärm (1982), S. 98.
166 Vgl. Wagner/Jahn (1997), S. 64.
167 Vgl. Garloff (2003), S. 2f.
168 Vgl. Franz (1999), S. 206f.
169 Vgl. Buttler/Gerlach (1988), S. 687.

Größe. Bestimmte allgemeine Arbeitsmarktverhältnisse und persönliche Merkmale der Individuen beeinflussen diesen. Zu letzterem gehören die Qualifikationen des Individuums.[170] Die eigenen Qualifikationen sind eng mit dem Erwartungswert des Lohnangebots verknüpft. Die Einschätzung, eine überdurchschnittlich hohe Lohnofferte zu erhalten, erhöht den Anspruchslohn. Im Gegenteil besitzen Sucher mit höheren Gegenwartspräferenzen (für Einkommen) einen niedrigeren Anspruchslohn.[171] Ferner spielen auch die Finanzierungsmöglichkeiten der Suchkosten, wie beispielsweise die Arbeitslosenunterstützung eine Rolle. In Zeiten von Arbeitslosigkeit kann eine hohe Arbeitslosenunterstützung den Anspruchslohn erhöhen, da die Kosten der Suche geringer ausfallen. In diesem Fall präferiert das Individuum länger zu suchen und auf bessere Lohnofferten zu warten.[172]

Aus der Sicht der Arbeitsplatzanbieter bzw. der Unternehmen liegen unvollkommene Informationen über die Eignung eines Bewerbers vor.[173] Im Gegensatz zur Sichtweise der Arbeitsnachfrager, die in der Regel lediglich den Lohnsatz als Entscheidungsvariable besitzen, ist die Beurteilung der Qualifikation eines Bewerbers nicht durch einen einzigen Indikator zu bestimmen. Fernab von formal erworbenen Qualifikationsnachweisen durch Ausbildung oder abgeschlossenes Studium, spielen für Unternehmen neben der Produktivität der Arbeitnehmer auch Aspekte wie Lernfähigkeit, Zuverlässigkeit und Kündigungsverhalten eine Rolle.[174]

Auch bei den Unternehmen begrenzen die Suchkosten die Anzahl der Suchschritte. An die Stelle des Anspruchslohns tritt eine zu erfüllende Mindestqualifikation der Bewerber.[175] Die Strategie der Unternehmen ist es, denjenigen Bewerber auf die offene Stelle zu setzen, der bei gegebenen Grenzkosten der Arbeit (Lohnkosten plus Suchkosten) den höchsten Netto-Gewinn über alle zukünftig zu erwartenden Beschäftigungsperioden erzielt.[176] Ist der Lohnsatz beispielsweise durch Tarifverträge fest vorgegeben, muss das Unternehmen im Rahmen des Suchprozesses den produktivsten Bewerber – als Summe aller seiner Eigenschaften – herausfiltern.[177]

---

170 Vgl. Apolte (2004), S. 21.

171 Vgl. Franz (1999), S. 208f.

172 Vgl. Apolte (2004), S. 21.

173 Die Problematik der Auswahl eines geeigneten Kandidaten für einen bestimmten Arbeitsplatz ist Gegenstand zahlreicher Modelle. Siehe hierzu Peterson (1972), McCall (1972) sowie Lippman/McCall (1976).

174 Vgl. König (1979), S. 87f.

175 Vgl. Franz (1999), S. 211.

176 Vgl. König (1979), S. 89f.

177 Vgl. Franz (1999), S. 211.

Diese Ausführungen und die Darstellungen im vorherigen Kapitel zeigen, dass sich Arbeitsangebot und -nachfrage auf dem Arbeitsmarkt finde müssen. Neben dem eingangs erwähnten Suchcharakter ist dieser Prozess auch durch einen Matching-Charakter gekennzeichnet. Beide können nicht isoliert voneinander betrachtet werden. Ersteres beinhaltet Aspekte der Kontaktwahrscheinlichkeit beider Parteien und beantwortet Fragen der optimalen Suchstrategie und -dauer. Letzteres beschreibt die Kontraktwahrscheinlichkeit, beispielsweise das Zustandekommen eines Arbeitsvertrages.[178]

Ein Match bzw. Vertrag kommt bei gegebener Kontaktwahrscheinlichkeit zustande, wenn das suchende Individuum die Mindestanforderung erfüllt und das Lohnangebot des Unternehmens über dem Anspruchslohn des Individuums liegt.[179] Auf der Makroebene würde entsprechend perfektes Matching bedeuten, dass jeder Arbeitsanbieter einen passenden Arbeitsnachfrager findet und umgekehrt.[180] Ist dies nicht der Fall, weil die Arbeitskräfte in bestimmten Dimensionen nicht den betrieblichen Anforderungen entsprechen, liegt ein Mismatch auf dem Arbeitsmarkt vor. Darunter wird eine dauerhafte Funktionsstörung des Arbeitsmarktes verstanden, die auf eine Diskrepanz von Arbeitskräfteangebot und -nachfrage zurückzuführen ist.[181] Offene und nicht besetzbare Stellen trotz anhaltender Arbeitslosigkeit sind ein Charakteristikum des Mismatch.[182]

Mismatches auf dem Arbeitsmarkt spielen vor dem Hintergrund von struktureller und friktioneller Arbeitslosigkeit eine Rolle.[183] Dabei handelt es sich um ein hoch komplexes und dynamisches Phänomen, dessen Ursache vielschichtig ist.[184] Die in der Literatur genannten Ursachen für Mismatches lassen sich im Wesentlichen auf qualitative, regionale und institutionelle Ursachen sowie Informationsdefizite zurückführen.[185]

Mismatches auf der Seite der Arbeitsanbieter entstehen durch unzureichende Qualifikationen sowie aufgrund von Mobilitäts- und Motivationshemmnissen bei der Arbeitsplatzsuche.[186] Auf qualifikatorischer Seite wird häufig bemängelt, dass die im Schulsystem vermittelten Qualifikationen nicht den von Arbeitgebern nachgefragten entsprechen.[187] Eingeschränkte Verwendbarkeit des Gelern-

178 Vgl. Franz (1999), S. 191ff.
179 Vgl. Ebd., S. 213.
180 Vgl. Apolte (2004), S. 17.
181 Vgl. Entorf (1996), S. 139.
182 Vgl. Schmid et al. (2002), S. 7.
183 Vgl. Apolte (2004), S. 17.
184 Vgl. Loo et al. (2009), S. 1.
185 In Anlehnung an Franz (1999), S. 223 sowie Schmid et al. (2002), S. 7ff.
186 Vgl. Schmid et al. (2002), S. 9.
187 Vgl. Blossfeld et al. (2011), S. 123.

ten in Kombination mit Berufswechseln erhöhen das Mismatch-Risiko und entmutigt bei der Arbeitssuche. Mangelnde Motivation und Flexibilität bei der Arbeitssuche und daraus folgend unspezifisches Suchverhalten entstehen häufig auch aufgrund mangelnder Informationen und Transparenz auf dem Arbeitsmarkt.[188]

Von Seiten der Arbeitsnachfrager werden Mismatches durch zeitlich und regional schwankende Qualifikationsanforderungen begünstigt. Zum einen entsteht nach wie vor ein Trend zur Dienstleistungsgesellschaft mit einem sich stetig verändernden Anforderungsprofil. Zum anderen finden kontinuierlich regionale Umstrukturierungsprozesse statt, beispielsweise durch Unternehmensschließungen oder Neugründungen sowie neue Produktions- und Organisationsstrukturen. Dies erfordert fortlaufend neue Tätigkeitsprofile, die nicht von den vorhandenen Arbeitskräften oder gängigen Ausbildungsmustern abgedeckt werden können. Mismatches sind bei diesen Umstrukturierungsprozessen dann eine Folge unangemessener und zu langsamer Reaktion des Arbeitskräftepotenzials auf die sich ändernden Anforderungen.[189]

Die Ursachen für ein Mismatch sind nicht nur bei den Arbeitsanbietern oder -nachfragern zu suchen. Eine Reihe von übergeordneten institutionellen Faktoren trägt ebenfalls dazu bei. Als zentrales Element auf dem deutschen Arbeitsmarkt fungieren dabei die Arbeitsämter, die als „Matching-Agentur“ von Arbeitslosen und offenen Stellen, Suchkosten abbauen und den informationsbedingten Mismatch[190] reduzieren können. Zu den institutionellen Faktoren zählen ferner auch das Angebot und die Ausgestaltung von Ausbildungsberufen, Qualifizierungsmaßnahmen, die allgemeine Lohnstruktur, rechtliche und tarifliche Regelungen der Beschäftigungsverhältnisse sowie die Vorgaben der Arbeitsmarktpolitik. Da sich alle Akteure auf dem Arbeitsmarkt innerhalb dieser institutionellen Grenzen bewegen sind die zuvor beschrieben Gründe und Ursachen für ein Mismatch teilweise abgeleitete Probleme dieser Rahmenbedingungen, ohne immer zweifelsfrei einen kausalen Zusammenhang herstellen zu können. Dennoch bestehen auch innerhalb dieser Rahmenbedingungen gewisse Handlungsspielräume, die den Grad des Mismatches beeinflussen können.[191]

Das Mismatch-Phänomen ist insgesamt sehr vielschichtig, sodass die genannten Kategorien nicht ausschließlicher Natur sind, und in der Regel verschiedene Gründe für ein Mismatch zusammentreffen können. Eine Zuordnung

---

188 Vgl. Schmid et al. (2002), S. 9.

189 Vgl. Ebd., S. 8f.

190 Dies gelingt nicht immer, sei es aufgrund einer zu geringen finanziellen und personellen Ausstattung des Arbeitsamts und durch Vermittlung von ungeeigneten Bewerbern. Vgl. Ebd., S. 11.

191 Vgl. Ebd., S. 10f.

der Gründe zu den genannten Kategorien ist daher weder zu jeder Zeit problemlos möglich noch in jedem Fall zweckmäßig.[192]

Bei der Erfassung und Analyse von Mismatches sind der Wissenschaft jedoch Grenzen gesetzt. So kann die tatsächliche Anzahl der offenen Stellen[193] nicht ausreichend über die Statistiken der Bundesagentur für Arbeit abgebildet werden. Hinzu kommt, dass es durch die Zeitspanne zwischen Meldung einer offenen Stelle und ihrer Besetzung bzw. Nichtbesetzung zu Unregelmäßigkeiten und Verzerrungen dieser Daten kommen kann.[194] Häufig beziehen sich Untersuchungen des Mismatches nur auf eine bestimmte Stufe bzw. Dimension. Verknüpfungen und Abhängigkeiten zu weiteren Dimensionen werden allenfalls nur in unzureichendem Maße berücksichtigt. Darunter leidet das Verständnis für die dynamischen Zusammenhänge der Mismatch-Problematik.[195]

Für Deutschland ist das Vorhandensein von Mismatches unumstritten. In der Vergangenheit wurden in verschiedenen Studien[196] ein Qualifikations-Mismatch – ein qualifikatorisches Auseinanderklaffen von betrieblichen Anforderungen und Befähigungen der Arbeitslosen – in Deutschland nachgewiesen. Über das Ausmaß, die Struktur und Entwicklung des Mismatches herrscht jedoch Uneinigkeit.[197] Aus volkswirtschaftlicher Sicht können Mismatches auf dem Arbeitsmarkt das Wirtschaftswachstum, die Wettbewerbsfähigkeit und Innovationskraft einer Volkswirtschaft hemmen. Jegliche Form von Auswirkungen des Mismatches, sei es ein Überangebot oder Überqualifikation der Individuen, oder Arbeitslosigkeit und Teilzeitarbeit, stellen eine Verschwendung von humanen Ressourcen dar. In diesem Zusammenhang hat der Rat der Europäischen Union bereits im Jahr 2007 die Notwendigkeit betont, die zukünftigen Qualifikationsanforderungen an die Beschäftigten zu antizipieren. Um den zu erwartenden mismatchbedingten Engpässen zu begegnen, müssen die Qualifikationen der Arbeitnehmer frühzeitig an die der Gesellschaft und Wirtschaft angepasst werden.[198]

---

192 Vgl. Franz (1999); S. 223.

193 Vgl. hierzu beispielhaft Magvas/Spitznagel (2001), S. 2ff. Untersuchungen haben zudem gezeigt, dass nur ein Bruchteil der Vakanzen in den Unternehmen tatsächlich der Bundesagentur für Arbeit gemeldet wird. In den Jahren 1991 bis 2000 schwankte die Meldequote zwischen 32% und 39%.

194 Vgl. Schmid et al. (2002), S. 7.

195 Vgl. Loo et al. (2009), S. 1.

196 Vgl. z. B. Abraham (1991); Schettkat (1992); Entorf (1996); Schmid/Baden (2003).

197 Vgl. Schmid et al. (2002), S. 7f.

198 Vgl. Loo et al. (2009), S. 4.

3.2.4 Zwischenfazit

Um Einflussfaktoren auf Arbeitsangebot und -nachfrage im Gesundheits- und Pflegewesen zu bestimmen und diese im Rahmen der Modellierung des empirischen Berechnungsmodells zu berücksichtigen, lässt die arbeitsmarkttheoretische Betrachtung erste Rückschlüsse zu. Zunächst wurde auf das grundlegende neoklassische Arbeitsmarktmodell eingegangen. Es kann mit seinen zugrundeliegenden Annahmen als Abbildung des „idealen Arbeitsmarktes" verstanden werden und dient als Ausgangspunkt nahezu aller neuen arbeitsmarkttheoretischen Ansätze. Allerdings hält das neoklassische Modell aufgrund der modellinhärenten Annahmen und Vereinfachungen der empirischen Überprüfbarkeit nicht stand. Annahmen wie vollkommene Konkurrenz, Transparenz und Mobilität sowie Homogenität der Arbeitsanbieter sind nicht mit der Empirie in Einklang zu bringen. Aufgrund dieser realitätsfremden Annahmen ist es weder zur Ableitung relevanter Einflussfaktoren auf Arbeitsangebot und -nachfrage im Gesundheits- und Pflegewesen geeignet, noch lässt sich daraus die Notwendigkeit einer Bedarfsprognose ableiten, da sich auf dem neoklassischen Arbeitsmarkt ohnehin ein Gleichgewicht durch Lohnanpassungen einstellen würde.

Als makroökonomisches Arbeitsmarktmodell ist der neukeynesianischen Ansatz mit der neoklassischen Darstellung vergleichbar. Allerdings ersetzt in den neukeynesianischen Modellen die Lohnsetzungskurve die Arbeitsangebotskurve und die Preissetzungskurve die Arbeitsnachfragekurve des klassischen Modells. Hier ist der Arbeitsmarkt im Gleichgewicht, wenn der durch die Lohnsetzung festgelegt Reallohn dem durch die Preissetzung festgelegten Reallohn entspricht. Im Gegensatz zum neoklassischen Modell berücksichtigt das neukeynesianische Modell allerdings die Abhängigkeit der Lohn- und Preissetzung von weiteren Faktoren wie beispielsweise Arbeitslosigkeit, Arbeitslosen- und Sozialhilfe sowie Wettbewerbsintensität.

Damit wird in der neukeynesianischen Betrachtung klar herausgestellt, dass die angebotene bzw. nachgefragte gleichgewichtige Arbeitsmenge nicht nur vom Lohnsatz abhängt. Diese Erkenntnis ist insofern für den Arbeitsmarkt im Gesundheits- und Pflegewesen von besonderer Bedeutung, da dort die regulierende Funktion des Faktors Lohn noch weniger als in anderen Wirtschaftszweigen greift. In einem maßgeblich durch Steuern finanzierten und staatlich regulierten System, haben die Arbeit nachfragenden Einrichtungen – neben sonstigen institutionellen Rahmenbedingungen – nur geringe Spielräume für eine am (Real-) Lohn orientierte Nachfragepolitik. Vielmehr orientiert sich die Nachfrage im Gesundheits- und Pflegewesen an normativ festgelegten Gesundheitszielen und gesellschaftlichen Wertevorstellungen, die eine Steuerung über andere Komponenten erfordert.

Im weiteren Verlauf des Kapitels wurde gezeigt, dass Arbeitsmärkte als Suchmärkte zu charakterisieren sind, auf denen das Arbeitsangebot und die -nachfrage zusammengeführt werden müssen. Unternehmen suchen qualifizierte Arbeitnehmer und diese wiederum geeignete Arbeitsplätze. Als Folge der Heterogenität beider Marktseiten und den daraus resultierenden Informationsasymmetrien sowie der Diskrepanz zwischen Arbeitskräftenachfrage und -angebot, entstehen Mismatches auf dem Arbeitsmarkt. Es wurde gezeigt, dass die Mismatch-Problematik komplex und vielschichtig ist, und ihre Wurzeln in der gesellschaftlichen und wirtschaftlichen Entwicklung hat. Dabei spielen insbesondere qualifikatorische, regionale und institutionelle Ursachen, aber auch Informationsdefizite eine Rolle. Um letztere zu beseitigen, müssen die Marktteilnehmer in einem zeit- und kostenaufwendigen Suchprozess möglichst viele Informationen beschaffen. Aufgrund der Vielschichtigkeit der Mismatch-Problematik und der Überlappung der einzelnen Dimensionen ist eine möglichst komplexe und umfassende Betrachtung der Dimensionen erforderlich.

Aus der suchtheoretischen Darstellung kann für diese Arbeit und den Arbeitsmarkt im Gesundheits- und Pflegewesen abgeleitet werden, dass bei einer getrennten Betrachtung von Arbeitsangebots- und -nachfrageseite vergleichbare Merkmale benötigt werden, über die ein Match beider Größen möglich ist. Lediglich die Gegenüberstellung von einer offensichtlich homogenen Größe Angebot und Nachfrage ist aufgrund der empirisch nicht haltbaren Homogenitätsannahme nicht zielführend. Für die makroökonomische Betrachtung des Gesundheits- und Pflegewesens bedeutet dies, dass Informationen darüber vorhanden sein müssen, welche Qualifikation (Berufe, Fachrichtungen), zum jeweiligen Zeitpunkt, an welchem Ort (Region) und in welcher Einrichtung benötigt werden.

3.3 Gesundheitsökonomische und sozialwissenschaftliche Betrachtung

Aus der vorangegangenen arbeitsmarkttheoretischen Betrachtung kann nicht abgeleitet werden, welche Einflussfaktoren die Nachfrage nach Leistungen im Gesundheits- und Pflegewesen maßgeblich bestimmen und im weiteren Verlauf bei der Modellgestaltung berücksichtigt werden müssen. Aus diesem Grund werden in diesem Abschnitt zwei Modellansätze zur Beschreibung der Inanspruchnahme medizinischer Leistungen vorgestellt.

Seit dem Beginn der Inanspruchnahmeforschung in den 1960er Jahren haben sich in den gesundheitsökonomischen und sozialwissenschaftlichen Disziplinen parallel jeweils eigene Modellansätze entwickelt. In der Gesundheitsökonomie stammt der zentrale Modellansatz von Grossman, in dem die besonderen Eigenschaften der Gesundheit als produzierbares Gut aufgegriffen werden. In der Sozialwissenschaft sind dagegen umfassendere Verhaltensmodelle entstanden.[199] Darunter gilt das Modell von R.M. Andersen mittlerweile als Referenzmodell in der internationalen Inanspruchnahmeforschung, da es ein breites Spektrum, die Inanspruchnahme beeinflussender individueller und gesellschaftlicher Determinanten in die Modellierung mit einbezieht.[200]

In Kapitel 3.3.1 wird zunächst das Grossman Modell und anschließend in Kapitel 3.3.2 das Verhaltensmodell von R. M. Andersen beschrieben. Neben der reinen Modelldarstellung werden jeweils auch ausgewählte empirische Befunde für beide Modelle gezeigt.

3.3.1 Das Grossman Modell

Bereits zu Beginn der 1970er Jahre wurde von Grossman[201] das Modell zur Inanspruchnahme medizinischer Leistungen entwickelt. Die Arbeit gilt mitunter als eine der wichtigsten theoretischen Innovationen in der Gesundheitsökonomie.[202] Zunächst wird das Modell kurz vorgestellt, bevor ausgewählte empirische Befunde dargestellt werden.

Es existiert eine Vielzahl von unterschiedlichen Ausarbeitungen des Grossman Modells. Die nachfolgend beschriebene Fassung orientiert sich an der Darstellung von Wagstaff[203], die in Breyer und Zweifel[204] ausführlich behandelt wird. Zunächst sei angemerkt, dass die Nachfrage nach medizinischen Leistungen im Modell als abgeleitete Nachfrage verstanden wird, eigentlich fragen die Individuen Gesundheit nach.[205] Zentrales Element der modelltheoretischen Betrachtung ist die Entwicklung des Gesundheitskapitalbestands über die Zeit, der einer Abnutzung ausgesetzt ist. Diese Abnutzung wird nicht mit einer konstanten Rate abgeschrieben, sondern ist (positiv) vom Lebensalter abhängig und wird darüber hinaus positiv oder negativ von den begleitenden Lebensumständen beeinflusst. Der Gesundheitskapitalbestand kann wiederum durch den Kauf medizinischer Leistungen, also Investitionen in Gesundheit, erhöht werden. Me-

199 Vgl. Guggisberg/Spycher (2005), S. 1f.
200 Vgl. Andersen/Schwarze (2003), S. 8.
201 Vgl. Grossman (1972).
202 Vgl. Wagstaff (1986), S. 195.
203 Vgl. Ebd.
204 Vgl. Breyer/Zweifel (1997), S. 65ff.
205 Vgl. Thode et al. (2004), S. 10.

dizinische Leistungen haben trotz bestehendem Versicherungsschutz einen Preis. Der Konsum muss, ebenso wie für andere Konsumgüter, über das Erwerbseinkommen finanziert werden. Dieses ist wiederum umso höher, je weniger Zeit das Individuum in Krankheit verbringt. Das Modell stellt ein dynamisches Optimierungsproblem mit Nebenbedingungen dar, bei dem Vermögen (bzw. Erwerbseinkommen) und Gesundheit zusammenhängen. Der optimale Wert beider Größen muss vom Individuum im Zeitverlauf gesteuert werden:[206]

> „In Bezug auf die Gesundheit gilt, daß der Grenznutzen des Haltens einer zusätzlichen Einheit seines Bestands eine konsumtive und eine investive Komponente enthält, die wiederum aus Zins, Abschreibung und einer möglichen Wertänderung des Kapitalguts „Gesundheit" im Zeitablauf bestehen."[207]

Gesundheit kann mit gewissen Einschränkungen als ein produziertes Gut aufgefasst werden. Zu diesen Einschränkungen gehört, dass das Individuum als „Produzent seiner Gesundheit" zwar den Gesundheitszustand beeinflussen, ihn aber nicht effektiv bestimmen kann. Da Gesundheit den Grundstein für alle anderen produktiven Tätigkeiten eines Individuums darstellt, trägt ein guter Gesundheitszustand zur Herstellung konsumierbarer Leistungen bei. Im Rahmen einer Allokationsentscheidung muss das Individuum demnach die ihm zur Verfügung stehenden knappen Ressourcen optimal auf Gesundheit und andere Güter aufteilen. Obwohl Einwände der Übertragung des Produktionsbegriffs auf Gesundheit bestehen – zu nennen sind hier mangelnde Steuerbarkeit und mangelnde Handelbarkeit des Guts Gesundheit[208] – lässt sich durch die Betrachtung der Gesundheit als Produktionsfunktion die Optimalität des Verhaltens eines Individuums bewerten.[209]

Der Input des Produktionsprozesses stellt die konsumierten medizinischen Leistungen dar. Die Inanspruchnahme ist aufgrund der umfassenden Krankenversicherungen in vielen Fällen kostenlos, dennoch erfordert sie Zeit, die für andere (produktive) Tätigkeiten fehlt. Da ein gewisser Gesundheitszustand allerdings Voraussetzung für die Produktion und den Genuss anderer Güter ist, wird das Individuum so lange medizinische Leistungen konsumieren, bis der dadurch entstehende Grenznutzen gleich den Grenzkosten ist, die durch den Verzicht anderer konsumierbarer Güter entsteht.[210] Somit konkurrieren die Produktion von

---

206 Vgl. Breyer/Zweifel (1997), S. 65ff.

207 Ebd., S. 69.

208 Mangelnde Steuerbarkeit bezieht sich auf die eingeschränkten Möglichkeiten auf Nachfrageschwankungen zu reagieren. Mangelnde Handelbarkeit bezieht sich auf die Tatsache, dass der Gesundheitszustand eines Individuums nicht an andere verkauft werden kann. Vgl. Ebd., S. 63.

209 Vgl. Ebd., S. 62ff.

210 Vgl. Ebd., S. 61ff.

Gesundheit und die von Konsumleistungen, falls zum Erreichen eines bestimmten Gesundheitszustandes auf andere Konsumleistungen verzichtet werden muss.[211]

Im Rahmen dieser Arbeit ist vor allem von Interesse, welche Einflussfaktoren die Nachfrage nach Leistungen im Gesundheits- und Pflegewesen beeinflussen und im weiteren Verlauf bei der Modellgestaltung berücksichtigt werden müssen. Aus diesem Grund wird untersucht, welche aus dem Modell ableitbaren Hypothesen einer empirischen Überprüfung standhalten. Theoretische Hypothesen, wie sich die exogenen Variablen Gesundheit, Alter, Bildungsniveau und Lebenseinkommen auf die endogenen Nachfrage nach Gesundheit und die Nachfrage nach medizinischen Leistungen auswirken, wurden z. B. von Muurinen[212] und Wagstaff[213] abgeleitet. Getestet wurden diese Hypothesen von einer Reihe weiterer Autoren.[214] Die Diskussion der Ergebnisse orientiert sich wiederum an der in Breyer/Zweifel[215] präsentierten Fassung.

Im Grossman Modell weisen die beiden endogenen Variablen Nachfrage nach Gesundheit und Nachfrage nach medizinischen Leistungen eine positive Korrelation auf. Das bedeutet, dass mit steigendem Gesundheitsbedarf die Nachfrage nach medizinischen Leistungen steigt. Damit ist letzteres eine abgeleitete Nachfrage der Nachfrage nach Gesundheit. Da bei Grossman der gewünschte Gesundheitszustand dem aktuellen entspricht, lässt sich gerade diese Annahme nicht empirisch bestätigen. Alle empirischen Befunde belegen, dass der Gesundheitszustand und die Inanspruchnahme medizinischer Leistungen negativ miteinander korrelieren. Individuen mit einem guten Gesundheitszustand, nehmen weniger medizinische Leistungen in Anspruch.[216] Im Umkehrschluss bedeutet dies, dass ein schlechter Gesundheitszustand die Inanspruchnahme positiv beeinflusst.

Als exogene Variablen gehen in das Grossman Modell Alter, Bildungsniveau und Lebenseinkommen mit ein. Der im theoretischen Modell unterstellte, negative Zusammenhang zwischen Alter und der Nachfrage nach Gesundheit wird empirisch bestätigt. Mit zunehmendem Alter sinkt der Gesundheitskapitalbestand, da die Abschreibungsrate auf die Gesundheit größer wird und die Grenzkosten des Haltens einer zusätzlichen Einheit Gesundheitskapital steigen. Dagegen kann der theoretisch angenommene positive Zusammenhang zwischen

211 Vgl. Thode et al. (2004), S. 10.
212 Vgl. Muurinen (1982).
213 Vgl. Wagstaff (1986).
214 Wagstaff (1986); Leu/Gerfin (1992); Leu/Doppmann (1986); Duan et al. (1984); Newhouse/Phelps (1974); Zweifel (1985).
215 Vgl. Breyer/Zweifel (1997), S. 69ff.
216 Vgl. Ebd., S. 70f.

Alter und Nachfrage nach medizinischen Leistungen, zumindest für den ambulanten Bereich empirisch nicht belegt werden.[217] Für das Bildungsniveau und das Lebenseinkommen, als weitere Nachfragedeterminante medizinischer Leistungen, zeigen die empirischen Befunde zwar statistisch signifikante Effekte, allerdings sind die Zusammenhänge in den einzelnen empirischen Studien teilweise gegenläufig.

Insgesamt konnte die empirische Evidenz einen Großteil des Grossman-Modells widerlegen. Breyer und Zweifel kritisieren zudem, dass bei der Steuerbarkeit des Gesundheitszustandes durch die Individuen im Grossman-Modell die Unsicherheit gänzlich ausgeklammert wird. Da das Eintreten von beispielsweise Krankheiten oder Unfällen ein Zufallsprodukt darstellt, fehlt dem Individuum unter Umständen die nötige Zeit, die Ressourcen im Sinne einer optimalen Allokation zwischen Gesundheit und anderen Gütern aufzuteilen. In diesem Fall kann das Individuum den eigenen Gesundheitszustand nicht mehr kontrollieren.[218]

An dieser Stelle kann als zentrale Erkenntnis aus dem Grossman-Modell festgehalten werden, dass insbesondere Individuen mit einem schlechten Gesundheitszustand mehr medizinische Leistungen in Anspruch nehmen. Das Grossman-Modell setzt allerdings nur auf wenige, die Inanspruchnahme erklärende Variablen, deren theoretischer Zusammenhang empirisch widerlegt oder nicht eindeutig bestätigt wurde. Aus diesem Grund wird im Folgenden das Modell von Andersen vorgestellt, das auf eine breitere Auswahl an Variablen setzt.

3.3.2 Das Andersen Modell

Das Modell von R.M. Andersen[219] versucht eine theoretische Modellierung des Inanspruchnahmegeschehens anhand einer breiten Auswahl von Kategorien. Darunter lassen sich individuelle und gesellschaftliche Determinanten subsummieren, die die Inanspruchnahme beeinflussen. Es stellt seit seiner Veröffentlichung Ende der sechziger Jahre die theoretische Grundlage für viele empirische Untersuchungen und Studien dar und hat sich international in der Gesundheitsökonomie durchgesetzt.[220]

In Abbildung 3-4 ist das Modell von Andersen in der Fassung aus dem 1995 abgebildet. Die Darstellung orientiert sich an dem in Thode et al. (2004) präsen-

---

217 Vgl. Breyer/Zweifel (1997), S. 71.

218 Vgl. Ebd., S. 72f.

219 Die Entwicklung des Modells von Ende der 1960er Jahre bis zu seinem aktuellen Stand aus dem Jahr 1995 wird in Andersen (1995) skizziert.

220 Vgl. Andersen/Schwarz (1997), S. 16f.

tierten Aufbau. Im Zentrum des Modells stehen die gesellschaftlichen Charakteristika (*Population Characteristics*), die die Inanspruchnahme von Gesundheitsleistungen (*Use of Health Services*) direkt oder indirekt beeinflussen. Diese Charakteristika werden weiter unterteilt in *Predisposing Characteristics*, *Enabling Resources* und *Need.*[221]

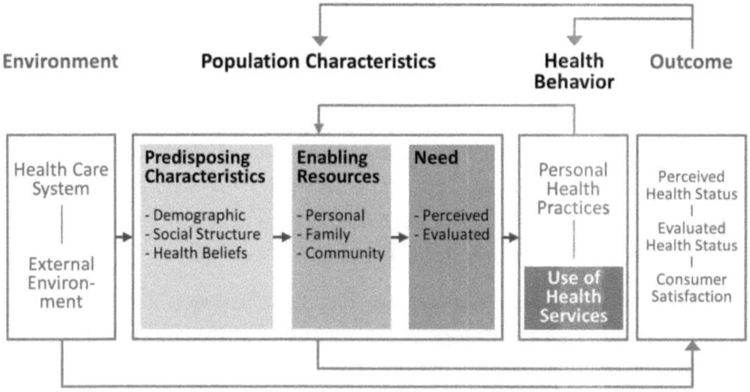

Quelle: Thode et al. (2004), S. 16.

Abb. 3-4: Health Behavior Modell nach Andersen

Mit dem Begriff *Predisposing Characteristics* werden alle Merkmale beschrieben, die indirekt Auswirkungen auf die Inanspruchnahme von Gesundheitsleistungen zeigen. Dazu gehören die Merkmalsgruppen Demografie, Sozialstruktur und *Health Beliefs*:[222]

- Zur demografischen Variablen gehören Alter und Geschlecht. Hier besteht vor allem ein positiv statistischer Zusammenhang zwischen Erkrankungswahrscheinlichkeit und Alter. Die zusätzliche Betrachtung des Geschlechts liefert eine weitere wesentliche Differenzierung, da bspw. bei jungen Frauen im gebärfähigen Alter mit einer höheren Inanspruchnahme von Gesundheitsleistungen zu rechnen ist.[223]
- Zu den Variablen der Sozialstruktur gehört neben dem sozialen Status, Bildung, Beruf und Wohnumfeld, auch der Sozialraum, in dem sich das Indivi-

221 Aufgrund der unterschiedlichen vorhandenen Übersetzungen ins Deutsche wird an dieser Stelle auf eine eigene Übersetzung verzichtet. Vgl. Thode et al. (2004), S. 15. Andersen/Schwarze (2003) verwenden die Begriffe prädisponierende Merkmale, ermögliche Merkmale und Bedarf/Bedürfnis/Morbidität.

222 Vgl. Thode et al. (2004), S. 16f.

223 Vgl. Andersen/Schwarze (2003), S. 11f.

duum bewegt.[224] Da gerade bei diesen Variablen ein komplexer Zusammenhang zu der Inanspruchnahme von Gesundheitsleistungen besteht bzw. die Wirkungsketten sehr differenziert analysiert und dargestellt werden müssen, herrscht wenig Einigkeit über die Wahl und Konstruktion geeigneter Indikatoren.[225]

- Als letzte Gruppe von Variablen gehören die *Health Beliefs* zu den *Predisposing Characteristics*. Darunter werden alle Einstellungen, Werte und Wissen der Individuen bezüglich den Themen Gesundheit und Gesundheitsleistungen zusammengefasst, die die Wahrnehmung des Bedarfs und die anschließende Inanspruchnahme von Gesundheitsleistungen beeinflussen.[226] Wie auch die anderen *Predisposing Characteristics* wirken die *Health Beliefs* lediglich indirekt auf die Inanspruchnahme.[227] Die in dieser Gruppe zusammengefassten Variablen, überlagern die objektiv messbaren Faktoren (z. B. demografische Variablen) durch individuelle Präferenzen.[228]

Zusammenfassend kann festgehalten werden, dass mit den *Predisposing Characteristics* die größte Anzahl potentiell relevanter Einflussfaktoren auf die Inanspruchnahme abgedeckt werden. Abgesehen von den demografischen Faktoren, sind diese individuell gestaltbar und ermöglichen so eine Steuerung des Inanspruchnahmeverhaltens.[229]

Mit dem Begriff der *Enabling Resources* werden die zur Inanspruchnahme von Gesundheitsleistungen notwendigen Voraussetzungen beschrieben. Diese können in Personal, Family und Community unterteilt werden. Unter die ersten beiden Punkte fallen eher finanzielle Faktoren wie das Einkommen oder ein vorhandener (Kranken-) Versicherungsschutz.[230] Da in Deutschland die gesetzliche Krankenversicherung eine dominierende Stellung einnimmt und der Großteil der Bevölkerung mit einem ausreichenden Versicherungsschutz versorgt ist, dürfte das Einkommen allerdings keine entscheidende Rolle bei der Inanspruchnahme von Gesundheitsleistungen spielen. Auch die Auswirkungen der Krankenversicherung auf die Inanspruchnahme dürfte nur beim Vergleich von deutlich unterschiedlichen institutionellen Strukturen (z. B. USA vs. Deutschland) eine Rolle spielen.[231]

---

224 Vgl. Thode et al. (2004), S. 17.
225 Vgl. Andersen/Schwarze (2003), S. 12f.
226 Vgl. Andersen (1995), S. 2.
227 Vgl. Andersen/Newman (2005), S. 15.
228 Vgl. Andersen/Schwarze (2003), S. 13.
229 Vgl. Ebd., S. 11.
230 Vgl. Thode et al. (2004), S. 17.
231 Vgl. Andersen/Schwarze (2003), S. 16ff.

Unter dem Begriff *Community* werden Variablen subsummiert, die das Vorhandensein und die Erreichbarkeit von Versorgungseinrichtungen am Wohn- und Arbeitsort beschreiben und so das Inanspruchnahmegeschehen beeinflussen.[232] Dazu gehören die Anzahl und Verteilung von Gesundheitseinrichtungen und Gesundheitspersonal. Aber auch regionale Kenngrößen wie etwa die Unterschiede zwischen urbanen und ländlichen Gebieten spielen eine Rolle. Diese können die Inanspruchnahme durch lokal gültige Normen beeinflussen.[233]

Als letzte Gruppe der *Population Characteristics* sind die Need Variablen zu nennen. Dabei wird zwischen dem wahrgenommenen Bedarf (perceived need) und dem objektiv ermittelten Bedarf (evaluated need) unterschieden.[234] Ersteres lässt sich als ein soziales Phänomen verstehen, das sich größtenteils aus der Sozialstruktur (social structure) und den *Health Beliefs* erklären lässt.[235] Es handelt sich demnach um die patienteninduzierte Inanspruchnahme.[236] Letzteres dagegen wird durch eine professionelle Einschätzung über den Gesundheitszustand eines Individuums und dem Bedarf nach Gesundheitsleistungen bestimmt.[237] Der objektiv ermittelte Bedarf kann also größtenteils als arztinduzierte Inanspruchnahme verstanden werden.[238]

Der bisher beschriebene Modellkern wurde im Laufe zahlreicher Weiterentwicklungen um die Komponenten *Outcomes* und Environment ergänzt. Außerdem wurde die Möglichkeit der Rückkopplungen von *Outcomes* auf *Population Characteristics* und *Health Behavior* realisiert. *Outcomes* beschreiben die Ergebnisse der Inanspruchnahme von Gesundheitsleistungen. Diese lassen sich analog zu den Need Variablen in subjektive (perceived health status) und objektive (evaluated health status) Komponenten zerlegen.[239] Darüber hinaus wurde mit *Consumer Satisfaction* die Konsumentenzufriedenheit hinzugefügt, der ein eigener Einfluss auf die Inanspruchnahme zugesprochen wird. Durch das Hinzufügen von *Outcomes* und die Rückkopplung wurde das Modell dynamisiert. Neben der Erforschung des Inanspruchnahmegeschehens kann dadurch auch die Wirksamkeit gesundheitspolitischer Maßnahmen beurteilt werden.[240]

Durch die Komponente *Environment* wird zum einen explizit das Gesundheitswesen mit einbezogen, in dessen Rahmen die Inanspruchnahme stattfindet.

---

232 Vgl. Thode et al. (2004), S. 17.
233 Vgl. Andersen/Newman (2005), S. 16.
234 Vgl. Thode et al. (2004), S. 17.
235 Vgl. Andersen (1995), S.3.
236 Vgl. Thode et al. (2004), S. 17f.
237 Vgl. Andersen (1995), S. 3.
238 Vgl. Thode et al. (2004), S. 18.
239 Vgl. Ebd., S. 15f.
240 Vgl. Andersen/Schwarze (2003), S. 20f.

Damit können dessen Einflüsse auf die Inanspruchnahme untersucht werden. Auf der anderen Seite wird auch die externe Umwelt betrachtet, die die Inanspruchnahme in den gesamtwirtschaftlichen Kontext setzt.[241]

Eine auf dem Verhaltensmodell von Andersen aufbauende Untersuchung der Inanspruchnahme wurde von Thode und Kollegen[242] durchgeführt. Sie basiert auf den Daten der Bundes-Gesundheitssurvey 1998 (BGS98)[243], die alle Personen im Alter von 18-79 erfasst, die während des Untersuchungszeitraums in der BRD lebten und dort mit Hauptwohnsitz gemeldet waren.[244]

Die Untersuchung konzentriert sich auf die Inanspruchnahme im ambulanten Sektor. Eine entscheidende Erkenntnis ist, dass die Inanspruchnahme des stationären Sektors nur bedingt von den Individuen selbst gesteuert wird. Dies ist insbesondere auf die Rahmenbedingungen des deutschen Gesundheitswesens zurückzuführen. Für die Motive der Inanspruchnahme ist somit die Inanspruchnahme ambulanter Leistungen entscheidend. Als Zielgrößen der ambulanten Inanspruchnahme wurden folgende Kennzahlen gewählt:[245]

- Anzahl der Arztkontakte
- Anzahl kontaktierter Fachgruppen
- Anzahl Kontakte bei Allgemeinmedizinern
- Internisten
  - Kontakt-Wahrscheinlichkeit
  - Anzahl der Kontakte

Die Inanspruchnahme erklärenden Merkmale wurden nach dem Verhaltensmodell von Andersen in *Predisposing Characteristic*, *Enabling Resources* und *Need* klassifiziert. Die erklärenden Variablen und die Ergebnisse der Analyse sind in Tabelle 3-1 dargestellt.

241 Vgl. Andersen (1995), S. 6.
242 Vgl. Thode et al. (2004).
243 Eine ausführliche Darstellung der BGS98 findet sich unter anderem in Bellach et al. (1998) und Thefeld et al. (1999).
244 Vgl. Thode et al. (2004), S. 21.
245 Vgl. Ebd., S. 19.

Tab. 3-1: Einflussfaktoren auf die Inanspruchnahme

		Anzahl der Arzt-kontakte	Anzahl kontaktierter Fach-gruppen	Anzahl Kontakte bei Allgemein-medizinern	Internisten	
					Kontakt-wahrschein-lichkeit	Anzahl der Kontakte
Predisposing	Frauen	+	+			+
	Alter, Alter^2	o		o	o	
	Alter, Alter^2 – Männer	o	o			
	Alter, Alter^2 – Frauen	o	o			
	Land	–	–			–
	West	–	–	–		
	Erwerbstätigkeit	–				–
	Belastung am Arbeitsplatz					
	andere Nationalität					
	andere Nationalität – Männer			+		
	andere Nationalität – Frauen					
	Sozialschicht		+	–	+	
	Gesundheitsverhalten: sportlich aktiv		+		+	
	Gesundheitsverhalten: Raucher		–			
	Gesundheitsverhalten: Adipositas			+		
	Zusammenleben mit Partner					
	Anzahl der Helfer im Notfall					
	Allgemeine Lebenszufriedenheit					
Enabling	Hausarzt	+	+			+
	Hausarzt – Männer			+		
	Hausarzt – Frauen			+		
	Privat versichert					
	Privat versichert – Männer			–		
	Privat versichert – Frauen					
	Allgemeinarztanteil			+		
	Internistenanteil				+	
	Arztdichte					
	KV-Abrechnungsmerkmale					
Need	Anzahl Krankheiten (12 Monate)	+	+	+	(entfällt)	+
	Anzahl Krankheiten (Leben)	+	+	+	(entfällt)	+
	Abwesenheit von Krankheiten	(entfällt)	(entfällt)	(entfällt)	–	(entfällt)
	Selbsteinschätzung d. Gesundheitszustands	+	+	+	+	
	psychischer Faktor (SF-36)	–	–	–	(entfällt)	
	körperlicher Faktor (SF-36)	–	–	–	(entfällt)	
	Verletzungen		+			
	Verletzungen – Männer	+		+		
	Verletzungen – Frauen	+				
	Anzahl Schmerzorte				+	
	Anzahl Schmerzorte – Männer		+			
	Anzahl Schmerzorte – Frauen		+			
	Erwerbsminderung (in%)	+		+		
	Schwangerschaft					
	Anzahl grippale Infekte	+		+		
	psych. Auffälligkeit (CID-S)					
	Befindlichkeitsstörungen					
	ärztlicher Befund					

Wirkungsrichtung der Einflussfaktoren auf die Inanspruchnahme:
\+ mehr IA – weniger IA o altersspezifische IA leere Felder = kein Einfluss

Quelle: Thode et al. (2004), S. 88.

Im Rahmen der Studie wurden die Need-Faktoren – also der wahrgenommene bzw. objektiv ermittelte Bedarf – als die wichtigsten Einflussfaktoren auf das Inanspruchnahmegeschehen identifiziert. Ohne eine differenzierte Betrachtung nach Arztgruppen gilt allgemein, je höher die Morbidität in den letzten 12 Monaten bzw. im gesamten Leben (Anzahl der Krankheiten), desto häufiger werden Ärzte kontaktiert. Dazu gehören auch die Anzahl grippaler Infekte oder Vorliegen einer Behinderung (Erwerbsminderung). Bei Multimorbidität nimmt die Kontaktzahl zwar zu, allerdings nicht proportional zur Anzahl der Krankheiten. Hier kommt es zu Überlappungen in den Behandlungsanlässen.[246]

Losgelöst von dem objektiv messbaren Gesundheitszustand, hat der subjektive Gesundheitszustand[247] einen von der objektiven Morbidität unabhängigen, signifikanten Einfluss auf die Anzahl der Arztkontakte über alle betrachteten Fachrichtungen hinweg. Wird der eigene Gesundheitszustand schlechter eingeschätzt, steigt die Anzahl der Arztkontakte. Wird der subjektive Gesundheitszustand differenzierter betrachtet und in subjektive körperliche und subjektive psychischer Gesundheit[248] unterschieden, dominiert der psychische Einfluss sowohl bei der Zahl der Kontakte bei Ärzten insgesamt als auch bei der Zahl der Kontakte bei den übrigen Facharztgruppen die körperlichen Einflussfaktoren.[249]

Außerdem zeigt eine getrennte Betrachtung von Morbidität und subjektiver Gesundheit, dass der Einfluss auf die Inanspruchnahme bei jüngeren Leuten in etwa gleich stark ausgeprägt ist, wohingegen bei den älteren Menschen die subjektive Gesundheit einen stärkeren Einfluss auf die Inanspruchnahme hat.[250] Für die Anzahl aller Arztkontakte ist außerdem die Wechselwirkung von Geschlecht und Verletzungen signifikant.[251] Kein signifikanter Zusammenhang zwischen Inanspruchnahme und möglichen Einflussfaktoren besteht bei der Zahl der Schmerzorte.[252]

Neben der gesamten Anzahl der Arztkontakte wurden die Einflussfaktoren ebenfalls hinsichtlich der Anzahl der Kontakte bei Allgemeinmedizinern und

246 Vgl. Thode et al. (2004), S. 87.

247 Gemessen anhand einer 5-stufigen Skala von 1 (sehr gut) bis 5 (schlecht), Vgl. Ebd., S. 34.

248 Dass das Vorzeichen der psychischen und körperlichen Faktoren im Vergleich zu dem allg. subjektiven Gesundheitszustand umgekehrt ist, liegt daran, dass der Wertebereich dieser beiden Faktoren anders definiert ist. So entspricht ein Faktorwert 0 einer überdurchschnittlichen psychischen bzw. körperlichen subjektiven Gesundheit, ein Wert kleiner 0 entsprechend einer unterdurchschnittlichen psychischen bzw. körperlichen subjektiven Gesundheit. Vgl. Ebd., S. 36.

249 Vgl. Ebd., S. 87.

250 Vgl. Ebd., S. 53f.

251 Vgl. Ebd., S. 49f.

252 Vgl. Ebd., S. 88.

Internisten untersucht. Darüber kann die Anzahl der kontaktierten Fachgruppen als Indikator für die Komplexität der Inanspruchnahme einer Person herangezogen werden.[253]

Als wichtigste Einflussgrößen auf die Zahl der kontaktierten Fachgruppen erweisen sich auch hier die Need Faktoren. Morbidität und subjektiver Gesundheitszustand haben einen signifikanten Einfluss auf die Anzahl kontaktierter Fachgruppen. Ferner zeigen Verletzungen und die Wechselwirkung zwischen Geschlecht und der Anzahl der Schmerzorte signifikante Auswirkungen auf die Inanspruchnahme. Die übrigen, in Tabelle 3-1 dargestellten Need Faktoren zeigen keinen signifikanten Einfluss auf die Anzahl kontaktierter Fachgruppen.[254]

Neben den Need Faktoren haben die Predisposing Faktoren den größten Einfluss auf die Anzahl der Arztkontakte insgesamt. Zu den signifikanten Faktoren gehören neben Geschlecht, Region (Ost / West), Raum (Stadt / Land) und Erwerbstätigkeit auch das Alter und dessen Wechselwirkungen mit dem Geschlecht. Den Ergebnissen zufolge kontaktieren Frauen, Ältere, Personen aus urbanisierten Gebieten und den neuen Bundesländern sowie Nicht-Erwerbstätige häufiger einen Arzt.[255] Auf die Anzahl der Arztkontakte gesamt haben die Variablen Belastungen am Arbeitsplatz, Nationalität, Sozialschicht, Gesundheitsverhalten, Partnerschaft, Anzahl der Helfer im Notfall sowie die allgemeine Lebenszufriedenheit keinen signifikanten Einfluss.[256]

Bei der Anzahl kontaktierter Fachgruppen finden sich unter den Predisposing Faktoren bis auf die Erwerbstätigkeit die gleichen, wie zuvor genannten signifikanten Einflussfaktoren. Darüber haben auch die soziale Schicht, der Grad der sportlichen Aktivität und rauchen Einfluss auf die Zielgröße. Demnach kontaktieren ebenfalls sportliche und aus höheren sozialen Schichten stammende Personen sowie Nichtraucher mehr Fachgruppen.[257]

Der Großteil der Enabling Faktoren hat keinen signifikanten Einfluss auf die Anzahl der Arztkontakte oder die Anzahl kontaktierter Fachgruppen. Zu den nicht signifikanten Faktoren gehören Arztdichte, Angebotsstruktur (Allgemeinmedizineranteil), Abrechnungsmerkmale und Versicherungsart (privat/gesetzlich). Lediglich die Existenz eines Hausarztes hat einen signifikanten Einfluss auf die Anzahl der Arztkontakte und Anzahl kontaktierter Fachgruppen. Patienten mit einem Hausarzt haben bei beiden Zielgrößen eine erhöhte Kontakthäufigkeit, wobei Probanden mit Hausarzt mehr Fachgruppen in Anspruch neh-

253 Vgl. Thode et al. (2004), S. 55.
254 Vgl. Ebd., S. 63.
255 Vgl. Ebd., S. 49.
256 Vgl. Ebd., S. 53.
257 Vgl. Ebd., S. 63.

men.[258] Insgesamt bestätigt die Untersuchung nicht, dass zwischen angebotsinduzierenden Faktoren und der Höhe und der Komplexität der Inanspruchnahme von Ärzten ein positiver Zusammenhang besteht.[259]

Eine Studie von Härtel[260], die Bereits zu Beginn der 80er Jahre durchgeführt wurde, untersucht ebenfalls die Bedienungsfaktoren der individuellen Inanspruchnahme von medizinischen Hilfen.[261] Dabei wurden insbesondere soziale und demografische Faktoren auf das Inanspruchnahmeverhalten hin untersucht, bei gleichzeitiger Berücksichtigung subjektiver und objektiver Merkmale der körperlichen Verfassung.[262]

Im Rahmen der Münchner Blutdruckstudie wurde als abhängige Variable der Inanspruchnahme unter anderem die Anzahl der Arztkontakte untersucht. Als unabhängige Variablen fließen Geschlecht, Alter, Familienstand, Anzahl der Personen im Haushalt, Ausbildungsjahre, Erwerbstätigkeit, berufliche Position, körperliche Verfassung, Anzahl chronischer Krankheiten, Höhe des Blutdrucks und Körpergewicht in die Analyse ein.[263]

So ließ sich ein signifikanter Zusammenhang zwischen Geschlecht und Anzahl der Arztbesuche feststellen, Frauen kontaktierten demnach häufiger einen Arzt. Dagegen zeigte das Alter bei gleichzeitiger Berücksichtigung der Anzahl chronischer Krankheiten und der allgemeinen körperlichen Verfassung keinen statistisch signifikanten Einfluss auf die Anzahl der Arztbesuche. Die häufigeren Arztkontakte älterer Menschen liegen demnach nicht am Alter per se, sondern an der generellen und im Vergleich zu jüngeren, schlechteren körperlichen Verfassung. Es besteht ein signifikanter Zusammenhang zwischen chronischen Krankheiten und Arztbesuchen, und zwischen gegenwärtiger körperlicher Verfassung und Arztbesuchen. Dieser ist je nach Geschlecht stärker oder schwächer ausgeprägt.[264]

Lediglich bei Frauen hatte die Anzahl der Personen im Haushalt einen statistisch signifikanten Einfluss auf die Anzahl der Arztbesuche. Je mehr Personen im Haushalt, desto seltener suchten Frauen einen Arzt auf. Dagegen hat bei den Männern lediglich die Erwerbstätigkeit einen signifikanten Einfluss auf die Anzahl der Arztkontakte. Erwerbstätige Männer gehen häufiger zum Arzt als nichterwerbstätige. Einen weder bei Frauen noch bei Männern signifikanten Einfluss

258 Vgl. Thode et al. (2004), S. 49 und S. 63f.
259 Vgl. Ebd., S. 90.
260 Vgl. Härtel (1985).
261 Vgl. Ebd., S. 6.
262 Vgl. Ebd., S. 240.
263 Vgl. Ebd., S. 242.
264 Vgl. Ebd., S. 241ff.

auf die Anzahl der Arztkontakte hatten die Einflussfaktoren Familienstand, Ausbildungsjahre, berufliche Position und Höhe des Blutdrucks.[265]

3.3.3 Zwischenfazit

An dieser Stelle sei zunächst darauf hingewiesen, dass in der wissenschaftlichen Diskussion der Begriff der Inanspruchnahme keineswegs eindeutig definiert ist. Die terminologischen Unklarheiten entstehen vor allem, weil in vielen empirischen Untersuchungen die Begriffe Inanspruchnahme, Bedarf, Bedürfnis, Nachfrage und Morbidität gleichgesetzt werden. Während es theoretische Modelle und Untersuchungen zur „Nachfrage nach Gesundheitsleistungen" oder „Bedarf von Gesundheitsleistungen" gibt, fehlt es an einer theoretischen Modellierung der „Inanspruchnahme von Gesundheitsleistungen". Fernab der Theorie, kann von Inanspruchnahme allerdings nur dann explizit gesprochen werden, wenn der tatsächliche Handlungsvollzug stattgefunden hat. Dazu gehören beispielsweise der direkte Arztkontakt oder ein Krankenhausaufenthalt.[266] Die Nachfrage bezieht sich dagegen auf den der Inanspruchnahme vorgelagerten Entscheidungsprozess.[267]

Neben der begrifflichen Problematik zeigen die bereits durchgeführten Studien der Inanspruchnahmeforschung, dass es eine große Anzahl potentieller erklärungsrelevanter Determinanten der Inanspruchnahme gibt. Allerdings sind die Ergebnisse nicht selten auch von den Modellspezifikationen und der damit einhergehenden Struktur und Verfügbarkeit der Daten abhängig. Interdependenzen zwischen den Determinanten (Multikausalität, Nichtlinearität und Interferenzen) oder Nicht-Berücksichtigung bestimmter Variablen erschweren die Ableitung von allgemeingültigen Aussagen. Die Erstellung eines umfassendes Erklärungsmodell des Inanspruchnahmegeschehens gestaltet sich äußerst schwierig, da sich nicht alle (potentiell) relevanten Variablen in einem Modell berücksichtigen lassen. Allerdings ist davon auszugehen, dass die Zahl der relevanten Einflussfaktoren begrenzt ist. Zu diesen Schlüsselfaktoren gehören mit hoher Wahrscheinlichkeit der Gesundheitszustand (Morbidität) bzw. der Bedarf nach medizinischen Leistungen sowie die demografischen Strukturmerkmale.[268]

Dennoch lassen die für die Inanspruchnahme in Deutschland durchgeführte Studien von Thode und Kollegen[269] sowie Härtel[270] Rückschlüsse über die Sig-

265 Vgl. Härtel (1985), S. 204.
266 Vgl. Andersen/Schwarz (2003), S. 4.
267 Vgl. Ebd., S. 10.
268 Vgl. Andersen/Schwarz (2003), S. 4ff.; Andersen/Schwarz (1997), S. 17.
269 Vgl. Thode et al. (2004).

nifikanz verschiedener Einflussfaktoren auf die Inanspruchnahme von Gesundheitsleistungen zu. Zwar beschränken sich diese Untersuchungen auf den ambulanten Bereich, für die Untersuchung der individuellen Motivation der Inanspruchnahme ist dies jedoch entscheidend, da der stationären Inanspruchnahme in einem Großteil der Fälle ein ambulanter Kontakt vorausgeht.[271] Aus den auf mikroökonomischer bzw. auf der Individualebene durchgeführten Regressionsanalysen lassen sich zwar keine allgemeingültigen Aussagen ableiten, aber es können wertvolle Erkenntnisse hinsichtlich signifikanter Einflussfaktoren auf makroökonomischer Ebene der Personalnachfrage im Gesundheits- und Pflegewesen gewonnen werden. Als maßgeblich für die Inanspruchnahme von medizinischen Leistungen und damit auch die Nachfrage nach Gesundheitspersonal stellen sich somit folgende Einflussfaktoren oder Kombinationen aus diesen Einflussfaktoren heraus:

- Geschlecht
- Region
- Raum (Stadt / Land)
- Erwerbstätigkeit
- Alter
- Anzahl Krankheiten, chronische Krankheiten
- subjektiver Gesundheitszustand

Neben der Identifikation der Einflussfaktoren ist es für die geplante Analyse entscheidend, ob sich diese Einflussfaktoren auf der makroökonomischen Ebene datentechnisch abbilden lassen. Dies wird im weiteren Verlauf der Arbeit diskutiert.

3.4 Beeinflussende Trends im Gesundheits- und Pflegewesen

Bei einer Bedarfsprognose im Gesundheits- und Pflegewesen sollte die Angebots- und Nachfrageseite modelliert und zusammengeführt werden.[272] Die bisher aus Modellen der Arbeitsmarkttheorien, der Gesundheitsökonomie und der Sozialwissenschaften abgeleiteten Einflussfaktoren auf Angebot und Nachfrage werden nachfolgend um jene modellrelevanter Entwicklungen im Gesundheits-

270 Vgl. Härtel (1985).

271 Vgl. Thode et al. (2004), S. 19.

272 Vgl. Bloor/Maynard (2003).

und Pflegewesen ergänzt, die Personalangebot und -nachfrage im Gesundheits- und Pflegewesen mit beeinflussen (vgl. Kapitel 1).

Zu diesen, für das geplante Berechnungsmodell relevanten Trends des Gesundheits- und Pflegewesens, gehören:

- Die demografische Entwicklung, aus der sich ein veränderndes Bild der Morbidität ergibt und die in bestimmten Berufszweigen zu einer zunehmenden Feminisierung und generell zu einer Alterung der Beschäftigten führt.
- Die Entwicklung der Erwerbstätigkeit, mit einem zunehmenden Umfang von Teilzeitbeschäftigungsverhältnissen.
- Zunehmende Abwanderung von Gesundheitsdienstberufen in andere, attraktive Zweige der Gesundheitswirtschaft (z. B. Pharmaindustrie) oder andere Wirtschaftszweige.
- Der medizinisch-technische Fortschritt, ausgelöst durch technologische Innovationen im Bereich der Medizintechnik, der Biotechnologie und der Pharmabranche, führt zu einer kontinuierlichen Weiterentwicklung neuer Verfahren der Diagnostik und Therapie.
- Eine Ausweitung des Spektrums der ambulanten Gesundheitsversorgung bei gleichzeitiger Reduzierung des stationären Versorgungsspektrums.

Die dargestellten Trends beeinflussen die Personalsituation im Gesundheits- und Pflegewesen sowohl in qualifikatorischer als auch quantitativer Hinsicht.[273] Nachfolgend werden die Determinanten beschrieben, welche die Personalsituation im ambulanten und stationären Sektor des Gesundheits- und Pflegewesens maßgeblich beeinflussen.

3.4.1 Die Demografische Entwicklung und ihre Auswirkungen

Unter dem Begriff demografische Entwicklung oder demografischer Wandel wird die Entwicklung der Zusammensetzung und regionale Verteilung der Bevölkerung in der Vergangenheit und Zukunft beschrieben. Diese Entwicklung hat bedeutende Auswirkungen auf alle Lebensbereiche.[274] Zwei wesentliche Auswirkungen für das Gesundheits- und Pflegewesen sind die allgemeine Alterung der Bevölkerung und die damit einhergehende Veränderung der Altersstruktur der Erwerbsbevölkerung. Während ersteres zu einem höheren Gesamtbedarf medizinischer und pflegerischer Leistungen führt, wird sich letzteres vor

---

273 Vgl. Padberg/Winschuh (2008), S. 30f.

274 Vgl. Statistische Ämter des Bundes und der Länder (2011), S. 6.

allem in einem schrumpfenden Arbeitsangebot niederschlagen, dessen Auswirkungen auch für das Gesundheits- und Pflegewesen messbar sind.[275]

Die Alterung der Bevölkerung und die Entwicklung der Altersstruktur in Deutschland sind seit langem bekannt. Während im Jahr 2008 in Deutschland gerade einmal 16,7 Mio. Menschen 65 Jahre und älter waren, werden es im Jahr 2030 schon ca. 22,3 Mio. sein. Dies entspricht einem Altenquotient[276] von 52,8. Im Jahr 2008 betrug der Altenquotient noch 33,7. Bis zum Jahr 2060 wird sich der Anzahl der 65-Jährigen und älter zwar leicht auf 22,0 Mio. Personen reduzieren, allerdings beträgt der Altenquotient dann 67,4. In der Altersgruppe der über 80-Jährigen führt die steigende Lebenserwartung zu einer noch größeren prozentualen Zunahme. Während im Jahr 2008 in Deutschland gerade einmal 4,1 Mio. Menschen 80 Jahre oder älter waren, wird sich deren Zahl bis 2060 auf über 9 Mio. mehr als verdoppeln. Dagegen ist in der Altersgruppe der unter 20-jahrigen eine gegenläufige Entwicklung zu beobachten. Diese Gruppe schwindet vom Jahr 2008 bis 2060 von 15,6 auf 10,1 Mio. Personen.[277] Eine Analyse der Jahre vor 2008 macht deutlich, dass der demografische Wandel in Deutschland längst begonnen hat.[278]

Gerade die dargestellte Zunahme der höheren Altersgruppen wird die zukünftige Entwicklung der Krankheitsfälle beeinflussen, da das Erkrankungsrisiko, neben anderen Faktoren, stark mit dem Alter korreliert.[279] Daraus kann abgeleitet werden, dass die Nachfrage nach Gesundheits- und Pflegeleistungen steigen und sich deren Struktur wandeln wird. Es ist damit zu rechnen, dass verstärkt Leistungen nachgefragt werden, die mit Erkrankungen im hohen Alter bzw. der sich daraus ergebenden Pflegebedürftigkeit im Zusammenhang stehen.[280]

Neben den Auswirkungen der demografischen Entwicklung auf die Nachfrageseite, ist hinsichtlich der Angebotsseite insbesondere die Schrumpfung der Erwerbsbevölkerung und damit die Reduktion des Arbeitsangebots zu nennen. Der Anteil der Personen im erwerbsfähigen Alter[281] an der Gesamtbevölkerung

---

275 Vgl. Ehrhard et al. (2011), S. 106.

276 65-Jährige und Ältere je 100 Personen im Alter von 20 bis 64 Jahren.

277 Vgl. Statistisches Bundesamt (2009). Die beschriebene Entwicklung entspricht der Variante „Untergrenze der mittleren Bevölkerung“ mit annähernd konstanter Geburtenhäufigkeit, Lebenserwartung: Basisannahme, Wanderungssaldo: 100 000. Die Daten des Jahres 2008 entstammen aus der Online Datenbank Genesis des Statistischen Bundesamtes, Stand 21.02.2013.

278 Vgl. Statistische Ämter des Bundes und der Länder (2011), S. 6.

279 Vgl. Beske et al. (2009), S. 28.

280 Vgl. Ehrhard et al (2011), S. 6.

281 Hier angenommen von 20 bis unter 65 Jahre.

geht von 60,6% im Jahr 2008 auf 50,4% in 2060 zurück (von 49,7 auf 32,6 Mio. Personen).[282] Neben der generellen Alterung und damit einhergehenden Schrumpfung der Erwerbsbevölkerung werden zukünftig hohe Ersatzbedarfe, d.h. Bedarfe aufgrund altersbedingt aus dem Berufsleben ausscheidender Erwerbstätiger entstehen, die sich aufgrund der Schrumpfung der jüngeren Jahrgänge nicht durch Neuzugänge kompensieren lassen.[283]

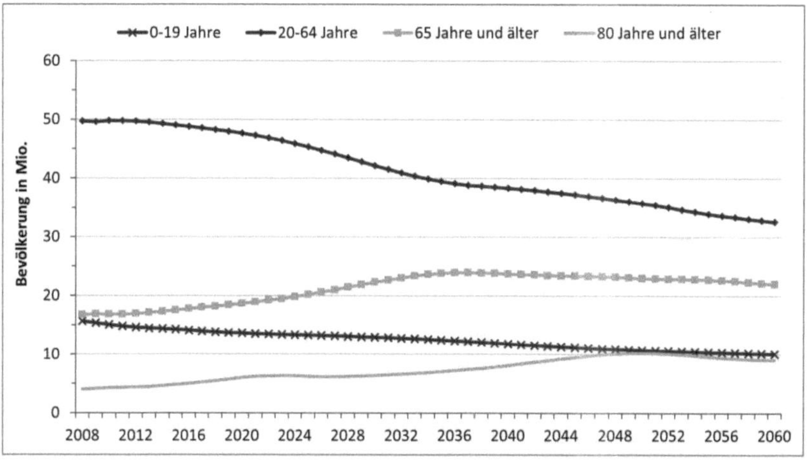

Quelle: Statistisches Bundesamt (2009), eigene Berechnung.

Abb. 3-5: Bevölkerungsentwicklung in Deutschland nach Altersgruppen

Da die demografische Entwicklung auf viele Lebensbereiche wirkt, sind ihre Auswirkungen im Gesundheits- und Pflegewesen ebenfalls vielfältig. Aus diesem Grund werden im Folgenden weitere relevante Entwicklungen beschrieben, die durch die demografische Entwicklung bedingt sind, aber ihre eigenen Ausprägungen zeigen.

282 Vgl. Statistisches Bundesamt (2009). Die beschriebene Entwicklung entspricht der Variante „Untergrenze der mittleren Bevölkerung“ mit annähernd konstanter Geburtenhäufigkeit, Lebenserwartung: Basisannahme, Wanderungssaldo: 100 000. Die Daten des Jahres 2008 entstammen aus der Online Datenbank Genesis des Statistischen Bundesamtes, Stand 21.02.2013.

283 Vgl. Ostwald et al. (2010), S. 21ff.

3.4.1.1 Morbidität und die Nachfrage nach Gesundheitsleistungen

Unter Morbidität wird die Krankheitshäufigkeit verstanden. Der Begriff leitet sich vom Lateinischen „morbidus“ (krank) ab.[284] Er ist ein Sammelbegriff für die beiden Indikatoren Prävalenz und Inzidenz. Unter Prävalenz wird die Anzahl der Krankheitsfälle verstanden. Sie lässt sich für einen bestimmten Zeitpunkt oder für einen abgegrenzten Zeitraum bestimmen. Mit Inzidenz wird dagegen die Anzahl der Neuerkrankungen beschrieben.[285]

Diese Krankheitshäufigkeit ist für einzelne Erkrankungen statistisch sehr gut erfasst. Schwieriger ist die Erfassung des Zustandes „krank“ insgesamt (Gesamtmorbidität). Die Häufigkeit der Gesamtmorbidität kann statistisch kaum valide geschätzt werden, da beispielsweise das gleichzeitige Auftreten mehrerer Krankheiten (Multimorbidität) oder chronische Erkrankungen berücksichtigt werden müssten. Die Gesamtmorbidität wird daher in epidemiologischen Analysen vernachlässigt, stattdessen werden nur ausgewählte Krankheiten analysiert.[286]

Wie im vorherigen Abschnitt angedeutet, besteht ein Zusammenhang zwischen Alter und Morbidität bzw. Pflegebedürftigkeit. Während dieser Zusammenhang je nach Krankheit unterschiedlich deutlich ausfällt, ist er bei der Pflegebedürftigkeit signifikant vorhanden. In Verbindung mit der demografischen Entwicklung ist mit einer steigenden Anzahl von Pflegebedürftigen und Patienten im Gesundheitswesen zu rechnen, trotz einer insgesamt sinkenden Bevölkerung.[287]

Dabei nimmt nicht nur die Anzahl der Erkrankungen mit dem Alter zu, sondern auch deren Komplexität. Gleichzeitig leiden ältere Menschen häufig unter mehreren Erkrankungen gleichzeitig (Multimorbidität).[288] Dies zeigt sich insbesondere bei der Anzahl der Krankenhausfälle, deren Anteile ab dem 60. Lebensjahr sowohl für Männer als auch Frauen stark zunimmt.[289] Zudem wird es durch die demografische Entwicklung zu Verschiebungen im Diagnosespektrum kommen, da im Alter das somatische Krankheitsspektrum zu einem Großteil von Herz-Kreislauf-Erkrankungen (bspw. Herzinsuffizienz, Angina pectoris, etc.),

---

284 Vgl. Beske et al. (2007), S. 51.
285 Vgl. Hellmeier et al. (1993), S. 91ff, zitiert in Behrendt (2009), S. 1101.
286 Vgl. Beske et al. (2007), S. 51.
287 Vgl. Statistische Ämter des Bundes und der Länder (2010), S. 5.
288 Vgl. Ebd., S. 7.
289 Vgl. Ebd., S. 8.

Krankheiten des Bewegungsapparates oder Krebserkrankungen dominiert wird.[290]

Für die Bedarfsprognose ist die zukünftige Entwicklung der Morbidität entscheidend. Vor dem Hintergrund einer in Deutschland weiter ansteigenden Lebenserwartung werden in der Wissenschaft zwei mögliche Szenarien diskutiert, die unter den Begriffen Expansions- bzw. Medikalisierungsthese und Kompressionsthese bekannt sind. Letztere unterstellt mit steigender Lebenserwartung auch eine längere „gesunde" Lebensphase, die schwere Erkrankungen erst kurz vor dem Tod eintreten lässt. Dagegen wird in der Expansionsthese unterstellt, dass mit steigender Lebenserwartung die in Krankheit verbrachten Phasen zunehmen.[291]

Die Statistischen Ämter des Bundes und der Länder haben aufbauend auf diesen beiden Thesen eine Prognose der zu erwartenden Krankenhausfälle bis zum Jahr 2030 vorgenommen (vgl. Abb. 3-6). Mit dem Status-Quo-Szenario wird eine Entwicklung entsprechend der Expansionsthese beschrieben, mit dem Szenario „sinkende Behandlungsquote" werden die Annahmen der Kompressionsthese modelliert.

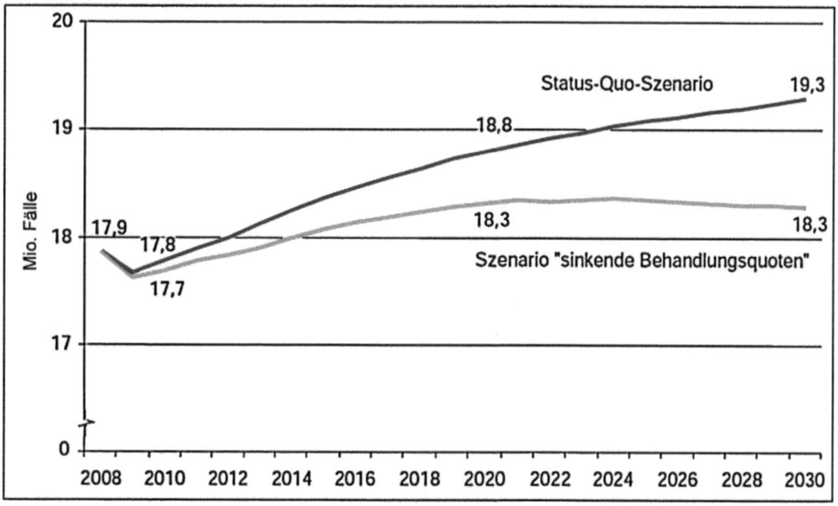

Quelle: Statistische Ämter des Bundes und der Länder (2010), S. 16.

Abb. 3-6: Krankenhausfälle 2008 bis 2030 – Vergleich Status-Quo-Szenario und Szenario „sinkende Behandlungsquoten"

290 Vgl. Statistisches Bundesamt et al. (2009), S. 31; Statistische Ämter des Bundes und der Länder (2010), S. 13.

291 Vgl. Statistische Ämter des Bundes und der Länder (2010), S. 11.

Ausgehend von rund 17,9 Mio. Krankenhausfällen im Jahr 2008, zeigen die Prognosen deutlich unterschiedliche Entwicklungen für beide Szenarien. Während im Szenario „sinkende Behandlungsquote" im Jahr 2020 ca. 18,3 Mio. Krankenhausfälle zu erwarten sind, liegt die Zahl im Status-Quo-Szenario eine halbe Million höher. Bis zum Jahr 2030 wird dieser Unterschied deutlich größer. Im Szenario „sinkende Behandlungsquote" würde sich die Fallzahl auf den Wert von 2020 stabilisieren, im Status-Quo-Szenario werden mit 19,3 Mio. Krankenhausfälle dagegen 1 Mio. Fälle mehr erwartet. Unabhängig von der Eintrittswahrscheinlichkeit der Szenarien, können sie als Korridor der möglichen Entwicklung der Krankenhausfälle betrachtet werden.[292]

Neben den Krankheitsfällen in Krankenhäusern zeigen sich die Auswirkungen der demografischen Entwicklung vor allem bei der Anzahl der Pflegefälle. Diese betrugen im Jahr 1999 rund 2,02 Mio. und stiegen bis Ende 2011 auf 2,5 Mio. Personen an. Dieser Anstieg von knapp einer halben Million Pflegebedürftiger entspricht einer Zunahme von rund 24%. Im gleichen Zeitraum nahm der Anteil der Pflegebedürftigen an der Bevölkerung von 2,5% auf 3,1% zu. Etwa 65% der Pflegebedürftigen waren Frauen und 83% waren älter als 65 Jahre. Diese Zahlen zeigen, dass die Pflegebedürftigkeit mit zunehmendem Alter zunimmt. Die Pflegequote[293] der 70- bis unter 75-Jährigen lag im Jahr 2011 bei 4,8% und steigt in den älteren Alterskohorten rapide an. Im Jahr 2011 betrug sie bei den über 90-Jährigen 57,8%.[294]

Die zukünftige Entwicklung der Pflegefälle lässt sich unter Beibehaltung des Status-Quo der Pflegequoten (Status-Quo-Szenario) und über die Verknüpfung mit der zu erwartenden Bevölkerungsstruktur schätzen.[295] Die hier vorgestellte und vom Statistischen Bundesamt durchgeführte Modellrechnung verwendet dazu die 12. koordinierte Bevölkerungsvorausberechnung.[296] Darüber hinaus wurde vom Statistischen Bundesamt ein Szenario mit „sinkenden Pflegequoten" berechnet, in dem von einem geringeren Pflegerisiko in den Altersklassen ausgegangen wird bzw. sich vor dem Hintergrund steigender Lebenserwartung die Pflegebedürftigkeit in ein höheres Alter verlagert.[297] Die auf dem Jahr 2007 basierenden Projektionen sind in Abbildung 3-7 dargestellt.

---

292 Vgl. Statistische Ämter des Bundes und der Länder (2010), S. 16.

293 Anzahl der Pflegefälle zur jeweiligen Bevölkerungsgruppe.

294 Vgl. Statistische Ämter des Bundes und der Länder (2010), S. 21ff; Statistisches Bundesamt (2013), S. 7f.

295 Damit wird von möglichen Veränderungen, wie etwa dem medizinisch-technischen Fortschritt oder Veränderung der Pflegequoten abstrahiert.

296 In der Variante „untere Grenze der mittleren Bevölkerungsentwicklung". Vgl. Statistische Ämter des Bundes und der Länder (2010), S. 26.

297 Vgl. Ebd., S. 29.

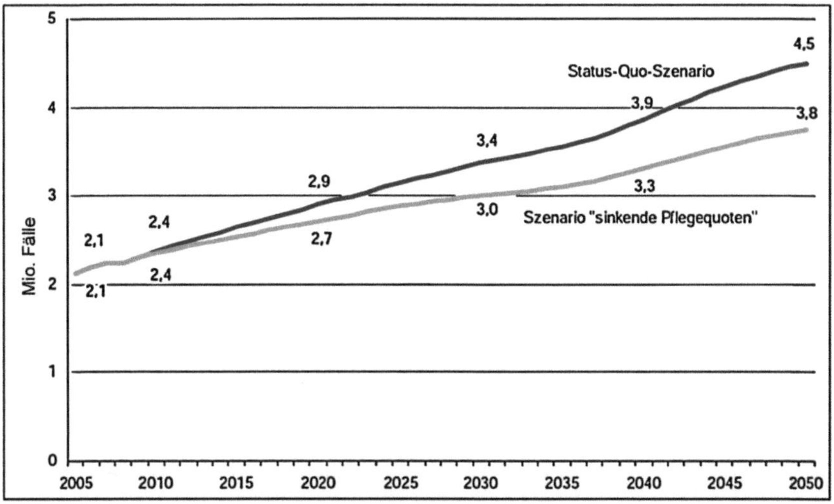

Quelle: Statistische Ämter des Bundes und der Länder (2010), S. 30.

Abb. 3-7: Pflegebedürftige insgesamt in Deutschland von 2005 bis 2050 – Vergleich Status-Quo-Szenario und Szenario „sinkende Pflegequote"

Im Status-Quo-Szenario ist mit einem Anstieg der Anzahl der Pflegebedürftigen von 2,25 Mio. Personen im Jahr 2007 bis auf 3,4 Mio. im Jahr 2030 zu rechnen. Dies entspricht einem Anstieg von rund 50%.[298] Im Szenario „sinkende Pflegequoten" steigt die Anzahl der Fälle lediglich auf rund 3,0 Mio. Pflegebedürftige bzw. 33% gegenüber dem Jahr 2007. Im weiteren Zeitverlauf würden beide Szenarienberechnungen noch weiter voneinander abweichen. Während sich im Status-Quo-Szenario die Zahl der Pflegebedürftigen bis auf 4,5 Mio. im Vergleich zu 2007 verdoppelt, beträgt der Anstieg im zweiten Szenario rund 67% auf 3,8 Mio. Pflegebedürftige.[299]

Auch wenn es sich bei den vorgestellten Ergebnissen der Entwicklung der Krankenhaus- und Pflegefälle um Hochrechnungen handelt, verdeutlichen sie die zukünftige Entwicklung eindrucksvoll. Unter der Voraussetzung, dass der heutige Maßstab an die gesundheitliche Versorgung auch in Zukunft angelegt werden soll, lässt sich bereits an dieser Stelle die sich daraus ableitende Personalnachfrage erahnen.

298 Vgl. Statistische Ämter des Bundes und der Länder (2010), S. 27.

299 Vgl. Ebd., S. 30.

3:4.1.2 Alter der Beschäftigten

Die Auswirkungen der demografischen Entwicklung spiegeln sich auch in der Altersstruktur der Beschäftigten des Gesundheits- und Pflegewesens wider. Am Beispiel der berufstätigen Ärzte lässt sich dieser Sachverhalt darstellen (vgl. Abb. 3-8).

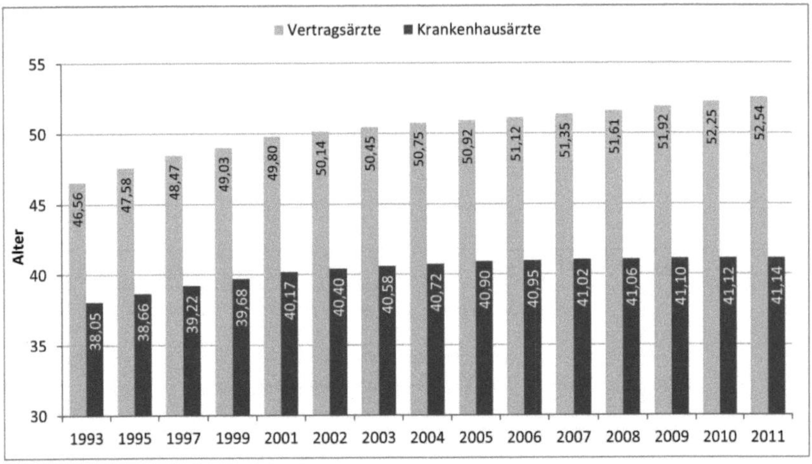

Quelle: Bundesärztekammer (2011), S. 5.

Abb. 3-8: Entwicklung des Durchschnittsalters der Ärzte

Seit Anfang der 1990er Jahre steigt das Durchschnittsalter der Ärzte kontinuierlich. In den Krankenhäusern ist es dabei deutlich geringer und steigt – zumindest seit 2005 – wesentlich moderater an. Ein Grund dafür ist auch in der Ausbildungsfunktion der Krankenhäuser zu suchen. Viele junge Mediziner machen ihre Facharztausbildung in einer stationären Einrichtung, dadurch ist immer ein gewisser „Nachschub“ an jungen Ärzten gesichert. Dagegen ist bei ambulant tätigen Vertragsärzten ein deutlich höheres Durchschnittsalter und auch ein stärkerer Anstieg dessen festzustellen. Im Jahr 2011 lag das Durchschnittsalter 11 Jahre über dem der Krankenhausärzte. Von den rund 124.000 ambulanten niedergelassenen Ärzten (Privatärzte und Vertragsärzte) im Jahr 2011 waren etwa 31.100 bzw. 25,1% 60 Jahre oder älter.[300] Insbesondere im ambulanten Bereich ist demnach in den kommenden Jahren mit einem hohen Ersatzbedarf aufgrund altersbedingt ausscheidender Ärzte zu rechnen.

300 Vgl. Bundesärztekammer (2011), S. 34.

Eine deutlich zunehmende Alterung zeichnet sich auch bei dem nichtärztlichen Personal im Gesundheits- und Pflegewesen ab. In Abb. 3-9 ist die Entwicklung dreier Alterskohorten der „übrigen Gesundheitsdienstberufe"[301] dargestellt. Während im Jahr 2000 nur 13,1% der Beschäftigten 50 Jahre und älter waren, steigt deren Anteil auf 24,0% im Jahr 2011 an. Dies geschieht sowohl zu Lasten der mittleren Alterskohorte als auch zu Lasten der unter 35-Jährigen, die beide schrumpfen.[302]

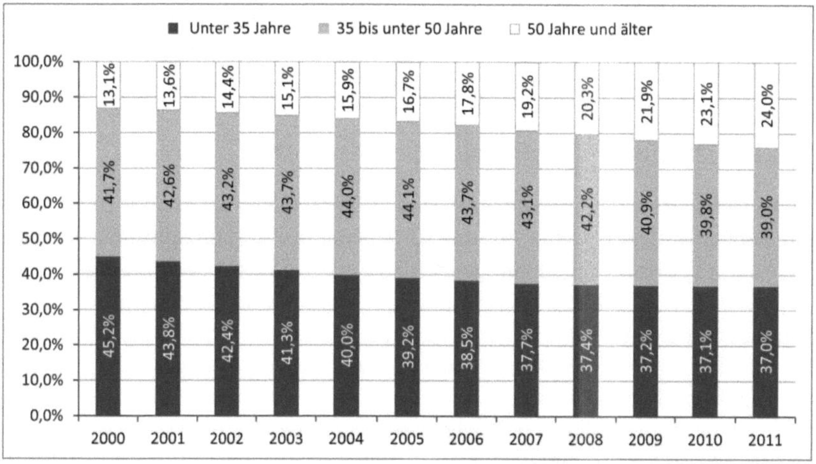

Quelle: GBE (2013c), eigene Berechnung.

Abb. 3-9: Altersstruktur der „übrigen Gesundheitsdienstberufe"

Ein ähnlicher Verlauf kann für die Sozialen Berufe festgestellt werden, hier nimmt der Anteil der über 50-Jährigen von 20,2% im Jahr 2000 auf 30,6% im Jahr 2011 zu. Allerdings bleibt der Anteil der unter 35-Jährigen mit rund 31,0% nahezu konstant. Bei insgesamt steigendem Beschäftigungsumfang spricht dies für eine konstante bzw. steigende Rate von Berufsanfängern. Dennoch nimmt auch hier die mittlere Alterskohorte 48,8% im Jahr 2000 auf 35,8% im Jahr 2011 deutlich ab.

301 Dazu gehören beispielsweise medizinische/zahnmedizinische Fachangestellte, Gesundheits- und Krankenpfleger, Gesundheits- und Krankenpflegehelfer oder Physiotherapeuten, Masseure, med. Bademeister.

302 Es werden alle in der Gesundheitspersonalrechnung ausgewiesenen Einrichtungen berücksichtigt.

3.4.2 Wandel der Erwerbstätigkeit

Die Analyse der Erwerbstätigkeit im Gesundheits- und Pflegewesen zeigt für die zurückliegenden Jahre zwei zentrale Entwicklungen. Zum einen ist ein zunehmender Umfang von Teilzeitbeschäftigungsverhältnissen in Kombination mit einer zunehmenden Frauenerwerbstätigkeit bei ärztlichen Berufen zu verzeichnen. Zum anderen hat sich gezeigt, dass ein wachsender Anteil der Gesundheitsdienstberufe in anderen Zweigen der Gesundheitswirtschaft (z. B. Pharmaindustrie) oder branchenfremden Wirtschaftszweigen arbeitet, in denen attraktivere Arbeitsbedingungen vorzufinden sind. Diese Entwicklungen werden im Folgenden detaillierter beschrieben.

3.4.2.1 Arbeitszeitverkürzung und Teilzeitarbeit

In Deutschland ist ein allgemeiner Trend zu kürzeren Arbeitszeiten zu beobachten. Zwischen den Jahren 1991 und 2010 sank die durchschnittliche Jahresarbeitszeit pro Erwerbstätigem in Deutschland von 1.552 auf 1.408 Stunden.[303]

Auch im Gesundheits- und Pflegewesen ist dieser Trend zu beobachten. Berechnungen der Bundesärztekammer zeigen speziell für berufstätige Ärzte, dass die insgesamt geleisteten Arbeitsstunden zwischen den Jahren 2000 und 2007 um 1,6% zurückgegangen sind, obwohl im gleichen Zeitraum die Zahl der Ärzte um 6,9% gestiegen ist. Ähnliches lässt sich auch bei der alleinigen Betrachtung des stationären Sektors feststellen. Dort stieg die absolute Zahl der beschäftigten Ärzte vom Basisjahr 2000 bis zum Jahr 2007 um 8,0% an, die geleisteten Arbeitsstunden nahmen jedoch um 0,3% ab.[304]

Dieser trendmäßige Rückgang der insgesamt geleisteten Arbeitsstunden bei gleichzeitig steigenden Beschäftigungszahlen, resultiert zum einen aus zunehmend kürzeren Arbeitszeiten bei männlichen Beschäftigten und zum anderen aus einem wachsenden Frauenanteil in den Arztberufen. Die Zahl der zugelassenen Ärztinnen ist in der Vergangenheit stetig gestiegen. Von den 342.000 berufstätigen Ärzten des Jahres 2011 waren 43,8% Frauen. Verglichen mit dem Anteil des Jahres 1991 (33,6%), ist eine deutliche Zunahme erkennbar.[305] Dieser Trend sollte sich noch weiter verstärken, da heute etwa 61% aller Medizinstudenten weiblich sind.

Die zunehmende Feminisierung in den ärztlichen Berufen wirkt sich deshalb negativ auf das geleistete Arbeitsvolumen aus, weil insbesondere Ärztinnen mittleren Alters vorwiegend Teilzeitstellen nachfragen. Maßgeblich verantwort-

303 Vgl. Asef et al. (2011), S.1061.

304 Vgl. Kopetsch (2010), S. 138.

305 Vgl. Bundesärztekammer (2011), eigene Berechnung.

lich dafür ist die Unvereinbarkeit von Familie und Beruf.[306] Der Vergleich der wöchentlichen Arbeitsstunden zwischen weiblichen und männlichen Ärzten zeigt dies deutlich. So ist der Anteil der Frauen unter den Beschäftigten, die weniger als 40 Stunden pro Woche arbeiten größer, und bei den Beschäftigten, die mehr als 45 Stunden arbeiten, im Vergleich zu ihren männlichen Kollegen, niedrig (vgl. Tab. 3-2). Laut Berechnungen der Bundesagentur für Arbeit, leisten Frauen im Schnitt nur 72% der Arbeitszeit von Männern im gleichen Beruf. Diese Beispiele verdeutlichen, dass mit zunehmendem Frauenanteil mehr Ärzte beschäftigt werden müssen, um das Leistungsvolumen konstant zu halten.[307] Bei den behandelnden Patienten pro Hausarzt zeigt sich ein ähnliches Bild. Durchschnittlich behandeln männliche Hausärzte gut 25% mehr Krankheitsfälle (~930) als ihre weiblichen Kolleginnen (~680).[308]

Tab. 3-2: Vergleich der Wochenarbeitszeit bei Ärzten

Wöchentliche Arbeitsstunden [h]	Ärzte gesamt	Männer	Frauen
unter 21	7,5 %	3,2 %	12,9 %
21 – 31	5,7 %	1,6 %	10,9 %
32 – 35	2,7 %	4,9 %	4,1 %
36 – 39	7,5 %	5,9 %	9,5 %
40	24,4 %	23,2 %	25,9 %
41 – 44	6,6 %	6,5 %	6,8 %
45 und mehr	45,6 %	54,7 %	29,9 %

Quelle: Kopetsch (2010), S. 136.

Die Herausforderung bei der Vereinbarkeit von Beruf und Familie besteht nicht nur bei Ärzten. Die gleiche Problematik bezüglich Arbeitszeiten und -bedingungen trifft auch auf die nichtärztlichen Berufsgruppen im Gesundheits- und Pflegewesen zu. Hier ist der Frauenanteil teilweise wesentlich höher (vgl. Abb. 3-10). So hat sich deren Anteil in den übrigen Gesundheitsdienstberufen und den sozialen Berufen im dargestellten Zeitverlauf zwar minimal verringert, ist mit 86,8% bzw. 85,5% im Jahr 2011 aber nach wie vor auf einem hohen Niveau. Hier kann zwar nicht von einer zunehmenden Feminisierung gesprochen werden, allerdings erscheint es vor dem Hintergrund der zurückliegenden Entwicklung äußerst unwahrscheinlich, dass diese Berufsgruppen in Zukunft einen deutlich höheren Männeranteil aufweisen werden.

306 Vgl. Beske et al. (2007), S. 28.
307 Vgl. Kopetsch (2010), S. 135f.
308 Vgl. Beske et al. (2007), S. 89.

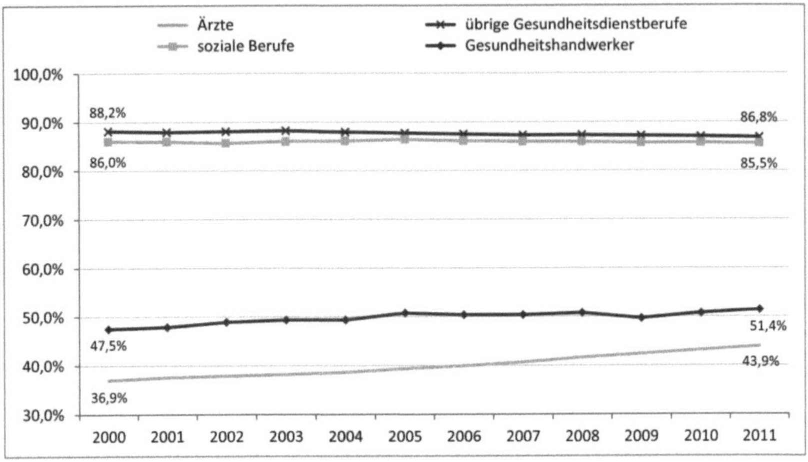

Quelle: GBE (2013c), eigene Berechnung.

Abb. 3-10: Frauenanteil in ausgewählten Berufsgruppen

Die skizzierte Teilzeitproblematik erfordert bei der Analyse von Personalangebot und -nachfrage eine Normierung der Größen. Die reine Betrachtung von Köpfen, d.h. Personen, ist allein nicht aussagekräftig. Vielmehr müssen Angebot und Nachfrage auch in sogenannten Vollzeitäquivalenten (VZÄs)[309] berechnet werden. Der Arbeitskräftebedarf, ausgedrückt in VZÄs, ist eine definierte Größe und spiegelt die tatsächlich benötigte Arbeitsleistung wider.

Ein Vergleich der Entwicklung der VZÄ im Verhältnis zur Beschäftigungsentwicklung in Köpfen verdeutlicht die zuvor beschriebene Entwicklung. In Abbildung 3-11 sind die VZÄ-Quoten (Beschäftigte in VZÄ/Beschäftigte in Köpfen) für drei Berufsgruppen in den ambulanten und stationären Einrichtungen des Gesundheits- und Pflegewesen dargestellt.[310]

---

309 VZÄ drückt den Zeitwert aus, den eine Vollzeit-Arbeitskraft (d.h. 100% Beschäftigungsgrad) innerhalb eines vergleichbaren Zeitraums erbringt (Tag, Woche, Monat, Jahr).

310 Die Abgrenzung orientiert sich an der in der Gesundheitspersonalrechnung (GPR) verwendeten Abgrenzung. Zu den ambulanten Einrichtungen gehören Arzt- und Zahnarztpraxen, Praxen sonstiger medizinischer Berufe, Apotheken, Gesundheitshandwerk/ -einzelhandel, Ambulante Pflege und sonstige ambulante Einrichtungen. Zu den stationären Einrichtungen gehören Krankenhäuser, Vorsorge-/Rehabilitationseinrichtungen sowie Stationäre/teilstationäre Pflege.

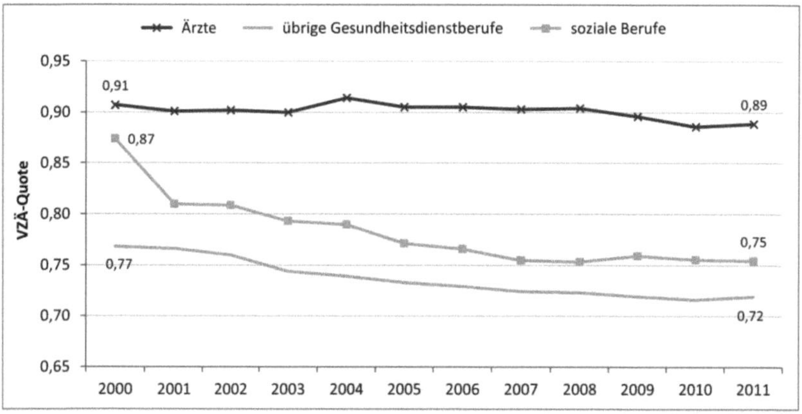

Quelle: GBE (2013d), GBE (2013e), eigene Berechnung.

Abb. 3-11: Entwicklung der VZÄ-Quote als Verhältnis von Beschäftigten in Vollzeitäquivalenten zu Köpfen

Während die VZÄ-Quote bei den Ärzten in den Jahren 2000 bis 2011 zwar spürbar, aber eher moderat von 0,91 auf 0,89 sinkt, ist diese Entwicklung bei den übrigen Gesundheitsdienstberufen[311] und den sozialen Berufen[312] deutlicher ausgeprägt. Die VZÄ-Quote der übrigen Gesundheitsberufe fällt im Betrachtungszeitraum um 6,4%, bei den sozialen Berufen sinkt sie sogar um 13,7%. Diese Analyse zeigt, dass die Anzahl der Teilzeitbeschäftigungsverhältnisse in den betrachteten Berufsgruppen zunimmt.

Was diese Entwicklung der VZÄ-Quoten im konkreten Fall bedeutet, ist in Abb. 3-12 dargestellt. Dort ist die Beschäftigungsentwicklung der übrigen Gesundheitsdienstberufe in Krankenhäusern als Indexreihe dargestellt. Ausgehend vom Jahr 2000 wurden bis zum Jahr 2011 insgesamt 4,8% zusätzliche Beschäftigungsverhältnisse in dieser Berufsgruppe aufgebaut. Allerdings korrespondiert dies mit einem Rückgang der Vollkräfte (Vollzeitäquivalente) um 1,5% im gleichen Zeitraum.

311 Dazu gehören beispielsweise medizinische/zahnmedizinische Fachangestellte, Gesundheits- und Krankenpfleger, Gesundheits- und Krankenpflegehelfer oder Physiotherapeuten, Masseure, med. Bademeister.

312 Dazu gehören Altenpfleger, Altenpflegehelfer, Heilerziehungspfleger und Heilpädagogen.

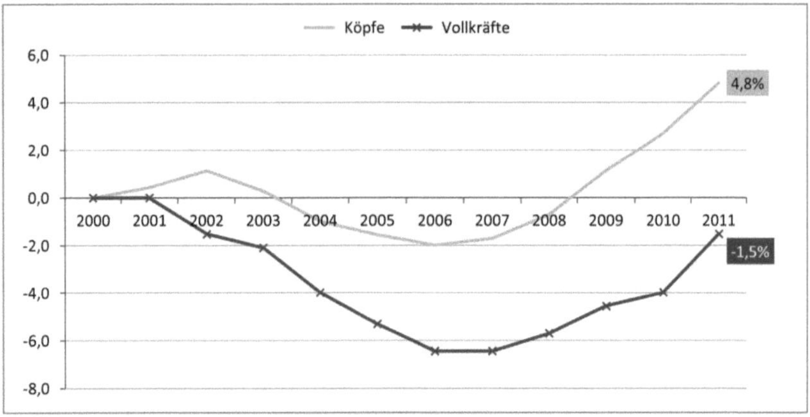

Quelle: GBE (2013d), GBE (2013e), eigene Berechnung.

Abb. 3-12: Beschäftigungsentwicklung der „übrigen Gesundheitsdienstberufe" nach Vollkräften und Köpfen in Krankenhäusern

Diese Abbildung verdeutlicht, dass bei der Analyse von Personalangebot und -nachfrage im Gesundheits- und Pflegewesen eine Normierung auf Vollzeitäquivalente erfolgen muss.

3.4.2.2 Teilnahme an der gesundheitlichen Versorgung

Neben dem Trend der Arbeitszeitverkürzung bzw. zunehmender Teilzeitarbeit unter den Gesundheitsdienstberufen, zeigt sich eine weitere trendmäßige Entwicklung, die ebenfalls negative Auswirkungen auf das Angebotspotenzial im Gesundheits- und Pflegewesen hat. In Abb. 3-13 ist die Entwicklung der bei den Ärztekammern registrierten Ärzten nach Tätigkeitsbereich dargestellt. Seit Beginn der 1990er Jahre sinkt der Anteil der Ärzte, die tatsächlich einer ärztlichen Tätigkeit nachgehen, kontinuierlich. Im Jahr 2009 gingen lediglich drei viertel aller registrierten Ärzte einer ärztlichen Tätigkeit nach. Über 24% waren anderweitig beschäftigt. Dieser Trend hat sich erst in den letzten beiden Jahren stabilisiert und ist mit 23,9% leicht rückläufig.

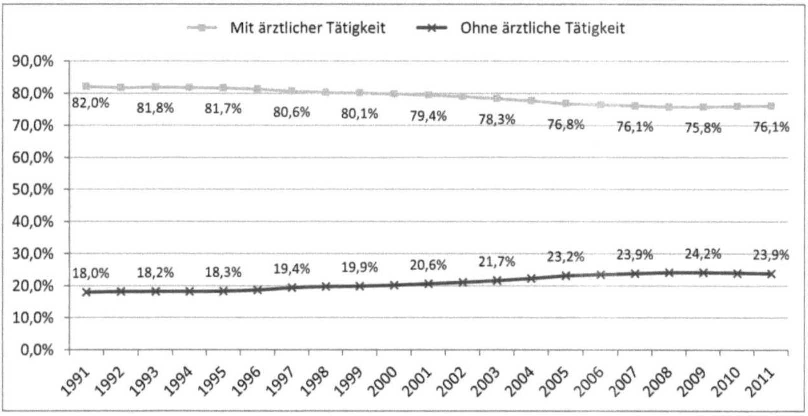

Quelle: GBE (2013a), eigene Berechnung.

Abb. 3-13: Bei den Ärztekammern registrierte Ärzte nach Tätigkeitsbereich

Laut einer Umfrage des Bundesministerium für Gesundheit und soziale Sicherheit (BMGS) aus dem Jahr 2004 sind neben der nicht als leistungsgerecht empfundenen Entlohnung und der zunehmenden bürokratischen Belastung der ärztlichen Tätigkeit vor allem die mangelnde Vereinbarkeit von Familie und Beruf Gründe für den Ausstieg aus der kurativ ärztlichen Berufstätigkeit.[313] Im letzten Aspekt spiegelt sich auch die Feminisierung der ärztlichen Berufe wider, da gerade bei Frauen die Vereinbarkeit von Familie und Berufe einen besonders hohen Stellenwert besitzt.

Darüber hinaus hat seit den 1990er Jahren eine Ausdifferenzierung des Arbeitsmarktes und der Beschäftigungsmöglichkeiten für Mediziner stattgefunden. Heute gibt es neben der kurativen Tätigkeit in ambulanten oder stationären Einrichtungen alternative Tätigkeitsmöglichkeiten, die von Ärzten genutzt werden. So locken Tätigkeiten im Gesundheitsmanagement, im Bereich Arbeitsmedizin oder in den Bereichen Forschung, Medizininformatik, Medizinjournalismus und im Vertrieb für Pharmaprodukte. Es ist davon auszugehen, dass diese Bereiche auch in Zukunft eine bedeutende Nachfrage nach Medizinern generieren werden und sich dadurch die Situation in der gesundheitlichen Versorgung weiter verschärft.[314]

Auch bei den nichtärztlichen Berufen lassen sich differenzierte Aussagen über die Teilnahme an der gesundheitlichen Versorgung machen. Auf Basis des Mikrozensus aus dem Jahr 2005 und im Rahmen der in Kapitel 2.2.2 vorgestell-

313 Vgl. Kopetsch (2010), S. 126.
314 Vgl. Ebd., S. 139.

ten Prognose wurde von Afentakis und Maier eine Analyse der beruflichen Flexibilität vorgenommen. Die Ergebnisse sind in Tab. 3-3 dargestellt.

Tab. 3-3: ***Berufswechsler in ausgewählten pflegerischen Berufen***

Berufs-ordnung, Berufsfeld	Erlernter Berufe	Fall-zahl	Mover aus der Berufsordnung	Stayer in der Berufsordnung	Mover aus dem Berufsfeld	Stayer im Berufsfeld
		Anzahl		%		
853	Gesundheits- und Krankenpflegerin/-pfleger	6.182	*23,6*	*76,4*	*14,2*	*85,8*
854	Gesundheits- und Krankenpflegehelferin/-helfer	363	*50,1*	*49,9*	*30,3*	*69,7*
864	Altenpflegerin/ Altenpfleger	1.623	*25,6*	*74,4*	*12,7*	*87,3*
-	Pflegeberufe insgesamt	8.168	*25,2*	*74,8*	*14,7*	*85,3*
48	Gesundheitsberufe ohne Approbation	16.999	*34,1*	*65,9*	*24,6*	*75,4*

Quelle: Afentakis/Maier (2010), Daten Mikrozensus 2005.

Mit der beruflichen Flexibilität beschrieben die Autoren das Verhalten bezüglich eines Berufswechsels und differenzieren dies nach Berufsordnung bzw. Berufsfeld. Als Stayer werden demnach jene Arbeitnehmer bezeichnet, die in ihrem erlernten Beruf bleiben bzw. weiter arbeiten. Mover sind dagegen jene Individuen, die ihren erlernten Beruf verlassen. Die Ergebnisse des Mikrozensus zeigen, dass 76,4% der Gesundheits- und Krankenpfleger in ihrem erlernten Beruf bleiben, dichtgefolgt von Altenpflegern, die zu 74,4% ihrem erlernten Beruf treu bleiben. Wird das gesamte Berufsfeld 48 betrachtet, ist die Rate der Stayer mit 85,8% bzw. 87,3% deutlich höher. Insgesamt scheint der Verbleib im erlernten Beruf auch von der Ausbildungsdauer abzuhängen. So zeigen die Helferberufe – die in der Regel nur eine ein- oder zweijährige Ausbildung erfahren haben – mit 49,9% einen wesentlich geringeren Verbleib im erlernten Beruf.[315]

Von Hackmann und Müller wurde im Rahmen einer repräsentativen Stichprobe unter Pflegekräften – mit 687 Teilnehmern – im Landkreis Reutlingen u.a. die Berufsverweildauer bzw. die Zeit bis zum Ausstieg aus dem Pflegeberuf ermittelt. Für die Pflegeberufe in den Kreiskliniken ergibt die Umfrage einen Mittelwert von 19,3 Jahren, gefolgt von 17,1 Jahren in den ambulanten Pflegediensten. Mit einem deutlichem Abstand bzw. 12 Jahren Verweildauer folgen die Pflegeberufe in stationären Pflegeeinrichtungen. Die Autoren merken allerdings kritisch an, dass von der ermittelten Verweildauer nicht auf die tatsächliche Be-

315 Vgl. Afentakis/Maier (2010), S. 999.

rufsverweildauer geschlossen werden darf.[316] Dennoch zeigen die Ergebnisse, und dies ginge mit anderen Studien konform, dass die Verweildauer der Altenpflegekräfte deutlich geringer als die der Pflegekräfte in Krankenhäusern ist.[317] Den Untersuchungen von Afentakis und Maier bzw. Hackmann und Müller liegen zwar keine Längsschnittdaten zugrunde und folglich kann kein Trend für die dort betrachteten Berufsgruppen abgleitet werden. Die Ergebnisse verdeutlichen allerdings, dass eine kurze Berufsverweildauer das Arbeitsangebot in den jeweiligen Berufen negativ beeinflussen kann.

3.4.3 Medizinisch-technischer Fortschritt und Arbeitsproduktivität

Unter dem Begriff medizinisch-technische Fortschritt im Gesundheitsbereich werden zum einen Produktinnovationen wie beispielsweise neue Therapieverfahren oder Medikamente zusammengefasst. Zum anderen werden darunter auch Prozessinnovationen verstanden, die es erlauben, einen bestimmten Gesundheitszustand kostengünstiger als bisher „herzustellen“. Diese Innovationen führen somit zu einer Verbesserungen der Gesundheitsversorgung und damit des Gesundheitszustandes der Menschen. Gleichzeitig erzeugen sie eine Nachfrage nach neuen, bisher nicht möglichen Gesundheitsleistungen, die im Rahmen von Produktinnovationen entstehen. Dabei kann von einer gegenseitigen Beeinflussung von demografischem Wandel und medizinisch-technischem Fortschritt ausgegangen werden, ohne dass sich dieser Effekt genau quantifizieren lässt. Die Lebenserwartung der Bevölkerung wird durch den medizinisch-technischen Fortschritt positiv beeinflusst. Gleichzeitig wirkt sich die gestiegene Lebenserwartung nachfragesteigernd auf Gesundheitsleistungen aus, die wiederum zu höheren Gesundheitsausgaben und damit Ausgaben für Forschung und Entwicklung führen.[318]

Ein weiterer Effekt des medizinisch-technischen Fortschritts spiegelt sich, neben der Nachfrageausweitung, in einer zunehmenden Spezialisierung des Gesundheitspersonals wider. Komplexere Technologien und Prozeduren fördern die Entwicklung von medizinischen Spezialisten, insbesondere in den ärztlichen Berufen im stationären Sektor. Es ist davon auszugehen, dass es zu einer zu-

316 Ob dieser Rückschluss aufgrund des Untersuchungsdesigns erfolgt – beispielsweise der Größe der Stichprobe oder der regionalen Fokussierung – wird von Hackmann und Müller nicht begründet.

317 Vgl. Hackmann/Müller (2012), S. 230.

318 Vgl. Ostwald/Ranscht (2007), S. 24f.

nehmenden Dichotomisierung zwischen Spezialisten und Generalisten kommen wird.[319]

Vom medizinisch-technischen Fortschritt kann die Arbeitsproduktivität positiv beeinflusst werden.[320] Produktivität bezieht sich auf die, pro Zeiteinheit durch das Gesundheitspersonal erbrachte Leistung. Bei einer gesteigerten Arbeitsproduktivität können Arbeitsanbieter mehr Leistungen pro Zeiteinheit erbringen. Somit ist die Produktivität eine entscheidende Quelle für Wachstum im Gesundheitswesen. Dennoch sind dieser Entwicklung in gewissen Bereichen des Gesundheits- und Pflegewesens Grenzen gesetzt. Bei überwiegend arbeitsintensiven Tätigkeiten, insbesondere in der Pflege, lässt sich die Arbeitsproduktivität nicht kontinuierlich steigen. Daneben ist die Arbeitsproduktivität der Beschäftigten auch von dem Einsatz anderer, humaner und nicht-humaner Ressourcen abhängig. So können beispielsweise krankenhausspezifische Inputfaktoren (z. B. Bettenzahl, medizinische Ausstattung, Fallzahl, Spezialisierungsgrad, etc.) die Arbeitsproduktivität einer Krankenschwester beeinflussen.[321]

3.4.4 Einrichtungsspezifische Verschiebungen – Ambulantisierung

Der Begriff Ambulantisierung beschreibt die Verlagerung von ehemals stationär erbrachten gesundheitlichen Versorgungsleistungen in den ambulanten Sektor. Dieser Prozess beschleunigt sich seit der Einführung des Gesundheitsstrukturgesetzes im Jahr 1993, das den Krankenhäusern die Erbringung eines ambulanten Leistungsspektrums (Behandlungen, Operationen) einräumte.[322] Zwischen den Jahren 1996 und 2011 ist beispielsweise die Zahl ambulanter Operationen in Krankenhäusern von rund 118.000 auf 1.801.000 gestiegen.[323]

Es ist davon auszugehen, dass sich dieser Trend in Zukunft fortsetzen wird. Der zunehmende Kostendruck zwingt die politischen Entscheidungsträger, die Nutzung der kostenintensiven stationären Behandlungen zu reduzieren und damit langfristig eine Dämpfung des Anstiegs der Gesundheitsausgaben zu erreichen.[324] Die Ambulantisierung wird allerdings nicht nur durch die Kosten getrieben, sondern ebenfalls vom medizinisch-technischen Fortschritt positiv be-

319 Vgl. Krüger/Müller (2008), S.36.
320 Vgl. Ostwald et al. (2010), S. 25.
321 Vgl. O'Brien-Pallas et al. (2007), S. iff.
322 Vgl. Ehrhard et al. (2011), S. 110.
323 Vgl. GBE (2013i).
324 Vgl. Ehrhard et al. (2011), S. 110.

einflusst. Erst dieser ermöglicht die Verlagerung stationären Behandlungen in den ambulanten Bereich.[325]

Die Entwicklungen der Ambulantisierung könnten langfristig sogar einen positiven Beitrag bei der Sicherstellung der gesundheitlichen Versorgungen in ländlichen Regionen leisten. Über mehrere kleinere ambulante Versorgungseinheiten (beispielsweise Medizinische Versorgungszentren (MVZ)) anstelle einer zentralen stationären Einrichtung, könnte die nötige Versorgungsdichte auch dort sichergestellt werden, wo sich aufgrund der demografischen Entwicklung keine zentralen stationären Einrichtungen mehr betreiben lassen. Davon profitieren insbesondere ältere, wenig mobile Menschen oder Menschen mit chronischen Erkrankungen, die auf ortsnahe Behandlungsmöglichkeiten angewiesen sind.[326]

Im Pflegewesen hat sich in der Vergangenheit der Trend weg von der „informellen Pflege“ durch Angehörige hin zur professionellen Pflege in ambulanten oder stationären Pflegeeinrichtungen gezeigt. Dies äußert sich in einem Rückgang der Pflegegeldempfänger, deren Anteil an allen Pflegefällen sich von 51,0% im Jahr 1999 auf 45,6% sank. Dieser Rückgang der informellen Pflege wurde von der stationären und ambulanten Pflege aufgefangen, deren Anteil an allen Pflegefällen von 28,4% im Jahr 1999 auf 30,7% im Jahr 2009 bzw. von 20,6% auf 23,7% anstieg. Es ist davon auszugehen, dass diese Entwicklung auch in Zukunft anhalten wird. Dafür sind u. a. der demografisch bedingte Rückgang von informellen Pflegekräften, die zunehmende Erwerbstätigkeit von Frauen sowie die zunehmende räumliche Distanz zwischen Eltern und ihren Kindern (als potentielle informelle Pflegekräfte) verantwortlich.[327] Für die Personalsituation im Pflegewesen bedeutet dies, dass in Zukunft neben dem absoluten Anstieg der Pflegefälle durch die relative Verschiebung zwischen den informellen und professionellen Versorgungsarten zusätzliches Personal benötigt werden könnte.

3.5 Zwischenfazit und Ableitung von Angebots- und Nachfragedeterminanten

Die arbeitsmarkttheoretische Betrachtung hat gezeigt, dass für eine aussagekräftige Personalbedarfsprognose im Gesundheits- und Pflegewesen beide Seiten, d.h. sowohl die zukünftige Nachfrage als auch das potenzielle Arbeitsangebot

325 Vgl. Schaeffer/Ewers (2001), S. 15.
326 Vgl. Ehrhard et al. (2011), S. 110.
327 Vgl. Rothgang et al. (2012), S. 16f.

gegenübergestellt werden müssen. Nur so können eventuelle Mismatches identifiziert und geeignete Gegenmaßnahmen eingeleitet werden. Ob tatsächlich ein Mismatch, also die „Nicht-Passung" von Angebot und Nachfrage, vorliegt und nicht nur ein rein quantitatives Ungleichgewicht herrscht, kann allerdings nur beurteilt werden, wenn Arbeitsangebot und -nachfrage differenziert betrachtet werden und vergleichbare Merkmale aufweisen. Dies liegt daran, dass die Mismatchproblematik sehr vielschichtig ist und eine komplexe und umfassende Betrachtung der Dimensionen erforderlich ist. Es werden Informationen darüber benötigt, welche Qualifikation (Berufe, Fachrichtungen), zu welchem Zeitpunkt (Jahr), an welchem Ort (Region) und in welcher Einrichtung (Sektor) benötigt werden.

Die Darstellungen in diesem Kapitel haben gezeigt, dass sowohl die Angebots- als auch die Nachfrageseite durch eine Vielzahl von Faktoren beeinflusst werden. Die im Zuge dieser Arbeit als relevant einzustufenden Determinanten, ihre Wechselwirkungen sowie deren Einflüsse auf Arbeitsangebot und -nachfrage, sind in Abb. 3-14 dargestellt.

Die zwei wesentlichen Einflussfaktoren auf die Personalnachfrage und das Personalangebot sind epidemiologische und demografische Komponenten. Dabei beeinflusst die demografische Entwicklung zum einen das Angebot an Fachkräften. Zum anderen stellt sie die entscheidende Einflussgröße für die Entwicklung der epidemiologischen Komponente dar.

Auf der Angebotsseite wirken, wie in Kapitel 3.4.1 dargestellt, die Prozesse der demografischen Veränderung vor allem auf die geschlechts-, alters- und regionalspezifische Verteilung der Bevölkerung. Damit wirken sie auch direkt auf das für das Gesundheits- und Pflegewesen relevante Arbeitsangebot. Dessen Anzahl und Struktur wird sich unter den im vorherigen Kapitel beschriebenen Trends ändern. Für die Bedarfsprognose ist aus diesem Grund erforderlich, soziodemografische Merkmale bei der Berechnung des Arbeitsangebots zu berücksichtigen. Dadurch ist es möglich, Veränderungen im Bestand – beispielsweise durch Renteneintritte – über die Zeit zu modellieren. Ferner müssen die zukünftigen Studien- und Ausbildungsabsolventen antizipiert werden, um zum gesamten Angebotspotenzial differenziert nach Berufen, Alter, Geschlecht und Region zu gelangen.

Um vom möglichen gesamten Angebotspotenzial auf die dem Gesundheits- und Pflegewesen zur Verfügung stehenden Arbeitskräfte zu gelangen, müssen in einem weiteren Schritt Teilnahme- und Vollzeitquote berücksichtigt werden. Diese werden indirekt von den auf dem Arbeitsmarkt herrschenden Arbeitsbedingungen wie Entlohnung, Arbeitszeiten etc. beeinflusst. Mit der Teilnahmequote wird dem in Kapitel 3.4.2.2 beschriebenen Sachverhalt Rechnung getragen, dass ein relevanter Anteil der Gesundheitsdienstberufe nicht in den ambulanten und stationären Einrichtungen des Gesundheits- und Pflegewesen arbeitet. Sie ist erforderlich, um die tatsächlich zur Verfügung stehen Arbeitskräfte zu bestimmen. Ferner kann durch die Berücksichtigung einer Vollzeitquote der in Kapitel 3.4.2.1 beschriebene Trend hin zu mehr Teilzeitbeschäftigung in den Berechnungen abgebildet werden. Wenn die Vollzeitquote, definiert als der Quotient aus Beschäftigten in Vollzeitäquivalenten zu Beschäftigten in Köpfen, berücksichtigt wird, kann das tatsächliche Arbeitsangebot in Vollzeitäquivalenten berechnet werden. Ebenfalls differenziert nach Berufen, Alter, Geschlecht und Region.

Auf der Nachfrageseite besteht ein enger Zusammenhang zwischen Alter und Geschlecht als demografische Komponenten und Morbidität bzw. Pflegebedürftigkeit als epidemiologische Komponenten. Die demografische Entwicklung und die sich daraus ergebende Alterung der Gesellschaft werden zukünftig zu einer steigenden Anzahl von Krankheits- und Pflegefällen führen. Die bei der Nachfrageprognose zu berücksichtigenden und für die Inanspruchnahme relevanten Determinanten sind insbesondere alters- und geschlechtsspezifische Prävalenz- und Inzidenzraten. Daneben sind eine Reihe weiterer individueller Faktoren relevant für die Inanspruchnahme. Dazu gehören beispielsweise der subjektive Gesundheitszustand der Individuen, die soziale Schicht, der kulturelle Hintergrund oder der Grad der sportlichen Aktivität.

Darüber hinaus wird die Inanspruchnahme von Gesundheitsleistungen vom medizinisch-technischen Fortschritt beeinflusst, der fortlaufende neue Untersuchungen, Therapieverfahren und Eingriffe ermöglicht, aus denen neue Gesundheitsleistungen entstehen. Gleichzeitig kann der medizinisch-technische Fortschritt menschliche Arbeitsleistungen steigern, was zu einer Erhöhung der Arbeitsproduktivität führen kann.

Neben diesen Faktoren sind die Art und der Umfang der Inanspruchnahme von Gesundheits- und Pflegeleistungen entscheidend von den im Rahmen der Gesundheitspolitik formulierten Gesundheitszielen abhängig. Diese definieren beispielsweise die räumliche Abdeckung der Gesundheits- und Pflegeversorgung, den für die Behandlung von bestimmten Krankheiten oder Pflegefällen vorgesehenen Leistungsumfang und die Finanzierung dieses Leistungsspektrums. Damit ist die Personalnachfrage im Gesundheits- und Pflegewesen zum einen indirekt von den Gesundheitszielen und zum anderen direkt von den in Anspruch genommenen Gesundheitsleistungen abhängig.

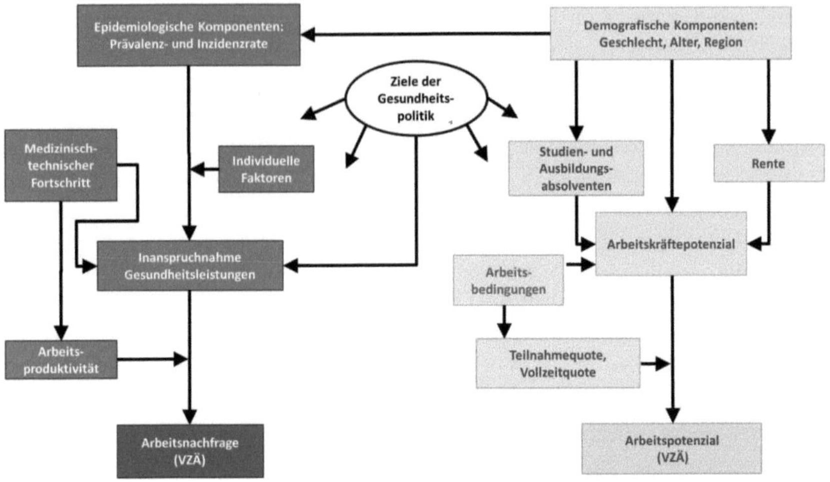

Quelle: eigene Darstellung.

Abb. 3-14: Zusammenhang der Einflussfaktoren im Gesundheitswesen

Der dargestellte Sachverhalt ist in Abb. 3-14 skizziert und stellt die vielschichtigen Zusammenhänge zwischen Arbeitsnachfrage und -potenzial im Gesundheits- und Pflegewesen heraus. Im weiteren Verlauf der Arbeit wird nach erfolgter Abgrenzung des Untersuchungsgebiets und im Rahmen der methodischen Darstellung des Berechnungsmodells diskutiert, welche der dargestellten Einflussfaktoren sich unter Berücksichtigung der verfügbaren Datenbasis quantifizieren lassen. Dabei ist vor allem die Quantifizierung derjenigen Einflussfaktoren von Interesse, die durch Steuerungsansätze durch die Politik beeinflusst werden können.[328]

328 Vgl. Thode et al. (2004), S. 6.

4 Abgrenzung des Untersuchungsgebiets und Datenbasis

Das deutsche Gesundheits- und Pflegewesen ist durch zahlreiche Einrichtungen und Akteure gekennzeichnet, die vielfältige Leistungs-, Finanzierungs-, Steuerungs-, Aufsichts- und Beratungsfunktionen wahrnehmen.[329] Der Fokus dieser Arbeit liegt auf den Erbringern medizinischer und pflegerischer Leistungen. Dies sind im speziellen die personellen Ressourcen in den Einrichtungen des Gesundheits- und Pflegewesens, die im direkten Kontakt mit den Leistungsempfängern, den Patienten, stehen. Die Institutionen der Gebietskörperschaften, der Finanzierungsinstitutionen und den Vereinigungen der Leistungserbringer sowie deren Beschäftigte werden nicht betrachtet.

Zunächst erfolgt in Kapitel 4.1 eine kurze Darstellung der grundlegenden Rechensysteme des Statistischen Bundesamtes, die für die gesamte vorliegende Arbeit als Abgrenzung und Datenbasis dienen. Anschließend erfolgt in Kapitel 4.2 die einrichtungsspezifische und in Kapitel 4.3 die berufsspezifische Abgrenzung des Untersuchungsgebiets. In Kapitel 4.4 werden nach der Definition der Datenanforderungen die verwendeten Datenquellen dargestellt.

4.1 Rechensysteme des Statistischen Bundesamtes als Grundlage der Abgrenzung

Als Ausgangslage für die Abgrenzung des Untersuchungsgebiets dienen die vom Statistischen Bundesamt entwickelten und verzahnten Rechensysteme des Gesundheitswesens. Dazu zählen die Gesundheitsausgabenrechnung (GAR), die Krankheitskostenrechnung (KKR) und die Gesundheitspersonalrechnung (GPR).

Das Statistische Bundesamt orientiert sich bei der den Rechenwerken zugrundeliegenden Abgrenzung methodisch an den Empfehlungen des „System of Health Accounts"[330] der OECD. Dieser Methodik folgend werden vom Statistischen Bundesamt alle Institutionen und Personen des Gesundheitsschutzes (Vermeidung von Gesundheitsgefährdungen), der Gesundheitsförderung (Verbesserung der gesundheitsrelevanten Lebensbedingungen) sowie der Gesundheitsversorgung (medizinische Behandlungs-, Rehabilitations- und Pflegemaßnahmen) unter dem Stichwort Gesundheitswesen subsumiert.[331]

329 Vgl. Statistisches Bundesamt (1998), S. 13.

330 Die aktuelle Version findet sich unter OECD et al. (2011).

331 Vgl. GBE (2012c).

Diese drei sekundärstatistischen Rechenwerke haben als gemeinsamen Nenner die Einrichtungsebene und sind dadurch eng miteinander verknüpft. In dem gelb schraffierten Bereich (Gesundheitswesen i.e.S.) in Abb. 4-1 lassen sich die genannten Rechensysteme zueinander in Beziehung setzen.[332]

Gegenüberstellung der Gesundheitsausgaben-, Krankheitskosten- und Gesundheitspersonalrechnung

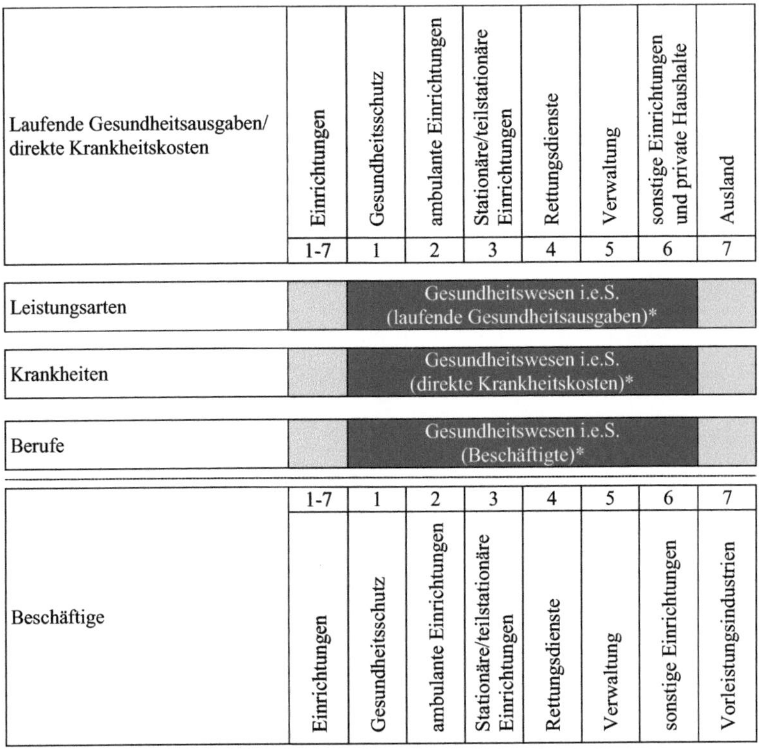

* In diesem Abdeckungsbereich lassen sich die Gesundheitsausgaben-, die Krankheitskosten- und die Gesundheitspersonalrechnung in Beziehung setzen.

Quelle: GBE (2012c).

Abb. 4-1: Vergleich zwischen GAR, KKR und GPR

Die einrichtungsspezifische Abgrenzung – die im weiteren Verlauf dieses Kapitels erläutert wird – ist in den Einrichtungen des Gesundheitsschutzes, den

332 Vgl. Ebd.

ambulanten sowie stationären und teilstationären Einrichtungen, den Rettungsdiensten und der Verwaltung nahezu identisch. Sie unterscheiden sich lediglich in den „Randbereichen" des Gesundheits- und Pflegewesens. So werden die Vorleistungsindustrien des Gesundheitswesens nur in der GPR berücksichtigt, nicht jedoch in der GAR und KKR. Letztere enthalten dagegen als zusätzliche „Einrichtung" die Kategorie Ausland, die wiederum nicht in der GPR enthalten ist. Darüber hinaus werden in den sonstigen Einrichtungen in der GAR und KKR auch die privaten Haushalte berücksichtigt, die in der GPR fehlen. In der GAR und KKR werden beispielsweise private Pflegeleistungen der privaten Haushalte monetär erfasst. Diese gehen aber im Rahmen der Volkswirtschaftlichen Gesamtrechnungen nicht in die Berechnung des Bruttoinlandsprodukts (BIP) mit ein, folglich bleiben diese Beschäftigungszahlen unberücksichtigt.[333]

In der Gesundheitsausgabenrechnung wird eine dreidimensionale Klassifizierung der Gesundheitsausgaben nach Ausgabenträgern, Leistungsarten und Einrichtungen vorgenommen. Hinsichtlich der Leistungsebene werden alle Leistungen und Güter berücksichtigt, deren Ziel in der Prävention, Rehabilitation und Pflege liegt. Zu diesen Leistungen gehören u.a. Ausgaben für ärztliche Vorsorgeuntersuchungen oder für pflegerische Leistungen in ambulanten und stationären Pflegeeinrichtungen. Außerdem werden einrichtungsspezifische Investitionen zu den Gesundheitsausgaben gezählt. In der GAR wird allerdings nur der letztmalige Verbrauch von Gütern, Dienstleistungen und Investitionen quantifiziert. Ausgaben für Vorleistungen, die für verbrauchte Güter anfallen, werden nicht hinzugezählt. Auch nicht erfasst werden Ausgaben des erweiterten Leistungsbereichs, die nicht bzw. nur im weitesten Sinne gesundheitsfördernde Wirkung besitzen. Zu dieser Ausgabenkategorie gehören beispielsweise Schönheitsoperationen ohne medizinische Indikation.[334]

Die Krankheitskostenrechnung liefert in einem zweijährigen Rhythmus nach Art der Krankheit, Alter, Geschlecht und Einrichtungen gegliederte Daten. Kosten im Sinne der KKR entstehen nur beim Verbrauch von jenen Waren und Dienstleistungen, denen direkte Gesundheitsausgaben gegenüberstehen. Dadurch ist es möglich, die laufenden Gesundheitsausgaben einzelnen Krankheiten zuzuordnen. Die Investitionen als Bestandteil der Gesundheitsausgaben werden nicht berücksichtigt und zugeordnet. Aufgrund dieser Methodik finden in der KKR ausschließlich direkte Krankheitskosten Berücksichtigung. Darunter wird der monetäre Ressourcenverbrauch verstanden, der durch die unmittelbare medizinische Heilbehandlung bzw. Präventions-, Rehabilitations- oder Pflegemaßnahme entsteht. Indirekte Krankheitskosten messen dagegen die volkswirtschaft-

333 Vgl. GBE (2012c).

334 Vgl. Ebd.

lichen Verluste, die mittelbar mit einer Erkrankung im Zusammenhang stehen und eine Folge von Arbeitsunfähigkeit, Invalidität und vorzeitigem Tod der Erwerbsbevölkerung sind.[335]

Die Gesundheitspersonalrechnung (GPR) ist nach Alter, Geschlecht, Beruf, Einrichtung und Art der Beschäftigung gegliedert und damit die „umfangreichste“ der drei genannten Rechensysteme der Gesundheitsberichterstattung des Bundes (GBE). Sie führt als sekundärstatistisches Rechenwerk alle für das Gesundheitswesen relevanten Beschäftigungsstatistiken zusammen.[336] Der Methodik der GAR und KKR folgend, werden nur jene Tätigkeiten in der GPR berücksichtigt, die primär und unmittelbar zur Sicherung, Vorbeugung oder Wiederherstellung von Gesundheit eingesetzt werden. Zum Beispiel werden Beschäftigte in Altenwohnheimen, zu deren Tätigkeitsumfang nicht maßgeblich krankheitslindernde Aufgaben gehören, nicht in der GPR erfasst.[337]

In der GPR werden als Beschäftigte folgende Gruppen erfasst:

- Selbstständige
- mithelfende Familienangehörige
- Beamte
- Angestellte
- Arbeiter
- Auszubildende
- Zivildienstleistende
- Praktikanten

Ehrenamtlich Tätige und Beschäftige, die in anderen Wirtschaftsbereichen angestellt sind, aber Tätigkeiten in Einrichtungen des Gesundheitswesens nachgehen, werden dagegen nicht berücksichtigt. In der GPR werden Beschäftigungsfälle nach dem Stichtagsprinzip zum Jahresende ausgewiesen, d.h. Personen mit mehreren Beschäftigungsverhältnissen werden mehrfach gezählt. Zudem erfolgt die Erfassung unabhängig vom Beschäftigungsumfang, d.h. es ist für die Erfassung unerheblich, ob mit der in der GPR ausgewiesenen Tätigkeit der Lebensunterhalt vollständig bzw. überwiegend oder nur geringfügig bestritten wird.[338]

Durch die Erfassung aller Beschäftigungsverhältnisse ist es zum einen möglich, in der GPR nach drei Beschäftigungsarten (Vollzeit, Teilzeit, geringfügige

---

335 Vgl. GBE (2012c).

336 Dazu gehören u. a. Statistik sozialversicherungspflichtig Beschäftigter der Bundesanstalt für Arbeit (BA), Ärztestatistik der Bundesärztekammer (BÄK), Zahnärztestatistik der Bundeszahnärztekammer (BZÄK), Auszubildendenstatistik des Statistischen Bundesamts (StBA), Krankenhausstatistik des StBA, Pflegestatistik des StBA. Vgl. Ebd.

337 Vgl. Ebd.

338 Vgl. Ebd.

Beschäftigung) zu differenzieren und zum anderen dadurch auch Vollzeitäquivalente[339] auszuweisen. Zur Umrechnung werden Informationen aus dem Mikrozensus über die tatsächlich geleistete Arbeitszeit der drei genannten Beschäftigungsarten verwendet. Insofern die Daten direkt aus der Krankenhaus- oder Pflegestatistik stammen, findet in der GPR keine Berechnung über den Mikrozensus statt. Die dort ausgewiesenen Vollzeitäquivalente werden direkt übernommen.[340]

Die beschriebenen Rechenwerke des Statistischen Bundesamtes stellen die Datenbasis für eine umfassende Personalbedarfsprognose im Gesundheits- und Pflegewesen dar (vgl. Kapitel 5). Durch die Überschneidung von Personalstatistiken und epidemiologischen Statistiken auf Einrichtungsebene können diese im Sinne der Fragestellung miteinander kombiniert werden und gewährleisten dadurch eine hohe inhaltliche Konsistenz der Ergebnisse.

Erkenntnisleitend für die Fragestellung ist die Gesundheitspersonalrechnung. Daher wird anhand der Systematik der GPR, die eine einrichtungs- und berufsspezifische Abgrenzung erlaubt, im Folgenden das Untersuchungsgebiet dieser Arbeit abgegrenzt.

4.2 Einrichtungsspezifische Abgrenzung

4.2.1 Gliederungssystematik der GPR nach Einrichtungen

Zu den Einrichtungen im Gesundheitswesen zählen – unabhängig von Zweckbestimmung, Trägerschaft, Organisation und Rechtsform – alle Institutionen, die „als Betrieb, Amt oder Dienststelle Leistungen des Gesundheitswesens erbringen."[341] Maßgeblich für die in dieser Arbeit angewendete Zuordnung der Vielzahl unterschiedlicher Einrichtungen ist die den Rechensystemen des Statistischen Bundesamtes zugrundeliegende einrichtungsspezifische Abgrenzung des Gesundheitswesens. In Tabelle 4-1 sind diese Einrichtungen und die Verteilung der Beschäftigung auf diese Einrichtungen dargestellt. Wie zuvor erläutert gliedert die GPR die Einrichtungen in die sieben Hauptgruppen Gesundheitsschutz, ambulante sowie stationäre/teilstationäre Einrichtungen, Rettungsdienste, Verwaltung, sonstige Einrichtungen und Vorleistungsindustrien. Maßgeblich für die

339 Darunter wird die Anzahl der Beschäftigten verstanden, wenn der Umfang aller Beschäftigungsverhältnisse auf die volle tarifliche Arbeitszeit umgerechnet wird. Entsprechend ist ein Vollzeitäquivalent einem Vollzeitbeschäftigten gleichzusetzen.

340 Vgl. GBE (2012c).

341 Statistisches Bundesamt (1998), S. 287.

gesundheitliche Versorgung der Bevölkerung sind die ambulanten und stationären/teilstationären Sektoren. Sie stellen zusammen etwa 84% der Beschäftigten des Gesundheitswesens.

Tab. 4-1: Einrichtungen im Gesundheitswesen und deren Beschäftigungsanteil

	2010	
Einrichtungen insgesamt	4.833	*100,0%*
Gesundheitsschutz	39	*0,8%*
Ambulante Einrichtungen	2.122	*43,9%*
Arztpraxen	689	*14,3%*
Zahnarztpraxen	351	*7,3%*
Praxen sonstiger medizinischer Berufe	381	*7,9%*
Apotheken	178	*3,7%*
Gesundheitshandwerk/-einzelhandel	165	*3,4%*
Ambulante Pflege	282	*5,8%*
Sonstige ambulante Einrichtungen	76	*1,6%*
Stationäre/teilstationäre Einrichtungen	1.927	*39,9%*
Krankenhäuser	1.121	*23,2%*
Vorsorge-/Rehabilitationseinrichtungen	170	*3,5%*
Stationäre/teilstationäre Pflege	636	*13,2%*
Rettungsdienste	54	*1,1%*
Verwaltung	199	*4,1%*
Sonstige Einrichtungen	180	*3,7%*
Vorleistungsindustrien	312	*6,5%*
Pharmazeutische Industrie	106	*2,2%*
Medizintechnische und augenoptische Industrie	123	*2,5%*
Medizinische Laboratorien und Großhandel	84	*1,7%*

Quelle: GBE (2013d), eigene Darstellung.

In der Abgrenzung der GPR sind auch die Einrichtungen des Pflegewesen, die unter ambulanten bzw. stationären Einrichtungen subsumiert werden, zusammengefasst. Dazu gehören die ambulante Pflege sowie die Einrichtungen zur stationären/teilstationären Pflege. Diese Bereiche gehören nach dieser Systematik dann zum Gesundheitswesen, wenn ihre primäre Tätigkeit in der Sicherung, der Vorbeugung oder der Wiederherstellung von Gesundheit liegt. Aus diesem

Grund gehören beispielsweise Altenwohnheime nicht zum Gesundheitswesen, da dort nicht die Linderung von Gesundheitsproblemen im Vordergrund steht.[342] Zu den Einrichtungen des Gesundheitsschutzes gehören kommunale Einrichtungen wie beispielsweise Gesundheitsämter oder Landesgesundheitsbehörden. Sie machen mit 0,8% der Beschäftigten im Gesundheitswesen den kleinsten Anteil aus.

Zu den ambulanten Einrichtungen zählen sowohl Arzt-, Zahnarztpraxen sowie Praxen sonstiger medizinischer Berufe als auch Apotheken, Gesundheitshandwerk und Einzelhandel, ambulante Pflegeeinrichtungen und sonstige ambulante Einrichtungen.[343] Arzt-, Zahnarztpraxen sowie Praxen sonstiger medizinscher Berufe zeichnen sich durch den direkten Patientenkontakt aus. Sie sind die beschäftigungsstärksten Einrichtungen im ambulanten Sektor und stellen im Jahr 2010 zusammen ca. 1,42 Mio. Beschäftigte bzw. knapp 30% aller Beschäftigten im Gesundheitswesen. Die öffentlichen Apotheken übernehmen die ordnungsgemäße Arzneimittelversorgung der Bevölkerung. Das Gesundheitshandwerk erbringt technische Dienstleistungen im Gesundheitswesen und ist maßgeblich mit der Anfertigung von unterstützenden Hilfsmitteln beschäftigt (z. B. Augenoptik, Zahntechnik). Medizinische und orthopädische Artikel werden über den Einzelhandel vertrieben, zu dem der Sanitätsfachhandel, aber auch Drogerien mit freiverkäuflichen Arzneimitteln gehören. Ambulante Pflegedienste übernehmen die häusliche Pflege. Sie machen mit über 280.000 Beschäftigten ca. 13,3% der Beschäftigten im ambulanten Sektor aus. Diese Einrichtungen sind wirtschaftlich und rechtlich selbständig und werden von mindestens einer ausgebildeten Fachkraft verantwortet. Schließlich wird unter sonstigen ambulanten Einrichtungen eine Vielzahl weiterer Einrichtungen subsumiert.[344] Eine umfangreiche Übersicht aller Einrichtungen mit Beispielen findet sich im Anhang in Tabelle A-2.

Zum Sektor der stationären und teilstationären Gesundheitsversorgung gehören neben Krankenhäusern und Vorsorge-und Rehabilitationseinrichtungen auch Einrichtungen der stationären und teilstationären Pflege.[345] Von den 1,9 Mio. Beschäftigten im stationären Sektor arbeiten 58% in Krankenhäusern. Dort steht die Diagnose und das Heilen oder Lindern von Krankheiten und Leiden durch den Einsatz ärztlicher Leistungen im Vordergrund. Dagegen sind Vorsorge- und Rehabilitationseinrichtungen dem Krankenhaus je nach Fall vor- oder nachgelagerte Einrichtungen, die durch Anwendung von geeigneten Heilmitteln

342 Vgl. Afentakis/Böhm (2009), S. 8.
343 Vgl. Afentakis/Böhm (2009), S. 19; GBE (2012a).
344 Vgl. GBE (2012a); GBE (2012b).
345 Vgl. Afentakis/Böhm (2009), S. 19.

einen Krankenhausaufenthalt verhindern oder die mit dem Krankenhausaufenthalt verbundenen Ursachen langfristig mildern. Mit knapp 640.000 Beschäftigten stellen die stationären Pflegeeinrichtungen ziemlich exakt ein Drittel der im stationären Sektor tätigen Personen. In diesen Einrichtungen findet eine ganztägige (vollstationäre) Pflege der Patienten durch ausgebildete Pflegefachkräfte statt. Teilstationäre Einrichtungen sehen dagegen nur einen zeitlich befristeten Aufenthalt vor.[346]

Unter den Rettungsdiensten werden alle Leistungen des öffentlich oder privat organisierten Krankentransportes und der Notfallrettung zusammengefasst, zu denen die Durchführung lebensrettender Maßnahmen am Unfallort und die weitere Herstellung der Transportfähigkeit und die anschließende Beförderung in geeignete Behandlungseinrichtung gehören. Mit immerhin knapp 200.000 oder 4,1% der Beschäftigten im Gesundheitswesen macht die Verwaltung einen nicht zu vernachlässigenden Anteil aus. Dazu zählen alle Beschäftigte der GKV und PKV sowie die der Renten-, Unfall- und Pflegeversicherung. Außerdem werden die Interessensvertretungen der Leistungserbringer (z. B. Kassenärztliche Vereinigungen) hinzugezählt.[347] Ebenfalls werden nach dieser Typologie sonstige Einrichtungen zum Gesundheitswesen gezählt. Darunter werden Einrichtungen anderer Wirtschaftszweige verstanden, die Dienstleistungen für das Gesundheitswesen erbringen (z. B. Taxiunternehmen, Forschungseinrichtungen etc.), aber auch private Haushalte, in denen Betreuung und Pflege durch Privatpersonen stattfindet.[348] Schließlich werden nach der Abgrenzung der Gesundheitspersonalrechnung auch noch jene Vorleistungsindustrien gezählt, die ausschließlich Vorleistungen für das Gesundheitswesen produzieren. Zu ihnen gehören die pharmazeutische, die medizintechnische und die augenoptische Industrie; außerdem die medizinischen Laboratorien und der Großhandel mit den gesundheitsrelevanten Produkten.[349]

4.2.2 Ausgewählte Einrichtungen der Analyse

Eine Betrachtung aller zuvor dargestellten Einrichtungen, die laut Gesundheitspersonalrechnung des Bundes zum Gesundheitswesen zu zählen sind, wird in dieser Arbeit nicht angestrebt. Vor dem Hintergrund einer umfassenden Bedarfsprognose muss eine zweckmäßige Auswahl getroffen werden. Die einrichtungsspezifische Abgrenzung erfolgt anhand des folgenden Kriteriums:

---

346 Vgl. GBE (2012a); GBE (2012b).

347 Vgl. Afentakis/Böhm (2009), S. 19; GBE (2012a).

348 Vgl. GBE (2012b).

349 Vgl. Afentakis/Böhm (2009), S. 19.

- Es sollen jene Einrichtungen im Vordergrund stehen, in denen der Schwerpunkt auf der Linderung und Behandlung von Krankheiten und der Betreuung von Pflegebedürftigen liegt. Dort ist ein direkter Patientenkontakt gegeben.

In Tab. 4-2 sind die nach dem ersten Kriterium ausgewählten Prognoseeinrichtungen dargestellt. Während aus dem Sektor der stationären/teilstationären Einrichtungen des Gesundheits- und Pflegewesens alle in der GPR ausgewiesenen Einrichtungen ausgewählt wurden, werden aus dem großen Block der ambulanten Einrichtungen lediglich die Arztpraxen, die Praxen sonstiger medizinischer Berufe, die ambulanten Pflegeeinrichtung sowie die sonstigen ambulanten Einrichtungen als relevante Einrichtungen identifiziert. Außerdem werden die Rettungsdienste in die Abgrenzung mit einbezogen und den stationären/teilstationären Einrichtungen des Gesundheitswesens zugeordnet. In diesen Prognoseeinrichtungen arbeiten insgesamt über 3,4 Mio. Beschäftigte bzw. 70,5% aller in der GPR ausgewiesenen Beschäftigten.

Tab. 4-2: Relevante Einrichtungen der Bedarfsprognose

	2010	
Einrichtungen insgesamt	4.833	*100,0%*
Ambulante Einrichtungen Gesundheitswesen	1.146	*23,7%*
Arztpraxen	689	*14,3%*
Praxen sonstiger medizinischer Berufe	381	*7,9%*
Sonstige ambulante Einrichtungen	76	*1,6%*
Stationäre/teilstationäre Einrichtungen Gesundheitswesen	1.345	*27,8%*
Krankenhäuser	1.121	*23,2%*
Vorsorge-/Rehabilitationseinrichtungen	170	*3,5%*
Rettungsdienste	54	*1,1%*
Ambulante Einrichtungen Pflegewesen	282	*5,8%*
Ambulante Pflege	282	*5,8%*
Stationäre/teilstationäre Einrichtungen Pflegewesen	636	*13,2%*
Stationäre/teilstationäre Pflege	636	*13,2%*

Quelle: GBE (2013d), eigene Darstellung.

Eine Besonderheit stellen die Zahnarztpraxen dar, die im weiteren Verlauf trotz Erfüllung des ersten Kriteriums nicht betrachtet werden sollen.[350] Zwar

350 Beschäftigungseffekte der Mundgesundheitswirtschaft, zu der die Zahnarztpraxen zählen, werden in Klingenberger et al. (2012) dargestellt.

stehen diese Einrichtungen ebenfalls im direkten Patientenkontakt, dennoch zeigen zumindest die Statistiken eine hohe fachliche Spezialisierung. So arbeiten laut GBE 95,6% aller in der Gesundheitspersonalrechnung erfassten Zahnärzte in den ambulanten Zahnarztpraxen. Von den 208.000 medizinischen Fachangestellten in Zahnarztpraxen im Jahr 2010 entfallen 100% auf zahnmedizinische Fachangestellte.[351] Diese nahezu strikte Trennung ist auf die Ausgestaltung der Studien- und Ausbildungsgänge zurückzuführen, die beispielsweise von Beginn an zwischen humanmedizinischer und zahnmedizinischer Richtung unterscheiden. So ist es allen anderen Gesundheitsdienstberufen nicht ohne entsprechende Weiterbildung möglich, in Zahnarztpraxen zu arbeiten.

4.3 Berufsspezifische Abgrenzung

4.3.1 Gliederungssystematik der GPR nach Berufen

Die im vorherigen Abschnitt dargestellten Beschäftigungszahlen nach Einrichtungen lassen bereits vermuten, dass das Gesundheits- und Pflegewesen durch ein breites Spektrum an Berufen und benötigten Qualifikationen gekennzeichnet ist. Dabei reicht die Spannweite von einfachen Hilfstätigkeiten, die nicht zwingend mit der direkten Patientenversorgung zu tun haben, bis hin zu hochspezialisierten Fachärzten in den Kliniken. In Tab. 4-3 sind die Beschäftigten im Gesundheitswesen nach Berufsgruppen dargestellt, wobei fünf Hauptgruppen unterschieden werden: Gesundheitsdienstberufe, soziale Berufe, Gesundheitshandwerker, sonstige Gesundheitsfachberufe und andere Berufe im Gesundheitswesen. Diese Eingruppierung erfolgt im Rahmen der Gesundheitspersonalrechnung und orientiert sich an der aus dem Jahr 1992 stammenden Klassifikation der Berufe vom Statistischen Bundesamt (KldB 1992) und der älteren Klassifikation der Berufe von der Bundesagentur für Arbeit (KldB 1988).[352]

---

351 Vgl. GBE (2012a).

352 Vgl. Afentakis/Böhm (2009), S. 9.

Tab. 4-3: Beschäftigte im Gesundheitswesen nach Berufen und deren Anteil

	2010	
Berufe im Gesundheitswesen insgesamt	4.833	*100,0%*
I. Gesundheitsdienstberufe	2.748	*56,9%*
I.a. Ärzte, Apotheker, psych. Psychotherapeuten, Zahnärzte	497	*10,3%*
Ärzte	334	*6,9%*
Ärzte für allgemeine/innere Medizin., Kinderheilkunde.	99	*2,0%*
Ärzte für Chirurgie, Orthopädie	35	*0,7%*
Ärzte für Frauenheilkunde/Geburtshilfe	17	*0,4%*
Ärzte für Neurologie, Psychiatrie	23	*0,5%*
Ärzte o.n.F., praktische Ärzte	98	*2,0%*
andere Fachärzte	62	*1,3%*
Apotheker	60	*1,2%*
psychologische Psychotherapeuten	35	*0,7%*
Zahnärzte	68	*1,4%*
I.b. übrige Gesundheitsdienstberufe	2.252	*46,6%*
medizinische Fachangestellte/zahnmedizinische Fachangestellte	639	*13,2%*
dar.: zahnmedizinische Fachangestellte	245	*5,1%*
Diätassistenten	14	*0,3%*
Heilpraktiker	33	*0,7%*
Gesundheits- und Krankenpfleger	818	*16,9%*
dar.: Hebammen	20	*0,4%*
Gesundheits- und Krankenpflegehelfer	269	*5,6%*
Physiotherapeuten, Masseure, med. Bademeister	206	*4,3%*
dar.: Physiotherapeuten	130	*2,7%*
medizinisch-technische Assistenten	98	*2,0%*
pharmazeutisch-technische Assistenten	65	*1,3%*
therapeutische Berufe a.n.g.	109	*2,3%*
II. soziale Berufe	447	*9,2%*
Altenpfleger	421	*8,7%*
Heilerziehungspfleger	14	*0,3%*
Heilpädagogen	12	*0,2%*
III. Gesundheitshandwerker	146	*3,0%*
Augenoptiker	48	*1,0%*
Orthopädiemechaniker	12	*0,2%*
Zahntechniker	66	*1,4%*
sonstige Gesundheitshandwerker	20	*0,4%*
IV. sonstige Gesundheitsfachberufe	97	*2,0%*
Gesundheitsingenieure	12	*0,2%*
gesundheitssichernde Berufe	24	*0,5%*
Gesundheitstechniker	9	*0,2%*
Pharmakanten	9	*0,2%*
pharmazeutisch-kaufmännische Angestellte	43	*0,9%*
V. andere Berufe im Gesundheitswesen	1.394	*28,8%*

Quelle: GBE (2013d), eigene Darstellung.

Die Gesundheitsdienstberufe stellen mit knapp 2,8 Mio. bzw. 57% aller Beschäftigten im Gesundheitswesen die größte Berufsgruppe. Dazu zählen alle Berufe, die mit der unmittelbaren Patientenversorgung betraut sind. Die Gesundheitsdienstberufe lassen sich wiederum in die Berufsgruppe der Ärzte, Apotheker, psych. Psychotherapeuten und Zahnärzte sowie in die übrigen Gesundheitsdienstberufe unterteilen. Letztere sind mit 47% der Beschäftigten von besonderer Bedeutung für die medizinische Versorgung. Insbesondere der Berufszweig der Gesundheits- und Krankenpfleger, zu dem auch die Hebammen gehören, ist mit 818.000 Beschäftigten hervorzuheben. Aber auch medizinische Fachangestellte/zahnmedizinische Fachangestellte tragen mit knapp 640.000 Beschäftigten entscheidend zu dieser großen Berufsgruppe bei. Zu den Beschäftigten in den anderweitig nicht genannten therapeutischen Berufen gehören beispielweise Beschäftigungs- und Arbeitstherapeuten, Ergotherapeuten und Logopäden. Neben den Gesundheitsdienstberufen sind als klar abgrenzbare Berufsgruppe die sozialen Berufe von hoher Relevanz für das Gesundheitswesen. Im Jahr 2010 waren dort rund 450.000 Personen beschäftigt. Unter den sozialen Berufen werden Altenpfleger, Heilerziehungspfleger und Heilpädagogen zusammengefasst. Die in der Tabelle dargestellte, mit 29% der Beschäftigten zweitgrößte Gruppe ist die der anderen Berufe im Gesundheitswesen. Diese dient als Sammelbecken für alle Berufe, die nicht einer der vier anderen Hauptgruppen zugeordnet werden können. Dazu gehören beispielsweise Sozialarbeiter, Reinigungskräfte in Krankenhäusern oder auch Handwerker, die direkt in Einrichtungen des Gesundheitswesens angestellt sind.[353] Ihre Größe von 29% der Beschäftigten im Gesundheitswesen verdeutlicht zum einen, wie wichtig diese Berufe für die Funktion des Gesundheitswesens sind, zum anderen kann daraus die Vielzahl unterschiedlicher Berufe im Gesundheitswesen abgeleitet werden. Eine noch ausführlichere Auflistung der Beschäftigten im Gesundheitswesen findet sich im Anhang in Tab. A-3.

4.3.2 Ausgewählte Berufe der Analyse

Die Betrachtung aller in der GPR dargestellten Berufe wird im Rahmen dieser Arbeit nicht angestrebt. Es sollen vielmehr jene Berufsgruppen im Fokus stehen, die in den in Kapitel 4.2.2 abgegrenzten Einrichtungen bei der Behandlung der Patienten auch im direkten Patientenkontakt stehen.

Dazu wurde zunächst eine Vorauswahl der zu betrachtenden Berufe vorgenommen. Dies geschieht, in dem die Relevanz der Berufe nach der erfolgten ein-

353 Vgl. Afentakis/Böhm (2009), S. 9f; GBE (2013d).

richtungsspezifischen Abgrenzung beurteilt wird. Dazu sind in Tab. 4-4 erneut die Berufe nach der Klassifizierung der Gesundheitspersonalrechnung aufgeführt. Zum einen ist die Gesamtbeschäftigung über alle Einrichtungen nach Berufen und deren Anteil dargestellt. Zum anderen sind die Beschäftigungszahlen in den relevanten Einrichtungen nach Berufen und ihr Anteil an der Gesamtbeschäftigung in diesen Einrichtungen aufgeführt.

Tab. 4-4: *Anteil der Beschäftigten nach Berufen in den Einrichtungen der Prognose*

	Einrichtungen insgesamt		Prognose-einrichtungen	
Berufe im Gesundheitswesen insgesamt	4.833	*100,0%*	3.409	*100,0%*
Gesundheitsdienstberufe	2.748	*56,9%*	2.122	*62,2%*
Ärzte, Apotheker, psych. Psychotherapeuten, Zahnärzte	497	*10,3%*	342	*10,0%*
Ärzte	334	*6,9%*	306	*9,0%*
Ärzte für allgemeine/innere Med., Kinderheilk.	99	*2,0%*	92	*2,7%*
Ärzte für Chirurgie, Orthopädie	35	*0,7%*	32	*0,9%*
Ärzte für Frauenheilkunde/Geburtshilfe	17	*0,4%*	16	*0,5%*
Ärzte für Neurologie, Psychiatrie	23	*0,5%*	21	*0,6%*
Ärzte o.n.F., praktische Ärzte	98	*2,0%*	88	*2,6%*
andere Fachärzte	62	*1,3%*	54	*1,6%*
Apotheker	60	*1,2%*	2	*0,1%*
psychologische Psychotherapeuten	35	*0,7%*	33	*1,0%*
Zahnärzte	68	*1,4%*	1	*0,0%*
übrige Gesundheitsdienstberufe	2.252	*46,6%*	1.779	*52,2%*
medizinische/zahnmedizinische Fachangestellte	639	*13,2%*	421	*12,3%*
dar.: zahnmedizinische Fachangestellte	245	*5,1%*	36	*1,1%*
Diätassistenten	14	*0,3%*	11	*0,3%*
Heilpraktiker	33	*0,7%*	31	*0,9%*
Gesundheits- und Krankenpfleger	818	*16,9%*	784	*23,0%*
dar.: Hebammen	20	*0,4%*	21	*0,6%*
Gesundheits- und Krankenpflegehelfer	269	*5,6%*	200	*5,9%*
Physiotherapeuten, Masseure, med. Bademeister	206	*4,3%*	168	*4,9%*
dar.: Physiotherapeuten	130	*2,7%*	108	*3,2%*
medizinisch-technische Assistenten	98	*2,0%*	69	*2,0%*
pharmazeutisch-technische Assistenten	65	*1,3%*	2	*0,1%*
therapeutische Berufe a.n.g.	109	*2,3%*	93	*2,7%*
soziale Berufe	447	*9,2%*	429	*12,6%*
Altenpfleger	421	*8,7%*	408	*12,0%*
Heilerziehungspfleger	14	*0,3%*	11	*0,3%*
Heilpädagogen	12	*0,2%*	9	*0,3%*
Gesundheitshandwerker	146	*3,0%*	1	*0,0%*
sonstige Gesundheitsfachberufe	97	*2,0%*	6	*0,2%*
andere Berufe im Gesundheitswesen	1.394	*28,8%*	849	*24,9%*

Quelle: GBE (2013d), Jahr 2010, eigene Darstellung.

Es zeigt sich, dass neben dem nicht Erfüllen des zweiten Abgrenzungskriteriums, die Berufsgruppen der Gesundheitshandwerker und die der sonstigen Gesundheitsfachberufe in den zu betrachtenden Prognoseeinrichtungen nicht von großer zahlenmäßiger Bedeutung sind. Mit rund 7.000 Beschäftigten ist ihr Anteil gegenüber 243.000 Beschäftigten im gesamten Gesundheitswesen zu vernachlässigen. Ebenso haben Apotheker mit rund 2.000 Beschäftigten und Zahnärzte mit rund 1.000 Beschäftigten verglichen mit ihrer Gesamtbeschäftigungszahl im Gesundheitswesen nach der einrichtungsspezifischen Abgrenzung eine geringe Relevanz. Gleiches gilt für die pharmazeutisch-technischen Assistenten, die maßgeblich in Apotheken angestellt sind sowie für Heilerziehungspfleger und Heilpädagogen.

Für eine trennscharfe Abgrenzung der Berufe und für die spätere Berechnung von Personalangebot und -nachfrage ist jedoch ein noch detaillierter Blick auf die, der Abgrenzung der Gesundheitspersonalrechnung zugrundeliegende Klassifizierung der Berufe der Bundesagentur für Arbeit (KldB 1988)[354] und des Statistischen Bundesamtes (KldB 1992)[355] notwendig. Alle differenzierten Beschäftigungsstatistiken der amtlichen Statistiken orientieren sich an dieser Klassifizierung.

Die KldB 1988 und KldB 1992 existierten bis zum 31.12.2010 nebeneinander. Am 01. Januar 2011 trat die KldB 2010 in Kraft, die dieses Nebeneinander zweier nationaler Berufsklassifikationen beendet. Die neue Klassifizierung wird sukzessive eingeführt. Arbeitslosen- und Stellenstatistik werden seit der Einführung bereits nach der KldB 2010 geführt, die Beschäftigungsstatistik wird erst im Jahr 2013 umgestellt.[356] Die KldB 2010 ist somit für diese Arbeit nicht von Relevanz.

Die Eingruppierung erfolgt in beiden Klassifizierungen anhand der ausgeübten beruflichen Tätigkeit. Die KldB besitzt eine hierarchische Gliederungssystematik, die die Berufe ausgehend von einer groben Unterscheidung in sechs grundlegende Berufsbereiche immer feiner hinsichtlich gewisser Zugehörigkeitsmerkmale gliedert. Der Aufbau der fünf Gliederungsebenen der KldB gestaltet sich folgendermaßen:[357]

- 6 Berufsbereiche: Kennziffer I – VI
- 33 Berufsabschnitte: Kennziffer Ia – VIa
- 86 (88) Berufsgruppen: Kennziffer 01 – 99
- 334 (369) Berufsordnungen: Kennziffer 011 – 991 (997)
- 1.991 (2.287) Berufsklassen: Kennziffer 0110 – 9911 (9971)

354 Vgl. Bundesagentur für Arbeit (2009).

355 Vgl. Statistisches Bundesamt (1992).

356 Vgl. Bundesagentur für Arbeit (2012b).

357 Die Angaben beziehen sich auf die KldB 1988, vgl. Bundesagentur für Arbeit (2009). Die Zahlen in Klammern ist die entsprechende Anzahl in der KldB 1992. Vgl. Statistisches Bundesamt (1992).

Der Unterschied zwischen KldB 1988 und KldB 1992 liegt vor allem in einer weiteren Ausdifferenzierung der Berufsordnungen und Berufsklassen. In der KldB 1992 stehen insgesamt 296 zusätzliche Berufsklassen zur Verfügung. Im weiteren Verlauf dieser Arbeit werden die Begriffe Berufsgruppe, Berufsordnung und Berufsklasse konsequent angewendet.

Nach der Vorauswahl, der in der Gesundheitspersonalrechnung ausgewiesen Beschäftigten nach Berufen, kommt für die weitere Betrachtung lediglich der Berufsbereich V „Dienstleistungsberufe“ in Frage. Die weitere Eingliederung der relevanten Berufe in der Klassifizierung der Berufe ist Tabelle 4-5 zu entnehmen. Die Eingruppierung ist bis auf die Benennung der Berufsordnung 86 zwischen KldB 1988 und KldB 1992 identisch.

Tab. 4-5: Klassifizierung relevanter Berufe nach Berufsabschnitt und Berufsgruppe

Berufsabschnitt		Berufsgruppe	
Bezeichnung	Kennziffer	Bezeichnung	Kennziffer
Gesundheitsdienstberufe	Vg		
		Ärzte, Apotheker	84
		Übrige Gesundheitsdienstberufe	85
Sozial- und Erziehungsberufe, anderweitig nicht genannte geistes- und naturwissenschaftliche Berufe	Vh		
		Sozialpflegerische Berufe	86

Quelle: KldB 1988/KldB 1992, eigene Darstellung.

Bei der tieferen Gliederung nach Berufsordnungen und Berufsklassen muss aufgrund der angedeuteten Unterschiede zwischen KldB 1988 und KldB 1992 eine exakte Zuordnung der Berufe vorgenommen werden. Dies ist für die Abgrenzung des Untersuchungsgebiets zunächst nur von untergeordneter Relevanz, wird aber bei der späteren Verarbeitung weiterer amtlicher Statistiken von großer Bedeutung für eine exakte Zuordnung sein. Aus Tab. 4-6 wird ersichtlich, dass in der Berufsordnung 841 „Ärzte“ kein Unterschied zwischen beiden Klassifizierungsversionen besteht. Beide Systematiken unterscheiden zwischen neun ärztlichen Berufsklassen.

Tab. 4-6: Klassifizierung der Berufe in der Berufsgruppe 84 nach Berufsklasse

KldB 1988	KldB 1988		KldB 1992	
Bezeichnung	BKZ 3 Steller	BKZ 4 Steller	BKZ 3 Steller	BKZ 4 Steller
Ärzte	**841**		**841**	
Praktische Ärzte, Ärzte, o.n.A.	841	8410	841	8410
Allgemein-(fach)-,Kinderärzte, Internisten	841	8411	841	8411
Chirurgen, Orthopäden	841	8412	841	8412
Hals-, Nasen- und Ohrenärzte	841	8413	841	8413
Augenärzte	841	8414	841	8414
Frauenärzte	841	8415	841	8415
Radiologen	841	8416	841	8416
Neurologen, Psychiater, Psychotherapeuten (Ärzte)	841	8418	841	8418
andere Fachärzte	841	8419	841	8419

Quelle: KldB 1988/KldB 1992, eigene Darstellung.

In der Berufsgruppe 85 und den dort angesiedelten Berufsordnungen und zugehörigen Berufsklassen haben sich Verschiebungen, insbesondere auf der Ebene der Berufsklassen, ergeben. Die in Tabelle 4-7 angegebenen Bezeichnungen der Berufsordnungen entsprechen der KldB 1988, sie können von den Bezeichnungen der KldB 1992 abweichen. Im Falle von Abweichungen zwischen beiden Klassifikationen auf der Ebene der Berufsklassen, wurden die abweichenden Bezeichnungen aus der KldB 1992 übernommen. Die grau schattierten Zeilen heben die Abweichungen hinsichtlich Zuordnung zu 3- und 4-stelliger BKZ und Bezeichnung hervor.

Zunächst fällt auf, dass die Psychotherapeuten (nicht Ärzte) in eine neugeschaffene Berufsordnung 886 (Psychologen/Psychologinnen) eingruppiert und damit der Berufsgruppe der „Geistes- und naturwissenschaftlichen Berufe, a.n.g." zugeordnet wurden. Sie sind nicht mehr Bestandteil der „Übrigen Gesundheitsdienstberufe". Darüber hinaus fällt auf, dass es deutliche Verschiebungen in der Berufsordnung 852 gegeben hat. Etwa die Hälfte der bisher unter dieser Berufsordnung subsumierten Berufsklassen werden nun der neu geschaffenen Berufsordnung 859 (Therapeutische Berufe, a.n.g.) zugeordnet. Außerdem hat eine Neuklassifizierung verbleibender Berufe stattgefunden. Hatten Krankengymnasten in der alten KldB beispielsweise die BKZ 8523, so tragen sie in der KldB 1992 die BKZ 8524. Hervorzuheben ist auch die Berufsklasse Pharmazeutisch-technische Assistenten, die in der neueren Klassifizierung einer eigenen Berufsordnung (BKZ 858) zugeordnet wurde. Darüber hinaus sind eine

Reihe weiterer Berufsklassen hinzugekommen, die sich durch das Fehlen der Berufskennziffern in den Spalten der KldB 1988 bemerkbar machen.

Tab. 4-7: Klassifizierung der Berufe in der Berufsgruppe 85 nach Berufsklasse

	KldB 1988		KldB 1992	
Bezeichnung	BKZ 3 Steller	BKZ 4 Steller	BKZ 3 Steller	BKZ 4 Steller
Heilpraktiker	**851**		**851**	
Heilpraktiker		8511		8511
Psychotherapeuten (nicht Ärzte)		8512	**886**	8866
Masseure, Krankengymnasten und verwandte Berufe	**852**		**852**	
Masseure und medizinische Bademeister, o.n.A.	852	8520		
Physiotherapeut(en/innen) (nicht Ärzte/Ärztinnen) o.n.A.			852	8520
Masseure und medizinische Bademeister			852	8521
Masseure	852	8521	852	8522
medizinische Bademeister	852	8522	852	8523
Krankengymnasten	852	8523	852	8524
Bewegungstherapeuten	852	8524	852	8525
Therapeuten für Sprech- und Hörstörungen	852	8525	859	8591
Therapeuten für Sehstörungen	852	8526	859	8592
Beschäftigungs-, Kunsttherapeuten	852	8528		
Beschäftigungs- und Arbeitstherapeut(en/innen)			859	8594
Kunst-, Musiktherapeut(en/innen)			859	8595
andere Therapeuten	852	8529	859	8599
Krankenschwestern, -pfleger, Hebammen	**853**		**853**	
Krankenschwestern, -pfleger, allgemein	853	8530	853	8530
Unterrichtsschwestern, -pfleger, Lehrhebammen	853	8531	853	8531
Säuglings-, Kinderkrankenschwestern	853	8532	853	8532
Psychiatrieschwestern, -pfleger	853	8533	853	8533
Operationsschwestern, -pfleger	853	8534	853	8534
Anästhesieschwestern, -pfleger	853	8535	853	8535
Hebammen	853	8536	853	8536
Gemeindeschwestern, -pfleger und ähnliche Berufe	853	8538	853	8538
andere Funktionskrankenschwestern, -pfleger	853	8539	853	8539
Helfer in der Krankenpflege	**854**			
Krankenpflegehelfer	854	8541		

	KldB 1988		KldB 1992	
Sanitäter	854	8542		
Wochenpflegerinnen	854	8543		
Diätassistenten, Pharmazeutisch-technische Assistenten	**855**		**855**	
Diätassistenten	855	8551	855	8551
Ernährungsberater	855	8552	855	8552
andere Ernährungsfachleute			855	8553
Pharmazeutisch-technische Assistenten	855	8553	**858**	8580
Sprechstundenhelfer	**856**		**856**	
Sprechstundenhelfer, o.n.A.	856	8560	856	8560
Arzthelferinnen	856	8561	856	8561
Zahnarzthelferinnen	856	8562	856	8562
Arztsekretärinnen	856	8564	856	8564
Medizinallaboranten	**857**		**857**	
Medizinisch-technische Assistent(en/innen) o.n.F.			857	8570
Medizinisch-technische Assistenten, medizinische Laboranten	857	8571	857	8571
Röntgenassistenten	857	8572	857	8572
Psychologisch-technische Assistenten	857	8574	857	8574
Zahnmedizinisch-technische Laboranten	857	8575	857	8575
Zytologie-, Histologieassistent(en/innen)			857	8576
Arbeits- und Sozialmedizinische Assistent(en/innen)			857	8578
andere Medizinallaboranten	857	8579	857	8579

Quelle: KldB 1988/KldB 1992, eigene Darstellung.

Noch deutlichere Verschiebungen ergeben sich den relevanten Berufen der Berufsgruppe 86. Hier sind in der KldB 1992 die Altenpfleger beispielsweise nicht mehr unter 861 subsumiert, sondern bekamen eine eigene 3-Steller BKZ 864, die eine weitere Aufgliederung zulässt.

Tab. 4-8: Klassifizierung der Berufe in der Berufsgruppe 86 nach Berufsklasse

KldB 1988	KldB 1988		KldB 1992	
Bezeichnung	BKZ 3 Steller	BKZ 4 Steller	BKZ 3 Steller	BKZ 4 Steller
Sozialarbeiter, Sozialpfleger	**861**		**861**	
Altenpfleger	861	8614	**864**	weiter ausdifferenziert
Haus-, Familienpfleger	861	8615	**865**	weiter ausdifferenziert
Sozialpflegerische Berufe, a.n.g.	861	8616	k.A.	k.A.

Quelle: KldB 1988/KldB 1992, eigene Darstellung.

Die genaue Zuordnung der Berufe mag mühselig erscheinen, allerdings ist erst durch diese klare Zuordnung zu den Kennziffern der KldB 1988 bzw. KldB 1992 die berufsspezifische Abgrenzung entsprechend der Klassifizierung zweifelsfrei festgelegt. Bei Verwendung von berufsspezifischen Beschäftigungsstatistiken muss demnach für die zweifelsfreie Zuordnung der Berufe immer darauf geachtet werden, auf welcher Grundlage (KldB 1988 oder 1992) die Abgrenzung vorgenommen wurde. Die relevanten Berufe sind zusammenfassend in Tab. 4-9 dargestellt.

Tab. 4-9: Relevante Berufe der Bedarfsprognose

Bezeichnung	BKZ
Ärztliche Berufe	
Praktische Ärzte, Ärzte, o.n.A.	8410
Allgemein-(fach)-,Kinderärzte, Internisten	8411
Chirurgen, Orthopäden	8412
Hals-, Nasen- und Ohrenärzte	8413
Augenärzte	8414
Frauenärzte	8415
Radiologen	8416
Neurologen, Psychiater, Psychotherapeuten (Ärzte)	8418
andere Fachärzte	8419
Nichtärztliche Berufe	
Masseure, Krankengymnasten und verwandte Berufe	852
Krankenschwestern, -pfleger, Hebammen	853
Helfer in der Krankenpflege	854
Diätassistenten, Pharmazeutisch-technische Assistenten	855
Sprechstundenhelfer	856
Medizinallaboranten	857
Altenpfleger	861

Quelle: Eigene Darstellung.

Zusätzlich zu den bereits genannten und wegen des geringen Beschäftigungsumfangs in den relevanten Einrichtungen ausgeschlossenen Berufsgruppen, wird von eine Betrachtung der Berufsklassen der Heilpraktiker, der psychologische Psychotherapeuten und der „therapeutische Berufe a.n.g." abgesehen. Bei der Konzeption des Berechnungsmodells (vgl. Kapitel 5) hat sich gezeigt, dass die Zuordnung relevanter Beschäftigungs- und Ausbildungsstatistiken (vgl. Kapitel 4.4.2) nicht zweifelsfrei möglich ist. Beispielsweise gibt es keine amtlichen Statistiken zur Anzahl der Ausbildungsabschlüsse der Heilpraktiker. Bei diesem Beruf handelt es sich nicht um einen gesetzlich geregelten Ausbildungsberuf mit vorgeschriebener Regelausbildung und bundeseinheitlich geregelter Prüfung. Die Ausbildung findet in der Regel in privaten Schulen statt.[358]

358 Vgl. Bährle (2011), S. 76.

4.4 Datenbasis

4.4.1 Datenanforderungen

Aus der Herleitung der Angebots- und Nachfragedeterminanten sowie aus der vorangegangen Abgrenzung des Untersuchungsgebiets lassen sich sowohl die qualitativen als auch die quantitativen Anforderungen an die Datenquelle/Datenbasis ableiten. Qualität und Quantität der Daten beeinflussen das Ergebnis der Angebots- und Nachfrageprojektion entscheidend.[359] Benötigt werden im Einzelnen:[360]

- Aktuelle Beschäftigungsstatistiken der Ist-Beschäftigung, die eine detaillierte Aufschlüsselung der Beschäftigten nach Berufen, Alter, Geschlecht, Einrichtungen, Jahren und regionaler Verteilung ermöglichen. Insbesondere das Merkmal Alter ist für die Berechnung von Renteneintritten erforderlich.
- Detaillierte Studien- und Ausbildungsstatistiken und Prognosen, die eine Zuordnung zu den zu betrachtenden Berufen ermöglichen, differenziert nach Geschlecht und Region.
- Statistiken über den Beschäftigungsumfang der zu betrachteten Berufe, um den Anteil von Teilzeitarbeit und damit auch die Vollzeitkräfte (Vollzeitäquivalente) bestimmen zu können.
- Branchenübergreifende Beschäftigungsstatistiken, um den Anteil der im Gesundheits- und Pflegewesen beschäftigten Berufe ermitteln zu können (Teilnahmequote).
- Bevölkerungsstatistiken und Bevölkerungsvorausberechnungen auf regionaler Ebene (Bundesländer), differenziert nach Alter und Geschlecht.
- Epidemiologische Kennzahlen der Bevölkerung, differenziert nach Alter und Geschlecht.
- Inanspruchnahme von Gesundheits- und Pflegeleistungen in den relevanten Einrichtungen des Gesundheits- und Pflegewesens, differenziert nach Einrichtungen sowie Alter und Geschlecht.
- Personalschlüssel, die eine Beziehung zwischen Leistungen und benötigten Personalressourcen herstellen.

Um eine möglichst hohe Qualität der Daten gewährleisten zu können, ist vorgesehen, die im Folgenden noch vorzustellende Berechnungsmethodik ausschließlich auf amtliche und überwiegend frei zugängliche Daten bzw. Statistiken von

---

359 Vgl. WHO (2010), S. 9.

360 Die hier definierten Anforderungen wurden aus den zuvor identifizierten Angebots- und Nachfragedeterminanten abgeleitet. Eine vergleichbare, aber allgemeinere Darstellung findet sich unter WHO (2010), S.10.

öffentlichen Datenhaltern aufzubauen. Diese Vorgehensweise hat mehrere Vorteile. Zum einen wird die Plausibilität und Qualität der Daten gewährleistet, insbesondere bei Verwendung amtlichen Erhebungen und Statistiken, die in regelmäßigen Abständen revidiert werden. Zum anderen wird hierdurch idealerweise eine ständige Aktualisierung der Berechnungen ermöglicht, wenn die verwendeten Datensätze in regelmäßigen Abständen aktualisiert werden. Von eigenen Erhebungen wird aus diesen Gründen abgesehen.

4.4.2 Verwendete Datenquellen

Im Folgenden werden, ausgehend von den Datenanforderungen, jene zur Verfügung stehenden Datenquellen und Statistiken beschrieben, die nach ausführlicher Datenrecherche zur Berechnung der zentralen Größen auf der Angebots- und Nachfrageseite in Frage kommen. So wurden insbesondere der umfangreiche Datenfundus der Gesundheitsberichterstattung des Bundes (GBE) genutzt, ergänzt durch Daten der Bundesärztekammer (BÄK), der statistischen Landesämter und des statistischen Bundesamtes sowie Daten der Kultusministerkonferenz. Darüber hinaus werden weitere Hilfsstatistiken, beispielsweise für die Ableitung von Disaggregationsfaktoren angewendet, die an dieser Stelle nicht gesondert aufgeführt und beschrieben werden. Eine komplette Übersicht aller Hilfsstatistiken findet sich im Anhang in Tab. A-4 bis Tab. A-6.

4.4.2.1 Gesundheitsberichterstattung des Bundes (GBE)

Die Gesundheitsberichterstattung des Bundes (GBE) stellt im Rahmen einer umfangreichen Online-Datenbank gesundheitsrelevante Kennzahlen von über 100 Datenhaltern an zentraler Stelle zusammen.[361] Entsprechend können der GBE ein Großteil der benötigten Daten entnommen werden. Insbesondere Personalstatistiken wie die Gesundheitspersonalrechnung (GPR) oder die Ärztestatistik der Bundesärztekammer aber auch epidemiologische Statistiken wie die Krankheitskostenrechnung (KKR) sowie die Krankenhausstatistik stellen die wichtigsten Datenquellen dar (vgl. Kapitel 4.1). An dieser Stelle sollen die wichtigsten Datenquellen mit ihren Gliederungsmerkmalen vorgestellt werden.

Die Personalstatistiken der GPR stellt eine detaillierte Beschäftigungsstatistik für Deutschland mit den Gliederungsmerkmalen Jahre, Alter, Geschlecht, Art der Beschäftigung, Art der Einrichtung und Berufe sowohl in Köpfe als auch in Vollzeitäquivalente dar. In Tab. 4-10 sind die Merkmalsausprägungen auszugsweise dargestellt. Ein offensichtlicher Nachteil der GPR ist, dass die Beschäfti-

361 Siehe www.gbe-bund.de.

gungszahlen auf 1.000 gerundet werden. In bestimmten Merkmalskombinationen führt dies dazu, dass entweder gar keine Beschäftigten ausgewiesen werden oder die jeweiligen Größen sehr stark gerundet werden.

Tab. 4-10: Gliederungsmerkmale der Gesundheitspersonalrechnung

Merkmal	Ausprägung
Jahre	ab 2000
Alter	unter 35, 35 bis unter 50, über 50, alle Altersgruppen
Geschlecht	männlich, weiblich, beide Geschlechter
Art der Beschäftigung	Teilzeit, Beschäftigungsverhältnisse insgesamt
Art der Einrichtung	Einrichtungen insgesamt, Gesundheitsschutz, Ambulante Einrichtungen (darunter Arztpraxen, Zahnarztpraxen, Praxen sonstiger medizinischer Berufe, Apotheken, Gesundheitshandwerk/-einzelhandel, Ambulante Pflege, Sonstige ambulante Einrichtungen), Stationäre/teilstationäre Einrichtungen (darunter Krankenhäuser, Vorsorge-/Rehabilitationseinrichtungen, Stationäre/teilstationäre Pflege), Rettungsdienste, Verwaltung, Sonstige Einrichtungen, Vorleistungsindustrien
Berufe	Berufe im Gesundheitswesen insgesamt, Gesundheitsdienstberufe, soziale Berufe, Gesundheitshandwerker, sonstige Gesundheitsfachberufe, andere Berufe im Gesundheitswesen (weiter differenziert)

Quelle: GBE (2013c), GBE (2013d), eigene Darstellung.

Für die Ärzte lassen sich noch detaillierte Beschäftigungsdaten aus der Ärztestatistik der Bundesärztekammer gewinnen, die ebenfalls in der online-Datenbank der GBE veröffentlicht wird. In der Ärztestatistik steht jede Kombination der in Tab. 4-11 dargestellten Gliederungsmerkmale zur Verfügung. Neben einer detaillierten Altersaufschlüsselung ist hier vor allem die regionale Gliederung auf Bundeslandebene hervorzuheben. Ein weiterer Vorteil gegenüber der GPR ist, dass die Beschäftigtenzahlen nicht gerundet werden und so auch auf regionaler Ebene Arztgruppen mit wenigen Beschäftigen exakt ausgewiesen werden. Außerdem bietet die Ärztestatistik die Möglichkeit, fachgruppenspezifische Teilnahmequote an der ärztlichen Versorgung zu bestimmen, da dort auch registrierte Ärzte ohne ärztliche Tätigkeit ausgewiesen werden.

Tab. 4-11: Gliederungsmerkmale der Ärztestatistik

Merkmal	Ausprägung
Jahre	ab 1991
Region	Deutschland, Ost, West, alle Bundesländer
Alter	Unter 35 Jahre, 35 bis unter 40 Jahre, 40 bis unter 50 Jahre, 50 bis unter 60 Jahre, 60 bis unter 66 Jahre, 66 Jahre und älter
Geschlecht	männlich, weiblich
Gebiets-/Facharztbezeichnung	36 Gebiets- und Facharztbezeichnungen entsprechend der (Muster-) Weiterbildungsordnung der Bundesärztekammer von 2003
Tätigkeitsbereich	Mit ärztlicher Tätigkeit, Ambulant (darunter Niedergelassen, Angestellt), Stationär, In Behörden/Körperschaften u. a., In sonstigen Bereichen, Ohne ärztliche Tätigkeit

Quelle: GBE (2013a), eigene Darstellung.

Neben den Personalstatistiken der GBE sind insbesondere jene Statistiken wichtig, die die Morbiditätslast der Bevölkerung bzw. den Einsatz gesundheitsrelevanter Dienstleistungen abbilden. Dazu gehört vor allem die Krankenhausstatistik, genauer die Diagnosedaten der Patienten und Patientinnen in Krankenhäusern, des Statistisches Bundesamtes. Sie bildet das gesamte vollstationäre Geschehen in den Krankenhäusern ab, in dem im Rahmen einer Vollerhebung alle Patienten erfasst werden, die im jeweiligen Berichtsjahr aus der vollstationären Behandlung entlassen werden. Für die seit 1993 erhobene Statistik sind alle Krankenhäuser in Deutschland auskunftspflichtig.[362] In Tab. 4-12 sind die Gliederungsmerkmale der Diagnosedaten der Krankenhausstatistik dargestellt. Hier ist vor allem die Untergliederung in 5-Jahres-Alterskohorten hervorzuheben, die in Kombination mit dem Geschlecht ein besonders genaues Bild der alters- und geschlechtsspezifischen Morbiditätslast zulässt.

362 Vgl. Schelhase (2012), S. 377.

Tab. 4-12: Gliederungsmerkmale der Diagnosedaten der Krankenhausstatistik

Merkmal	Ausprägung
Jahre	ab 2000
Alter	Alle Altersgruppen, Unter 5 Jahre, 5 bis unter 10 Jahre, 10 bis unter 15 Jahre, 15 bis unter 20 Jahre, usw. bis 100 Jahre und älter, Unbekannt
Geschlecht	männlich, weiblich, beide Geschlechter, unbekannt
Behandlungsort	Deutschland, einzelne Bundesländer
Verweildauer	Alle Fälle, Stundenfälle, Verweildauer differenziert nach Tagen
Sachverhalt	Fälle, Berechnungs- und Belegungstage, Durchschnittliche Verweildauer aller Fälle in Tagen, Sterbefälle
ICD-10	Laut ICD-10 Diagnoseschlüssel

Quelle: GBE (2013f), eigene Darstellung.

Eine weitere wichtige Statistik ist die Krankheitskostenrechnung (KKR) des Statistischen Bundesamtes. Die Gliederungsmerkmale der KKR sind in Tab. 4-13 dargestellt. Es sei angemerkt, dass nicht jede Kombination der Gliederungsmerkmale möglich ist. Alter und Einrichtung können nicht gemeinsam abgefragt werden. In der KKR wird der ICD-10 Diagnoseschlüssel in der gleichen Gliederungstiefe wie auch in den Diagnosedaten der Krankenhäuser abgebildet.

Tab. 4-13: Gliederungsmerkmale der Krankheitskostenrechnung

Merkmal	Ausprägung
Jahre	2002, 2004, 2006, 2008
Alter	Alle Altersgruppen, Unter 15 Jahre, 15 bis unter 30 Jahre, 30 bis unter 45 Jahre, 45 bis unter 65 Jahre, 65 bis unter 85 Jahre, 85 Jahre und älter
Geschlecht	männlich, weiblich, beide Geschlechter
Einrichtungen	Einrichtungen insgesamt, Gesundheitsschutz, Ambulante Einrichtungen (darunter Arztpraxen, Zahnarztpraxen, Praxen sonstiger medizinischer Berufe, Apotheken, Gesundheitshandwerk/-einzelhandel, Ambulante Pflege, Sonstige ambulante Einrichtungen), Stationäre/teilstationäre Einrichtungen (darunter Krankenhäuser, Vorsorge-/Rehabilitationseinrichtungen, Stationäre/teilstationäre Pflege), Rettungsdienste, Verwaltung, Sonstige Einrichtungen und private Haushalte, Ausland
ICD-10	Laut ICD-10 Diagnoseschlüssel

Quelle: GBE (2013g), eigene Darstellung.

Eine weitere zentrale Statistik, die ebenfalls auf dem Online-Portal der GBE zur Verfügung gestellt wird, ist die Pflegestatistik des Statistischen Bundesamtes. Die Pflegestatistik stellt für die ambulanten und stationären Pflegeeinrichtungen umfangreiche Daten bezüglich des Personalbestands und der Pflegebedürftigkeit zusammen. Während ersteres bereits in die GPR mit einfließt, lässt letzteres detaillierte Rückschlüsse auf die alters- und geschlechtsspezifische Verteilung der Pflegefälle, auch nach Art der Betreuung und Pflegestufe zu. Die Gliederungsmerkmale dieser Statistik sind in Tabelle 4-14 dargestellt.

Tab. 4-14: Gliederungsmerkmale der Pflegestatistik – Pflegebedürftige

Merkmal	Ausprägung
Jahre	1999, 2001, 2003, 2005, 2007, 2009
Alter	Alle Altersgruppen, Unter 5 Jahre, 5 bis unter 10 Jahre, 10 bis unter 15 Jahre, 15 bis unter 20 Jahre, usw. bis 95 Jahre und älter
Geschlecht	männlich, weiblich, beide Geschlechter
Art der Betreuung	Alle Arten der Betreuung, ambulante Pflege, vollstationäre Pflege (darunter vollstationäre Dauerpflege, vollstationäre Kurzzeitpflege), Pflegegeld, teilstationäre Pflege (darunter teilstationäre Tagespflege, teilstationäre Nachtpflege)
Region	Deutschland, alle Bundesländer
Pflegestufe	Pflegestufen insgesamt, Pflegestufe I, Pflegestufe II, Pflegestufe III (darunter Härtefälle der Pflegestufe III), Bisher noch keiner Pflegestufe zugeordnet
Darstellung	Pflegebedürftige absolut, Pflegebedürftige je 100.000 Einwohner, Pflegebedürftige in %

Quelle: GBE (2013h), eigene Darstellung.

Dies sind die zentralen Statistiken, die der Gesundheitsberichterstattung des Bundes entnommen wurden und auf denen die angebots- und nachfrageseitige Berechnung maßgeblich aufbaut. Eine Reihe verschiedener Hilfsstatistiken wurde zudem verwendet, die an dieser Stelle nicht gesondert aufgeführt werden. Eine komplette Übersicht aller Hilfsstatistiken ist in Tabelle A-4 im Anhang verfügbar.

4.4.2.2 Bundesärztekammer

Neben der umfangreichen Beschäftigungsstatistik der Bundesärztekammer (BÄK) und der Kassenärztlichen Bundesvereinigung (KBV), die im vorherigen Abschnitt bereits dargestellt wurde, wurde eine weitere von der BÄK und der KBV im Rahmen der jährlichen Ärztestatistik veröffentlichte Kennzahl verwendet. Die Anerkennung von Facharztbezeichnungen ist ein wichtiger Indikator für die ärztliche Weiterbildung. Die Gliederungsmerkmale sind in Tab. 4-15 dargestellt.

Tab. 4-15: Gliederungsmerkmale der Ärztestatistik – Anerkennung von Facharztbezeichnungen

Merkmal	Ausprägung
Jahre	ab 1998
Region	Deutschland
Geschlecht	insgesamt, weiblich
Gebiets-/Facharztbezeichnung	80 Gebiets- und Facharztbezeichnungen entsprechend der (Muster-) Weiterbildungsordnung der Bundesärztekammer von 2003

Quelle: Bundesärztekammer (2011), eigene Darstellung.

4.4.2.3 Kultusministerkonferenz

Unter der Kurzform Kultusministerkonferenz wird die Ständige Konferenz der Kultusminister der Länder in der Bundesrepublik Deutschland verstanden. In ihr sind seit dem Jahr 1948 alle für Bildung und Erziehung, Hochschulen und Forschung sowie kulturelle Angelegenheiten zuständigen Minister bzw. Senatoren der Länder zusammengeschlossen.[363]

Seit dem Jahr 1963 werden in regelmäßigen Abständen Schüler- und Schulabsolventenprognosen veröffentlicht. Seit 1972 werden diese Modellrechnungen auch für die Entwicklung des Hochschulbereichs durchgeführt. Dabei fließen die Prognosezahlen der Schüler und Absolventen zum einen bei den Berechnungen des zukünftigen Lehrerbedarfs und der Nachfrage nach Ausbildungsstellen ein. Zum anderen stellen die Schüler mit allgemeiner Hochschulreife die Eingangsgrößen für die Hochschulprognose dar.[364]

Die Schülerprognose im Rahmen der „Vorausberechnung der Schüler- und Absolventenzahlen 2005 bis 2020" berechnet die Anzahl der Schüler in Deutschland bis zum Jahr 2020 in den Bereichen:

- Schüler an allgemein bildenden Schulen
- Schüler an beruflichen Schulen
- Schüler nach Bildungsbereichen
  - Darunter Vorschulbereich; Primarbereich, Sekundarbereich I, Sekundarbereich II (getrennt nach allgemein bildenden Schulen und beruflichen Schulen)
- Förderschulen
- Schulanfänger

---

363 Vgl. Kultusministerkonferenz der Länder (2013).

364 Vgl. Kultusministerkonferenz der Länder (2007), S. 7; Kultusministerkonferenz der Länder (2005), S. 1.

Die Absolventen und Abgänger werden in dieser Vorausberechnung ebenfalls getrennt nach:

- Allgemein bildende Schulen insgesamt, darunter:
  - ohne Hauptschulabschluss
  - mit Hauptschulabschluss
  - mit Realschulabschluss
  - mit Fachhochschul- und Hochschulreife
- Absolventen beruflicher Schulen, darunter:
  - mit Fachhochschul- oder Hochschulreife
- Absolventen aller Schulen mit Fachhochschul- oder Hochschulreife

Darauf aufbauend werden in der Modellrechnung „Vorausberechnung der Studienanfängerzahlen 2009-2020" die Anzahl der jährlichen Studienanfänger bis zum Jahr 2020 im gesamten tertiären Bereich prognostiziert.

Diese offiziellen Prognosen des Ausbildungsgeschehens können im Rahmen dieser Arbeit bei der Bestimmung der Neuzugänge verwendet werden. Zum Zeitpunkt der Berechnung lagen sowohl für die Schüler- und Absolventenprognose als auch für die Hochschulprognose Vorausberechnungen bis zum Jahr 2020 vor.[365]

4.4.2.4 Statistisches Bundesamt und Statistische Landesämter

Weitere benötigte Daten, die nicht von einem der genannten Datenhalter stammen bzw. im Rahmen der Gesundheitsberichterstattung des Bundes nicht veröffentlicht werden, stammen direkt aus dem Datenangebot des Statistischen Bundesamtes bzw. den Statistischen Landesämtern. Zu diesen Daten gehören Bevölkerungsstatistiken, auch auf regionaler Ebene, Ausbildungs- und Hochschulstatistiken sowie weitere regionale Krankenhaus- und Pflegestatistiken, die zwar in die Statistiken der Gesundheitsberichterstattung mit einfließen, deren Detaillierungsgrad bei der Überführung allerdings nicht beibehalten wird.

Vom Statistischen Bundesamt stammen die Zahlen zum Bevölkerungsstand der zurückliegenden Jahre, differenziert nach Altersjahren und Geschlecht.[366] Diese werden benötigt, um alters- und geschlechtsspezifische Bezugsgrößen ermitteln zu können. Für die zukünftige Bevölkerungsentwicklung wird auf die bundeslandspezifischen Bevölkerungsvorausberechnungen der Statistischen Landesämter zurückgegriffen, die ebenfalls nach Altersjahren und Geschlecht

---

365 Vgl. Kultusministerkonferenz der Länder (2007); Kultusministerkonferenz der Länder (2009); vgl. Kapitel 5.1.3.

366 Die Daten sind der GENESIS-Online Datenbank unter dem Stichwort Fortschreibung des Bevölkerungsstandes bzw. dem Code 12411-0006 zu entnehmen.

differenziert werden und bis zum Jahr 2030 reichen.[367] Dadurch kann ein detailliertes Abbild der zukünftigen Alters- und Geschlechtsstruktur in den einzelnen Bundesländern ermittelt werden. Eine genaue Übersicht aller verwendeten Bevölkerungsvorausberechnungen sowie deren Bezugsjahr finden sich in Tabelle A-5 im Anhang.

Um das Ausbildungsgeschehen in den relevanten Prognoseberufen untersuchen zu können, wurden verschiedene Quellen des Statistischen Bundesamtes verwendet. Dazu zählen folgende regelmäßigen Veröffentlichungen, die teilweise bis zum Jahr 2002/2003 zurückreichen:

- Fachserie 11 Reihe 2 – Berufliche Schulen
- Fachserie 11 Reihe 3 – Berufliche Bildung
- Fachserie 11 Reihe 4.1 – Studierende an Hochschulen
- Fachserie 11 Reihe 4.2 – Prüfungen an Hochschulen

Diese Veröffentlichungen enthalten detaillierte Statistiken zum Ausbildungsgeschehen der einzelnen Prognoseberufe und lassen Aussagen über die Zahl von Ausbildungsanfängern und Ausbildungsabsolventen zu.

Darüber hinaus wurden regionale Krankenhaus- und Pflegestatistiken der Statistischen Landesämter verwendet, um die Daten der Gesundheitsberichterstattung des Bundes, die nicht in allen Gliederungsebenen die für die regionale Betrachtung notwendige Detailtiefe bereitstellt, weiter zu untermauern. Eine Liste aller verwendeten Statistiken findet sich in Tabelle A-6 im Anhang. Diese stellen zur GBE konforme Gliederungsmerkmale für Berufe und Einrichtungen zur Verfügung.

367 Bis auf eine Ausnahme, bis 2025.

5 Methodik zur Berechnung der Personalbedarfe

Die Methodik sowie die zugrunde liegenden Annahmen beruhen auf der Prämisse, dass sich der Arbeitsmarkt aus dem Zusammenspiel von Angebot und Nachfrage entwickelt. In der nachfolgenden Darstellung sind das Personalangebot und die -nachfrage einander gegenübergestellt sowie deren Zusammensetzung schematisch dargestellt (siehe Abb. 5-1). Im Anschluss werden die einzelnen Parameter erläutert.

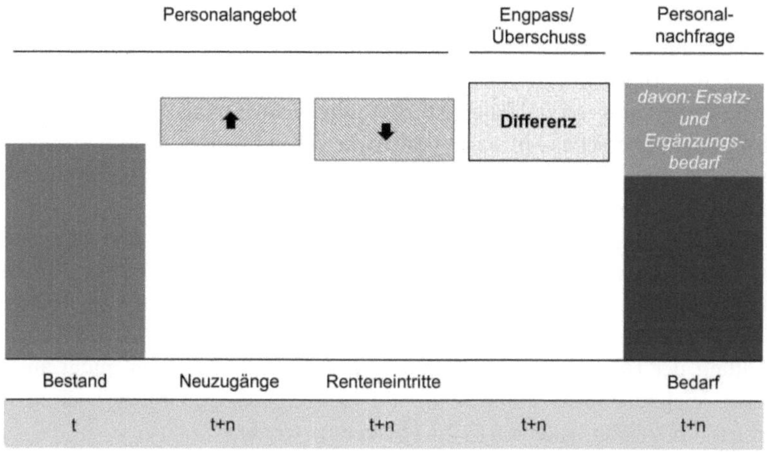

Quelle: Eigene Darstellung.

Abb. 5-1: Zusammensetzung von Personalangebot und Personalnachfrage im Berechnungsmodell

Das zukünftige Personalangebot zu einem Zeitpunkt t+n setzt sich aus dem Bestand der ärztlichen und nicht ärztlichen Beschäftigten zum Zeitpunkt t, der Summe der Neuzugänge aus Studien- und Ausbildungsgängen bis zum Zeitpunkt t+n zusammen. Gemindert wird das Arbeitsangebot zum Zeitpunkt t+n durch die bis dahin altersbedingt ausscheidenden Erwerbstätigen in den relevanten Berufen. Aus der Aggregation dieser Größen ergibt sich das gesamte auf dem Arbeitsmarkt vorhandene Angebot an relevanten Arbeitskräften zum Zeitpunkt t+n. Die Arbeitsnachfrage ergibt sich aus dem Arbeitskräftebedarf seitens der im Gesundheits- und Pflegewesen vorhandenen Einrichtungen wie beispielsweise Krankenhäuser, Arztpraxen oder Pflegeeinrichtungen. Die Höhe der

Gesamtnachfrage wird zwar durch demografische und morbiditätsbedingte Faktoren getrieben, ein Teil der Nachfrage lässt sich aber den ausscheidenden Erwerbstätigen zuordnen, die ersetzt werden müssen (Ersatzbedarf). Ein anderer Teil der Nachfrage ergibt sich aufgrund steigender Nachfrage nach Gesundheits- und Pflegeleistungen (Ergänzungsbedarf).

Eine differenzierte Gegenüberstellung – nach den zuvor definierten Merkmalen – von Arbeitsangebot und -nachfrage, kann Ungleichgewichte identifizieren. Diese Ungleichgewichte drücken sich in Personalengpässen oder -überschüssen hinsichtlich der Kombination verschiedener Merkmale wie Beruf, Region oder Einrichtung aus. Personalüberschüsse sind definiert als ein die Nachfrage übersteigendes Angebot. Entsprechend kann von einem Engpass gesprochen werden, wenn die Arbeitsnachfrage größer ist als das Angebot. Das gilt einerseits für den Arbeitsmarkt im Ganzen, andererseits können diese Aussagen ebenso für Angebot und Nachfrage bezüglich einzelner Qualifikationen bzw. Berufe getroffen werden. Mithilfe dieses Berechnungsmodells soll der Personalbedarf oder -überschuss in einer bestimmten Berufsklasse detailliert analysiert werden. Dadurch ist es möglich, berufsspezifische Aussagen über die Entwicklung des Angebots und der Nachfrage zu treffen.

Um die Angebots- und Nachfrageseite im Gesundheits- und Pflegewesen miteinander quantitativ vergleichen zu können, muss das geleistete Arbeitsvolumen berücksichtigt werden. Aufgrund eines hohen Anteils von Teilzeitbeschäftigungsverhältnissen im Gesundheits- und Pflegewesen, ist die reine Betrachtung der Beschäftigung in Köpfen, das heißt in Personen, nicht aussagekräftig. Vielmehr müssen angebots- und nachfrageseitige Größen auch in sogenannten Vollzeitäquivalenten (VZÄ) berechnet werden.

Bei dieser Betrachtung werden ausgehend von dem üblichen und regelmäßigen Beschäftigungsumfang einer Vollzeitkraft, beispielsweise 40 Wochenarbeitsstunden, alle bestehenden Arbeitsverhältnisse mit einem geringeren Arbeitsumfang auf diese Größe normiert.[368] Somit ist Arbeitsleistung bzw. der Arbeitsumfang ausgedrückt in VZÄ eine definierte Größe und gibt die tatsächlich erbrachte und benötigte Arbeitsleistung wider. Aus der Umrechnung der Beschäftigten in Köpfe in VZÄs resultiert demnach ein aussagekräftiges Ergebnis.[369]

In der vorliegenden Arbeit erfolgt die Umrechnung von Köpfen in Vollzeitäquivalente mithilfe der Statistiken der Gesundheitspersonalrechnung. Dazu werden berufs- und einrichtungsspezifische Vollzeitquoten berechnet. Das ge-

368 Vgl. Afentakis/Böhm (2009), S. 26.
369 Vgl. Burkhart et al. (2012), S. 59.

naue Vorgehen wird in den folgenden Kapiteln im Rahmen der Angebotsmodellierung aufgegriffen.

5.1 Modellierung der Angebotsseite

Das Arbeitsangebot setzt sich aus folgenden Bestandteilen zusammen:

- Beschäftigte im Startjahr
- Neuzugängen
- Renteneintritte

Zur Ermittlung des Angebots an ärztlichem und nichtärztlichem Personal zu einem beliebigen Zeitraum bis zum Jahr 2030, ist eine jahresgenaue Bestimmung dieser Größen erforderlich. Das Vorgehen wird im Einzelnen in den folgenden Kapiteln beschrieben. Zuvor werden die Restriktionen der Modellierung aufgrund der verfügbaren Datenbasis aufgezeigt.

5.1.1 Modellrestriktionen aufgrund der Datenbasis

Für die Berechnung der Ausgangsbeschäftigung wurde die Notwendigkeit detaillierter Beschäftigungsstatistiken herausgestellt, insbesondere um die geforderten Dimensionen Beruf, Alter, Geschlecht, Einrichtung, Region und Jahr abbilden zu können. Die Sichtung der vorhandenen Daten hat ergeben, dass Datensätze, die eine Kombination dieser Dimensionen zulassen, für die ärztlichen Berufe mit der Ärztestatistik der Bundesärztekammer zur Verfügung stehen. Für die nichtärztlichen Berufe gibt es solch detaillierte Statistiken für alle in Kapitel 4.2 abgegrenzten Einrichtungen des Gesundheits- und Pflegewesen nur für Deutschland gesamt. Die regionale Komponente und weitere Betrachtungsdimensionen auf regionaler Ebene müssen zum Teil über Annahmen generiert werden, wie im Folgenden in Kapitel 5.1.2.2 beschrieben. Das liegt darin begründet, dass für die ambulanten Einrichtungen des Gesundheitswesens keine detaillierten Beschäftigungsstatistiken auf regionaler Ebene vorliegen. Für die stationären Einrichtungen des Gesundheitswesens sowie für die ambulanten und stationären Pflegeeinrichtungen kann hingegen auf die regionalen Krankenhaus- und Pflegestatistiken zurückgegriffen werden, die auch in die GBE mit einfließen. Das im weiteren Verlauf darzustellende annahmegetriebene Vorgehen bei der Berechnung der regionalen Ist-Beschäftigung nach den gewünschten Dimensionen, lässt zum Teil keine regionale Differenzierung bestimmter Merkmale mehr zu. Dies betrifft insbesondere das Alter und damit auch berufsspezifischen Renteneintritte in den einzelnen Bundesländern.

Die amtliche Vorausberechnung der Schüler- und Absolventenzahlen sowie die Vorausberechnung der Studienanfängerzahlen der Kultusministerkonferenz sind anerkannte Prognosen und fließen auch in die Planung der Lehrerbedarfe oder in die Hochschulplanung mit ein. Damit stellen sie auch den besten Ausgangspunkt der Berechnung der Neuzugänge durch Studien- und Ausbildungsabsolventen dar. Allerdings differenzieren diese Vorausberechnungen nicht nach Berufen und Qualifikationen. Hierfür sind eigene Annahmen zu treffen (vgl. 5.1.3) und die Ergebnisse somit auch von diesen Annahmen geprägt.

Von der Modellierung einer möglichen Arbeitskräfte- bzw. Personalmigration aus bzw. ins Ausland, als zusätzliche Komponente der Zu- und Abgänge, wurde abgesehen. Zum einen ist beispielsweise der Wanderungssaldo der Ärzte, als Differenz von Ein- und Auswanderung, mit durchschnittlich 1.000 Ärzten in den Jahren 2004 bis 2009 sehr gering. Dies entspricht lediglich 0,3% der in jenem Zeitraum beschäftigten Ärzte.[370] Zum anderen waren keine berufsspezifischen Migrationsstatistiken verfügbar, auf denen aufbauend realistische Wanderungsszenarien hätten erstellt werden können. Eine mögliche Binnenmigration wird zwar nicht explizit modelliert, allerdings wird ihr durch die Verwendung regionaler Bevölkerungsprognosen auf Bundeslandebene Rechnung getragen (siehe Kapitel 5.1.3).

Aufgrund des sich abzeichnenden Trends der zunehmenden Teilzeitarbeit, muss neben der Betrachtung der Ist-Beschäftigung in Köpfen auch eine Normierung der Beschäftigungsverhältnisse auf einen einheitlichen Beschäftigungsumfang erfolgen. Dieser Norm-Umfang drückt sich in sogenannten Vollzeitäquivalenten aus, die den Umfang einer Vollzeitarbeitskraft mit der tariflichen Wochenarbeitszeit beschreiben. Wie in Kapitel 4.4.2.1 dargestellt, werden in der Gesundheitspersonalrechnung für die gewünschten Dimensionen auf Deutschlandebene sowohl Köpfe als auch Vollzeitäquivalente dargestellt. Im Rahmen der GPR wurde demnach bereits eine Umrechnung auf VZÄ vorgenommen. Aus den für Deutschland ermittelten Zahlen in Köpfen und Vollzeitäquivalenten könnten demnach berufs-, einrichtungs- und geschlechtsspezifische Vollzeitquoten ermittelt werden, die auch für die regionale Betrachtung zur Umrechnung verwendet werden. Die regionalen Statistiken weisen nicht in der erforderlichen Detailtiefe und in einheitlicher Art und Weise VZÄ aus. Dadurch sind weitere Annahmen wie beispielsweise deutschlandweiter VZÄ-Quoten erforderlich, die zu Verzerrungen in den Regionen führen können.

370 Vgl. Kopetsch (2010), eigene Berechnung.

5.1.2 Ist-Beschäftigung im Ausgangsjahr

Am Anfang der Berechnung des zukünftigen Personalangebots steht die Ermittlung des Beschäftigungsstandes (Ist-Beschäftigung) (*B*) im Ausgangsjahr nach den zu betrachtenden Dimensionen Beruf (*b*), Alter (*a*), Geschlecht (*g*), Einrichtung (*e*) und Region (*r*). Insbesondere die Differenzierung nach dem Geschlecht der Beschäftigten ist entscheidend, um geschlechtsspezifische Arbeitsprofile bzw. deren Auswirkungen (siehe Kapitel 3.4.2.1) im Modell zu berücksichtigen.

Da nicht alle benötigten Daten in dieser Detailtiefe, insbesondere auf regionaler Ebene vorhanden sind, müssen sie teilweise über Annahmen generiert werden. Dies wird im Folgenden beschrieben. Dabei wird zwischen dem Beschäftigungsstand der ärztlichen (*BÄ*) und der nichtärztlichen (*BN*) Berufe unterschieden, da hier die Datenlage entscheidend voneinander abweicht.

5.1.2.1 Ärztliches Personal

Für die Bestimmung der Ist-Beschäftigung der ärztlichen Berufe wird ein Bottom-Up Ansatz durchgeführt. Grundlage für die Ist-Beschäftigung der ärztlichen Berufe (*BÄ*) ist die Statistik „Bei den Ärztekammern registrierte Ärztinnen und Ärzte mit Gebiets- und Facharztbezeichnung (absolut, je 100.000 Einwohner und Einwohner je Arzt)" der GBE. Hier liegt eine Kombination der Gliederungsmerkmale

- Jahre (*j*),
- Region (*r*),
- Alter (*a*),
- Geschlecht (*g*),
- Gebiets-/Facharztbezeichnung und
- Tätigkeitsbereich bzw. Sektor (ambulant/stationär) (*s*)

vor.

Zum Berechnungszeitpunkt war das letzte erfasste Jahr 2010. Für die Zusammenstellung der Ist-Beschäftigung (*BÄ*) im Jahr 2010 werden die dort ausgewiesenen Gebiets- und Facharztbezeichnungen laut der (Muster-) Weiterbildungsordnung der Bundesärztekammer zu den in Kapitel 4.3.2 dargestellten neun ärztlichen Berufsklassen (*b*) zusammengefasst.

Die in der regionalen Ärztestatistik ausgewiesenen ambulanten Daten entsprechen der Einrichtung „Arztpraxen" in der GPR. In der GPR werden in keinen anderen ambulanten Einrichtungen Ärzte ausgewiesen, lediglich in den „sonstigen ambulanten Einrichtungen" sind Ärzte vertreten, ihre Anzahl ist jedoch zu gering, um in der auf Tausend gerundeten Gesundheitspersonalrechnung ausgewiesen zu werden. Die in der regionalen Statistik ausgewiesenen stationär tätigen Ärzte entsprechen der Kategorie „Stationär“ der GPR, sie umfasst somit neben den Krankenhäusern auch die Vorsorge- und Rehabilitationseinrichtungen.

Da in beiden Einrichtungstypen laut GPR Ärzte beschäftigt sind, müssen die regionalen Daten im stationären Sektor auf Einrichtungsebene (*e*) heruntergebrochen werden. Dazu werden die in Deutschland in den Krankenhäusern und Vorsorge- und Rehabilitationseinrichtungen beschäftigten Ärzte ins Verhältnis zu allen Ärzten des stationären Sektors gesetzt. Diese berufs- und geschlechtsspezifische Verhältniszahl wird mit der regionalen Beschäftigungszahl des stationären Sektors multipliziert. Allerdings sind die in der GPR nicht alle zuvor abgegrenzten ärztlichen Berufe ausgewiesen. Für jene, die nicht ausgewiesen werden, wird die Gruppe der übrigen Fachärzte verwendet.

(2.1) $$BÄ^{e}_{a,b,g,j,r} = \frac{BÄ^{e}_{b,g,j}}{BÄ^{s}_{b,g,j}} * BÄ^{s}_{a,b,g,j,r}$$

Damit das regionale ärztliche Arbeitsangebot sowohl in Köpfen (*K*) als auch in Vollzeitäquivalenten (*VZÄ*) ausgewiesen werden kann, müssen die Köpfe mangels regionaler Daten über die deutschlandweiten Daten der GPR in VZÄ umgerechnet werden. Die GPR erlaubt eine Differenzierung der VZÄ nach Geschlecht, Beruf, Einrichtung und Jahr. Es wird die VZÄ-Quote auf Basis des Jahres 2009 aus den Beschäftigungsstatistiken nach Köpfen und Vollkräften der GPR berechnet.[371] Die regionale Ist-Beschäftigung der ärztlichen Berufe in VZÄ für das Jahr 2010, differenziert nach Alter[372], Beruf, Einrichtung und Geschlecht ergibt sich demnach aus:

(2.2) $$BÄ^{VZÄ}_{a,b,e,g,r} = \frac{BÄ^{VZÄ}_{b,g,e}}{BÄ^{K}_{b,g,e}} * BÄ^{K}_{a,b,e,g,r}$$

Wobei der Quotient $\frac{BÄ^{VZÄ}}{BÄ^{K}}$ aus den deutschlandweiten Daten berechnet wurde.

371 „Beschäftigte im Gesundheitswesen in 1.000. Gliederungsmerkmale: Jahre, Deutschland, Geschlecht, Art der Einrichtung, Berufe“ und „Vollkräfte (Vollzeitäquivalente) im Gesundheitswesen in 1.000. Gliederungsmerkmale: Jahre, Deutschland, Geschlecht, Art der Einrichtung, Berufe“

372 Unter 35 Jahre, 35 bis unter 40 Jahre, 40 bis unter 50 Jahre, 50 bis unter 60 Jahre, 60 bis unter 66 Jahre, 66 Jahre und älter.

5.1.2.2 Nichtärztliches Personal

Für die nichtärztlichen Berufe (*BN*) ist aufgrund der vorhandenen Datenlage eine regionale Betrachtung eine wesentlich größere Herausforderung. Während die Zahlen der ärztlichen Berufe in der benötigten Detailtiefe und auf Bundeslandebene vorhanden sind, müssen für die nichtärztlichen Berufe teilweise Schätzungen vorgenommen werden. Dies betrifft insbesondere die nichtärztlichen Berufe in den ambulanten Einrichtungen des Gesundheitswesens, da hier kaum detaillierte amtliche Statistiken vorhanden bzw. öffentlich zugänglich sind.

Aus diesem Grund wurde für die Ermittlung der Ist-Beschäftigung in den nichtärztlichen Berufen ein Top-Down Ansatz verwendet, der die deutschlandweiten Beschäftigungszahlen der betrachteten nichtärztlichen Berufe auf die Bundesländer und Einrichtungen verteilt. Im Anschluss wurde diese Verteilung mit den auf Bundeslandebene vorhandenen Statistiken validiert. Hierbei kamen insbesondere die regionalen Krankenhaus- und Pflegestatistiken zum Einsatz, die die Beschäftigten nach Berufen in Krankenhäusern sowie den ambulanten und stationären Pflegeeinrichtungen beinhalten. Diese Vorgehensweise sicherte eine möglichst genaue Abbildung der Ist-Beschäftigung für 2009 auf regionaler Ebene.

Ausgangspunkt der Verteilung ist die Statistik der Gesundheitspersonalrechnung „Beschäftigte im Gesundheitswesen in 1.000“ mit den Gliederungsmerkmalen Jahre, Deutschland, Geschlecht, Art der Einrichtung und Berufe. Die zuvor vorgenommen berufsbezogene Abgrenzung des Untersuchungsgebiets findet sich auch in dieser Statistik wieder. Dies stellen die Eckwerte dar, auf die die Disaggregationsfaktoren zur Regionalisierung der Ist-Beschäftigung angewendet werden müssen.

Ausgangspunkt der Ermittlung der Disaggregationsfaktoren für die regionale Verteilung der Ist-Beschäftigung der nichtärztlichen Berufe (*BN*) im Jahr 2009 ist eine Statistik der Bundesagentur für Arbeit (*BA*), die die Sozialversicherungspflichtig Beschäftigten (*SvB*) nach Wirtschaftsabschnitten (WZ 2008) und Berufsordnungen ausweist, nicht nur für Deutschland (*d*), sondern auch für die Bundesländer (*r*). Mit dieser Statistik sind also Aussagen über die regionale Verteilung der betrachteten Berufe (siehe Abgrenzung, 3 Steller BKZ) im Wirtschaftsabschnitt Gesundheits- und Sozialwesen (WZ2008) möglich. Der Disaggregationsfaktor für den Bestand der nichtärztlichen Berufe (DR^{BN}) in den Bundesländern (*r*) nach Berufen (*b*) ergibt sich demnach zu

$$DR_{b,r}^{BN} = \frac{SvB_{b,r}^{GW}}{SvB_{b,d}^{GW}} \qquad (2.3)$$

wobei SvB^{GW} die sozialversicherungspflichtig Beschäftigten im Wirtschaftsabschnitt Gesundheits- und Sozialwesen darstellen. Eine Differenzierung nach Geschlecht oder Alter ist bei der Disaggregation nicht möglich, da die vorhandenen Daten diese Differenzierung auf regionaler Ebene nicht zulassen. Damit wird für den weiteren Verlauf der Untersuchung unterstellt, dass die regionale Alters- und Geschlechtsstruktur (*AG*) je nichtärztlichem Beruf in jedem Bundesland den Strukturen in Deutschland entspricht.

(2.4) $$AG_{a,b,g} = \frac{BN_{a,b,d,g}}{BN_{b,d}}$$

Die Eckwerte für die regionale Ist-Beschäftigung der nichtärztlichen Berufe (*EN*) ergeben sich demnach aus

(2.5) $$EN_{b,r} = DR_{b,r}^{BN} * BN_{b,d}$$

wobei $BN_{b,d}$ die im Jahr 2009 in den relevanten Prognoseeinrichtungen und -berufen Beschäftigten in Deutschland darstellt. Um den benötigten Detaillierungsgrad der nichtärztlichen Beschäftigung auf regionaler Ebene zu erhalten, werden die regionalen Eckwerte in einem nächsten Schritt mit einer Mischung aus Bottom-Up und Top-Down Ansatz auf die zu betrachteten Einrichtungen verteilt.

Zunächst werden im Rahmen des Bottom-Up Vorgehens die Daten der regionalen (*r*) Pflege- und Krankenhausstatistik – soweit vorhanden – verwendet, die eine berufsspezifische (*b*) Unterscheidung und eine Unterscheidung zwischen ambulanten (*PA*) und stationären Pflegeeinrichtungen (*PS*) sowie Krankenhäusern (*KH*) und Vorsorge- und Rehabilitationseinrichtungen (*VR*) zulassen. Die dort ausgewiesen Berufe orientieren sich an der offiziellen Klassifizierung der BA und können den relevanten Prognoseberufen zugeordnet werden. Die Summe der regionalen Ist-Beschäftigung, die sich mittels des Bottom-Up Verfahrens ermitteln lässt, ergibt sich demnach zu

(2.6) $$BN_{b,e,r}^{BU} = BN_{b,r}^{PA} + BN_{b,r}^{PS} + BN_{b,r}^{KH} + BN_{b,r}^{VR}$$

Da insbesondere für die ambulanten Einrichtungen des Gesundheitswesens keine detaillierten regionalen Statistiken vorliegen, die nichtärztlichen Berufe aber ebenfalls diesen Einrichtungen zugeordnet werden müssen, erfolgt im nächsten Schritt eine Top-Down-Verteilung der Berufe.

Zunächst werden von den berechneten regionalen Eckwerten $EN_{b,\,r}$ die berufsspezifischen und regionalen Daten der Krankenhaus- und Pflegestatistik subtrahiert.

(2.7) $$BN_{b,r}^{TD} = EN_{b,r} - BN_{b,r}^{BU}$$

Die verbleibenden berufsspezifischen Beschäftigungszahlen (BN^{TD}) werden mit einem Disaggregationsschlüssel (DE) auf die betrachteten ambulanten Einrichtungen und das Rettungswesen verteilt. Diese Schlüssel werden aus der Berufs- und Einrichtungsspezifischen Verteilung in Deutschland mithilfe der Statistik „Beschäftigte im Gesundheitswesen in 1.000. Gliederungsmerkmale: Jahre, Deutschland, Geschlecht, Art der Einrichtung, Berufe“ bestimmt.

(2.8) $$DE_{b,e} = \frac{BN_{b,d,e}}{BN_{b,d}}$$

Die gesamte alters-, berufs-, einrichtungs-, geschlechts-, und regionalspezifische Verteilung der Ist-Beschäftigung ergibt sich somit aus Gleichung 2.4 sowie 2.6 bis 2.8 zu:

(2.9) $$BN_{a,b,e,g,r} = \left(BN_{b,e,r}^{BU} + DE_{b,e} * BN_{b,r}^{TD}\right) * AG_{a,b,g}$$

Die so ermittelte regionale und einrichtungsspezifische Berufsverteilung wurde abschließend mit der deutschlandweiten Verteilung plausibilisiert.

Damit das regionale nichtärztliche Arbeitsangebot sowohl in Köpfen (K) als auch in Vollzeitäquivalenten (VZÄ) ausgewiesen werden kann, müssen die Daten analog zu den ärztlichen Berufen umgerechnet werden. Dies geschieht mangels regionaler Daten ebenfalls über die deutschlandweiten Daten der GPR. Die regionale Ist-Beschäftigung der nichtärztlichen Berufe in VZÄ für das Jahr 2010, differenziert nach Alter, Beruf, Einrichtung und Geschlecht ergibt sich demnach aus:

(2.10) $$BN_{a,b,e,g,r}^{VZÄ} = \frac{BN_{b,g,e}^{VZÄ}}{BN_{b,g,e}^{K}} * BN_{a,b,e,g,r}^{K}$$

Wobei der Quotient $\frac{BN^{VZÄ}}{BN^{K}}$ aus den deutschlandweiten Daten berechnet wurde.

5.1.3 Neuzugänge

Neben der demografischen Entwicklung der bereits Beschäftigten, werden vor allem die Zugänge aus Studien- und Ausbildungsgängen der Gesundheitsdienstberufe maßgeblich das Personalangebot der kommenden Jahre bestimmen. Die zukünftige Entwicklung dieser Größe ist von vielen Faktoren wie beispielsweise Anzahl der Studien- und Ausbildungsplätzen an Universitäten und Schulen, Studienzugangsberechtigung etc., aber auch von der Attraktivität der relevanten Berufsbilder abhängig. Im gewissen Umfang sind diese Neuzugänge durch die Politik steuerbar. In Folge dessen wäre es möglich, den Umfang der Neuzugänge als eine gewünschte Zielgröße vorzugeben und in das Berechnungsmodell einfließen zu lassen. An dieser Stelle soll allerdings zunächst ein möglichst realistisches Szenario der Neuzugänge dargestellt werden, das auf der zurückliegenden Entwicklung und Trends der Vergangenheit beruht. Die Modellierung der Neuzugänge auf diese Art ist aufwendiger als die bloße Vorgabe von Zielgrößen. Sie unterstellt dabei explizit, dass die zukünftige Attraktivität der in dieser Arbeit betrachteten Berufe der in Vergangenheit beobachtbaren entspricht. Dadurch bleibt eine mögliche Verschiebung durch die Veränderung der relativen Preise (Löhne) zwischen einzelnen Branchen unberücksichtigt, die sich aufgrund einer allgemeinen Arbeitskräfteknappheit ergeben kann. Wenn sich diese relative Attraktivität zu Ungunsten des Gesundheits- und Pflegewesens entwickelt, ist davon auszugehen, dass sich weniger junge Menschen für eine Ausbildung in diesem Bereich entscheiden bzw. in andere Branchen abwandern.

Im Folgenden wird diese Modellierung getrennt für ärztliche und nichtärztliche Berufe dargestellt. Aufgrund der unterschiedlichen Ausbildungswege – universitäre vs. berufliche Ausbildung – und der damit unterschiedlichen Datenlage und Herangehensweise, wird diese Trennung vorgenommen.

5.1.3.1 Ärztliches Personal

Die Neuzugänge des ärztlichen Personals werden maßgeblich von der Zahl der Studienabschlüsse im Fach Humanmedizin bestimmt. Um ein möglichst realistisches Abbild dieser Größe zu erhalten, greift die vorliegende Arbeit auf offiziellen Prognosen der Kultusministerkonferenz der Länder zurück.

Diese sog. „Vorausberechnung der Studienanfängerzahlen 2009-2020“ prognostiziert u.a. die Anzahl der jährlichen Studienanfänger bis zum Jahr 2020 im gesamten tertiären Bereich. In dieser Prognose wird davon ausgegangen, dass 75% der Schulabsolventen, die ihre Studienberechtigung in Deutschland erworben haben, ein Studium im tertiären Bereich aufnehmen werden. Für das Jahr 2020 würde dies beispielsweise bedeuten, dass mit 373.800 potenziellen Studienanfängern zu rechnen wäre.[373] Um von dieser Prognose für alle Studenten im

373 Vgl. Kultusministerkonferenz der Länder (2009). Nach der Berechnung der vorliegenden Daten wurde von der KMK eine neuere Prognose der Studienanfänger bis zum Jahr 2025 vorgelegt. Diese neuere Prognose geht von deutlich höheren Studienanfängerzahlen aus. So werden für das Jahr 2020 knapp 76.000 mehr Studienanfänger erwartet. Die KMK begründet dies u.a. mit einer stark gestiegenen Bildungsbeteiligung in schulischen Bildungsgängen, die zur Hochschulreife führen, mit einer steigenden Zahl der Studienanfänger mit im Ausland erworbener Hochschulzugangsberechtigung, der Aussetzung der Wehrpflicht, etc. Vgl. Kultusministerkonferenz der Länder (2012). Auswirkungen dieser neuen Prognosen wurden in der vorliegenden Arbeit nicht berücksichtigt.

tertiären Bereich auf die Studienanfänger und schlussendlich auch Studienabsolventen im Fach Humanmedizin schließen zu können, sind zunächst weitere Annahmen nötig.

Für die Jahre 2000 bis 2009 (j) wird der Anteil (*QH*) der Medizinstudenten im ersten Semester (*BH*) an allen Studienanfänger (*G*) ermittelt.

(2.11)
$$QH_{g,j} = \frac{BH_{g,j}}{G_{g,j}}$$

Dieser Anteil wird für beide Geschlechter bestimmt und anschließend über die Anzahl der Jahre j zu QH_g gemittelt.

Darüber hinaus wird aus den Daten der Fachserie 11, Reihe 4.1 und 4.2 eine Abbruchsquote bestimmt. Wird vereinfachend unterstellt, dass die Regelstudienzeit im Fach Humanmedizin von 12 Semestern eingehalten wird, kann die Abbruchsquote (*AQ*) über die Absolventen im Fach Humanmedizin (*AH*) folgendermaßen bestimmt werden:

(2.12)
$$AQ_g^{j=t} = \frac{BH_g^{j=t} - AH_g^{j=t+6}}{BH_g^{j=t}}$$

Dieser Wert wird ebenfalls gemittelt. Um von der Prognose der Studienanfänger bis 2020 der Kultusministerkonferenz auf die Absolventen im Fach Humanmedizin zu gelangen, müssen die Studienanfänger Zahlen der KMK zunächst bis 2024 fortgeschrieben werden. Darüber hinaus wurde die Prognose der Studienabsolventen geschlechterspezifisch berechnet. Der Anteil der Studienanfängerinnen stieg leicht von 61,8% im Jahr 2000 auf 63,1% im Jahr 2008. Von einer weiterhin deutlichen Zunahme der Frauenquote wird im Folgenden nicht ausgegangen, weswegen der Anteil der Studienanfängerinnen insgesamt in Zukunft weiterhin mit 63,1% prognostiziert wird. GQ_g sei an dieser Stelle der geschlechtsspezifische Term. Dadurch können – unter der Annahme einer sechsjährigen Studiendauer – die Absolventen bis zum Jahr 2030 bestimmt werden.

(2.14)
$$AH_g^{j=t+n} = G^{j=t+n-6} * GQ_g * QH_g * (1 - AQ_g)$$

Die reine Betrachtung der Studienabsolventen als potenzieller Strom an Neuzugängen für das Gesundheits- und Pflegewesen ist alleine jedoch nicht aussagekräftig und kann zu Verzerrungen führen. Zum einen praktizieren nicht alle ausgebildeten Mediziner im ambulanten oder stationären Sektor, sondern arbeiten beispielsweise in Unternehmen der freien Wirtschaft (vgl. Kapitel 3.4.2.2). Zum anderen bildet sich ein Großteil der Ärzte zu Fachärzten weiter.[374] Hier ist folglich eine weitere Differenzierung nach den zuvor abgegrenzten ärztlichen Berufsklassen erforderlich.

Letzteres wird durch die Entwicklung der Anzahl der Facharztanerkennungen berücksichtigt. Die Facharztanerkennungen für die zurückliegenden Jahre sind aus der Ärztestatistik der Bundesärztekammer und der Kassenärztlichen Bundesvereinigung ablesbar. Die Anzahl aller Facharztanerkennungen lag in der Vergangenheit über der Anzahl der Medizinabsolventen. Aus diesem Grund wird im Folgenden angenommen, dass alle Studienabsolventen eine Facharztweiterbildung absolvieren.[375] Zunächst wird für die Vergangenheit der Anteil (WA) eines jeden Arztberufes (gemäß der vorgestellten Abgrenzung) (FA_b) an allen Facharztanerkennungen (FA) für jedes Jahr bestimmt. Diese Anteilsbildung wird auch nach Geschlecht differenziert.

$$WA_{b,g,j} = \frac{FA_{b,g,j}}{FA_{g,j}} \tag{2.15}$$

Aus diesen Weiterbildungsquoten wird über die zurückliegenden Jahre 2000 bis 2009 das arithmetische Mittel $WA_{b,g}$ gebildet.

Der Teilnahme an der gesundheitlichen Versorgung wird durch die Berücksichtigung arztgruppenspezifischer Teilnahmequoten Rechnung getragen. Diese Teilnahmequote der ärztlichen Berufe (TQ^A) kann aus der Statistik „Bei den Ärztekammern registrierte Ärztinnen und Ärzte mit Gebiets- und Facharztbezeichnung“ der GBE bestimmt werden. Wie in Kapitel 3.4.2.2 gezeigt, nahm die Anzahl der Ärzte ohne ärztliche Tätigkeit in der Vergangenheit stetig zu. Ob und in wie fern sich dieser Trend in Zukunft fortsetzen oder gegebenenfalls sogar umkehren wird, kann nicht abgesehen werden. Aus diesem Grund wird von einer weiteren Reduktion der Teilnahmequote abgesehen. Es werden geschlechts- und berufsspezifische Teilnahmequoten mit dem Stand des letzten verfügbaren Jahres bestimmt. Diese werden als Quotient von allen Ärzten mit ärztlicher Tätigkeit ($BÄ^T$) zu allen bei Ärztekammern registrierten Ärzten ($BÄ^R$) gebildet:

$$TQ^A_{b,g} = \frac{BÄ^T_{b,g}}{BÄ^R_{b,g}} \tag{2.16}$$

Darüber hinaus muss die gesamte Anzahl, der für Deutschland ermittelten Neuzugänge weiter auf die Regionen und die regionalen Einrichtungen verteilt wer-

374 Die Weiterbildung zum Facharzt ist mittlerweile Voraussetzung für die die Neuansiedlung im ambulanten Bereich.

375 Aufgrund von vereinzelt mehreren Weiterbildungen, kommt es zu Doppelzählungen.

den, um die regionale Berechnung zu ermöglichen. Zentral für dieses Vorgehen sind zwei Annahmen. Zum einen wird unterstellt, dass die bundeslandspezifischen Neuzugänge von der Gruppe der 20-29 Jährigen getrieben werden. D.h. Bundesländer, die zukünftig einen höheren Bevölkerungsanteil der 20-29 Jährigen haben, bekommen tendenziell mehr Absolventen zugeordnet. Durch dieses Vorgehen kann zumindest bei den Neuzugängen eine mögliche Binnenmigration berücksichtigt werden, in dem die in den regionalen Bevölkerungsprognosen berücksichtigten Wanderungsbewegungen auch auf das Personalangebot im Gesundheits- und Pflegewesen übertragen werden.

Zum anderen wird unterstellt, dass die Neuzugänge dorthin gehen, wo bereits Einrichtungen des Gesundheits- und Pflegewesens vorhanden sind. Dies trifft insbesondere auf die stationären Einrichtungen des Gesundheits- und Pflegewesens zu. Aber auch bei den ambulant tätigen Ärzten können Neuansiedlungen häufig nur dort erfolgen, wo Arztsitze frei werden bzw. eine Praxis an einen jüngeren Kollegen weitergeben wird.

Zur Modellierung der ersten Annahme wird zunächst der Anteil der 20-29 Jährigen eines Bundeslandes an der gesamten Altersgruppe in Deutschland gebildet. Dieser Anteil wird jährlich bis zum Jahr 2030 ermittelt.

(2.17)
$$BA_{j,r}^{20-29} = \frac{BV_{j,r}^{20-29}}{BV_{j}^{20-29}}$$

Zur Modellierung der zweiten Annahme wird zunächst die regionale Verteilung der ärztlichen Berufe (*RÄ*) nach Fachrichtung (*b*) für das Jahr 2009 bestimmt.

(2.18)
$$RÄ_{b,r} = \frac{BÄ_{b,r}}{BÄ_{b}}$$

Diese beiden Quoten werden anschließend gleich stark gewichtet und zusammengefasst zu

(2.19)
$$VÄ_{b,j,r} = \frac{BA_{j,r}^{20-29} + RÄ_{b,r}}{2}$$

Somit ist die regionale Verteilung zu gleichen Teilen von dem zukünftigen Anteil der 20-29 Jährigen und der aktuellen regionalen Verteilung der ärztlichen Berufe abhängig.

Um die Neuzugänge der Ärzte weiter auf die Einrichtungen in den Bundesländern verteilen zu können, wird darüber hinaus die einrichtungsspezifische Verteilung in den Regionen im Jahr 2009 benötigt.

(2.20)
$$EÄ_{b,e,r} = \frac{BÄ_{b,e,r}}{BÄ_{b,r}}$$

Die Neuzugänge aus Studienabsolventen, die für die gesundheitliche Versorgung in den Einrichtungen des Gesundheits- und Pflegewesens in den einzelnen Regionen tätig sind (*ZÄ*), ergeben sich somit aus Gleichung 2.14 – 2.16 sowie 2.19 und 2.20 zu

(2.21) $$ZÄ_{b,e,g,j,r} = AH_{g,j} * WA_{b,g} * TQ_{b,g}^{A} * VÄ_{b,j,r} * EÄ_{b,e,r}$$

Diese Zugänge in Köpfe müssen anschließend in Vollzeitäquivalente umgerechnet werden. Unter der Annahme, dass sich bei den Neuzugängen die gleiche berufs-, geschlechts- und einrichtungsspezifischen Vollzeitquoten wie bei den aktuellen Beschäftigten ergeben werden, folgen für die Neuzugänge in VZA:

(2.22) $$ZÄ_{b,e,g,j,r}^{VZÄ} = \frac{BÄ_{b,g,e}^{VZÄ}}{BÄ_{b,g,e}^{K}} * ZÄ_{b,e,g,j,r}^{K}$$

5.1.3.2 Nichtärztliches Personal

Die Beschäftigten im nicht ärztlichen Bereich können vor allem durch die Anzahl der Abschlüsse in Ausbildungsberufen beziffert werden. Als Grundlage der Prognose der Ausbildungsabsolventen dient – ähnlich zu den Studienabsolventen – eine Prognose der Kultusministerkonferenz über die zukünftigen Schüler und Absolventen in allgemeinen und berufsbildenden Schulen.[376] Die bis zum Jahr 2020 reichende Prognose wird zunächst trendmäßig bis 2030 ins Jahr fortgeschrieben.

Um die zukünftigen Absolventen für die zu betrachtenden Berufe schätzen zu können, mussten für die Vergangenheit durchschnittliche Absolventenquoten bestimmt werden. Die Daten stammen aus mehreren Ausgaben der Fachserie 11, Reihe 2 sowie Reihe 3 des Statistischen Bundesamtes.[377] Dort liegen Ausbildungsdaten auf 4-Steller-BKZ vor; sie werden zu zuvor definierten 3-Stellern zusammengefasst und fließen dann in die Berechnung ein.

---

376 Von Relevanz waren dabei lediglich die prognostizierten Schüler und Absolventen beruflicher Schulen, da in der Vorausberechnung bereits die Übergänge von allgemeinbildenden zu berufsbildenden Schulen berücksichtigt wurden. Vgl. Kultusministerkonferenz der Länder (2007). Nach der Berechnung der vorliegenden Daten wurde von der KMK eine neuere Prognose der Schul- und Ausbildungsabsolventen bis zum Jahr 2025 vorgelegt. Die aktuellere Vorausberechnung geht von knapp 2% weniger Schüler- und Absolventenzahlen im Referenzjahr 2020 aus. Vgl. Kultusministerkonferenz der Länder (2011), S. 11. Auswirkungen dieser neuen Prognosen wurden in der vorliegenden Arbeit nicht berücksichtigt.

377 Vgl. Statistisches Bundesamt (mehrere Jahre).

Für die Jahre 2000 bis 2009 (*j*) wird der Anteil (*QA*) der Auszubildenden eines Berufs (*b*) im ersten Schuljahr (*BA*) an allen Schülern der beruflichen Schulen (*BS*) ermittelt.

(2.23) $$QA_{b,g,j} = \frac{BA_{b,g,j}}{BS_{g,j}}$$

Dieser Anteil wird für beide Geschlechter bestimmt und anschließend über die Anzahl der Jahre j zu $QA_{b,g}$ gemittelt. Darüber hinaus wird aus den Daten der Fachserie 11, Reihe 2 und Reihe 3 des Statistischen Bundesamtes eine Absolventenquote bestimmt. Nach der Ausbildungsordnung wird eine dreijährige Berufsausbildung unterstellt, für die Helferberufe (z. B. Altenpflegehelfer, Gesundheits- und Krankenpflegehelfer) eine einjährige Ausbildungsdauer. Mit dieser Annahme können aus den Vergangenheitsdaten Absolventenquoten analog zu den Studienabsolventen erstellt werden. Die Absolventenquote (*AQ*) über die Absolventen der Ausbildungsberufe (*AB*) kann für die dreijährigen Ausbildungsberufe folgendermaßen bestimmt werden:

(2.24) $$AQ_{b,g}^{j=t} = \frac{AB_{b,g}^{j=t}}{BA_{b,g}^{j=t-3}}$$

Für die einjährigen Ausbildungsberufe gilt entsprechend:

(2.25) $$AQ_{b,g}^{j=t} = \frac{AB_{b,g}^{j=t}}{BA_{b,g}^{j=t-1}}$$

Für diese Werte wird ebenfalls das arithmetische Mittel $AQ_{b,g}$ gebildet. Um von der fortgeschriebenen Prognose der Schüler der Kultusministerkonferenz bis zum Jahr 2030 (*S*) auf die Absolventen der einzelnen nichtärztlichen Berufe zu gelangen (*AN*) Die zukünftige Anzahl an Ausbildungsabsolventen nach Beruf und Geschlecht ergibt sich für die dreijährige Ausbildung dann aus:

(2.26) $$AN_{b,g}^{j=t+n} = S^{j=t+n-3} * QA_{b,g} * AQ_{b,g}$$

Bzw. für die einjährige Ausbildung aus:

(2.27) $$AN_{b,g}^{j=t+n} = S^{j=t+n-1} * QA_{b,g} * AQ_{b,g}$$

Allerdings können auch hier nicht alle relevanten Absolventen als Neuzugänge für den ambulanten und stationären Sektor betrachtet werden. Die Diskussion in Kapitel 3.4.2.2 hat gezeigt, das zum einen ein relevanter Anteil der hier betrachteten Gesundheitsdienstberufe nicht in den Einrichtungen des Gesundheits- und Sozialwesens arbeitet, und zum anderen je nach Beruf eine unterschiedliche Berufsverweildauer vorzufinden ist. Ausgehend von dieser Erkenntnis, wäre eine dynamische Modellierung der Ströme in die Berufe und aus der erlernten beruflichen Tätigkeit erforderlich. Für den in dieser Arbeit angestrebten Detaillierungsgrad fehlen allerdings entsprechende Daten und würden die Komplexität der Berechnung um ein Vielfaches erhöhen. Um diesem Sachverhalt dennoch Rechnung tragen zu können und die für die gesundheitliche Versorgung zur Verfügung stehenden nichtärztlichen Personalressourcen nicht zu überschätzen, wird analog zu den ärztlichen Berufen davon ausgegangen, dass ein gewisser Anteil der Ausbildungsabsolventen nie für das Gesundheits- und Pflegewesen zur Verfügung steht.

Um diesen Anteil abschätzen zu können, wurden aus Statistiken der Bundesagentur für Arbeit berufsspezifische Teilnahmequoten für das Jahr 2009 ermittelt. Diese Teilnahmequoten je Beruf ergeben sich aus dem Quotienten der in den relevanten Wirtschaftszweigen[378] sozialversicherungspflichtig Beschäftigten (SvB) zu allen SvB.

(2.28) $$TQ_b^{NA} = \frac{SvB_b^{GW}}{SvB_b}$$

Anders als bei den ärztlichen Berufen, kann diese Teilnahmequote aufgrund der Datenlage nur für alle Beschäftigten einer Berufsordnung erfolgen. Eine Differenzierung zwischen den Geschlechtern ist nicht möglich.[379] Analog ist auch hier eine Verteilung, der für Deutschland ermittelten Neuzugänge aus Ausbildungsabsolventen weiter auf die Regionen und die regionalen Einrichtungen erforderlich. Dies geschieht ebenfalls mit den in Kapitel 5.2.3.1 beschriebenen Annahmen. Aus Gleichung 2.17 wird der Bevölkerungsanteil $BA_{j,r}^{20\text{-}29}$ übernommen.

Für die zweite Annahme wird zunächst die regionale Verteilung der nichtärztlichen Berufe (*RN*) aus der in Kapitel 5.1.2.2 selbst erzeugten Ist-Beschäftigung für das Jahr 2009 nach Region (*r*) und Beruf (*b*) ermittelt.

(2.29) $$RN_{b,r} = \frac{BN_{b,r}}{BN_b}$$

Analog zu den Ärzten werden der Bevölkerungsanteil und die regionale Verteilung gleich stark gewichtet und zusammengefasst zu

(2.30) $$VN_{b,j,r} = \frac{BA_{j,r}^{20-29} + RN_{b,r}}{2}$$

378 Wirtschaftszweig 86, 87 und 88 laut Wirtschaftszweigklassifikation 2008 (WZ2008).

379 Bei einem Großteil der nichtärztlichen Gesundheitsdienstberufe liegt der Frauenanteil bei ca. 85% oder höher, vgl. Kapitel 3.4.2.1.

Zur Verteilung der Neuzugänge der nichtärztlichen Berufe auf die Einrichtungen in den Bundesländern, wird zudem die einrichtungsspezifische Verteilung der Berufe in den Regionen im Jahr 2009 bestimmt.

$$EN_{b,e,r} = \frac{BN_{b,e,r}}{BN_{b,r}} \tag{2.31}$$

Die Neuzugänge aus Ausbildungsabsolventen (*ZN*), die in den betrachteten Einrichtungen des Gesundheits- und Pflegewesens in den einzelnen Regionen tätig sind (*ZN*), ergeben sich somit aus den Gleichungen 2.26 – 2.28 bzw. 2.30 und 2.31 zu

$$ZN_{b,e,g,j,r} = AN_{b,g,j} * TQ_b^{NA} * VN_{b,j,r} * EN_{b,e,r} \tag{2.32}$$

Diese Zugänge in Köpfe müssen anschließend in Vollzeitäquivalente umgerechnet werden. Unter der Annahme, dass sich bei den Neuzugängen die gleichen berufs-, geschlechts- und einrichtungsspezifischen Vollzeitquoten wie bei den aktuelle Beschäftigten ergeben werden, folgen für die Neuzugänge in VZA:

$$ZN_{b,e,g,j,r}^{VZÄ} = \frac{BN_{b,g,e}^{VZÄ}}{BN_{b,g,e}^{K}} * ZN_{b,e,g,j,r}^{K} \tag{2.33}$$

5.1.4 Renteneintritte

Die Anzahl der in Rente gehenden Beschäftigten – der Ersatzbedarf – bis zum Jahr 2030 lassen sich durch die Fortschreibungen der Ist-Beschäftigung und durch Definition eines berufsspezifischen Rentenalters ermitteln. Die Deutsche Rentenversicherung Bund (DRV) erfasst in der Rentenstatistik rein zu statistischen Zwecken den letzten, vor Rentenbeginn ausgeübten Beruf. Allerdings kann es dadurch zu Verzerrungen in den Datensätzen kommen, wenn beispielweise 30 Jahre lang ein anderer Beruf ausgeübt wurde, als es die letzten drei Monate vor Rentenbeginn der Fall war.[380] Daraus folgt, dass generelle Aussagen bezüglich berufsspezifischer Renteneintrittsalter nur eingeschränkt möglich sind. Aus Gründen der Datenqualität sowie datenschutzrechtlichen Gründe gibt die DRV demnach lediglich Daten nach zusammengefassten Berufsgruppen heraus.[381]

---

380 Es ist beispielsweise möglich, dass aus gesundheitlichen Gründen gegen Ende der Erwerbstätigkeit ein anderer Beruf ergriffen werden muss.

381 Expertenauskunft der Deutschen Rentenversicherung Bund (DRV).

So betrug das durchschnittliche Zugangsalter der Rentenempfänger im Jahr 2009 in der Berufsgruppe Gesundheitsdienstberufe (BKZ84/85)[382] 59,9 Jahre bei den Männern und 58,6 Jahre bei den Frauen. In der Berufsgruppe der Sozialpflegerische Berufe, Lehrer, Geistes- und naturwissenschaftliche Berufe, a.n.g. und Seelsorger (BKZ 86-89) betrug es 61,4 bzw. 59,0 Jahre. In diesem Durchschnittswert sind sowohl Rentenzugänge wegen verminderter Erwerbsfähigkeit als auch wegen Alters berücksichtigt. Werden lediglich die Zugänge wegen Alters betrachtet, betrug das durchschnittliche Zugangsalter in der BKZ 84/85 ca. 63,7 Jahre bei Männern und 62,3 bei Frauen. In der BKZ 86-89 sind es entsprechend 63,6 bzw. 62,1 Jahre.[383]

Aus diesen Daten auf Ebene der Berufsgruppen (BKZ 2-Steller) ist somit keine Bestimmung eines berufsspezifisches Renteneintrittsalter auf 3- oder 4-Steller Ebene möglich. Für die Berechnung der Renteneintritte werden demnach folgende Annahmen getroffen:

- Das niedrigste durchschnittliche Renteneintrittsalter der Gesundheitsdienstberufe beträgt in Zukunft 60 Jahren.
- Ärzte arbeiten in der Regel deutlich länger als Beschäftigte in nichtärztlichen Berufen. Vielfach bis zum Entzug der Approbation wegen Alters mit 68 Jahren.
- Die Arbeitsbelastung in stationären Einrichtungen ist durch Schicht-, Nachtdienst, Wochenendarbeit etc. höher, entsprechend gehen die Beschäftigten dort früher in Rente.

Die sich daraus ergebenden und für die weitere Berechnung maßgeblichen Renteneintrittsalter sind in Tab. 5-1 dargestellt.

Tab. 5-1: Berufs- und sektorenspezifisches Renteneintrittsalter

	ambulant	stationär
ärztliches Personal	66	64
nichtärztliches Personal	62	60

Quelle: Eigene Darstellung.

Das durchschnittliche berufsspezifische Renteneintrittsalter wird zwischen 60 Jahren bei den stationär tätigen nichtärztlichen Berufen und 66 Jahren bei ambulant tätigen Ärzten festgelegt. Einerseits wird eine Differenzierung zwischen ärztlichem und nichtärztlichem Personal vorgenommen, andererseits zwischen ambulanten und stationären Einrichtungen des Gesundheits- und Pflege-

382 Bezüglich der Abgrenzung vgl. Kapitel 4.3.2.

383 Deutsche Rentenversicherung Bund, Tabelle 103.

wesens. Dieses Renteneintrittsalter darf nicht mit dem gesetzlichen Renteneintrittsalter gleichgesetzt werden sondern orientiert sich am dem tatsächlichen, aus den Daten der DRV ermittelten durchschnittlichen Rentenzugangsalter. Einem Anstieg des gesetzlichen Renteneintrittsalters (Rente mit 67) wird insofern bereits Rechnung getragen, dass das in dieser Arbeit angenommen, niedrigste Renteneintrittsalter von 60 Jahren bereits über dem aktuellen Zugangsalter liegt. Ferner wird in Kapitel 6.3 im Rahmen der Szenarienanalyse eine Anhebung des Renteneintrittsalters vorgenommen.

Auch bei den altersbedingt ausscheidenden Arbeitskräften ist aufgrund der unterschiedlichen Datenlagen – wie bereits bei der Beschreibung der Ausgangsbeschäftigung ersichtlich – eine getrennte Modellierung zwischen ärztlichen und nichtärztlichen Berufen erforderlich.

5.1.4.1 Ärztliches Personal

Die ärztlichen Beschäftigungsdaten für das Startjahr der Prognose sind in einer Kombination der Gliederungsmerkmale Jahre (*j*), Region (*r*), Alter (*a*), Geschlecht (*g*), Gebiets-/Facharztbezeichnung (*b*) und Tätigkeitsbereich (hier ambulante bzw. stationäre Einrichtungen des Gesundheitswesens) (*e*) vorhanden. Das Merkmal Alter gliedert sich in sechs Alterskohorten (*ak*).[384] Um möglichst jahresgenaue Ersatzbedarfe berechnen zu können, werden für jede Region die einzelnen berufs-, geschlechts- und einrichtungsspezifischen Beschäftigungszahlen in den Alterskohorten auf Altersjahre (*aj*) heruntergebrochen. Dies geschieht unter Zuhilfenahme von bundeslandspezifischen Bevölkerungsstatistiken der statistischen Landesämter, die nach Altersjahren vorliegen. Dabei wird eine Altersverteilung von 26 bis 68 Jahren erzeugt. Mit 68 wird in der Regel die kassenärztliche Zulassung entzogen, 26 Jahre wurde als realistischer Einstiegtermin in die ärztliche Tätigkeit festgelegt. Das exakte Eintrittsalter ist eher irrelevant, da für die Berechnung der zukünftigen Ersatzbedarfe mit einem Zeithorizont von 20 Jahren diese untere Altersgrenze keine wirkliche Relevanz hat, da alle unter 35-Jährigen bis zum Jahr 2030 nicht in Rente gehen werden.

Die Berechnung der Ersatzbedarfe, d.h. der Renteneintritte der Ärzte (*RÄ*) erfolgt demnach folgendermaßen:

$$(2.30) \qquad R\ddot{A}^{t}_{b,e,g,r} = \sum_{aj=68-RE-(t-t_1)}^{aj=68} B\ddot{A}_{aj,b,e,g,r}$$

---

384 Unter 35 Jahre, 35 bis unter 40 Jahre, 40 bis unter 50 Jahre, 50 bis unter 60 Jahre, 60 bis unter 66 Jahre, 66 Jahre und älter.

Dabei stellt t_1 das Startjahr der Betrachtung 2010 dar. *RE* ist das zu Grunde gelegte durchschnittliche Renteneintrittsalter. *RE* kann im Rahmen einer Szenarienanalyse als mögliche Stellschraube verändert werden (siehe Kapitel 6.3).

5.1.4.2 Nichtärztliches Personal

Die mathematische Modellierung der Renteneintritte des nichtärztlichen Personals erfolgt analog zum ärztlichen Personal. Aufgrund der schlechteren Datenverfügbarkeit sind im Vorfeld der Berechnung und bei der Verteilung auf Altersjahre andere Annahmen zu treffen. Die berufsspezifische Altersstruktur ist aus der Gesundheitspersonalrechnung in Kombination mit den Einrichtungen nicht bestimmbar. Deshalb kann bei der Altersstruktur nicht explizit zwischen den Einrichtungen unterschieden werden. Ferner sind keine regionalen Altersstrukturdaten nach Berufen, in der für die berufsspezifische Abgrenzung benötigten Detailtiefe, frei zugänglich verfügbar. Aus diesem Grund wird sowohl für die einrichtungsspezifische als auch regionale Altersstruktur der Beschäftigten unterstellt, dass sie den Strukturen aller Einrichtungen des Gesundheits- und Pflegewesens in Deutschland entsprechen.

Zunächst wird eine Altersstruktur nach Altersjahren und Geschlecht für die Beschäftigten in Deutschland erzeugt. Das Merkmal Alter der nichtärztlichen Berufe gliedert sich in drei Alterskohorten.[385] Diese grobe Altersstruktur wird in einem nächsten Schritt auf 5-Jahres-Alterskohorten aufgeteilt.[386] Dies geschieht mittels der Altersstruktur der Erwerbstätigen für das Jahr 2009, die ebenfalls in dieser Abstufung vorliegt. Um die jahresgenaue Altersstruktur der nichtärztlichen Beschäftigten zu erhalten, wird die Altersstruktur nach Altersjahren in Deutschland im Jahr 2009 verwendet und eine Altersverteilung von 16 bis 64 Jahren erzeugt. Diese Verteilung orientiert sich an dem durchschnittlichen Alter bei Ausbildungsbeginn und dem gesetzlichen Renteneintrittsalter.[387]

Die Berechnung der Ersatzbedarfe, d.h. der Renteneintritte der nichtärztlichen (*RN*) erfolgt demnach analog zu den ärztlichen Berufen zu:

385 Unter 35 Jahre, 35 bis unter 50 Jahre, 50 Jahre und älter.

386 15 bis unter 20 Jahre, 20 bis unter 25 Jahre, 25 bis unter 30 Jahre, 30 bis unter 35 Jahre, 35 bis unter 40 Jahre, 40 bis unter 45 Jahre, 45 bis unter 50 Jahre, 50 bis unter 55 Jahre, 55 bis unter 60 Jahre, 60 bis unter 65 Jahre.

387 Das gesetzliche Renteneintrittsalter beträgt 65 Jahre. Durch die in den verwendeten Erwerbstätigenstatistiken dargestellten Alterskohorten und das skizzierte Vorgehen, war es jedoch erforderlich, die obere Grenze bei unter 65 Jahren bzw. 64 Jahren anzusetzen. Die nächst höhere Alterskohorte fasst alle über 65 Jahre zusammen, so dass damit keine Verteilung erzeugt werden konnte. Da das angenommene Renteneintrittsalter niedriger liegt, ist diese Ungenauigkeit zu vernachlässigen.

$$(2.31) \qquad RN_{b,e,g,r}^{t} = \sum_{aj=64-RE-(t-t_1)}^{aj=64} BN_{aj,b,e,g,r}$$

Der Zeitpunkt t₁ bezeichnet das Startjahr 2009. Das zuvor definierte durchschnittliche Renteneintrittsalter wird mit RE bezeichnet.

5.1.5 Zukünftiges Angebotspotenzial

Als Summe der bisher genannten Größen ergibt sich das zukünftige Arbeitspotenzial im Gesundheits- und Pflegewesen. Folgende Komponenten beinhaltet das Arbeitsangebot:

- Der Bestand $BÄ_{a,b,e,g,r}^{VZÄ}$ an ärztlichen Berufen zum Startjahr in Vollzeitäquivalente, die einer ärztlichen Tätigkeit nachgehen. Differenziert nach Alter, Fachrichtung, Einrichtung, Geschlecht und Region.
- Der Bestand $BN_{a,b,e,g,r}^{VZÄ}$ an nichtärztlichen Berufen zum Startjahr in Vollzeitäquivalente, die einer Beschäftigung in den Einrichtungen des Gesundheits- und Pflegewesens nachgehen. Differenziert nach Alter, Fachrichtung, Einrichtung, Geschlecht und Region.
- Die zukünftigen Neuzugänge $ZÄ_{b,e,g,j,r}^{VZÄ}$ an ärztlichem Personal aus Studienabsolventen in Vollzeitäquivalente, die für die Einrichtungen im Gesundheits- und Pflegewesen zur Verfügung stehen. Differenziert nach Fachrichtung, Einrichtung, Geschlecht, Jahr und Region.
- Die zukünftigen Neuzugänge $ZN_{b,e,g,j,r}^{VZÄ}$ an nichtärztlichem Personal aus Ausbildungsabsolventen in Vollzeitäquivalente, die für die Einrichtungen im Gesundheits- und Pflegewesen zur Verfügung stehen. Differenziert nach Beruf, Einrichtung, Geschlecht, Jahr und Region.
- Die Renteneintritte $RÄ_{b,e,g,r}^{t}$ des ärztlichen Personals und die Renteneintritte $RN_{b,e,g,r}^{t}$ des nichtärztlichen Personals. Differenziert nach Fachrichtung bzw. Beruf, Einrichtung, Geschlecht, Jahr und Region.

Für das gesamte Arbeitsangebot ist eine Differenzierung nach Geschlecht nicht mehr erforderlich, da geschlechtsspezifische Teilnahme- und Vollzeitquoten bereits bei der Berechnung der Bestände bzw. Neuzugänge in VZÄ berücksichtigt wurden.

Dagegen müssen die Renteneintritte $RÄ_{b,e,g,r}^{t}$ des ärztlichen Personals und die Renteneintritte $RN_{b,e,g,r}^{t}$ des nichtärztlichen Personals mit der Vollzeitquote $VÄ = \frac{BÄ_{b,g,e}^{VZÄ}}{BÄ_{b,g,e}^{K}}$ bzw. $VN = \frac{BN_{b,g,e}^{VZÄ}}{BN_{b,g,e}^{K}}$ in VZÄ umgerechnet werden.

Für das zum Zeitpunkt *t=j* zur Verfügung stehende Arbeitsangebot in Vollzeitäquivalente ergibt sich demnach:

$$AA_{b,e,r}^{t} = \sum_{a,g} \left(BÄ_{a,b,e,g,r}^{VZÄ} + BN_{a,b,e,g,r}^{VZÄ}\right) + \sum_{g,j} \left(ZÄ_{b,e,g,j,r}^{VZÄ} + ZN_{b,e,g,j,r}^{VZÄ}\right) - \sum_{g} \left(RÄ_{b,e,g,r}^{t} * VÄ + RN_{b,e,g,r}^{t} * VN\right) \quad (2.32)$$

5.2 Modellierung der Nachfrageseite

In Kapitel 3 wurden die wesentlichen quantitativen und qualitativen Einflussfaktoren auf die Nachfrageseite zusammengetragen. Die Modellierung dieser Einflussfaktoren ist sehr komplex, bei deren Berücksichtigung im Berechnungsmodell sind zwei Dinge zu beachten:

1. Die Modellierung des Berechnungsmodells erfolgt auf makroökonomischer Ebene.
2. Die Möglichkeiten bei der Modellierung der Nachfrageseite sind entscheidend von der verfügbaren Datenbasis abhängig.

Gerade der letzte Punkt ist für die Praktikabilität der Durchführung der mathematischen Modellierung entscheidend. Vor diesem Hintergrund muss geprüft werden, ob mit der vorhandenen Datenbasis und gegebenenfalls durch Näherungen oder Vereinfachungen vertretbare Ergebnisse erzielt werden können, die die zukünftige Arbeitsnachfrage möglichst exakt approximieren.

Grundsätzlich sind zur Bestimmung der Nachfrage verschiedene Möglichkeiten denkbar:

1. Bereits im Rahmen des Kapitels 2.1 wurde der einfachste Ansatz dargestellt, der den Bedarf über ein festgelegtes Verhältnis von Einwohnern zu Gesundheitspersonal bestimmt. Zwar ist dieses Verfahren leicht verständlich und anwendbar, es klammert jedoch wichtige Charakteristika des Arbeitsangebots (Anzahl der Arbeitsstunden) und der Bevölkerung (demografische Struktur) aus.[388]
2. Daneben gibt es die Möglichkeit, die zukünftige Nachfrage aus der aktuellen Inanspruchnahme von Gesundheitsleistungen abzuleiten, in dem das aktuelle Leistungsniveau mit den zukünftigen demografischen Profilen verknüpft wird. Allerdings fehlt es häufig an verlässlichen Information

388 Vgl. Dussault et al. (2010b), S. 9f.

bzw. Daten über die Inanspruchnahme bzw. Nachfrage nach Gesundheitsleistungen. Abgesehen davon, dass dies von einer Reihe soziokultureller Faktoren (Bildung, Geschlecht, Familienstand, pers. Einstellungen, etc.) abhängig ist, die nur sehr schwer beobachtbar und aus den makroökonomischen Daten nicht bestimmbar sind.[389]

3. Außerdem besteht die Möglichkeit, die Personalbedarfe im Gesundheits- und Pflegewesen aus der alters- und geschlechtsspezifischen Morbiditätsentwicklung (Inzidenz- und Prävalenzraten) abzuleiten. Die sich daraus ergebenden Gesundheitsbedürfnisse als Differenz zwischen aktuellem und gewünschtem Gesundheitszustand führen, wie in Kapitel 3.1 gezeigt, zum abgeleiteten Bedarf nach Gesundheitsleistungen, der wiederum zur Personalnachfrage führt. Allerdings ist auch hier die Definition und die Messung von Gesundheitsbedürfnissen schwierig, da diese ebenfalls stark von den bereits genannten soziokulturellen Faktoren beeinflusst werden.[390]

Ausgehend von diesen Möglichkeiten werden im Folgenden die Modellrestriktionen aufgrund der Datenbasis erläutert bevor anschließend die Nachfragemodellierung im Gesundheits- und Pflegewesen vorgestellt wird.

5.2.1 Modellrestriktionen aufgrund der Datenbasis

Wie in Kapitel 3.5 dargestellt, ist die zukünftige Morbiditätsentwicklung entscheidend für die Nachfrage nach Gesundheitspersonal. In Deutschland werden zwar Morbiditätsstatistiken geführt, routinemäßig erhobene und belastbare bevölkerungsbezogene Daten liegen jedoch nur für den stationären Bereich des deutschen Gesundheitswesens bzw. die Einrichtungen des Pflegewesens vor. Dort werden im Rahmen der Krankenhausstatistik bzw. der Statistik der Vorsorge- und Rehabilitationseinrichtungen detaillierte Diagnosedaten nach Alter und Geschlecht bereitgestellt. Eine differenzierte Statistik der Pflegefälle ist ebenfalls verfügbar (vgl. Kapitel 4.4.2.1). Für die ärztliche Versorgung im ambulanten Bereich existiert ein solch ausführliches Datengerüst bisher allerdings nicht.[391] Vorhandene Datensätze in Deutschland, wie beispielsweise die Abrechnungsdaten der vertragsärztlichen Versorgung oder die Diagnosedaten der privaten Krankenversicherung in Deutschland, liefern keine ausreichend validen Ergebnisse, um auf dieser Datenbasis eine vollständige Analyse der Krankheitshäufigkeiten der Bevölkerung durchzuführen. Auf diesem Gebiet besteht noch

---

389 Vgl. Dussault et al. (2010b).

390 Vgl. Ebd., S. 9ff.

391 Vgl. Behrendt (2009), S. 1099.

erheblicher Forschungs- und Diskussionsbedarf.[392] Für diese Arbeit bedeutet dies, dass für eine Abbildung des alters- und geschlechtsspezifischen Morbiditätsgeschehens in den ambulanten Einrichtungen auf andere Statistiken zurückgegriffen werden muss. In den Diagnosedaten der Krankenhäuser werden Krankheitsfälle nach der ICD10-Klassifizierung kategorisiert. Diese Gliederungsmöglichkeit wird in der Krankheitskostenrechnung des Statistischen Bundesamtes auch für die ambulanten Einrichtungen im Gesundheitswesen bereitgestellt, so dass die KKR als Ersatz für eine detaillierte Morbiditätsstatistik eingesetzt werden muss.

Eng verknüpft und aus der Morbiditätsentwicklung abgeleitet sind die sich daraus ergebenden Gesundheitsbedürfnisse und, wie in Kapitel 3.1 gezeigt, folgt daraus der Bedarf nach Gesundheitsleistungen, der wiederum zur Personalnachfrage führt. Um diesen Kausalzusammenhang im Berechnungsmodell herstellen zu können, fehlt es allerdings an geeigneten Datensätzen. Zum einen können den einzelnen Krankheiten nach ICD10-Klassifizierung keine konkreten Leistungen zugeordnet werden. Die verfügbare makroökonomische Datenbasis sieht eine solche Zuordnung nicht vor. In der Gesundheitsausgabenrechnung (GAR) werden zwar einzelne Leistungsarten – darunter ärztliche Leistungen oder pflegerische und therapeutische Leistungen – erfasst, eine Zuordnung zu Krankheiten (ICD10-Kategorien) ist jedoch nicht möglich.[393] Zum anderen folgt daraus, dass auch keine Zuordnung der Nachfrage nach Leistungen zur Personalnachfrage möglich ist.

Es müssen demnach andere Kennzahlen gebildet werden, um auf die Personalnachfrage in den Einrichtungen des Gesundheitswesens schließen zu können. Dies wird in Kapitel 5.2.2 aufgegriffen. Nicht berücksichtigt werden können bei dieser Kennzahlbildung auf makroökonomischer Ebene individuelle Faktoren und Präferenzen, die die Inanspruchnahme von Gesundheitsleistungen beeinflussen. Es können nur jene individuellen Faktoren implizit berücksichtigt werden, die in den vorhandenen Datensätzen zu gesamtgesellschaftlichen Daten wie Alter, Geschlecht und Krankheit zusammengefasst werden. Andere, dort nicht enthalte Faktoren, die aber laut Kapitel 3.3 auch eine Auswirkung auf die Nachfrage nach Gesundheitsleistungen haben, können nicht erfasst und berücksichtigt

392 Vgl. Behrendt (2009), S. 1108.

393 Ob es in den stationären Einrichtungen durch die DRG-Systematik im Einzelnen möglich ist, entzieht sich der Kenntnis des Autors. Im ambulanten Bereich ist diese Zuordnung aufgrund der quartalsweisen Abrechnung des Arztes mit den Krankenkassen nicht zweifelsfrei möglich. Zwischen den in einem Quartal diagnostizierten Befunden und den verschriebenen Leistungen kann kein direkter Zusammenhang hergestellt werden. Vgl. Ebd.

werden. Dazu gehören beispielsweise das Bildungsniveau, Erwerbstätigkeit und das Gesundheitsverhalten.

Die zukünftige Nachfrage nach Gesundheitsleistungen und damit auch Gesundheitspersonal wird zudem vom medizinisch-technischen Fortschritt beeinflusst. Dieser generiert nicht nur neue, bisher unbekannte Behandlungsmöglichkeiten, sondern erfordert häufig auch eine Spezialisierung des Personals. Obwohl es als unbestritten gilt, dass die Auswirkungen des medizinisch-technischen Fortschritts in vielen Bereichen – nicht nur im Gesundheits- und Pflegewesen – spürbar sind, gibt es allerdings wenig belastbare Analysen über die Wirkungszusammenhänge und die Auswirkungen des medizinisch-technischen Fortschritts. Das Ausmaß lässt sich nicht eindeutig quantifizieren, je nach verwendeter Kennzahl[394] ergibt sich ein differenziertes Bild.[395] Eine Quantifizierung der zukünftigen Auswirkungen des medizinisch-technischen Fortschritts kann im Rahmen dieser Arbeit somit nicht vorgenommen werden.

Eine für die zukünftige Personalnachfrage entscheidende Kennzahl, die vom medizinisch-technischen Fortschritt positiv beeinflusst wird, ist die Arbeitsproduktivität. Allerdings können mit den vorhandenen Daten keine geeigneten Produktivitätskennzahlen ermittelt werden, die die Ausbringungsmenge in Relation zum Ressourceneinsatz (bspw. Gesundheitspersonal) beschreiben. Zum einen stellt sich die Frage, was die Ausbringungsmenge des Gesundheitswesens darstellt. Als Output des Gesundheitswesens kann sicherlich ein allgemein besserer Gesundheitszustand verstanden werden, der zu einer höheren Lebenserwartung, zu weniger Krankentage, etc. führt. Zum anderen gestaltet sich die Messbarkeit dieser Größe schwierig. Rein monetäre Größen wie Gesundheitsausgaben oder Krankheitskosten sind dafür nicht das richtige Maß, weil sie nur den monetär bewerteten Ressourcenverbrauch darstellen, nicht aber den Output bewerten. Würde die Arbeitsproduktivität in den Krankenhäusern beispielsweise als Relation von Berechnungs- und Belegungstagen zu beschäftigtem Personal in Vollzeitäquivalenten definiert, entwickelte sich die Arbeitsproduktivität in der Vergangenheit sogar negativ, da die Summe der Berechnungs- und Belegungstage stetig abnahm, während die Beschäftigung in Vollzeitäquivalente weiter anstieg. Aus den genannten Gründen wird im Rahmen dieser Arbeit von der Modellierung einer Produktivitätskennzahl abgesehen.

Aufgrund der bereits genannten, jeweils eigenen Statistiken für die zentralen Einrichtungen, fehlt es zudem an Daten, die die Verflechtung der Einrichtungen untereinander abbilden. Beispielsweise geht einer stationären Behandlung in

394 Zum Beispiel: Ausgaben für Forschung und Entwicklung (FuE), FuE-Beschäftigte, Anteil neuer Produkte am Umsatz, etc.

395 Vgl. Ostwald (2009), S. 21ff.

vielen Fällen eine ambulante Behandlung bzw. eine ambulante Diagnosestellung voran, in der Regel gefolgt von einer ambulanten Nachbehandlung.[396] Eine statistische Datenbasis, vor allem krankheitsspezifisch, wie sich diese Patientenströme zwischen den Einrichtungen bewegen bzw. welche ambulant getroffene Diagnose in welchem Umfang eine stationäre Behandlung nach sich zieht, liegt nicht vor.

Der in dieser Arbeit erarbeitete Ansatz zur Modellierung der Nachfrage kann als eine Kombination der vorne beschrieben zweiten und dritten Möglichkeit der Nachfragemodellierung beschrieben werden. Nach Sichtung der verfügbaren Datenbasis (siehe Kapitel 4.4) kommen zum einen Krankheitskosten zur Ableitung der Nachfrage in Betracht. Die Krankheitskosten stellen die mit der Inanspruchnahme von Gesundheitsleistungen verbundenen Kosten dar (vgl. Kapitel 4.1), die somit ein Maß für die Inanspruchnahme darstellen. Zum anderen spiegeln die Diagnosedaten der Krankenhäuser sowie der Vorsorge- und Rehabilitationseinrichtungen die alters- und geschlechtsspezifischen Prävalenzen und Inzidenzen im stationären Bereich wider, die mit einer Zeitkomponente (Verweildauer) kombiniert werden können. Ferner kann die Inanspruchnahme im Pflegewesen anhand der zur Einstufung in die Pflegestufen angesetzten täglichen Pflegedauer bestimmt werden.

Dementsprechend wurden für diese Arbeit die Veränderungen der Alters- und Geschlechtsstruktur sowie die sich daraus ergebenden Morbiditäts- und Pflegerisiken der Bevölkerung als zentrale Punkte für die Prognose der Nachfrage nach Fachkräften im Gesundheits- und Pflegewesen angesehen. Die gesamte Personalnachfrage wurde für die beiden Sektoren Gesundheits- und Pflegewesen unterschiedlich berechnet und wird im Folgenden erläutert.

5.2.2 Gesundheitswesen

Wie bereits dargestellt, wird die Nachfrage nach Personal im Gesundheitswesen maßgeblich durch die zukünftig zu erwartende Morbiditätsstruktur der Bevölkerung bestimmt. Um diese prognostizieren zu können, wurde zunächst eine Analyse der alters- und geschlechtsspezifischen Morbiditätsstruktur der Vergangenheit durchgeführt.

Es gibt allerdings keinen Datensatz, der die Gesamtmorbidität der Bevölkerung beschreibt. Die Morbiditätsstruktur ist immer an eine Diagnose gekoppelt. Diese Diagnosen werden in den Einrichtungen des Gesundheitswesens gestellt.

396 Eine Ursache der bereits skizzierten sinkenden Verweildauer in Krankenhäusern könnte beispielsweise sein, dass die Nachsorge zunehmend in den (günstigeren) ambulanten Sektor verschoben wird.

Entsprechend finden sich einrichtungsspezifische Morbiditätsstatistiken. Während für den stationären Bereich detaillierte und öffentlich zugängliche Statistiken vorliegen, fehlen diese aufgrund bekannter Probleme der Ermittlung für den ambulanten Bereich (siehe Kapitel 5.2.1)

Für den Bereich der stationären Versorgung sind aus der Krankenhausstatistik sehr umfangreiche Diagnosedaten nach ICD10-Klassifikation der Krankheiten vorhanden, die die Verknüpfung unterschiedlichster Gliederungsmerkmale erlauben. Zentraler Sachverhalt (Zielgröße), die für das weitere Vorgehen relevant sind, sind Anzahl der Fälle, Berechnungs- und Belegungstage sowie durchschnittliche Verweildauer. Letzteres ergibt sich als Quotient von Belegungstagen und Anzahl der Fälle. Somit werden nicht nur Gesundheitsbedürfnisse in Form von Krankheitsfällen in der Statistik erfasst, sondern es ist in gewissen Grenzen auch eine Aussage über die korrespondierende Inanspruchnahme von stationären Leistungen möglich. Über den Umfang der Berechnungs- und Belegungstage bzw. die durchschnittliche Verweildauer kann der zeitliche Umfang der Inanspruchnahme bestimmt werden.

Zunächst wurde aus den Diagnosedaten der Krankenhäuser eine krankenhausspezifische Morbiditätsquote (M^{KH}) nach Alter (a)[397], Geschlecht (g) und Krankheit (k)[398] für die Jahre (j) von 2000 bis 2009 berechnet. Dafür wurden die Anzahl der Krankheitsfälle (MF^{KH}) in Bezug zur Anzahl der Bevölkerung (BV), ebenfalls differenziert nach Alter, Geschlecht und Jahr, gesetzt.

(3.1)
$$M^{KH}_{a,g,j,k} = \frac{MF^{KH}_{a,g,j,k}}{BV_{a,g,j}}$$

Diese Quote wurde auf Deutschlandebene berechnet und anschließend das arithmetische Mittel über die zurückliegenden Jahre zu $M^{KH}{}_{a,g,k}$ gebildet. Durch die große Grundgesamtheit und die Durchschnittsbildung wird die Quote robust gegen Ausreißer. Die Diagnosedaten liegen für die Vorsorge- und Rehabilitationseinrichtungen (VR) in gleicher Spezifität vor, so dass dort auf die gleiche Art und Weise Morbiditätsquoten errechnet werden können.

(3.2)
$$M^{VR}_{a,g,j,k} = \frac{MF^{VR}_{a,g,j,k}}{BV_{a,g,j}}$$

Diese alters- und geschlechtsspezifischen Morbiditätsquoten $M^{KH}{}_{a,g,k}$ und $M^{VR}{}_{a,g,k}$ werden im nächsten Schritt dazu verwendet, die in Zukunft anfallend Morbiditätslast in den einzelnen Bundesländern zu prognostizieren. Durch die Verknüp-

397 In 5 Jahres-Schritten von unter 5 Jahre, 5 bis unter 10 Jahre,..., 90 bis unter 95 Jahre sowie 95 und älter.

398 Krankheiten nach den 19 ICD10 Hauptkategorien.

fung mit den altersgruppen- und geschlechtsspezifischen Bevölkerungsprognosen der Bundesländer (*r*) können so realistische Ergebnisse über die zu erwartenden Krankheitsfälle für die beiden stationären Einrichtungstypen in den einzelnen Regionen berechnet werden.

(3.3) $$MF^{KH}_{a,g,k,j,r} = M^{KH}_{a,g,k} * BV_{a,g,j,r}$$

Bzw.

(3.4) $$MF^{VR}_{a,g,k,j,r} = M^{VR}_{a,g,k} * BV_{a,g,j,r}$$

Neben der Anzahl der Krankheitsfälle ist auch die fallspezifische Verweildauer entscheidend für die zukünftigen Personalbedarfe. Die durchschnittliche Verweildauer in Krankenhäusern über alle Krankheitsfälle ist in der Vergangenheit kontinuierlich gesunken. Während im Jahr 2000 die durchschnittliche Verweildauer noch bei 9,7 Tagen lag, ging sie bis zum Jahr 2009 auf 8,0 Tage zurück.[399] Für die Prognose wurde allerdings von einer trendmäßigen Fortschreibung abgesehen, da diese Entwicklung bis zum Ende des Prognosehorizonts – zumindest aus heutiger Sicht – nicht plausibel erscheint.[400] Aus diesem Grund wurden die alters-, geschlechts-, und krankheitsspezifischen Verweildauern auf dem Wert von 2009 eingefroren, die entsprechende Konstante lautet ${VD^{KH}}_{a,g,k}$ bzw. ${VD^{VR}}_{a,g,k}$.

Damit ergibt sich der Leistungsumfang (L) zu:

(3.5) $$L^{KH}_{a,g,k,j,r} = MF^{KH}_{a,g,k,j,r} * VD^{KH}_{a,g,k}$$

Bzw.

(3.6) $$L^{VR}_{a,g,k,j,r} = MF^{VR}_{a,g,k,j,r} * VD^{VR}_{a,g,k}$$

Für den ambulanten Bereich des Gesundheitswesens mangelt es wie in Kapitel 5.2.1 bereits angedeutet an solch differenzierten Morbiditätsstatistiken. Allerdings steht in ähnlicher Detailtiefe die Krankheitskostenrechnung (KKR) auch für den ambulanten Bereich des Gesundheitswesens zur Verfügung. Da in der KKR lediglich der monetär bewertete Ressourcenverbrauch von Waren und Dienstleistungen abgebildet wird, die den direkten Gesundheitsausgaben gegenüberstehen, können sie als Indiz für die Nachfrage nach Gesundheitsleistung

399 Vgl. GBE (2013f). Zum Zeitpunkt der Berechnung waren die Daten für das Jahr 2009 verfügbar. Am 05.02.2013 wurden auf der Seite der Gesundheitsberichterstattung des Bundes (GBE) die Daten für das Jahr 2011 ergänzt. Die durchschnittliche Verweildauer über alle Krankheitsfälle hat sich weiter auf 7,7 Tage reduziert.

400 Bei einer trendmäßigen Reduzierung der durchschnittlichen Verweildauer würde diese im Jahr 2030 etwa 4,3 Tage betragen.

herangezogen werden. Die Nachfrage nach Gesundheitsleistungen ist wiederum von den Gesundheitsbedürfnissen abgeleitet.

Die Krankheitskostenrechnung lässt allerdings nicht die Merkmalskombination der Gliederungsmerkmale der Diagnosedaten der stationären Einrichtungen zu. Entweder ist eine differenzierte Betrachtung der Krankheitskosten für die ICD 10 Kategorien nach Jahren (*j*), Geschlecht (*g*) und Alter (*a*) möglich oder nach Jahren, Geschlecht und Einrichtung (*e*). Die Kombinationsmöglichkeit zwischen Alter und Einrichtung fehlt, eine direkte Bestimmung der Kombination von geschlechts-, alters- und einrichtungsspezifischen Krankheitskosten ist somit nicht möglich. Aus diesem Grund wird zunächst über alle Einrichtungen hinweg für jedes Geschlecht der Anteil der Krankheitskosten einer Alterskohorte[401] (*KA*) an den gesamten Krankheitskosten der ICD10 Kategorie bestimmt.

(3.7) $$KA_{a,g,j,k} = \frac{KK_{a,g,j,k}}{KK_{g,j,k}}$$

Anschließend werden die einrichtungsspezifischen Krankheitskosten jeder ambulanten Einrichtung mit diesen Anteilen multipliziert, um alters-, geschlechts- und einrichtungsspezifischen Krankheitskosten für die zurückliegenden Jahre in den ambulanten Einrichtungen zu erzeugen.

(3.8) $$KK_{a,e,g,j,k} = KA_{a,g,j,k} * KK_{e,g,j,k}$$

Dabei wird explizit mit der Annahme gearbeitet, dass sich die altersspezifische Verteilung der Krankheitskosten in den Einrichtungen des ambulanten Sektors genauso verhält, wie deren Verteilung über alle Einrichtungen hinweg. Die dadurch möglicherweise auftauchende Verzerrung der Verteilung der Krankheitskosten wird zugunsten einer Altersspezifität auf Einrichtungsebene in Kauf genommen. Dieses Vorgehen wird auch für die Rettungsdienste verwendet.

Auf Basis dieser Ergebnisse wird ebenfalls eine einrichtungsspezifische Krankheitskostenquote (*K*) nach Alter (*a*), Geschlecht (*g*) und Krankheit (*k*) für die Jahre (*j*) von 2002 bis 2008 berechnet. Dafür werden die Krankheitskosten (*KK*) in Bezug zur Anzahl der Bevölkerung (*BV*), ebenfalls differenziert nach Alter, Geschlecht und Jahr, gesetzt.

(3.9) $$K_{a,e,g,j,k} = \frac{KK_{a,e,g,j,k}}{BV_{a,g,j}}$$

---

401 Die Alterskohorten der Krankheitskostenrechnung sind weiter gefasst: Unter 15 Jahre, 15 bis unter 30 Jahre, 30 bis unter 45 Jahre, 45 bis unter 65 Jahre, 65 bis unter 85 Jahre, 85 Jahre und älter.

Anschließend wird der Mittelwert $K_{a,e,g,k}$ dieser Quote nach Alter, Einrichtung, Geschlecht und Krankheiten über die Jahre 2002 bis 2008 ermittelt und im nächsten Schritt mit den altersgruppen- und geschlechtsspezifischen Bevölkerungsprognosen der Bundesländer (*r*) verknüpft. Auf diesem Weg kann der in Zukunft in den ambulanten Einrichtungen nachgefragte Bedarf nach Waren und Dienstleistungen (*KK*) ausgedrückt in Krankheitskosten bestimmt werden.

$$KK_{a,e,g,k,j,r} = K_{a,e,g,k} * BV_{a,g,j,r} \quad (3.10)$$

In einem nächsten Schritt kann mit Hilfe der zu erwartenden Krankheitsfälle die Nachfrage nach ausgewählten ärztlichen und nichtärztlichen Berufen bestimmt werden. In diesem Schritt wurde auch eine berufs- und fachgruppenspezifische Zuordnung zu verschiedenen Morbiditätskategorien vorgenommen, um die Nachfrage nach bestimmten Berufen möglichst realistisch schätzen zu können.

Neben einer manuellen Zuordnung von ICD10 Kategorien zu Berufsklassen bzw. Fachrichtungen, insbesondere bei den ärztlichen Berufen, wurde im Rahmen dieses Schritts auch eine Statistik der „Häufigste Diagnosen in Prozent der Behandlungsfälle in Arztpraxen in Nordrhein“[402] verwendet (siehe Tabelle A-4 im Anhang). Sie lassen ergänzende Rückschlüsse darüber zu, welche Krankheiten maßgeblich von welchen Facharztrichtungen behandelt werden. Die Zuordnung ist in Tab. 5-2 dargestellt.

Tab. 5-2: Zuordnung von ICD10 Kategorien zu Berufen – Ärzte

BKZ	Bezeichnung	Zugeordnete ICD10 Kategorien	
		Ambulant (Krankheitskosten)	Stationär (Morbiditätsquote)
8410, 8411	Praktische Ärzte, Allgemein-(fach)-,Kinderärzte, Internisten	A00-B99; E00-E90; I00-I99; J00-J99; K00-K93; R00-R99	A00-B99; E00-E90; I00-I99; J00-J99; K00-K93; R00-R99
8412	Chirurgen, Orthopäden	alle Krankheiten	alle Krankheiten
8413	Hals-, Nasen- und Ohrenärzte	H60-H95; J00-J99	H60-H95; J00-J99
8414	Augenärzte	H00-H59	H00-H59
8415	Frauenärzte	N00-N99; O00-O99	N00-N99; O00-O99
8416	Radiologen	alle Krankheiten	alle Krankheiten
8418	Neurologen, Psychiater, Psychotherapeuten	F00-F99; G00-G99	F00-F99; G00-G99
8419	andere Fachärzte	C00-D48; D50-D90; L00-L99; Q00-Q99, S00-T98	C00-D48; D50-D90; L00-L99; Q00-Q99, S00-T98

Quelle: Eigene Darstellung.

402 Gliederungsmerkmale: Jahre, Nordrhein, Geschlecht, ICD10, Arztgruppe.

Diese Zuordnung hat den Zweck, den hoch spezialisierten Facharztrichtungen jene Krankheiten zuzuordnen, die maßgeblich die Nachfrage nach diesen Facharztrichtungen bestimmen. Einigen Facharztrichtungen, wie beispielsweise der Gruppe der Chirurgen und Orthopäden sowie den Radiologen wurden alle Krankheiten gegenübergestellt, da in allen Krankheitskategorien Operation bzw. radiologische Untersuchungen anfallen können.

Ferner wird davon ausgegangen, dass mit abnehmendem Spezialisierungsgrad die Nachfrage nach bestimmten Fachrichtungen immer weniger von einzelnen Krankheiten abhängig ist. Insbesondere für die beiden größten nichtärztlichen Gruppen im Gesundheits- und Pflegewesen, die medizinischen Fachangestellten sowie die Gesundheits- und Krankenpflege (-helfer) kann konstatiert werden, dass die Nachfrage auf diesem hohen Aggregat von allen Krankheitskategorien getrieben wird. Unter diesen Berufsordnungen werden auch etliche Spezialisierungsgrade wie beispielsweise Hebammen zusammengefasst. Folglich wird für die Ermittlung der Nachfrage nach nichtärztlichen Berufen keine Zuordnung von ICD10 Kategorien zu nichtärztlichen Berufen mehr vorgenommen, sondern stattdessen die jeweilige Größe für alle Krankheitsfälle verwendet (vgl. Tab. 5-3).

Tab. 5-3: Zuordnung von ICD10 Kategorien zu Berufen – Sonstige Berufe

BKZ	Bezeichnung	Zugeordnete ICD10 Kategorien	
		Ambulant (Krankheitskosten)	Stationär (Morbiditätsquote)
852	Masseure, Krankengymnasten und verwandte Berufe	alle Krankheiten	alle Krankheiten
853	Krankenschwestern, -pfleger, Hebammen	alle Krankheiten	alle Krankheiten
854	Helfer in der Krankenpflege	alle Krankheiten	alle Krankheiten
855	Diätassistenten, Pharmazeutisch-technische Assistenten	alle Krankheiten	alle Krankheiten
856	Sprechstundenhelfer	alle Krankheiten	alle Krankheiten
857	Medizinallaboranten	alle Krankheiten	alle Krankheiten
861	Altenpfleger	alle Krankheiten	alle Krankheiten

Quelle: Eigene Darstellung.

Im nächsten Schritt muss eine Beziehung zwischen den Krankheitskosten im ambulanten Bereich bzw. den Krankheitsfällen im stationären Bereich und den Beschäftigten in jenen Sektoren hergestellt werden. Dieser Quotient aus Krankheitskosten im ambulanten bzw. Leistungen im stationären Sektor zu beschäftigtem Personal (in Vollzeitäquivalenten) stellt ein Maß für den personellen Ressourcenbedarf in den Einrichtungen des Gesundheitswesens dar. Dieses Vorgehen ist aufgrund der verfügbaren Datenbasis als derzeit einzig durchführbare Lösung zu bewerten.

Für die Ermittlung der Quotienten ist die zuvor vorgestellte Zuordnung von ICD10 Kategorien (*k*) zu Berufen maßgeblich. Konkret bedeutet dies, dass beispielsweise den beschäftigten Augenärzten im ambulanten Sektor des Gesundheitswesen lediglich die Krankheitskosten der ICD10-Kategorie „H00-H59, Krankheiten des Auges und der Augenanhangsgebilde" zur Ermittlung des Quotienten zugeordnet werden (vgl. Tabelle 5-2). Dagegen werden allen beschäftigten Krankenschwestern, -pfleger, Hebammen im stationären Sektor des Gesundheitswesens die Summe der Behandlungstage aller Diagnosen gegenübergestellt.

Die jeweilige Größe der Krankheitskosten bzw. die der Leistungsdaten und die jeweilige Ist-Beschäftigung werden für die Quotientenbildung aus dem Jahr 2009 gewonnen. Auf eine Durchschnittsberechnung der zurückliegenden Jahre wurde verzichtet, weil dieses Vorgehen beobachtbare Entwicklungen der letzten Jahre konterkariert. So ist beispielsweise die Beschäftigung in Krankenhäusern (in VZÄ) kontinuierlich gestiegen, während das Produkt aus Fallzahl und durchschnittlicher Belegungsdauer kontinuierlich zurückging.[403] Eine Durchschnittsbildung würde diese Entwicklung vermutlich verzerren.

Die Größen Krankheitskosten (*KK*) im ambulanten Bereich bzw. Leistungsumfang (*L*) im stationären Bereich werden für die Quotientenbildungen nur nach Einrichtungen (*e*) und ICD10 Kategorie (*k*) differenziert. Dies kann aus den vorhandenen Statistiken ohne eigene Berechnung abgeleitet werden. Für die Beschäftigung in VZÄ ist die Differenzierung nach Beruf (*b*) und Einrichtung (*e*) ausreichend. Es wurde das Maß Krankheitsfälle pro VZÄ bzw. Krankheitskosten pro VZÄ berechnet.

Damit ergibt sich für die Ärzte in ambulanten Einrichtungen der Quotient *KÄ*, differenziert nach Beruf (*b*) und Krankheit (*k*) sowie Einrichtung (*e*) zu:

$$KÄ_{b,e,k} = \frac{KK_{e,k}}{BÄ_{b,e}^{VZÄ}} \tag{3.11}$$

Für die nichtärztlichen Berufe ist keine Zuordnung von ICD10 Kategorien vorgesehen, sondern es werden pro Beruf (*b*) alle Kategorien zugeordnet. Deshalb wird der Quotient *KN* lediglich nach Einrichtung (*e*) und Berufen (*b*) differenziert und ergibt sich zu:

$$KN_{b,e} = \frac{KK_e}{BN_{b,e}^{VZÄ}} \tag{3.12}$$

---

403 Vgl. GBE (2013f); GBE (2013e).

Für den stationären Bereich ist die Inanspruchnahme medizinischer Leistungen *L*, als Produkt von Krankheitsfällen (*MF*) und Verweildauer (*VD*) differenziert nach ICD10 Kategorien (*k*) und Einrichtung (*e*) entscheidend. Zunächst werden die in Gleichung 3.5 und 3.6 definierten Größen $L^{KH}_{a,g,k,j,r}$ und $L^{VR}_{a,g,k,j,r}$ für das Jahr 2009 zu $L_{e,k}$ bzw. zu L_e summiert. Daraus ergibt sich für den Quotienten *LÄ* der ärztlichen Berufe

(3.13) $$LÄ_{b,e,k} = \frac{L_{e,k}}{BÄ^{VZÄ}_{b,e}}$$

und für den Quotienten der nichtärztlichen Berufe LN

(3.14) $$LN_{b,e} = \frac{L_e}{BN^{VZÄ}_{b,e}}$$

Mit diesen Quotienten kann nun die zukünftige Personalnachfrage bestimmt werden. Zunächst wird Gleichung 3.10 summiert zu

(3.15) $$KK_{e,k,j,r} = \sum\nolimits_{a,g} KK_{a,e,g,k,j,r}$$

Bzw. zu

(3.16) $$KK_{e,j,r} = \sum\nolimits_{a,g,k} KK_{a,e,g,k,j,r}$$

Und Gleichung 3.5 und 3.6 summiert zu

(3.17) $$L_{e,k,j,r} = \sum\nolimits_{a,g} L^{KH}_{a,g,k,j,r} + \sum\nolimits_{a,g} L^{VR}_{a,g,k,j,r}$$

Bzw. zu

(3.18) $$L_{e,j,r} = \sum\nolimits_{a,g,k} L^{KH}_{a,g,k,j,r} + \sum\nolimits_{a,g,k} L^{VR}_{a,g,k,j,r}$$

Die gesamte Personalnachfrage im Gesundheitswesen (*GN*) in Vollzeitäquivalenten in den Jahren (*j*) nach Beruf (*b*), Einrichtung (*e*), und Bundesland (*r*) ergibt sich aus den Gleichungen 3.11 bis 3.18 demnach zu

(3.19) $$GN^{VZÄ}_{b,e,j,r} = \frac{KK_{e,k,j,r}}{KÄ_{b,e,k}} + \frac{KK_{e,j,r}}{KN_{b,e}} + \frac{L_{e,k,j,r}}{LÄ_{b,e,k}} + \frac{L_{e,j,r}}{LN_{b,e}}$$

5.2.3 Pflegewesen

In Anlehnung an die Berechnung der Nachfrage im Gesundheitswesen, wurde für die Berechnung der Nachfrage im Pflegewesen zunächst eine Vergangenheitsanalyse durchgeführt. Dabei wurden aus Daten der Pflegestatistik altersgruppen- und geschlechtsspezifische Pflegequoten für die drei Pflegestufen in den ambulanten und stationären Pflegeeinrichtungen ermittelt.

Ermittelt wurden die Pflegequoten (*P*) aus der Datenquelle „Pflegebedürftige (absolut, je 100.000 Einwohner, in Prozent)“ mit den Gliederungsmerkmalen Alter[404] (*a*), Jahre (*j*), Geschlecht (*g*), Pflegestufe[405] (*k*) und Art der Betreuung[406] (*e*). Für die Jahre 1999 bis 2009 wird die Anzahl der Pflegefälle (*PF*) in Bezug zur Anzahl der Bevölkerung (*BV*), ebenfalls differenziert nach Alter, Geschlecht und Jahr, gesetzt.

(3.20)
$$P_{a,g,e,j,k} = \frac{PF_{a,g,e,j,k}}{BV_{a,g,j}}$$

In Kapitel 3.4.1.1 wurden unter dem Stichwort „Kompressionsthese“ die Auswirkungen einer steigenden Lebenserwartung auf die Pflegebedürftigkeit (in Form der Pflegequote) aufgezeigt. Im Rahmen der Kompressionsthese führt die steigende Lebenserwartung zu sinkenden Pflegequoten. Die Analyse der ermittelten Pflegequote hat für die Vergangenheit keine klaren und allgemeingültigen alters-, geschlechts- und einrichtungsspezifischen Entwicklungen diesbezüglich gezeigt. Auch andere Untersuchungen gehen von eher konstanten altersspezifischen Pflegeprävalenzraten aus.[407] Aus diesem Grund wird von einer Modellierung im Sinne der Kompressionsthese abgesehen. Um eine Pflegequote zu bestimmen, die robust gegen Ausreißer ist, wird das arithmetische Mittel $P_{a,g,e,k}$ der Jahre 1999 bis 2009 auf Deutschlandebene ermittelt.

Anschließend werden die Pflegequoten mit den altersgruppen- und geschlechtsspezifischen Bevölkerungsprognosen der Bundesländer (*r*) verknüpft, um die Pflegefälle nach Pflegestufen in den einzelnen Einrichtungen des Pflegewesens und den Regionen zu erhalten.

(3.21)
$$PF_{a,g,e,k,j,r} = P_{a,g,e,k} * BV_{a,g,j,r}$$

---

404 In 5 Jahres-Schritten von unter 5 Jahre, 5 bis unter 10 Jahre,..., 90 bis unter 95 Jahre sowie 95 und älter.

405 Hier werden nur die Fälle der Pflegestufen I, II und III berücksichtigt.

406 Ambulante Pflege, vollstationäre Pflege, teilstationäre Pflege, Pflegegeld.

407 Vgl. Rothgang et al. (2010), S. 9f.

Für den weiteren Verlauf der Berechnung ist die Differenzierung nach Alter und Geschlecht nicht mehr notwendig, hier kann folglich die Summe bestimmt werden.

(3.22) $$PF_{e,k,j,r} = \sum_a \sum_g PF_{a,g,e,k,j,r}$$

Von der Gesamtzahl aller Pflegefälle nach Einrichtung, Pflegestufe, Jahr und Region muss nun auf die benötigten Personalressourcen in den Einrichtungen und Regionen zu den jeweiligen Jahren geschlossen werden. Dazu bieten sich zwei grundlegende Vorgehen an. Ein Weg besteht darin, über den im SGB XI, §15 festgelegten Pflegeaufwand in Minuten für die einzelnen Pflegestufen auf die benötigen Personalressourcen zu schließen. Allerdings heißt es dort in Absatz 3:

> „Der Zeitaufwand, den ein Familienangehöriger oder eine andere nicht als Pflegekraft ausgebildete Pflegeperson für die erforderlichen Leistungen der Grundpflege und hauswirtschaftlichen Versorgung benötigt…“

Dies bedeutet, dass der dort veranschlagte Zeitansatz[408] für den Pflegeaufwand für die Laien- bzw. Angehörigenpflege veranschlagt wurde und nicht mit dem Zeitaufwand einer professionellen Pflegekraft gleich gesetzt werden kann. Dieses Vorgehen würde sich demnach dazu eignen, den Personalbedarf für die informelle Pflege zu bestimmen, die im Rahmen dieser Arbeit allerdings nicht quantifiziert werden soll.

Für die in den ambulanten und stationären Einrichtungen des Pflegewesens professionell versorgten Pflegefälle ist dagegen ein anderes Vorgehen sinnvoll. Für die vollstationär versorgten Pflegefälle können die zur Versorgung notwendigen Personalressourcen über länderspezifische Pflegeschlüssel (*PS*) ermittelt werden. Dieser Schlüssel gibt das Verhältnis von Pflegebedürftige (Pflegefälle, *PF*) zu Vollzeitkraft, eine Personaleinheit in Vollzeitäquivalente ($PE^{VZÄ}$) an. In den Pflegeschlüsseln wird die notwendige pflegerische Versorgung (24 Stunden, 7 Tage in der Woche) differenziert nach Pflegestufen (*k*) abgebildet.

(3.23) $$PS_k = \frac{PF_k}{PE^{VZÄ}}$$

Der Pflegeschlüssel umfasst dabei die Bruttoarbeitszeit, inkl. Urlaub, Krankheits- und Fortbildungszeiten.[409] Diese Schlüssel variieren zwischen den Bundesländern und Pflegestufen (Vgl. Tabelle A-1 im Anhang).

---

408 Pflegestufe I: min. 90 Minuten; Pflegestufe II: min. drei Stunden; Pflegestufe III: min. fünf Stunden.

409 Vgl. Wipp (2013).

Im Vergleich zu anderen Kennzahlen für die Nachfrageberechnung, wird auf eine Durchschnittsbildung über die Bundesländer verzichtet und stattdessen auf die bestehenden länderspezifischen Pflegeschlüssel $PS_{k,r}$ zurückgegriffen. Dadurch wird aufgrund der abweichenden Schlüssel verhindert, in der Nähe des Startjahres nicht zu große Verzerrungen zu erzeugen. Würde ein über alle Bundesländer gemittelter Pflegeschlüssel verwendet, käme es in einzelnen Regionen bereits zu Beginn der Prognose zu einer deutlichen Abweichung zwischen Personalangebot und -nachfrage.

Für die ambulanten Pflegedienste gibt es keine per Rahmenvertrag auf Landesebene festgelegten Pflegeschlüssel.[410] Da der Gesetzgeber bei der Beurteilung und Einstufung von Pflegefällen in Pflegestufen keine Unterscheidung zwischen ambulanten und stationären Pflegeeinrichtung vornimmt, wird im Folgenden angenommen, dass die länderspezifischen Pflegeschlüssel auch für die ambulanten Einrichtungen Anwendung finden. Damit wird unterstellt, dass Pflegefällen einer Pflegestufe die gleiche pflegerische Leistung zukommt, unabhängig von der Einrichtung in der sie betreut werden.

Mit Hilfe der länderspezifischen Pflegeschlüssel und den regional zu erwartenden Pflegefällen, können anschließend die in den ambulanten und stationären Pflegeeinrichtungen zur Versorgung notwendigen Personalressourcen in Vollzeitäquivalenten ($PR^{VZÄ}$) berechnet werden. Dabei wird die Summe über alle Pflegefälle (*k*) ermittelt, um zur Gesamtzahl des benötigten Personals in VZÄ für die Einrichtungen (*e*) in den Regionen (*r*) und Jahren (*j*) zu gelangen.

(3.24)
$$PR_{e,j,r}^{VZÄ} = \sum_{k} \frac{PF_{e,k,j,r}}{PS_k}$$

Um daraus auch die berufsspezifische Nachfrage bestimmen zu können, wird wiederum die in der Vergangenheit beobachtbare Berufsstruktur in den ambulanten und stationären Einrichtungen des Pflegewesens analysiert und der Anteil eines Berufs an allen Berufen in der Einrichtung (*BS*) bestimmt.

(3.25)
$$BS_{b,e,j,r}^{VZÄ} = \frac{BN_{b,e,j,r}^{VZÄ}}{BN_{e,j,r}^{VZÄ}}$$

Aus der in der Vergangenheit für jedes Jahr beobachtbare Berufsstruktur wird das arithmetische Mittel $\overline{BS^{VZÄ}}_{b,e,r}$ berechnet.

Die zukünftige Nachfrage nach Personal im Pflegewesen (*PN*) nach Beruf (*b*), Einrichtung (*e*), Jahr (*j*) und Bundesland (*r*) wird demnach bestimmt zu

410 Jede selbständige ambulante Einrichtung schließt im Rahmen der Zulassung Rahmenverträge mit den Pflege- und Krankenkassen ab.

(3.26) $$PN_{b,e,j,r}^{VZÄ} = BS_{b,e,r}^{VZÄ} * PR_{e,j,r}^{VZÄ}$$

Das Ergebnis ist die berufsspezifische Nachfrage nach Vollzeitäquivalenten in den ambulanten und stationären Pflegeeinrichtungen. Sie wird differenziert nach Berufen (*b*), Einrichtungen (*e*), Jahren (*j*) und Bundesländern (*r*).

5.2.4 Zukünftige Nachfrage

Als Summe der bisher genannten Größen ergibt sich das zukünftige Nachfragepotenzial im Gesundheits- und Pflegewesen aus:

- Der Nachfrage in den Einrichtungen des Gesundheitswesens $GN_{b,e,j,r}^{VZÄ}$ nach Vollzeitäquivalenten. Differenziert nach Beruf, Einrichtung, Jahr und Region (vgl. Kapitel 5.2.2).
- Der Nachfrage in den Einrichtungen des Pflegewesens $PN_{b,e,j,r}^{VZÄ}$ nach Vollzeitäquivalenten. Differenziert nach Beruf, Einrichtung, Jahr und Region (vgl. Kapitel 5.2.3).

Für die zum Zeitpunkt *t=j* nachgefragten Personalressourcen in Vollzeitäquivalente ergibt sich demnach:

(3.27) $$AN_{b,e,r}^{t} = GN_{b,e,j,r}^{VZÄ} + PN_{b,e,j,r}^{VZÄ}$$

5.3 Kritische Würdigung

In dieser Arbeit wird die Erstellung eines umfassenden und sektorübergreifenden empirischen Berechnungsmodells zur Ermittlung der zukünftigen Personalbedarfe und des Personalangebots in den ambulanten und stationären Einrichtungen des Gesundheits- und Pflegewesen in Deutschland und den Bundesländern angestrebt. Im Vergleich zu bisher bestehenden Bedarfsprognosen, die in der Regel lediglich Teilbereiche des Gesundheits- und Pflegewesen betrachten, in dem sowohl einzelne Berufe als auch Einrichtungen herausgegriffen werden, besteht das Ziel darin, eine einrichtungs- und berufeübergreifende Bedarfsprognose zu erstellen. Dabei sollen sowohl die für die gesundheitliche und pflegerische Versorgung wichtigen Berufsordnungen bzw. Berufsklassen als auch Einrichtungen betrachten werden, um den Verflechtungen des Gesundheits- und Pflegewesens besser Rechnung zu tragen. Neben der regionalen, einrichtungs- und berufsspezifischen Differenzierung sollten zentrale und wichtige Einflussfaktoren berücksichtigt werden. Zudem wurde angstrebt, dies ausschließlich aufbauend auf bestehenden amtlichen Statistiken durchzuführen, die in regelmäßigen Abständen aktualisiert werden.

Die Beurteilung dieses Vorhabens bedarf einer differenzierten Betrachtung zwischen dem Personalangebot und der Personalnachfrage. Auf der Angebotsseite konnte die Heterogenität sowie die berufs- und einrichtungsspezifische Verflechtung neben diesen beiden Dimensionen auch durch die Berücksichtigung von Alter, Geschlecht, Region und Jahr herausgestellt werden. Dabei wurde zwischen neun ärztlichen Berufsklassen und sieben nichtärztlichen Berufsordnungen unterschieden sowie die Beschäftigten aus insgesamt sieben unterschiedliche Einrichtungen in das Berechnungsmodell mit aufgenommen. Mit diesen Berufen werden knapp 69,4% der in jenen Einrichtungen laut Gesundheitspersonalrechnung Beschäftigten abgebildet.

Um diese Kombination der Dimensionen auch auf regionaler Ebene in den Bundesländern zu erreichen, muss bei der Berechnung der Ist-Beschäftigung in den nichtärztlichen Berufen im Ausgangsjahr 2009 jedoch ein Top-Down Ansatz durchgeführt werden. Dieser Ansatz ist insbesondere aufgrund fehlender und umfangreicher Beschäftigungsstatistiken für die nichtärztlichen Berufe im ambulanten Bereich des Gesundheitswesens annahmegetrieben. Dadurch kann es zu Verzerrungen in der Abbildung der Ist-Beschäftigung in den Regionen kommen. Dagegen lagen für die ärztlichen Berufsklassen detaillierte bundeslandspezifische Beschäftigungsstatistiken vor.

Die Entwicklung der Nachfrageseite wird maßgeblich durch die zukünftige Bevölkerungsentwicklung getrieben, die von den statistischen Landesämtern bis zum Jahr 2030 fortgeschrieben wird. Aus diesen detaillierten Bevölkerungsprognosen und den zurückliegenden Diagnosedaten der Krankenhäuser und den Pflegestatistiken kann ein gutes Abbild der zukünftigen Morbiditätslast der Bevölkerung für diese Einrichtungen gezeichnet werden. Weniger stabil ist die Vorhersage der ambulant anfallenden Morbidität, die lediglich aufgrund der ambulanten Krankheitskosten prognostiziert wurde. Die ambulanten Krankheitskosten alleine lassen aber noch keine Rückschlüsse auf die Inanspruchnahme zu. Die ambulante Abrechnungssystematik sieht vor, dass Ärzte nur quartalsweise Fallpauschalen für behandelte Patienten erhalten, die tatsächliche Anzahl der Arztbesuche des gleichen Patienten in jenem Quartal sind für die Vergütung nicht entscheidend. Da die tatsächliche Anzahl der Arztbesuche somit nicht explizit in den Krankheitskosten abgebildet ist, spiegeln die Krankheitskosten eventuell nicht den tatsächlichen Bedarf wider.

Obwohl bei der Modellierung der Nachfrageseite alle Sektoren des Gesundheits- und Pflegewesens berücksichtigt wurden, zeigt das getrennte Vorgehen für die ambulanten und stationären Einrichtungen des Gesundheitswesens bzw. des Pflegewesens, dass sich die Interdependenzen zwischen den Einrichtungen mit den vorhandenen Daten nicht modellieren lassen. Es fehlt beispielsweise in den vorhandenen Daten ein abbildbarer Zusammenhang, welche ambulante Behandlung oder Diagnose einen stationären Aufenthalt nach sich zieht, welche Leistungen dort notwendig werden und wie lange der Aufenthalt dauert. Die komplexen nachfrageseitigen Verflechtungen können auf diese Weise nicht berechnet werden, es sind lediglich statische und einrichtungsspezifische Bedarfsprognosen für die einzelnen Sektoren im Gesundheits- und Pflegewesen möglich.

Neben den Interdependenzen zwischen den Einrichtungen existieren in der Praxis auch aufgabenspezifische Abhängigkeiten zwischen den Berufen, insbesondere zwischen ärztlichen und pflegerischen Berufen, aber auch zwischen ärztlichen und eher administrativ tätigen Berufen (bspw. Sprechstundenhelfer/medizinische Fachangestellte). So wurde in der Vergangenheit bereits intensiv diskutiert, wie im Zuge einer zunehmenden Arbeitsbelastung die Aufgaben zwischen diesen Berufen vor dem Hintergrund einer möglichst effizienten Aufgabenerledigung neu verteilt werden könnten. Aus Kostengesichtspunkten geht es dabei vor allem um die Delegation von der höheren Qualifikationsebene (Ärzte) auf die niedrigere (nichtärztliches Personal), ohne dabei die Qualität der Leistung zu verringern. Einer solchen Delegation stehen bisher allerdings noch rechtliche Haftungsbestimmungen im Wege, die den Ärzten die persönliche Leistungspflicht (Diagnose, Heilung, etc.) zuspricht. Damit auch das nichtärztliche Personal ärztliche Leistungen erbringen dürfen, müssen zunächst Haftungszuständigkeiten geklärt werden.[411] Aus diesem Grund wurde nicht der Versuch unternommen, diese Aufgabendelegation im Berechnungsmodell abzubilden.

Mit der in der Berechnungsmethodik vorgenommenen Nachfragemodellierung wird implizit unterstellt, dass das in der Vergangenheit bzw. im Startjahr beobachtbare Verhältnis von Gesundheitspersonal zu Leistungen bzw. Krankheits- und Pflegefällen angemessen war. Im Rahmen dieser Arbeit wird eine Beurteilung dieser Annahme weder angestrebt noch vorgenommen. Zum einen liegt die Beurteilung der Effizienz des Gesundheitswesens bzw. der gesundheitlichen Versorgung in den Händen der Versorgungsforschung und erfordert einen ganz anderen Ansatz als den hier vorgestellten. Zum anderen ist der gewünschte Versorgungsgrad, kurz das Verhältnis von Gesundheitspersonal zu Einwohnern, immer auch aus den Zielen der Gesundheitspolitik abgeleitet und Ausdruck gesellschaftlicher Werte und Normen. Insbesondere vor den sich abzeichnenden Personalengpässen gilt es zu beurteilen, ob das bisherige Versorgungsniveau auch in Zukunft aufrechterhalten werden kann oder ob andere Maßstäbe angesetzt werden müssen.

---

411 Vgl. Ehrhard et al. (2011), S. 113ff.

Die bei der Berechnung der Nachfrageseite ermittelten Personalbedarfe stellen somit nicht den optimalen Bedarf im Sinne einer effizienten Versorgung dar, sondern entspringen vielmehr einer Status-Quo Fortschreibung. Diese Prognose verzichtet damit explizit auf die Fortschreibung von in der Vergangenheit beobachtbarer Trends und Entwicklungen. Damit wird der, zugegebenermaßen unsicheren zukünftigen Entwicklung – auch im Bezug zum medizinisch technisch Fortschritt, der neue Behandlungsverfahren und Therapiemöglichkeiten entstehen lassen wird – nicht in ausreichendem Maße Rechnung getragen und es können Verzerrungen auftreten. Insbesondere bei der durchschnittlichen Verweildauer im Krankenhaus zeigen neuere Daten eine weitere Reduktion, die so nicht im Modell abgebildet wurde. So lange die Projektionen mit den neusten Daten durchgeführt werden, ist dieser Sachverhalt eventuell zu vernachlässigen.

Arbeitsmärkte sind, wie in Kapitel 3.2 ansatzweise skizziert, dynamische Gebilde. Durch eine Reihe vieler Faktoren, wie sich veränderte Rahmenbedingungen, (globale) wirtschaftliche Impulse, Veränderungen in der Arbeitnehmerstruktur etc. kommt es fortlaufend zu Such- und Matchingprozessen auf dem Arbeitsmarkt. Somit sind Arbeitsangebot und -nachfrage keineswegs statische Größen, sondern können als Stromgrößen interpretiert werden. Diese Strömungen treten in vielfältiger Weise zwischen Berufen, zwischen Unternehmen und Wirtschaftszweigen und zwischen Regionen auf, um nur einige zu nennen. Auch im vorliegenden abgegrenzten berufs-, einrichtungs- und regionalspezifischen Untersuchungsgebiet treten Stromgrößen auf. Dabei muss zwischen Stromgrößen innerhalb des Untersuchungsgebiets und Stromgrößen in das Untersuchungsgebiet hinein oder aus dem Untersuchungsgebiet heraus unterschieden werden.

Letzteres wird maßgeblich durch Neuzugänge aus Studien- und Ausbildungsabsolventen, Renteneintritten und der Teilnahme der relevanten Berufe an der gesundheitlichen Versorgung (Teilnahmequote) bestimmt. Während die ersten beiden Größen zumindest als jährliche Stromgröße mit den vorhandenen Daten modelliert werden können, gestaltet sich die Modellierung der Teilnahmequote schwieriger. Dass dieser Sachverhalt ausreichender Berücksichtigung bedarf, wurde in Kapitel 3.4.2.2 herausgestellt. Zwar werden bereits einige Arbeitnehmer direkt nach beendeter Ausbildung nicht ihren erlernten Beruf ergreifen, dennoch ist davon auszugehen, dass ein Großteil der Abgänger aus den relevanten Berufen erst im Laufe des Erwerbslebens aufgrund unterschiedlichster Ursachen einen neuen Beruf ergreift. Indizien dafür liefern die in Kapitel 2.2 präsentierten Studien. Dazu fehlen allerdings insbesondere berufsspezifische Daten, wie lange die Berufsverweildauer tatsächlich andauert und zu welchem Zeitpunkt der Austritt erfolgt. Die vorhandenen Daten lassen lediglich Momentaufnahmen zu, wie viele der relevanten Berufe aktuell oder in der Vergangenheit in den relevanten Einrichtungen gearbeitet haben und wie viele in anderen Wirtschaftszweigen tätig waren bzw. bei den Ärzten keiner ärztlichen Tätigkeit nachgingen. Eine Modellierung dessen ist möglich und wurde in Kapitel 5.1.2 genauer beschrieben, allerdings kann dies nur unter den dort genannten statischen Annahmen erfolgen.

Als wesentlich komplexer sind allerdings die Stromgrößen innerhalb der berufs-, einrichtungs- und regionalspezifischen Abgrenzung des Gesundheits- und Pflegewesens einzuschätzen. So ist zwar eine Momentaufnahme der Verteilung der Berufe über die Einrichtungen und Regionen hinweg, anhand der vorgestellten Datenquellen möglich, wie sie sich im Laufe ihres Berufslebens allerdings auf die Einrichtungen und Regionen verteilen, kann mit den vorhandenen Datensätzen nicht abgebildet werden. Ein Beispiel verdeutlicht diese Problematik besonders gut. Die Hochschulabsolventen im Fach Humanmedizin gehen nach der universitären Ausbildung in der Regel in die stationären Einrichtungen, um dort eine Facharztausbildung zu absolvieren. Dies kann u. a. an dem wesentlich geringeren Altersdurchschnitt der stationär tätigen Ärzte im Vergleich zu ihren ambulanten Kollegen festgemacht werden. Anschließend wird ein großer Teil der ausgebildeten Fachärzte wieder die Krankenhäuser verlassen, um sich ambulant niederzulassen oder in einer ambulanten Praxis als angestellter Arzt tätig zu werden. Datensätze, die die Modellierung dieses Prozesses in einem Berechnungsmodell ermöglichen würden, existieren allerdings nicht. Auch an dieser Stelle kann nur mit statischen Annahmen bezüglich der Verteilung der Hochschulabsolventen auf die Einrichtungen gearbeitet werden, die in Kapitel 5.1.3.1 näher erläutert wurden. Vergleichbar ist die Problematik bei nichtärztlichen Ausbildungsabsolventen (vgl. Kapitel 5.1.3.2).

Im folgenden Kapitel erfolgt die Analyse der Berechnungsergebnisse. Bei der Interpretation dieser Ergebnisse müssen die zugrundeliegenden Annahmen des Berechnungsmodells berücksichtigt werden.

6 Analyse der Ergebnisse

Für die Analyse der Angebots- und Nachfrageprojektion wird der Blick zunächst auf die Entwicklung des Angebotspotenzials und der Personalnachfrage in Deutschland gerichtet. Im Zuge dessen erfolgt eine getrennte Analyse der Dimensionen Einrichtung und Beruf. Anschließend wird eine differenzierte regionale Analyse für jene Bundesländer und Regionen durchgeführt, die einen hohen absoluten oder relativen Personalengpass erwarten lassen. In dieser regionalen Analyse werden die Dimensionen Einrichtung und Beruf miteinander kombiniert. Abschließend wird im Rahmen einer Szenarienanalyse dargestellt, wie sich das Angebotspotenzial steigern lässt.

6.1 Angebot und Nachfrage im Gesundheits- und Pflegewesen in Deutschland

Bevor eine detaillierte Analyse unternommen wird, bietet sich eine deutschlandweite Betrachtung der Entwicklung der Personalangebots- und Nachfragepotenziale im Gesundheits- und Pflegewesen an. In Abbildung 6-1 ist die Entwicklung beider Größen in Vollzeitäquivalenten in Deutschland dargestellt.

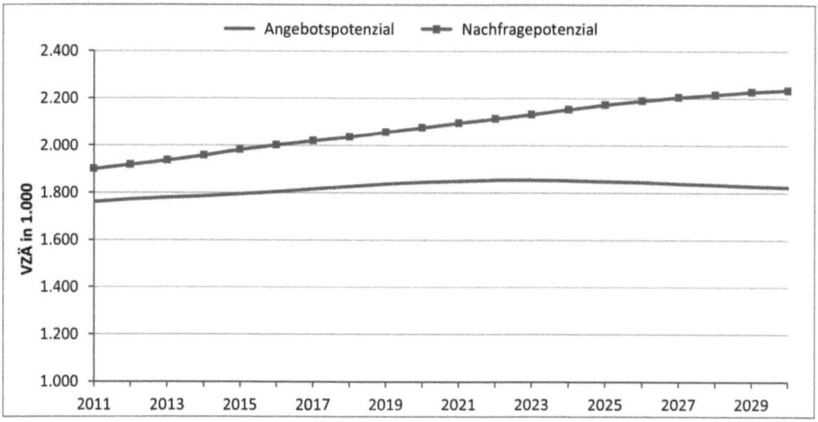

Quelle: Eigene Darstellung.

Abb. 6-1: Entwicklung von Angebot und Nachfrage im Gesundheits- und Pflegewesen in Deutschland

Aus der Abbildung wird ersichtlich, dass die potenzielle Nachfrage nach Gesundheitspersonal sowohl gegenwärtig als auch in Zukunft das Angebot übersteigen wird. Die Entwicklung von Angebot und Nachfrage verläuft bis zum Jahr 2020 steigend, wenngleich auf unterschiedlichem Niveau: Die Schere zwischen Angebot und Nachfrage nimmt im Zeitverlauf deutlich zu. Bis zum Jahr 2023 könnte das Angebotspotenzial der betrachteten Berufe auf über 1,85 Mio. VZÄ steigen, danach geht es voraussichtlich wieder leicht zurück. Dieser Zuwachs beträgt im Vergleich zum Jahr 2011 rund 5,3%. Im gleichen Zeitraum könnte die Nachfrage nach diesen Berufen sogar um 12,3% auf über 2,13 Mio. VZÄ zunehmen. Wie die Abbildung zeigt, werden die Auswirkungen der demografischen Entwicklung voraussichtlich ab diesem Zeitpunkt deutlich spürbar. So ist davon auszugehen, dass das Personalangebot ab dem Jahr 2024 bis zum Ende des Betrachtungszeitraums im Jahr 2030 sogar um über 30.000 VZÄ auf 1,82 Mio. schrumpfen wird. Im Gegensatz dazu könnte die Nachfrage nach Gesundheitspersonal zwischen den Jahren 2020 und 2030 voraussichtlich um weitere 4,8% auf über 2,23 Mio. VZÄ steigen. Aus dieser Entwicklung könnte im Jahr 2020 ein Personalengpass im Gesundheits- und Pflegewesen von rund 231.000 VZÄ bzw. 11,1% der Gesamtnachfrage resultieren. Bis zum Jahr 2030 würde sich dieser Engpass unter der dargestellten Entwicklung auf rund 410.000 VZÄ vergrößern. Dies entspräche einem relativen Engpass von 18,4%.

Um ausgehend von dieser Gesamtbetrachtung der möglichen Entwicklung des Gesundheits- und Pflegewesens auf die einrichtungs- und berufsspezifische Entwicklung schließen zu können, wird zunächst eine getrennte Analyse dieser beiden Dimensionen vorgenommen.

6.1.1 Einrichtungsspezifische Betrachtung

Zuvor wurde die Entwicklung des gesamten Personalangebots und der gesamten Personalnachfrage im Gesundheits- und Pflegewesen dargestellt. Für die Analyse der zukünftigen einrichtungsspezifischen Personalentwicklung ist es von besonderem Interesse, wie sich die Personalnachfrage in den einzelnen ambulanten und stationären Einrichtungen des Gesundheits- und Pflegewesen entwickeln könnte. In Abbildung 6-2 ist die Nachfrageentwicklung nach Einrichtungen dargestellt.

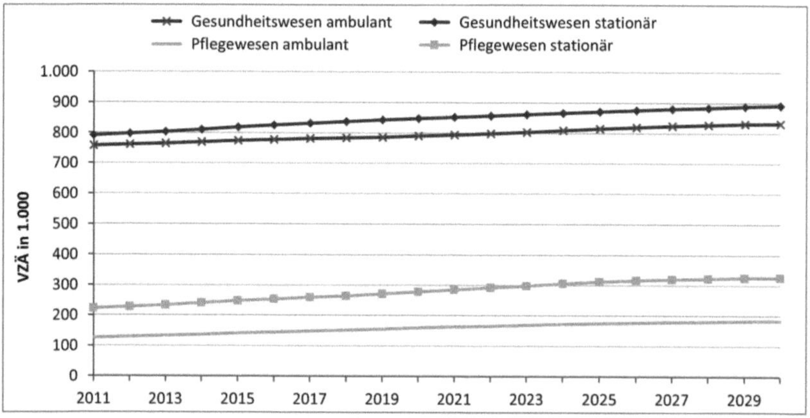

Quelle: Eigene Darstellung.

Abb. 6-2: Nachfrageentwicklung in den Einrichtungen des Gesundheits- und Pflegewesens in Deutschland

Die höchste Personalnachfrage entsteht in den stationären Einrichtungen des Gesundheitswesens. Im Jahr 2011 lag die Nachfrage in VZÄ dort bei rund 792.000 Personen. Bis zum Jahr 2030 könnte die Nachfrage um weitere 12,6% auf rund 892.000 VZÄ ansteigen. In den ambulanten Einrichtungen des Gesundheitswesens ist die Nachfrage im Jahr 2011 mit rund 758.000 VZÄ ähnlich hoch. Der zu erwartende Nachfrageanstieg bis zum Jahr 2030 fällt mit 9,8% jedoch etwas geringer aus.

Deutlich geringer ist die Nachfrage nach den betrachteten Berufen in den Einrichtungen des Pflegewesens. Mit einer Personalnachfrage von rund 222.000 VZÄ im Jahre 2011 haben die stationären Einrichtungen den höchsten Personalbedarf. Dieser könnte bis zum Jahr 2030 voraussichtlich um 46,6% auf 326.000 VZÄ ansteigen. Die gleiche Entwicklung könnte auch auf die ambulanten Einrichtungen zukommen. Zwar ist deren Nachfrage mit 129.000 VZÄ im Jahr 2011 geringer, der Zuwachs bis zum Jahr 2030 könnte 45,7% auf 184.000 VZÄ betragen und verliefe damit auf vergleichbarem Niveau.

Diese einrichtungsspezifische Nachfrageentwicklung ist im Berechnungsmodell entscheidend für die berufsspezifische Nachfrageentwicklung. Bevor diese in Kapitel 6.1.2 für Deutschland analysiert wird, sollen an dieser Stelle zunächst die einrichtungsspezifischen Engpässe analysiert werden. Durch Saldierung von Personalnachfrage und -angebot und unter Berücksichtigung der in Kapitel 5.1.3 beschriebenen Verteilung der Neuzugänge auf die Einrichtungen ergibt sich das in Abb. 6-3 dargestellte Bild.

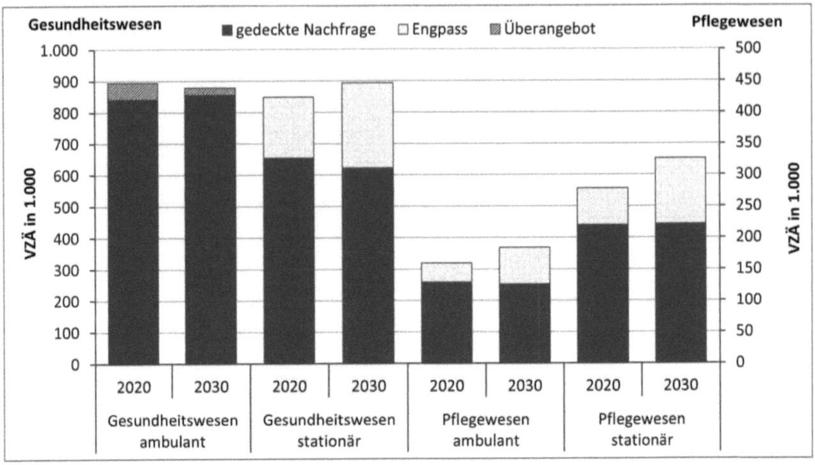

Quelle: Eigene Darstellung.

Abb. 6-3: *Personalengpässe in den ambulanten und stationären Einrichtungen des Gesundheits- und Pflegewesens in Deutschland im Jahr 2020 und 2030*

Aus dieser Abbildung wird deutlich, dass die möglichen Personalengpässe in Deutschland nach Einrichtungen sehr unterschiedlich verteilt sind. In den stationären Einrichtungen des Gesundheitswesens könnten unter Berücksichtigung der modellinhärenten Annahmen die größten Personalengpässe auftreten. Gemäß den Berechnungen beliefe sich der Engpass in diesem Bereich im Jahr 2020 auf ca. 194.000 VZÄ. Bis zum Jahr 2030 könnte er sogar auf über 270.000 fehlende VZÄ steigen. Dies entspricht einer Steigerung um weitere 39,1%. Dagegen ist unter den jetzigen Rahmenbedingungen davon auszugehen, dass in den ambulanten Einrichtungen des Gesundheitswesens, unabhängig von möglichen berufsspezifischen Engpässen, in Summe kein Personalengpass zu erwarten ist. Im Jahr 2020 könnte sogar eine Überversorgung von rund 52.000 VZÄ entstehen. Dies entspricht 6,5% der Nachfrage. Da im weiteren Verlauf das Angebot stärker steigen könnte als die Nachfrage, könnte sich dieser Überschuss bis zum Jahr 2030 auf rund 23.000 VZÄ bzw. 2,7% reduzieren.

In den Einrichtungen des Pflegewesen ist der absolute Engpass aufgrund des deutlich geringeren Beschäftigungsumfangs niedriger. Dennoch wird in den ambulanten Pflegeeinrichtungen im Jahr 2020 bereits ein Personalmangel von rund 30.000 VZÄ bzw. 18,9% der Nachfrage erwartet. Bis zum Jahr 2030 ist mit einem leichten Angebotsrückgang von 2,9% zu rechnen. Bei einem möglichen Nachfrageanstieg um 15,3% im gleichen Zeitraum, könnten sich die Engpässe mit 58.000 VZÄ nahezu verdoppeln. In den stationären Einrichtungen des Pflegewesens erreicht der potenzielle Engpass bereits im Jahr 2020 diese Höhe. Hier könnte der Nachfrageanstieg sogar rund 17,2% betragen, so dass sich im Jahr 2030 ein Engpass von über 104.000 VZÄ einstellen könnte. Dies entspricht einem Anteil von 32,0% der Nachfrage.

Wie sich die betrachteten Berufe in Zukunft entwickeln könnten, wird im Folgenden Kapitel analysiert.

6.1.2 Berufsspezifische Betrachtung

Die sich aus der skizzierten potenziellen Angebots- und Nachfrageentwicklung in den Einrichtungen ergebenden Personalengpässe nach Berufen werden im Folgenden diskutiert. In Abbildung 6-4 ist der zu erwartende Engpass für die Allgemeinmediziner und die Fachärzte in den Jahren 2020 und 2030 dargestellt. Unter dem Begriff Allgemeinmediziner werden hier vereinfachend die Berufskennziffern 8410 (Praktische Ärzte, Ärzte, o.n.A.) und 8411 (Allgemein-(fach)-, Kinderärzte, Internisten) zusammengefasst. Zu den Fachärzten gehören alle Ärzte, die der BKZ 8412 bis 8419 zuzuordnen sind.

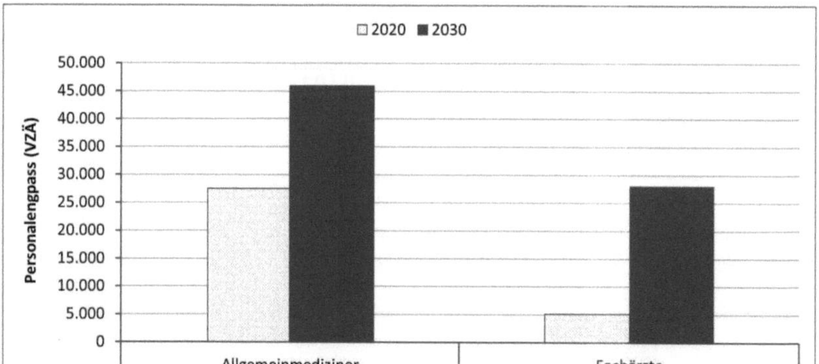

Quelle: Eigene Darstellung.

Abb. 6-4: Personalengpässe bei Allgemeinmedizinern und Fachärzten in Deutschland im Jahr 2020 und 2030

Die Gruppe der Allgemeinmediziner ist traditionell die beschäftigungsstärkste Gruppe und stellt mit knapp 63% des ärztlichen Angebots voraussichtlich rund 169.000 VZÄ im Jahr 2020. In jenem Jahr könnte, unter den sich abzeichnenden Entwicklungen, mit einem Engpass von rund 27.500 Allgemeinmedizinern zu rechnen sein. Damit wären 14,0% der möglichen berufsspezifischen Personalnachfrage nicht zu befriedigen. Wenn das Angebot an Allgemeinmedizinern wie prognostiziert bis zum Jahr 2030 um 3,1% auf rund 163.000 VZÄ sinkt, wird sich bei gleichzeitigem erwartenden Nachfrageanstieg um 6,7% die mögliche Personallücke auf rund 46.000 Vollzeitäquivalente erhöhen. Damit könnten 22,0% der benötigten Stellen nicht besetzt werden. Bei der Gruppe aller Fachärzte ist der mögliche Personalengpass im Jahr 2020 mit rund 5.200 VZÄ oder 4,9% der Nachfrage dagegen deutlich geringer. Da zwischen 2020 und 2030 jedoch mit einem Einbruch im Angebot von 18,5% gerechnet werden muss, könnte sich die mögliche Lücke im Jahr 2030 auf 28.000 VZÄ bzw. 25,5% der Nachfrage vergrößern.

Da unter den Fachärzten insgesamt sieben ärztliche Berufsklassen zusammengefasst sind, soll deren Entwicklung im Folgenden differenzierter analysiert werden. In Abbildung 6-5 ist die Entwicklung diese Facharztrichtungen jeweils getrennt dargestellt. Dazu gehören:

- Chirurgen, Orthopäden (8412),
- Hals-, Nasen- und Ohrenärzte (8413),
- Augenärzte (8414),
- Frauenärzte (8415),
- Radiologen (8416),
- Neurologen, Psychiater, Psychotherapeuten (8418) sowie
- andere Fachärzte (8419).

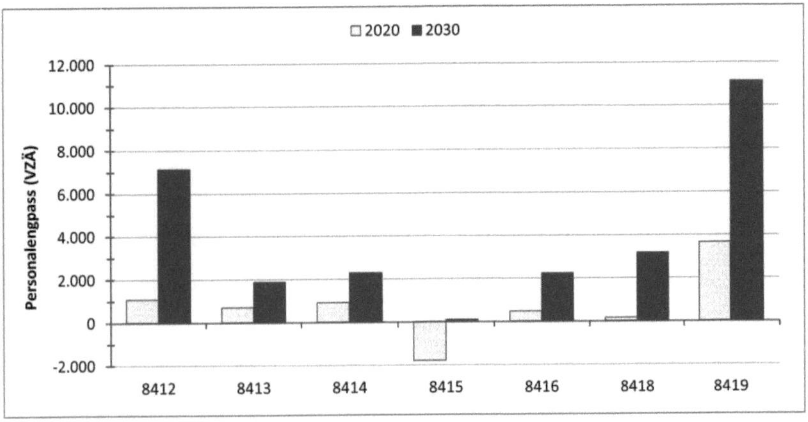

Quelle: Eigene Darstellung.

Abb. 6-5: Personalengpässe bei Fachärzten nach Berufsklassen in Deutschland im Jahr 2020 und 2030

Die Facharztrichtung mit dem größten Angebotspotenzial im Jahr 2020 ist voraussichtlich die Gruppe der Chirurgen und Orthopäden. In den vorliegen Berechnungen wird von voraussichtlich 29.900 VZÄ ausgegangen. Mit einem möglichen Engpass von rund 1.100 Ärzten blieben damit im Jahr 2020 lediglich 3,5% der benötigen Stellen unbesetzt. Aufgrund eines möglichen Angebotsrückgangs in VZÄ von 15,5% bei gleichzeitigem Nachfrageanstieg von 4,6% bis zum Jahr 2030 könnte die Personallücke allerdings auf 7.100 Ärzte anwachsen und entsprechend 22,0% der Nachfrage betragen.

Das zweithöchste Angebotspotenzial wird voraussichtlich in der Gruppe der übrigen Fachärzte erreicht. Darunter subsumieren sich alle Facharztrichtungen, die nicht zu einer der anderen sechs Facharztrichtungen gehören. Im Jahr 2020 könnte sich dieses Angebotspotenzial auf rund 26.200 VZÄ belaufen. In jenem Jahr wird die Nachfrage auf ca. 29.900 VZÄ geschätzt, so dass sich ein Personalengpass von rund 3.700 VZÄ bzw. 12,2% der Nachfrage ergeben könnte. Bis zum Jahr 2030 könnte das Angebotspotenzial auf 20.300 VZÄ sinken, gleichzeitig ist mit einem Nachfrageanstieg auf ca. 31.400 VZÄ zu rechnen. Die sich daraus ergebende Lücke ist über 11.100 VZÄ groß.

Bei den Frauenärzten könnte dagegen im Jahr 2020 ein Überangebot an Ärzten bestehen. Einer Nachfrage von rund 9.800 VZÄ steht voraussichtlich ein Angebot von 11.600 VZÄ gegenüber. Da zwischen den Jahren 2020 und 2030 mit einem Angebotsrückgang von 15,6% zu rechnen ist, könnten sich Angebot und Nachfrage voraussichtlich ausgleichen. Die Nachfrage nach Frauenärzten bleibt zwischen den Jahren 2020 und 2030 nahezu konstant, von einem signifikanten Anstieg kann nicht ausgegangen werden.

Die Angebots- und Nachfrageprojektion auf Deutschlandebene lässt auch für die nichtärztlichen Berufe erhebliche Personalengpässe erkennen. In Abb. 6-6 sind diese möglichen Engpässe für die Pflegeberufe, die BKZ 853, 854 und 861 dargestellt.

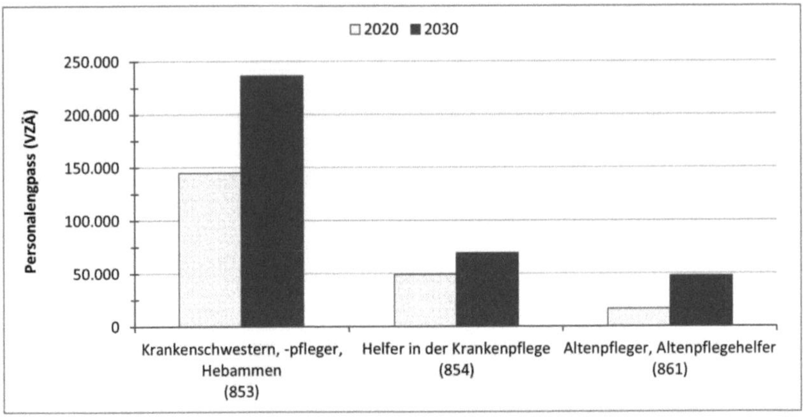

Quelle: Eigene Darstellung.

Abb. 6-6: Personalengpässe bei den Pflegeberufen in Deutschland in den Jahren 2020 und 2030

Mit 491.000 beschäftigten VZÄ ist das höchste Angebotspotenzial im Jahr 2020 bei der Gruppe der Krankenschwestern und -pfleger zu erwarten. Im gleichen Jahr könnte die Nachfrage jedoch um 145.000 VZÄ höher liegen, was zu einem Engpass in gleicher Höhe führen würde. Würde die Nachfrage wie prognostiziert bis zum Jahr 2030 um weitere 7,7% steigen, das Angebot im gleichen Zeitraum dagegen um 8,7% sinken, könnte sich dieser berufsspezifische Engpass auf über 236.000 VZÄ erhöhen. Dann könnte jede 3. nachgefragte Stelle nicht besetzt werden.

Das zweithöchste Angebotspotenzial dieser drei Pflegeberufe ist im Jahr 2020 bei den Altenpflegern und Altenpflegehelfern zu erwarten. In dieser Gruppe könnten in jenem Jahr etwa 277.000 Vollzeitäquivalente ihre Arbeitskraft im Gesundheits- und Pflegewesen anbieten. Im gleichen Jahr beläuft sich die potenzielle Nachfrage auf rund 294.000 VZÄ, was einen Engpass von etwa 16.700 VZÄ bzw. 5,7% der Nachfrage entsprechen würde. Zwischen 2020 und 2030 könnte die Nachfrage in dieser Berufsordnung um weitere 14,3% ansteigen, gleichzeitig ist mit einem Anstieg des Angebotspotenzials in VZÄ um ca. 4,0% zu rechnen. Durch diese Entwicklung würde sich der mögliche Engpass auf rund 48.000 Vollzeitäquivalente erhöhen, damit wären 14,2% der nachgefragten Vollzeitstellen nicht zu besetzen.

Den relativ höchsten Personalengpass im Jahr 2020 könnten die Helfer in der Krankenpflege verzeichnen. Einem Angebotspotenzial von 116.000 VZÄ könnte ein Nachfragepotenzial von knapp 165.000 VZÄ gegenüberstehen. Im

Jahr 2030 könnte der Personalengpass bei den Helfern in der Krankenpflege bei 69.500 Vollzeitäquivalenten liegen, damit könnten in diesem Fall 39,1% der nachgefragten Stellen nicht besetzt werden.

Die Personalengpässe der weiteren nichtärztlichen Berufe sind in Abb. 6-7 dargestellt. Zu diesen Berufen gehören:

- Masseure, Krankengymnasten und verwandte Berufe (852),
- Diätassistenten, Pharmazeutisch-technische Assistenten (855),
- Sprechstundenhelfer (856) sowie
- Medizinallaboranten (857).

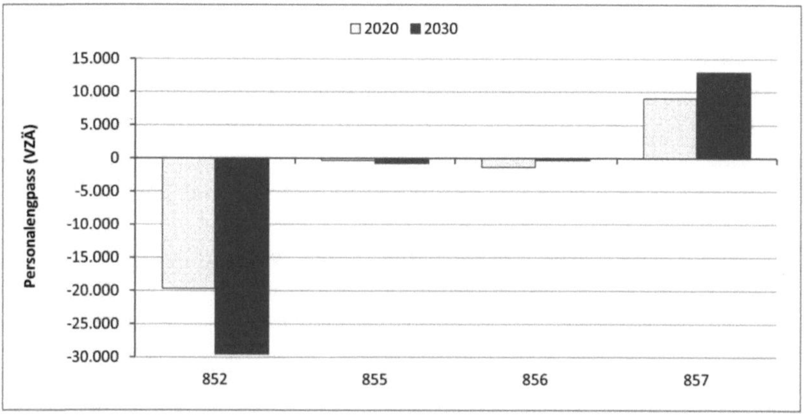

Quelle: Eigene Darstellung.

Abb. 6-7: Personalengpässe bei den sonstigen nichtärztlichen Berufen in Deutschland im Jahr 2020 und 2030

Die beschäftigungsstärkste Berufsordnung im Gesundheits- und Pflegewesen sind die Sprechstundenhelfer (856). Im Jahr 2020 könnte ein Angebot von rund 491.000 VZÄ erreicht werden. Damit stellt diese Berufsordnung einen Anteil von 26,6% des potenziellen Personalangebots im Jahr 2020. Die Berechnungsergebnisse zeigen für das gleiche Jahr einen möglichen Personalüberschuss von ca. 1.300 VZÄ. Bis zum Jahr 2030 könnte das Angebot um weiter 25.400 VZÄ bzw. 5,2% steigen. Ein möglicher Nachfrageanstieg von 5,4% im gleichen Zeitraum könnte dazu führen, dass Angebot und Nachfrage der Sprechstundenhelfer im Jahr 2030 im Gleichgewicht stehen.

Ebenfalls kein Personalengpass ist langfristig bei den Diätassistenten und Pharmazeutisch-technische Assistenten (855) zu erwarten. Im Jahr 2020 könnte ein Angebotspotenzial von rund 9.300 VZÄ zur Verfügung stehen. Mit einem

Anteil von 0,5% am gesamten Angebotspotenzial ist dies die kleinste nichtärztliche Berufsordnung. Bis zum Jahr 2030 könnte das Personalangebot mit voraussichtlich 10,3% stärker als die Personalnachfrage steigen, die nur um 5,3% zunimmt. Daraus resultiert ein möglicher Überschuss, der absolut mit knapp 800 VZÄ zwar gering ist, im Verhältnis zur Nachfrage allerdings 8,3% beträgt.

Entgegen der bisher darstellten Entwicklung der sonstigen nichtärztlichen Berufe könnten die Medizinallaboranten (857) in Zukunft auf einen Engpass zusteuern. Die Berechnungsergebnisse zeigen für das Jahr eine mögliche Nachfrage von rund 55.300 VZÄ. Dem steht ein Angebotspotenzial von 46.300 VZÄ gegenüber, woraus eine Lücke von rund 9.000 VZÄ entsteht. Da die Nachfrage bis zum Jahr 2030 voraussichtlich um weitere 4,3% steigt, das Angebot im gleichen Zeitraum dagegen um 2,6% fällt, könnte sich der Engpass auf rund 12.900 VZÄ steigern.

Mit einem möglichen Angebotspotenzial von rund 144.000 VZÄ im Jahr 2020 macht die Berufsordnung der Masseure, Krankengymnasten und verwandten Berufe etwa 7,8% des gesamten Angebotspotenzials im Jahr 2020 aus. Die mögliche Nachfrage liegt im gleichen Jahr allerdings nur bei etwa 124.000 VZÄ, so dass eine Überversorgung von etwa 19.700 VZÄ die Folge sein könnte. Bis zum Jahr 2030 könnte das Angebot unter den jetzigen Rahmenbedingungen um weitere 11,8% zunehmen. Da im gleichen Zeitraum die Nachfrage wahrscheinlich um lediglich 5,6% zunimmt, vergrößert sich die mögliche Überversorgung auf rund 29.500 VZÄ bzw. 22,5% im Jahr 2030.

Zusammenfassend kann festgehalten werden, dass Personalengpässe im Gesundheits- und Pflegewesen insbesondere bei den Ärzten und den Pflegekräften zu erwarten sind. Dagegen ist bei den Masseuren, Krankengymnasten und verwandte Berufen sowohl im Jahr 2020 als auch im Jahr 2030 unter den jetzigen Rahmenbedingungen mit einem Überschuss zu rechnen.

Die bisher dargestellten Ergebnisse wurden zum einen berufsübergreifend auf Ebene der Einrichtungen analysiert. Daraus lassen sich einrichtungsspezifische Engpässe identifizieren. Zum anderen wurde eine einrichtungsübergreifende Analyse auf Ebene der Berufe vorgestellt. Berufs- und einrichtungsspezifische Personalengpässe sind aber vor allem auch regionale Probleme. Aus diesem Grund wird im folgenden Kapitel die Berufs- und Einrichtungsperspektive mit der regionalen Perspektive kombiniert.

6.2 Regionale Betrachtung

Die Berechnungsergebnisse zeigen, dass die zukünftige Personalsituation im Gesundheits- und Pflegewesen zum Teil erhebliche regionale Unterschiede und Entwicklungen aufweist. Zudem wurde im Verlauf dieser Arbeit herausgestellt, dass zur Erklärung von Mismatches – also des Auseinanderklaffen von Personalangebot und -nachfrage – auch regionale Unterschiede herangezogen werden müssen. In Abb. 6-8 ist daher ein Vergleich der einzelnen Bundesländer[412] und Deutschland für die Jahre 2020 und 2030 dargestellt. Dabei werden auf der rechten Ordinate die Werte für Deutschland abgetragen, auf der linken die Werte für die Bundesländer. In dieser Darstellung wird die gesamte Nachfrage dargestellt, die sich aus der durch das Angebot gedeckten Nachfrage und den nicht gedeckten Engpässen zusammensetzt.

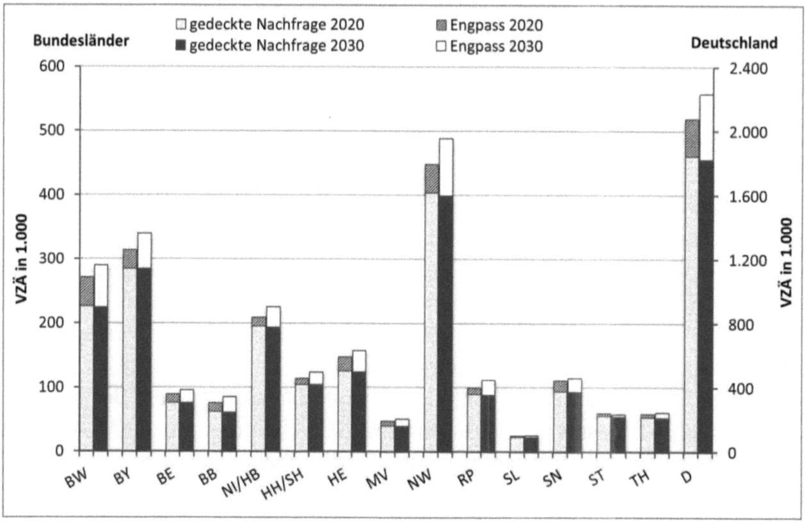

Quelle: Eigene Darstellung.

Abb. 6-8: Gesundheits- und Pflegewesen in den Bundesländern – Engpässe im Jahr 2020 und 2030

Die Flächenländer Nordrhein-Westfalen, Bayern und Baden-Württemberg haben in den beiden betrachteten Jahren (2020 und 2030) – bedingt durch ihre

412 In dieser Darstellung werden die beiden Stadtstaaten Hamburg und Bremen jeweils zusammen mit angrenzenden Bundesländern Schleswig-Holstein bzw. Niedersachsen ausgewertet. Damit werden insgesamt 14 Regionen bzw. Bundesländer unterschieden.

Größe und den Bevölkerungsanteil – den absolut größten Anteil der Beschäftigten im Gesundheits- und Pflegewesen. Es ist zu erwarten, dass in diesen Bundesländern die höchsten absoluten Personalengpässe auftreten könnten. Allein in diesen drei Bundesländern könnte der Personalengpass im Jahr 2020 mit ca. 117.000 Vollzeitäquivalenten rund die Hälfte des gesamtdeutschen Engpasses von 231.000 VZÄ in den Gesundheitsberufen ausmachen. Diese Personalengpässe könnten sich bis zum Jahr 2030 sowohl deutschlandweit als auch in jenen drei Bundesländern deutlich erhöhen. Die größten Veränderungen in den möglichen Personalengpässen werden in Nordrhein-Westfalen erwartet. Im Jahr 2030 könnten mit über 89.000 VZÄ rund 45.000 VZÄ mehr fehlen, als es im Jahr 2020 der Fall war. Dies entspricht dem höchsten absoluten Personalengpass der Bundesländer. Der zweithöchste absolute Personalengpass im Gesundheits- und Pflegewesen könnte in Baden-Württemberg auftreten. Im Jahr 2020 werden voraussichtlich rund 44.500 Vollzeitstellen nicht besetzt werden können. Bis zum Jahr 2030 könnte sich dieser Engpass auf knapp 66.000 erhöhen.

Neben den absoluten Mangelzahlen, die vor allem durch die Bevölkerungsgröße in den einzelnen Bundesländern bestimmt werden, ist die Entwicklung des relativen Mangels bezogen auf die Gesamtnachfrage von besonderem Interesse. Die Berechnungsergebnisse zeigen, dass insbesondere Brandenburg mit einem relativen Engpass von 17,5% im Jahr 2020 und rund 28,2% im Jahr 2030 mit gravierenden Personalengpässen im Gesundheits- und Pflegewesen zu kämpfen haben könnte. Dies stellt die höchste Zunahme des relativen Personalengpasses in allen Bundesländern dar. Der dritthöchste relative Personalengpass im Jahr 2030 wird in Mecklenburg-Vorpommern erwartet. Dann könnten 21,5% oder über 11.000 Vollzeitäquivalente mehr benötigt werden, als zur Verfügung stehen. Im Jahr 2020 könnte dieser Engpass mit ca. 7.300 VZÄ oder 15,2% nicht besetzbarer Stellen moderater ausfallen. Knapp dahinter rangiert Berlin mit einem relativen Engpass von 21,0% im Jahr 2030. Die drei Bundesländer Brandenburg, Mecklenburg-Vorpommern und Berlin übersteigen somit deutlich die relativen Mangelwerte für gesamt Deutschland von 18,4%.

Die beschriebene regionale Entwicklung der Personalengpässe im gesamten Gesundheits- und Pflegewesen lassen in dieser Form noch keine Rückschlüsse über berufs- oder einrichtungsspezifische Entwicklungen zu. Bei der regionalen Betrachtung ist dabei von besonderem Interesse, in welchen Einrichtungen zukünftig welche Berufe nachgefragt werden. Die Entwicklung der einrichtungsspezifischen Nachfrage ist der entscheidende Treiber für den berufsspezifischen Personalbedarf. Da die Neuzugänge gemäß des Berechnungsmodells anhand der im Jahr 2009 vorzufindenden einrichtungsspezifischen Berufsstruktur auf die Einrichtungen des Bundeslandes verteilt werden (vgl. Kapitel 5.1.3), können zukünftige Anpassungsprozesse auf den regionalen Arbeitsmärkten nicht modelliert werden. Bei der regionalen Analyse sollten daher mögliche einrichtungsspezifische Engpässe weniger in den Vordergrund gestellt werden. Auf diese Weise würden Mismatches suggeriert, die in dieser Form nicht auftreten werden. Es ist auf regionalen Arbeitsmärkten viel eher davon auszugehen, dass sich Personalangebot und -nachfrage zukünftig gegenseitig beeinflussen und das Personalangebot insbesondere von Einrichtungen mit einer hohen, möglicherweise nicht gedeckten Personalnachfrage absorbiert wird. Von einem Nebeneinander von Einrichtungen mit Personalengpässen und im Extremfall Personalüberschüssen, wie in Kapitel 6.1.1 für die Summe aller ambulanten und stationären Einrichtungen des Gesundheitswesens in Deutschland dargestellt, kann auf regionaler Ebene nicht ausgegangen werden. Es ist viel mehr davon auszugehen, dass bereits kleine Lohndifferenzen zwischen den Einrichtungen auf regionalen Arbeitsmärkten zu Anpassungsprozessen führen werden.

Aus diesem Grund wird im Folgenden die berufs- und einrichtungsspezifische Nachfrage in den Regionen Nordrhein-Westfalen, Baden-Württemberg, Mecklenburg-Vorpommern und Berlin-Brandenburg analysiert und dem gesamten in der jeweiligen Region zur Verfügung stehenden berufsspezifischen Angebot gegenüber gestellt. Dadurch können berufsspezifische Engpässe in den Regionen identifiziert werden, ohne dass durch den Fokus auf Einrichtungsebene Fehlinterpretationen entstehen.

6.2.1 Nordrhein-Westfalen

In Nordrhein- Westfalen sind die höchsten absoluten Personalengpässe im Gesundheits- und Pflegewesen zu erwarten. In Abbildung 6-9 wird die Entwicklung von Arbeitsangebot und -nachfrage im Gesundheits- und Pflegewesen in Nordrhein-Westfalen dargestellt.

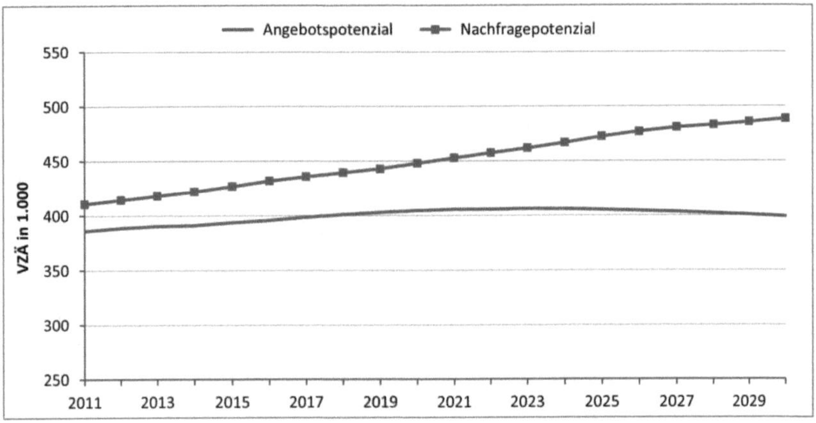

Quelle: Eigene Darstellung.

Abb. 6-9: Entwicklung von Personalangebot und -nachfrage im Gesundheits- und Pflegewesen in Nordrhein-Westfalen

Bereits zu Beginn des Betrachtungszeitraums im Jahr 2011 klaffen Arbeitsangebot und -nachfrage auseinander, so dass sich ein Mangel von rund 24.500 Vollzeitäquivalenten im Gesundheits- und Pflegewesen zeigen könnte. Dies entspricht einem Anteil unbesetzter Stellen von rund 6,0%. In den folgenden Jahren wird die Nachfrage nach Gesundheitspersonal weiter ansteigen, im Jahr 2030 könnten etwa 488.000 VZÄ benötigt werden, etwa 18,9% mehr als im Jahr 2011. Zwar steigt auch das Angebot bis etwa zum Jahr 2020 an, jedoch entwickeln sich Angebots- und Nachfrageseite danach voraussichtlich deutlich auseinander. Der Angebotsanstieg von nur rund 3,3% zwischen den Jahren 2011 und 2030 führt dazu, dass der Personalmangel auf über 89.000 VZÄ im Jahr 2030 ansteigen könnte. Damit wären etwa 18,3% der nachgefragten Stellen im Gesundheits- und Pflegewesen nicht zu besetzen.

Neben der globalen Betrachtung von Personalangebot und -nachfrage im Gesundheits- und Pflegewesen ist insbesondere die berufs- und einrichtungsspezifische Nachfrage von Interesse. In Tabelle 6-1 ist die Personalnachfrage nach

Berufen in den ambulanten und stationären Einrichtungen des Gesundheitswesens sowie des Pflegewesens im Jahr 2020 dargestellt. Darüber hinaus werden das Angebot sowie der mögliche absolute und relative Personalengpass dargestellt.

Tab. 6-1: Einrichtungs- und berufsspezifische Betrachtung in Nordrhein-Westfalen im Jahr 2020

	Nachfrage					Angebot	Engpass	
	Gesundheitswesen		Pflegewesen		Alle Einrichtungen			
	ambulant	stationär	ambulant	stationär				
8410/ 8411	15.426	26.786	-	-	42.212	35.717	6.495	*15,4%*
8412	2.364	4.344	-	-	6.708	6.988	-280	*-4,2%*
8413	787	267	-	-	1.054	943	111	*10,5%*
8414	1.052	192	-	-	1.244	1.081	163	*13,1%*
8415	1.939	212	-	-	2.151	2.733	-582	*-27,1%*
8416	764	876	-	-	1.640	1.734	-94	*-5,7%*
8418	1.772	1.948	-	-	3.720	3.676	44	*1,2%*
8419	2.342	4.120	-	-	6.462	5.993	469	*7,3%*
852	17.900	8.241	147	258	26.546	28.509	-1.963	*-7,4%*
853	6.469	95.094	18.261	15.455	135.279	108.603	26.676	*19,7%*
854	9.171	18.505	2.452	5.669	35.797	24.353	11.444	*32,0%*
855	1.015	891	-	-	1.906	2.237	-331	*-17,4%*
856	95.707	7.393	-	-	103.100	108.953	-5.853	*-5,7%*
857	3.488	8.365	-	-	11.853	9.900	1.953	*16,5%*
861	5.973	6.493	10.486	45.405	68.357	63.023	5.334	*7,8%*

8410/8411: Praktische Ärzte, Ärzte, o.n.A., Allgemein-(fach)-,Kinderärzte, Internisten; 8412: Chirurgen, Orthopäden; 8413: Hals-, Nasen- und Ohrenärzte; 8414: Augenärzte; 8415: Frauenärzte; 8416: Radiologen; 8418: Neurologen, Psychiater, Psychotherapeuten (Ärzte); 8419: andere Fachärzte; 852: Masseure, Krankengymnasten und verwandte Berufe; 853: Krankenschwestern, -pfleger, Hebammen; 854: Helfer in der Krankenpflege; 855: Diätassistenten, Pharmazeutisch-technische Assistenten; 856: Sprechstundenhelfer; 857: Medizinallaboranten; 861: Altenpfleger

Quelle: Eigene Darstellung.

Die höchste Personalnachfrage in den ärztlichen Berufen entsteht in den Facharztrichtungen 8410/8411. Im Jahr 2020 machen sie 64,8% der gesamten Nachfrage nach Ärzten aus. Von dieser Nachfrage könnten rund 36,5% auf die ambulanten und 63,5% auf die stationären Einrichtungen des Gesundheitswesens fallen. Insgesamt könnte dieser Nachfrage ein Angebot von 35.700 VZÄ gegenüber stehen, das seit dem Jahr 2011 einen Anstieg von rund 6,2% erfahren hat. Daraus resultiert ein möglicher Engpass von 6.500 VZÄ bzw. 15,4% der Nachfrage in Nordrhein-Westfalen. Dies könnte sowohl absolut als auch relativ der höchste Engpass in den ärztlichen Berufen bedeuten.

Die zweithöchste Personalnachfrage könnten im Jahr 2020 die Chirurgen und Orthopäden (8412) verzeichnen, die rund 6.700 VZÄ bzw. 10,3% der gesamten Nachfrage nach ärztlichen Berufen verzeichnen könnte. Damit wäre die Nachfrage seit 2011 um 6,3% gestiegen. Von der Nachfrage entfallen 63,5% auf die stationären Einrichtungen des Gesundheitswesens. Die Berechnungen zeigen für das Jahr 2020 jedoch ein Angebot von knapp 7.000 VZÄ, so dass sich eine Überversorgung von knapp 300 VZÄ bzw. 4,2% einstellen könnte. Ein ebenfalls hoher relativer Personalmangel im Jahr 2020 könnte bei den Augenärzten zu erwarten sein. In jenem Jahr könnten 13,1% der benötigten Stellen nicht besetzt werden.

Ferner zeigen die Berechnungsergebnisse eine deutliche Überversorgung mit Frauenärzten. Der Nachfrage von knapp 2.200 VZÄ, die zu einem Großteil aus den ambulanten Einrichtungen des Gesundheitswesens kommt, steht ein Angebot von rund 2.700 VZÄ gegenüber. Damit wäre eine rechnerische Überversorgung von 27,1% erreicht. Weitere Facharztgruppen mit einer möglichen Überversorgung in Nordrhein-Westfalen sind die Chirurgen und Orthopäden mit 4,2% sowie die Radiologen mit 5,7%.

Unter den nichtärztlichen Berufen hat die Gruppe der Krankenschwestern, -pfleger, Hebammen (853) mit rund 135.000 VZÄ voraussichtlich die höchste Personalnachfrage. Diese Nachfrage kommt mit 70,3% maßgeblich aus den stationären Einrichtungen des Gesundheitswesens, gefolgt von den ambulanten Pflegeeinrichtungen mit 13,5%, den stationären Pflegeeinrichtungen mit 11,4% und dem ambulanten Gesundheitswesen mit 4,8%. Dieser Nachfrage steht im Bundesland voraussichtlich ein Angebot von 109.000 VZÄ gegenüber, so dass ein Engpass von 26.700 VZÄ bzw. 19,7% entstehen könnte.

Ein noch höherer relativer Personalengpass könnte bei der Gruppe der Krankenpflegehelfer (854) entstehen. Mit einer Lücke von rund 11.400 VZÄ könnten dann 32,0% der 35.800 nachgefragten Stellen nicht besetzt werden. Diese Nachfrage entsteht zu 51,7% in den stationären Einrichtungen des Gesundheitswesens. Eine ebenfalls stark nachgefragte Berufsordnung stellen die Altenpfleger und Altenpflegehilfskräfte (861) dar. Im Jahr 2020 könnten rund 68.400 VZÄ nachgefragt werden, die mit 66,4% maßgeblich aus den stationären Einrichtungen des Pflegewesens kommen.

Die zweithöchste Personalnachfrage im Jahr 2020 könnte auf die Sprechstundenhelfer entfallen. Etwa 92,8% der Nachfrage über rund 103.000 VZÄ entfallen auf die ambulanten Einrichtungen des Gesundheitswesens. Mit einem möglichen Angebot von 109.000 könnte in der Region allerdings eine Überversorgung mit dieser Berufsordnung von rund 5,7% entstehen. Weitere Überversorgungen sind bei der Gruppe der Masseure und Krankengymnasten (852) mit 7,4% sowie den Diätassistenten und Pharmazeutisch-technischen Assistenten (855) mit 17,4% zu erwarten.

Wie eingangs dargestellt, wird die Personalnachfrage bis zum Jahr 2030 weiter steigen, während das Angebot nahezu konstant bleibt. Die Auswirkungen auf die berufs- und einrichtungsspezifische Personalnachfrage sind in Tab. 6-2 dargestellt.

Tab. 6-2: Einrichtungs- und berufsspezifische Betrachtung in Nordrhein-Westfalen im Jahr 2030

	Nachfrage					Angebot	Engpass	
	Gesundheitswesen		Pflegewesen		Alle Einrichtungen			
	ambulant	stationär	ambulant	stationär				
8410/ 8411	16.422	29.171	-	-	45.593	34.432	11.161	*24,5%*
8412	2.488	4.600	-	-	7.088	5.869	1.219	*17,2%*
8413	816	288	-	-	1.104	710	394	*35,7%*
8414	1.105	208	-	-	1.313	793	520	*39,6%*
8415	1.991	201	-	-	2.192	2.150	42	*1,9%*
8416	808	927	-	-	1.735	1.342	393	*22,7%*
8418	1.936	1.909	-	-	3.845	2.965	880	*22,9%*
8419	2.457	4.418	-	-	6.875	4.520	2.355	*34,3%*
852	19.065	8.803	173	307	28.348	33.359	-5.011	*-17,7%*
853	6.890	100.463	21.384	18.426	147.163	98.865	48.298	*32,8%*
854	9.767	19.787	2.872	6.758	39.184	22.998	16.186	*41,3%*
855	1.081	947	-	-	2.028	2.411	-383	*-18,9%*
856	101.936	7.818	-	-	109.754	114.228	-4.474	*-4,1%*
857	3.715	8.837	-	-	12.552	9.750	2.802	*22,3%*
861	6.361	6.884	12.279	54.134	79.658	64.692	14.966	*18,8%*

8410/8411: Praktische Ärzte, Ärzte, o.n.A., Allgemein-(fach)-,Kinderärzte, Internisten; 8412: Chirurgen, Orthopäden; 8413: Hals-, Nasen- und Ohrenärzte; 8414: Augenärzte; 8415: Frauenärzte; 8416: Radiologen; 8418: Neurologen, Psychiater, Psychotherapeuten (Ärzte); 8419: andere Fachärzte; 852: Masseure, Krankengymnasten und verwandte Berufe; 853: Krankenschwestern, -pfleger, Hebammen; 854: Helfer in der Krankenpflege; 855: Diätassistenten, Pharmazeutisch-technische Assistenten; 856: Sprechstundenhelfer; 857: Medizinallaboranten; 861: Altenpfleger

Quelle: Eigene Darstellung.

Auch im Jahr 2030 wird die höchste Personalnachfrage bei den ärztlichen Berufen in der Facharztrichtung 8410/8411 entstehen. Während die Nachfrage von 2020 bis 2030 um rund 8,0% steigen könnte, geht das Angebot im gleichen Zeitraum um etwa 3,6% zurück. Die Nachfrage steigt in den stationären Einrichtungen voraussichtlich stärker mit 8,9%, während in den ambulanten Einrichtungen mit einem Anstieg von 6,5% zu rechnen ist. Aus dieser Entwicklung resultiert für das Jahr 2030 ein Personalengpass von 11.200 VZÄ bzw. 24,5%.

Unverändert an zweiter Stelle des Nachfragerankings rangieren auch im Jahr 2030 die Chirurgen und Orthopäden. Die Nachfrage steigt zwischen den Jahren 2020 und 2030 etwas moderater als bei den Allgemeinmediziner. Es könnte ein Wachstum der Nachfrage von 5,7% eintreten, die Steigerung kommt ungefähr zu gleichen Teilen aus ambulanten und stationären Einrichtungen des Gesundheitswesens. In dieser Zeitspanne ist allerdings ein Angebotsrückgang von 16% möglich, so dass sich der Personalüberschuss aus dem Jahr 2020 in einen Personalengpass im Jahr 2030 umkehren könnte. Dann könnten rund 1.200 VZÄ in dieser Facharztrichtung mehr benötigt werden, als zur Verfügung stehen. Damit könnte sich ein relativer Personalmangel von 17,2% einstellen.

Die zuvor skizzierte Überversorgung mit Frauenärzten könnte sich bis zum Jahr 2020 abbauen und zu nahezu einem Ausgleich von Angebot und Nachfrage führen. Diese Entwicklung ist vor allem auf das sinkende Personalangebot zurückzuführen, das zwischen den Jahren 2020 und 2030 um rund 21,3% zurückgeht. Auch bei den Radiologen könnte die Überversorgung aus dem Jahr 2020 verschwinden und einem Personalengpass von 22,7% oder knapp 400 VZÄ weichen. Verantwortlich dafür ist neben einem möglichen Nachfrageanstieg von 5,8% ein deutlicher Angebotsrückgang von 22,6%.

Den Berechnungsergebnissen zufolge, könnte der höchste relative Personalengpass unter den ärztlichen Berufen im Jahr 2020 bei den Augenärzten erwartet werden. Die Personallücke könnte sich auf über 500 VZÄ bzw. 39,6% der Nachfrage belaufen. Hier zeigen die Berechnungsergebnisse mit 26,6% den größten Personalrückgang aller ärztlichen Berufe.

Bei den nichtärztlichen Berufen hat auch im Jahr 2030 die Gruppe Krankenschwestern die höchste Personalnachfrage, die zwischen den Jahren 2020 und 2030 um rund 12.000 VZÄ bzw. 8,8% auf über 147.000 VZÄ ansteigen könnte. Neben der absolut hohen Nachfrage in den stationären Einrichtungen des Gesundheitswesens sind für diesen Anstieg vor allem die ambulanten und stationären Pflegeeinrichtungen verantwortlich, die im Jahr 2030 17,1% bzw. 19,3 mehr VZÄ der BKZ 853 nachfragen, als im Jahr 2020. Bei einem zu erwartenden Personalrückgang von rund 9,0% im gleichen Zeitraum könnte sich der Personalengpass in dieser Berufsordnung im Jahr 2030 auf 48.300 VZÄ bzw. 32,8%

vergrößern. Damit bliebe etwa jede dritte benötigte Stelle im Gesundheits- und Pflegewesen in Nordrhein-Westfalen unbesetzt.

Auch der relativ hohe Personalengpass bei der Gruppe der Krankenpflegehelfer (854) wird sich unter den dargestellten Rahmenbedingungen bis zum Jahr 2030 wahrscheinlich deutlich erhöhen. Im Jahr 2030 könnten rund 16.200 VZÄ fehlen, was einem relativen Engpass im Bezug nur Nachfrage von 41,3% entspräche. Diese Entwicklung ist insbesondere einem Nachfrageanstieg von 9,5% zuzuschreiben. Der Angebotsrückgang ist mit 5,6% im Vergleich zur BKZ 853 moderat.

Einen absolut hohen Personalengpass im Jahr 2030 könnten auch die Altenpfleger haben, der rund 15.000 VZÄ bzw. 18,8% der Nachfrage betragen könnte. Damit würde sich der Personalengpass im Vergleich zum Jahr 2020 nahezu verdreifachen. Ursächlich für diese Entwicklung ist der höchste Nachfrageanstieg aller nichtärztlichen Berufe von 16,5% im Vergleich zum Jahr 2020. Im gleichen Zeitraum steigt das Angebot wahrscheinlich um nur 2,6%. Hauptnachfragetreiber sind hier ebenfalls die ambulanten und stationären Einrichtungen des Pflegewesens.

Entgegen den ärztlichen Berufen, können die nichtärztlichen Berufe mit einem Personalüberschuss im Jahr 2020, diesen auch bis zum Jahr 2030 nicht gänzlich abbauen. So ist bei den Sprechstundenhelfern auch im Jahr 2030 eine Überversorgung zu erwarten, die mit rund 4.500 VZÄ zwar kleiner ausfällt, aber immer noch 4,1% der Nachfrage beträgt. Hier zeigen die Berechnungsergebnisse auch zwischen 2020 und 2030 einen Anstieg des Angebotspotenzials um 4,8%. Weiter zunehmen könnte die Überversorgungen dagegen bei den Masseuren und Krankengymnasten (852) und den Diätassistenten und Pharmazeutisch-technischen Assistenten (855). Während das Angebotswachstum bei der BKZ 855 mit 7,8% nur leicht das Nachfragewachstum übersteigt, nimmt das Personalangebot der BKZ 852 wahrscheinlich um 17,0% zu. Im gleichen Zeitraum steigt die Nachfrage aber lediglich um 6,8%.

6.2.2 Baden-Württemberg

Die Berechnungsergebnisse zeigen für Baden-Württemberg nicht nur die zweithöchsten absoluten Personalengpässe im Jahr 2030, sondern auch die zweithöchsten relativen Engpässe. Zunächst ist in Abb. 6-10 die Entwicklung von Arbeitsangebot und -nachfrage im Gesundheits- und Pflegewesen in Baden-Württemberg dargestellt.

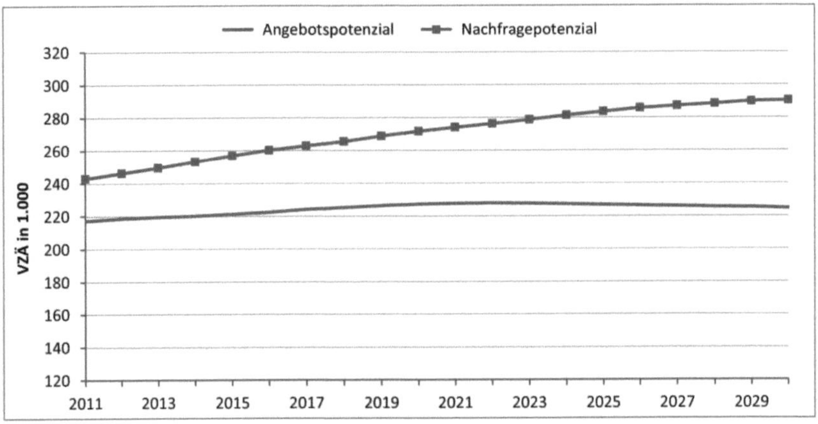

Quelle: Eigene Darstellung.

Abb. 6-10: Entwicklung von Personalangebot und -nachfrage im Gesundheits- und Pflegewesen in Baden-Württemberg

Die Personalnachfrage liegt im gesamten Betrachtungszeitraum über dem Personalangebot. Im Jahr 2011 war bereits ein rechnerischer Personalmangel von rund 25.700 VZÄ vorhanden. Dies entspricht einem relativen Personalmangel von rund 10,6%. Bis zum Jahr 2030 kann unter den Rahmenbedingungen des Berechnungsmodells mit einem Nachfrageanstieg von 19,5% auf über 290.000 VZÄ gerechnet werden. Bei einem Anstieg des Angebotspotenzials von voraussichtlich 3,4% im gleichen Zeitraum, würde sich der Personalengpass bis zum Jahr 2030 auf knapp 66.000 VZÄ erhöhen. Dann könnten rund 22,6% der nachgefragten Stellen im Gesundheits- und Pflegewesen unbesetzt bleiben.

In Tab. 6-3 ist die berufsspezifische Personalnachfrage in den ambulanten und stationären Einrichtungen des Gesundheits- und Pflegewesens im Jahr 2020 dem Angebotspotenzial in jenem Jahr gegenübergestellt.

Tab. 6-3: Einrichtungs- und berufsspezifische Betrachtung in Baden-Württemberg im Jahr 2020

	Nachfrage					Angebot	Engpass	
	Gesundheitswesen		Pflegewesen		Alle Einrichtungen			
	ambulant	stationär	ambulant	stationär				
8410/ 8411	9.204	15.878	-	-	25.082	21.055	4.027	*16,1%*
8412	1.403	2.581	-	-	3.984	3.649	335	*8,4%*
8413	472	159	-	-	631	489	142	*22,5%*
8414	629	113	-	-	742	590	152	*20,5%*
8415	1.156	126	-	-	1.282	1.426	-144	*-11,2%*
8416	454	520	-	-	974	882	92	*9,4%*
8418	1.057	1.169	-	-	2.226	2.080	146	*6,6%*
8419	1.399	2.449	-	-	3.848	3.219	629	*16,3%*
852	11.210	4.907	12	104	16.233	17.629	-1.396	*-8,6%*
853	4.244	56.494	12.473	8.545	81.756	58.969	22.787	*27,9%*
854	5.469	11.025	819	2.067	19.380	12.658	6.722	*34,7%*
855	666	531	-	-	1.197	1.203	-6	*-0,5%*
856	59.934	4.393	-	-	64.327	64.098	229	*0,4%*
857	2.288	4.969	-	-	7.257	5.417	1.840	*25,4%*
861	3.562	3.860	7.588	27.743	42.753	33.816	8.937	*20,9%*

8410/8411: Praktische Ärzte, Ärzte, o.n.A., Allgemein-(fach)-,Kinderärzte, Internisten; 8412: Chirurgen, Orthopäden; 8413: Hals-, Nasen- und Ohrenärzte; 8414: Augenärzte; 8415: Frauenärzte; 8416: Radiologen; 8418: Neurologen, Psychiater, Psychotherapeuten (Ärzte); 8419: andere Fachärzte; 852: Masseure, Krankengymnasten und verwandte Berufe; 853: Krankenschwestern, -pfleger, Hebammen; 854: Helfer in der Krankenpflege; 855: Diätassistenten, Pharmazeutisch-technische Assistenten; 856: Sprechstundenhelfer; 857: Medizinallaboranten; 861: Altenpfleger

Quelle: Eigene Darstellung.

Die Allgemeinmediziner (BKZ 8410/8411) stellen mit rund 25.100 VZÄ die größte Personalnachfrage der ärztlichen Berufe. Die Nachfrage stammt zu gut einem Drittel aus den ambulanten und zwei Drittel aus den stationären Einrichtungen des Gesundheitswesens. Das im Jahr 2020 voraussichtlich zur Verfügung stehende Angebotspotenzial in dieser Berufsklassifizierung beträgt knapp 21.100 VZÄ. Damit übersteigt die Personalnachfrage das -angebot um rund 4.000 VZÄ, was einen Engpass von 16,1% bedeuten könnte.

Auch in Baden-Württemberg entsteht die zweithöchste Personalnachfrage im Jahr 2020 voraussichtlich bei den Chirurgen und Orthopäden (8412). 35,2% der Nachfrage von knapp 4.000 VZÄ entfallen auf die ambulanten Einrichtungen des Gesundheitswesens, 64,8% auf die stationären Einrichtungen. Den Ergebnissen zufolge könnte dieser Nachfrage im Jahr 2020 jedoch nur ein Angebot von gut 3.600 VZÄ gegenüberstehen. Daraus resultiert ein möglicher Personalmangel von 8,4% der Nachfrage.

Mit einer möglichen Nachfrage von gut 3.800 VZÄ ist die Gruppe der anderen Fachärzte (8419) die drittstärkste ärztliche Berufsklasse. Seit dem Jahr 2011 ist das Angebotspotenzial um 8,2% gesunken. Im gleichen Zeitraum könnte die Nachfrage um 6,7% steigen. Aus dieser Entwicklung resultiert für das Jahr 2020 ein möglicher Personalengpass von gut 600 VZÄ bzw. 16,3% der Nachfrage. Hohe relative Personalengpässe sind zudem bei den HNO-Ärzten (8413) und den Augenärzten (8414) zu erwarten. Im Jahr 2020 könnte der Engpass 22,5% bzw. 20,5% betragen.

Wie in der Analyse für Nordrhein-Westfalen weisen die Berechnungsergebnisse auch in Baden-Württemberg auf eine Überversorgung mit Frauenärzten (8415) hin, sie fällt mit rund 140 VZÄ bzw. 11,2% aber wesentlich moderater aus. Weitere Überversorgungen sind nicht zu erwarten. Generell zeigen die Berechnungsergebnisse eine im Vergleich zu Nordrhein-Westfalen ausgeprägtere Engpasssituation in den ärztlichen Berufen. Insgesamt beläuft sich der relative Personalengpass der Ärzte auf 13,9%.

Die mit deutlichem Abstand höchste Personalnachfrage bei den nichtärztlichen Berufen ist mit rund 82.000 VZÄ bei den Krankenschwestern und -pflegern (853) zu verzeichnen, die zu 69,1% maßgeblich aus den stationären Einrichtungen des Gesundheitswesens entstammt. Die Nachfrage könnte seit dem Jahr 2011 um 13,9% gestiegen sein. Im gleichen Zeitraum sinkt das Angebotspotenzial dieser Berufsklassifizierung voraussichtlich um 1,6%. Damit steht der Nachfrage im Jahr 2020 ein Angebot von rund 59.000 VZÄ gegenüber, so dass ein Engpass von 22.800 VZÄ bzw. 27,9% entstehen könnte.

Bezüglich des relativen Engpasses liegt die Gruppe der Krankenpflegehelfer (854) auch in dieser Region über der BKZ 853. Hier könnte das Angebotspotenzial zwischen den Jahren 2011 und 2020 um rund 1,7% sinken, während die Nachfrage im gleichen Zeitraum 9,2% steigen könnte. Daraus könnte im Jahr 2020 eine Lücke von rund 6.700 VZÄ bzw. 34,7% der Nachfrage resultieren.

Die nichtärztliche Berufsordnung mit dem zweithöchste absoluten Personalengpass im Jahr 2020 sind die Altenpfleger und Altenpflegehilfskräfte (861). Im Jahr 2020 könnte ein Engpass von rund 8.900 VZÄ bzw. 20,9% entstehen. Mit einem relativen Engpass von 25,4% fehlen darüber hinaus rund 1.800 Vollzeitäquivalente in der Berufsordnung der Medizinallaboranten. Dagegen kann für die Gruppe der Sprechstundenhelfer von einem ausgeglichen Arbeitsmarkt im Jahr 2020 ausgegangen werden, hier beträgt der relative Personalengpass voraussichtlich lediglich 0,4%. Gleiches kann für die Gruppe der Diätassistenten und Pharmazeutisch-technischen Assistenten konstatiert werden.

Auch in Baden-Württemberg könnte es nichtärztliche Berufsordnungen geben, deren Angebot über der tatsächlichen Nachfrage liegt. Mit einem möglichen Angebot von 17.600 VZÄ könnte dies für die Masseure und Krankengymnasten (852) zutreffen, deren Nachfrage im Jahr 2020 bei voraussichtlich bei 16.200 VZÄ liegt. Damit würde sich ein Angebotsüberhang von 8,6% einstellen.

In Tab. 6-4 ist die einrichtungs- und berufsspezifische Nachfrage im Jahr 2030, sowie der sich daraus ergebende Personalengpass dargestellt.

Tab. 6-4: Einrichtungs- und berufsspezifische Betrachtung in Baden-Württemberg im Jahr 2030

	Nachfrage					Angebot	Engpass	
	Gesundheitswesen		Pflegewesen		Alle Einrichtungen			
	ambulant	stationär	ambulant	stationär				
8410/ 8411	9.662	17.056	-	-	26.718	20.041	6.677	*25,0%*
8412	1.464	2.706	-	-	4.170	3.169	1.001	*24,0%*
8413	483	169	-	-	652	378	274	*42,0%*
8414	652	122	-	-	774	453	321	*41,5%*
8415	1.178	119	-	-	1.297	1.165	132	*10,2%*
8416	476	545	-	-	1.021	712	309	*30,3%*
8418	1.126	1.143	-	-	2.269	1.635	634	*27,9%*
8419	1.454	2.600	-	-	4.054	2.458	1.596	*39,4%*
852	11.768	5.171	14	119	17.072	19.809	-2.737	*-16,0%*
853	4.456	59.093	14.064	9.739	87.352	54.275	33.077	*37,9%*
854	5.742	11.627	924	2.356	20.649	12.212	8.437	*40,9%*
855	700	556	-	-	1.256	1.300	-44	*-3,5%*
856	62.925	4.598	-	-	67.523	66.390	1.133	*1,7%*
857	2.402	5.198	-	-	7.600	5.351	2.249	*29,6%*
861	3.740	4.048	8.556	31.621	47.965	35.299	12.666	*26,4%*

8410/8411: Praktische Ärzte, Ärzte, o.n.A., Allgemein-(fach)-,Kinderärzte, Internisten; 8412: Chirurgen, Orthopäden; 8413: Hals-, Nasen- und Ohrenärzte; 8414: Augenärzte; 8415: Frauenärzte; 8416: Radiologen; 8418: Neurologen, Psychiater, Psychotherapeuten (Ärzte); 8419: andere Fachärzte; 852: Masseure, Krankengymnasten und verwandte Berufe; 853: Krankenschwestern, -pfleger, Hebammen; 854: Helfer in der Krankenpflege; 855: Diätassistenten, Pharmazeutisch-technische Assistenten; 856: Sprechstundenhelfer; 857: Medizinallaboranten; 861: Altenpfleger

Quelle: Eigene Darstellung.

Der Personalengpass der Facharztrichtung 8410/8411 vergrößert sich um rund 1.700 auf 6.700 VZÄ bzw. 25,0% der Nachfrage. Ursächlich hierfür ist sowohl eine Nachfrageanstieg um 6,5% als auch ein Angebotsrückgang um 4,8% zwischen den Jahren 2020 und 2030. Besonders hohe relative Personalengpässe sind im Jahr 2030 bei den HNO-Ärzten (8413) und den Augenärzten (8414) zu erwarten. Hier könnten in beiden Fällen rund 42% der nachgefragten Stellen nicht besetzt werden. In beiden Arztgruppen ist das schrumpfende Angebot für den Anstieg des Engpasses verantwortlich. In der BKZ 8413 sinkt es zwischen den Jahren 2020 und 2030 wahrscheinlich um 22,7%, in der BKZ 8414 sind es 23,2%.

Der stärkste Angebotsrückgang im Zeitraum von 2020 bis 2030 wird bei den ärztlichen Berufen wahrscheinlich in der Gruppe der andere Fachärzte zu erwarten sein, in der alle sonstigen, nicht in einer der anderen Gruppen klassifizierten Facharztrichtungen zusammengefasst sind. Die Berechnungsergebnisse zeigen in diesem Zeitraum einen Rückgang des Angebotspotenzials um 23,6%. Gleichzeitig könnte die Nachfrage um 5,4% steigen. Daraus resultiert ein möglicher Personalengpass von 1.600 VZÄ im Jahr 2030 in Baden-Württemberg. Dies entspricht einem relativen Engpass von 39,4%.

Die im Jahr 2020 möglicherweise anzutreffende Überversorgung unter den Frauenärzten mit 11,2% könnte sich bis zum Jahr 2030 in einen relativen Personalengpass von etwa gleicher Höhe umschlagen. Ursächlich hier könnte insbesondere das um 18,3% schrumpfende Angebotspotenzial sein, während die Nachfrage nahezu konstant bleibt.

Unter den nichtärztlichen Berufen verzeichnen die Altenpfleger zwischen den Jahren 2020 und 2030 den höchsten Nachfrageanstieg. In jenem Zeitraum wächst die Personalnachfrage um voraussichtlich 12,2% auf rund 48.000 VZÄ an. Da das Angebotspotenzial im gleichen Zeitraum nur um 4,4% steigen könnte, wird sich die Personallücke im Vergleich zum Jahr 2020 weiter vergrößern. Im Jahr 2030 könnte diese Lücke 12.700 VZÄ betragen. Allerdings würde sich die Personallücke damit „nur“ um 41,7% erhöhen, in Nordrhein-Westfalen könnte eine Verdreifachung des Engpasses auftreten. Der überdurchschnittlich hohe Anstieg in der Personalnachfrage nach dieser Berufsordnung kommt auch in Baden-Württemberg aus den ambulanten und stationären Einrichtungen des Pflegewesens.

Die absolut höchste Personalnachfrage der nichtärztlichen Berufe im Jahr 2030 hat allerdings nach wie vor die Berufsordnung der Krankenschwestern und -pfleger. Sie könnte im Jahr 2030 voraussichtlich rund 87.400 VZÄ betragen und wäre damit um weitere 6,8% gestiegen. Für diesen Nachfrageanstieg verantwortlich sind zum einen die stationären Einrichtungen des Gesundheitswesens, die eine hohe absolute Nachfrage zeigen, aber vor allem auch die ambulanten und stationären Pflegeeinrichtungen, die zwischen den Jahren 2020 und 2030 12,6% bzw. 14,0% zusätzliche Vollzeitäquivalente nachfragen könnten. Der sich abzeichnende Personalengpass im Jahr 2030 könnte dann rund 33.100 VZÄ bzw. 37,9% der Nachfrage betragen.

Ein nahezu ausgeglichenes Verhältnis von Personalangebot und -nachfrage zeigen die Berechnungsergebnisse für die Berufsordnungen der Diätassistenten und Pharmazeutisch-technischen Assistenten (855) sowie der Sprechstundenhelfer (856). Dagegen könnte die Überversorgung der Masseure, Krankengymnasten und verwandten Berufe (852) bis zum Jahr 2030 weiter auf 16,0% der Nachfrage zunehmen.

6.2.3 Mecklenburg-Vorpommern

Mecklenburg-Vorpommern gehört zu den Bundesländern mit dem geringsten Beschäftigungsumfang im Gesundheits- und Pflegewesen. Im Jahr 2011 waren dort rund 39.100 VZÄ in den relevanten Einrichtungen und Berufen beschäftigt. Lediglich die beiden Stadtstaaten Hamburg und Bremen sowie das Saarland haben eine geringere Beschäftigung. In Abb. 6-11 ist die Entwicklung von Personalangebot und -nachfrage dargestellt.

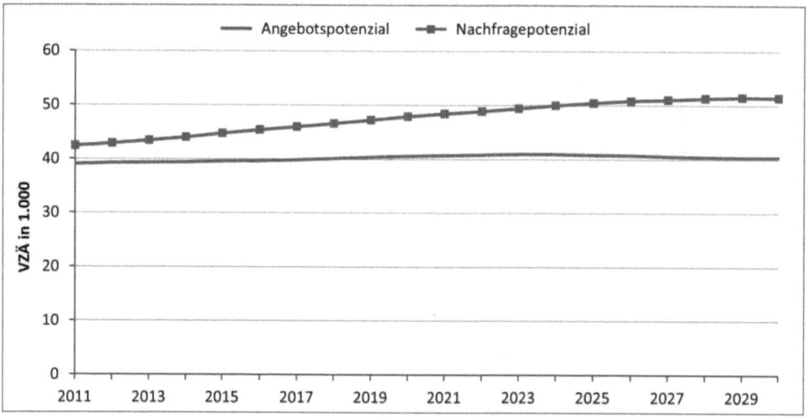

Quelle: Eigene Darstellung.

Abb. 6-11: Entwicklung von Personalangebot und -nachfrage im Gesundheits- und Pflegewesen in Mecklenburg-Vorpommern

Die Personalnachfrage lag im Jahr 2011 mit 42.500 Vollzeitäquivalenten rund 3.400 VZÄ über dem Angebotspotenzial. Folglich könnten bereits in jenem

Jahr ein Engpass von ca. 7,9% bzw. 9,3% entstanden sein. Im Zeitraum bis zum Jahr 2030 könnte das Personalangebot zwar um 3,3% zunehmen, die mögliche Nachfragesteigerung um 21,2% führt jedoch dazu, dass sich der Personalengpass im Gesundheits- und Pflegewesen in Mecklenburg-Vorpommern im Jahr 2030 auf rund 11.100 VZÄ vergrößern könnte. Bei einer Personalnachfrage von ca. 51.500 VZÄ wären damit 21,5% der nachgefragten Vollzeitstellen unbesetzt.

Für die detaillierte berufs- und einrichtungsspezifische Nachfrageanalyse in den Jahren 2020 und 2030 sei auf Tab. 6-5 und Tabelle 6-6 verwiesen.

Tab. 6-5: Einrichtungs- und berufsspezifische Betrachtung in Mecklenburg-Vorpommern im Jahr 2020

	Nachfrage					Angebot	Engpass	
	Gesundheitswesen		Pflegewesen		Alle Einrichtungen			
	ambulant	stationär	ambulant	stationär				
8410/ 8411	1.428	2.589	-	-	4.017	3.463	554	*13,8%*
8412	233	428	-	-	661	685	-24	*-3,6%*
8413	73	26	-	-	99	124	-25	*-25,3%*
8414	97	20	-	-	117	129	-12	*-10,3%*
8415	177	15	-	-	192	289	-97	*-50,5%*
8416	76	86	-	-	162	148	14	*8,6%*
8418	172	173	-	-	345	316	29	*8,4%*
8419	225	417	-	-	642	539	103	*16,0%*
852	1.906	806	3	26	2.741	3.309	-568	*-20,7%*
853	1.878	9.275	2.072	2.027	15.252	11.705	3.547	*23,3%*
854	977	1.803	311	656	3.747	2.599	1.148	*30,6%*
855	108	87	-	-	195	206	-11	*-5,6%*
856	10.195	721	-	-	10.916	9.485	1.431	*13,1%*
857	372	816	-	-	1.188	1.118	70	*5,9%*
861	1.734	634	1.720	3.495	7.583	6.471	1.112	*14,7%*

8410/8411: Praktische Ärzte, Ärzte, o.n.A., Allgemein-(fach)-,Kinderärzte, Internisten; 8412: Chirurgen, Orthopäden; 8413: Hals-, Nasen- und Ohrenärzte; 8414: Augenärzte; 8415: Frauenärzte; 8416: Radiologen; 8418: Neurologen, Psychiater, Psychotherapeuten (Ärzte); 8419: andere Fachärzte; 852: Masseure, Krankengymnasten und verwandte Berufe; 853: Krankenschwestern, -pfleger, Hebammen; 854: Helfer in der Krankenpflege; 855: Diätassistenten, Pharmazeutisch-technische Assistenten; 856: Sprechstundenhelfer; 857: Medizinallaboranten; 861: Altenpfleger

Quelle: Eigene Darstellung.

Analog zu den bereits analysierten Bundesländern Nordrhein-Westfalen und Baden-Württemberg zeigen sich auch in Mecklenburg-Vorpommern ähnliche Trends bezüglich des Beschäftigungsumfangs und der möglichen Engpasssituation in den einzelnen Berufen. Allerdings ist der relative Personalengpass der Facharztrichtungen 8410/8411 mit 13,8% im Jahr 2020 der niedrigste der drei Bundesländer. Es könnten rund 550 der 4.000 nachgefragten VZÄ in dieser Berufsklasse fehlen. Der höchste relative Personalengpass der ärztlichen Berufsklassen wird in Mecklenburg-Vorpommern in der Gruppe der „anderen Fachärzte“ (8419) erwartet. Dort könnte die Nachfrage rund 100 VZÄ über dem Angebot liegen, was zu einem relativen Engpass von 16% führt.

Dagegen zeigen die Berechnungsergebnisse bei einigen Facharztgruppen eine mögliche Überversorgung. Dies trifft insbesondere die Frauenärzte (50,5%), die HNO-Ärzte (25,3%) und die Augenärzte (10,3%). Auch die Chirurgen und Orthopäden (8412) könnten im Jahr 2020 eine Überversorgung erreichen, mit nur 3,6% Angebotsüberhang ist das Verhältnis von Personalangebot und -nachfrage aber nahezu ausgeglichen.

Auch bei den nichtärztlichen Berufen zeigt sich das aus den anderen Bundesländern bekannte Bild. Die BKZ 853 wird voraussichtlich mit 15.300 VZÄ die insgesamt höchste Personalnachfrage im Gesundheits- und Pflegewesen verzeichnen. Der mögliche Personalengpass über alle Einrichtungen hinweg könnte im Jahr 2020 rund 3.500 VZÄ bzw. 23,3% betragen. Darüber hinaus sind in den Berufsordnungen der Krankenpflegehelfer (854) und der Altenpfleger (861) höhere Personalengpässe zu erwarten. Diese betragen in beiden Fällen rund 1.100 VZÄ. Bei den Altenpflegern ist der relative Engpass mit 30,6% gegenüber den Krankenpflegehelfern mit 14,7% jedoch deutlich höher.

Im Gegensatz zu den bisher analysierten Bundesländern zeigen die Berechnungsergebnisse für die Sprechstundenhelfer in Mecklenburg-Vorpommern ein differenziertes Bild. Hier könnte im Jahr 2020 ebenfalls ein deutlicher Personalengpass von rund 1.400 VZÄ bzw. 13,1% entstehen. In Nordrhein-Westfalen und Baden-Württemberg waren Personalangebot und -nachfrage in dieser Berufsordnung stets ausgeglichener. In Tab. 6-6 ist die berufs- und einrichtungsspezifische Personalsituation in Mecklenburg-Vorpommern im Jahr 2030 dargestellt.

Tab. 6-6: Einrichtungs- und berufsspezifische Betrachtung in Mecklenburg-Vorpommern im Jahr 2030

	Nachfrage					Angebot	Engpass	
	Gesundheitswesen		Pflegewesen		Alle Einrichtungen			
	ambulant	stationär	ambulant	stationär				
8410/ 8411	1.500	2.808	-	-	4.308	3.640	668	*15,5%*
8412	242	449	-	-	691	605	86	*12,4%*
8413	74	28	-	-	102	125	-23	*-22,5%*
8414	101	21	-	-	122	132	-10	*-8,2%*
8415	181	12	-	-	193	305	-112	*-58,0%*
8416	79	90	-	-	169	99	70	*41,4%*
8418	184	165	-	-	349	254	95	*27,2%*
8419	233	440	-	-	673	451	222	*33,0%*
852	2.005	853	4	30	2.892	3.640	-748	*-25,9%*
853	1.977	9.712	2.396	2.352	16.437	10.462	5.975	*36,4%*
854	1.027	1.911	359	761	4.058	2.410	1.648	*40,6%*
855	113	91	-	-	204	229	-25	*-12,3%*
856	10.720	756	-	-	11.476	10.389	1.087	*9,5%*
857	391	854	-	-	1.245	1.059	186	*14,9%*
861	1.824	666	1.989	4.054	8.533	6.577	1.956	*22,9%*

8410/8411: Praktische Ärzte, Ärzte, o.n.A., Allgemein-(fach)-,Kinderärzte, Internisten; 8412: Chirurgen, Orthopäden; 8413: Hals-, Nasen- und Ohrenärzte; 8414: Augenärzte; 8415: Frauenärzte; 8416: Radiologen; 8418: Neurologen, Psychiater, Psychotherapeuten (Ärzte); 8419: andere Fachärzte; 852: Masseure, Krankengymnasten und verwandte Berufe; 853: Krankenschwestern, -pfleger, Hebammen; 854: Helfer in der Krankenpflege; 855: Diätassistenten, Pharmazeutisch-technische Assistenten; 856: Sprechstundenhelfer; 857: Medizinallaboranten; 861: Altenpfleger

Quelle: Eigene Darstellung.

Die Personalnachfrage nach der Facharztrichtung 8410/8411 könnte zwischen den Jahren 2020 und 2030 um rund 7,2% steigen, gleichzeitig wird sich das Angebot um voraussichtlich 5,1% erhöhen. Zwar verläuft die Entwicklung hier nahezu parallel, dennoch könnte sich der mögliche relative Personalengpass im Jahr 2030 auf rund 15,5% erhöhen. Dagegen könnte der Engpass in der Gruppe der Radiologen (8416) deutlich zunehmen. Während im Jahr 2020 voraussichtlich noch ein relativer Engpass von 8,6% vorlag, könnte dieser bis zum Jahr 2030 auf 41,4% ansteigen. Ursächlich hierfür ist der starke Rückgang des Angebotspotenzials von rund 33,1% zwischen den Jahren 2020 und 2030. Ein ebenfalls deutlicher Anstieg des relativen Personalengpasses zeigen die Neurologen, Psychiater und Psychotherapeuten (8418), die im Jahr 2030 einen relativen Engpass von 27,2% haben könnten. Hier bricht das Angebot um 19,6% ein, bei nahezu konstanter Nachfrageentwicklung. Weitere arztgruppenspezifische Entwicklungen sind in Tabelle 6-6 dargestellt.

Bei den nichtärztlichen Berufen wird bei den Altenpflegern der stärkste Nachfrageanstieg erwartet. Zwischen den Jahren 2020 und 2030 könnten rund 12,5% mehr Vollzeitäquivalente nachgefragt werden. Da das Angebotspotenzial den Berechnungsergebnissen zufolge im gleichen Zeitraum um lediglich 1,5% steigen könnte, wird sich der Engpass voraussichtlich auf 22,9% bzw. 2.000 VZÄ erhöhen. Dies ist der zweithöchste absolute Personalengpass aller betrachteten nichtärztlichen Berufsordnungen.

Der zweithöchste Nachfrageanstieg könnte bei den Krankenpflegehelfern eintreten, die um 8,3% zunehmen. Dem steht ein möglicher Angebotsrückgang von 7,3% gegenüber. Aus diesem Grund vergrößert sich die Personallücke im Jahr 2030 auf über 1.600 VZÄ bzw. 40,6%. Mit einem Nachfrageanstieg von 7,8% liegt die BKZ 853 nur knapp dahinter. Allerdings zeigen die Berechnungsergebnisse in dieser Berufsordnung einen noch stärker Angebotsrückgang von 10,6%. Daraus resultiert ein möglicher Personalengpass von rund 6.000 VZÄ, der mit Abstand höchste Engpass im gesamten Gesundheits- und Pflegewesen in Mecklenburg-Vorpommern.

Bei den Sprechstundenhelfern wird sich der Engpass im Vergleich zum Jahr 2020 dagegen verringern. Da das Angebot mit 9,5% voraussichtlich stärker als die Nachfrage mit 5,1% steigen könnte, schrumpft der Personalengpass von 1.400 VZÄ auf rund 1.100 VZÄ bzw. 9,5%.

6.2.4 Berlin-Brandenburg

In diesem Kapitel wird die Personalsituation im Gesundheits- und Pflegewesen in der Region Berlin-Brandenburg analysiert. Beide Bundesländer erfordern wegen des Metropolcharakters der Region eine gemeinsame Betrachtung. Wie sich im weiteren Verlauf des Kapitels zeigen wird, kommt es insbesondere bei den Ärzten zu Engpassentwicklungen, die diese gemeinsame Betrachtung rechtfertigt. In Abbildung 6-12 ist die Entwicklung von Arbeitsangebot und -nachfrage in der gesamten Region dargestellt.

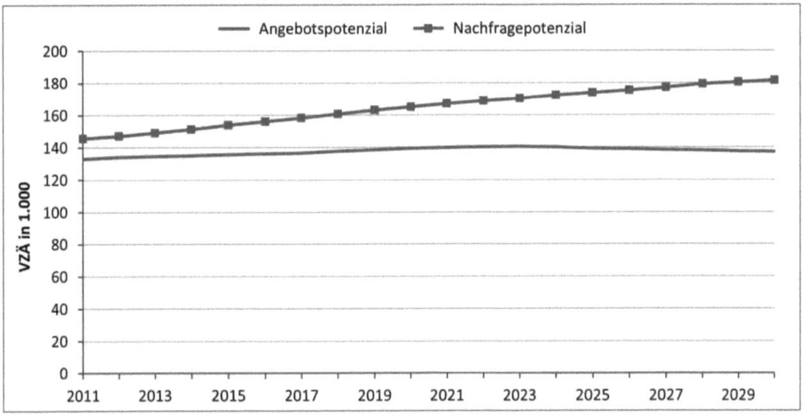

Quelle: Eigene Darstellung.

Abb. 6-12: Entwicklung von Personalangebot und -nachfrage im Gesundheits- und Pflegewesen in der Region Berlin-Brandenburg

Bereits zu Beginn des Betrachtungszeitraums im Jahr 2011 könnte sich ein Gesamtmangel von rund 12.300 Vollzeitäquivalenten im Gesundheits- und Pflegewesen einstellen. Dies bedeutet, dass etwa 8,5% der nachgefragten Stellen nicht besetzt werden können. Bis zum Jahr 2030 könnte die Personalnachfrage um 24,8% zunehmen, während das Personalangebot um lediglich 3,1% ansteigt. Aus dieser Entwicklung könnte im Jahr 2030 ein Personalengpass von ca. 44.300 VZÄ bzw. 24,4% entstehen.

Die Berechnungsergebnisse zeigen insbesondere bei den berufs- und einrichtungsspezifischen Ergebnissen deutliche Unterschiede zwischen beiden Bundesländern, die auch auf die Modellierung des Berechnungsmodells zurückzuführen sind. Anhand einer getrennten Analyse beider Bundesländer, können die Eigenheiten und Grenzen des Berechnungsmodells sehr gut dargestellt werden.

Dazu wird zunächst die einrichtungs- und berufsspezifische Nachfrage der Ärzte für Berlin und Brandenburg in den Jahren 2020 und 2030 dargestellt (vgl. Tabelle 6-7). Anschließend wird die Situation der nichtärztlichen Berufsordnungen analysiert.

Tab. 6-7: Einrichtungs- und berufsspezifische Betrachtung der ärztlichen Berufe im Gesundheitswesen in Berlin und Brandenburg im Jahr 2020 und 2030

	2020						2030					
	Nachfrage			An-gebot	Engpass		Nachfrage			An-gebot	Engpass	
	amb.	stat.	alle				amb.	stat.	alle			
Berlin												
8410/ 8411	3.011	5.199	8.210	8.504	-294	*-3,6%*	3.193	5.547	8.740	8.604	136	*1,6%*
8412	460	845	1.305	1.574	-269	*-20,6%*	482	884	1.366	1.449	-83	*-6,1%*
8413	152	52	204	256	-52	*-25,5%*	158	55	213	193	20	*9,4%*
8414	201	37	238	268	-30	*-12,6%*	211	39	250	201	49	*19,6%*
8415	383	34	417	608	-191	*-45,8%*	396	33	429	544	-115	*-26,8%*
8416	148	170	318	400	-82	*-25,8%*	156	178	334	322	12	*3,6%*
8418	349	388	737	947	-210	*-28,5%*	380	390	770	793	-23	*-3,0%*
8419	454	792	1.246	1.445	-199	*-16,0%*	474	829	1.303	1.137	166	*12,7%*
Brandenburg												
8410/ 8411	2.579	4.738	7.317	6.623	694	*9,5%*	2.790	5.263	8.053	6.384	1.669	*20,7%*
8412	364	672	1.036	407	629	*60,7%*	386	717	1.103	221	882	*80,0%*
8413	113	41	154	59	95	*61,7%*	116	45	161	7	154	*95,7%*
8414	150	31	181	73	108	*59,7%*	160	34	194	37	157	*80,9%*
8415	275	22	297	207	90	*30,3%*	285	17	302	139	163	*54,0%*
8416	119	135	254	62	192	*75,6%*	127	145	272	14	258	*94,9%*
8418	265	268	533	830	-297	*-55,7%*	301	255	556	753	-197	*-35,4%*
8419	352	656	1.008	339	669	*66,4%*	371	703	1.074	155	919	*85,6%*

8410/8411: Praktische Ärzte, Ärzte, o.n.A., Allgemein-(fach)-,Kinderärzte, Internisten; 8412: Chirurgen, Orthopäden; 8413: Hals-, Nasen- und Ohrenärzte; 8414: Augenärzte; 8415: Frauenärzte; 8416: Radiologen; 8418: Neurologen, Psychiater, Psychotherapeuten (Ärzte); 8419: andere Fachärzte

Quelle: Eigene Darstellung.

Es fällt auf, dass die Berechnungsergebnisse für alle ärztlichen Berufe im Bundesland Berlin einen Personalüberschuss im Jahr 2020 ausweisen. Dieser fällt mit 45,8% bei den Frauenärzten besonders gravierend aus. Aber auch bei den Chirurgen und Orthopäden (8412), Neurologen (8418) und den „anderen

Fachärzten“ (8419) sind hohe absolute Personalüberschüsse zu erwarten. Dagegen zeigen die Ergebnisse für Brandenburg im Jahr 2020 bereits einen sehr hohen ärztlichen Personalmangel, der bis zu 66,4% bei den „anderen Fachärzten“ reicht. Lediglich bei den Neurologen zeigen die Berechnungsergebnisse eine Überversorgung von 55,7%. Bis zum Jahr 2030 könnte sich die rechnerische Überversorgung in Berlin in vielen Facharztrichtungen abbauen, während der Personalmangel in Brandenburg in einigen Berufsklassen auf über 90% steigen könnte.

Um dieses Phänomen zwischen Berlin und Brandenburg besser darstellen zu können, sind für beide Bundesländer in Abb. 6-13 die durch das Angebot gedeckte Nachfrage sowie der Personalengpass oder -überschuss nach Allgemeinmedizinern (8410/8411) und Fachärzten (8412-8419) dargestellt.

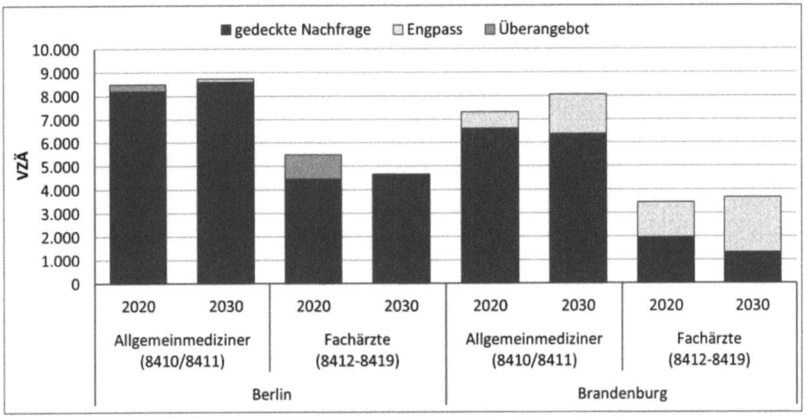

Quelle: Eigene Darstellung.

Abb. 6-13: Entwicklung von gedeckter Nachfrage (Angebot) und Personalengpass bei Allgemeinmedizinern und Fachärzten in Berlin und Brandenburg im Jahr 2020 und 2030

Während in Berlin vor allem im Jahr 2020 eine Überversorgung, insbesondere an Fachärzten herrscht, verdeutlicht die Grafik den bereits angesprochenen Personalmangel in Brandenburg. Im Jahr 2030 ergibt sich für Berlin immer noch ein rechnerisch ausgeglichener Arbeitsmarkt sowohl für Allgemeinmediziner als auch für Fachärzte. In Brandenburg ist dagegen bereits im Jahr 2020 mit einem Engpass 9,5% Allgemeinmedizinern zu rechnen, der sich bis zum Jahr 2030 auf 20,7% bzw. rund 1.700 VZÄ erhöhen könnte.

Dagegen zeichnet die Gruppe der gesamten Fachärzte ein anderes Bild. Hier scheint es so, dass Berlin im Jahr 2020 eine relativ hohe Überversorgung von 23,1% hat, während Brandenburg eine Unterversorgung von 42,9% aufweist. Im Jahr 2030 ist der Arbeitsmarkt in Berlin ausgeglichen und in Brandenburg würde sich ein rechnerischer Personalengpass von 63,8% ergeben.

Bei der Interpretation dieser Ergebnisse müssen die zugrundeliegenden Annahmen des Berechnungsmodells beachtet werden. Die Personalnachfrage entsteht maßgeblich durch die demografisch bedingte Morbiditätsentwicklung in den Bundesländern, der das Personalangebot des jeweiligen Bundeslandes gegenüber gestellt wird. Durch diese Methodik können Nachfrage- und Angebotsbeziehungen und Verschiebungen über die Landesgrenzen hinweg nicht modelliert werden. Allerdings ist gerade bei den Fachärzten in der Region Berlin-Brandenburg davon auszugehen, dass sich diese in Berlin konzentrieren, da dort eine hohe Dichte von Kliniken und medizinischen Zentren vorzufinden ist.[413] Diese Einrichtungen befriedigen auch die Nachfrage nach medizinischen Leistungen aus den angrenzenden Regionen in Brandenburg. Es kommt zu einer Art „Gesundheitstourismus" in die Hauptstadt hinein. Da die Nachfrage im Berechnungsmodell lediglich über die Bevölkerungsentwicklung in Berlin berechnet wird, zeigen die Berechnungsergebnisse diese deutlichen Angebotsüberschüsse in Berlin.

Bis zum Jahr 2030 kann ferner davon ausgegangen werden, dass sich bei diesen gravierenden Engpässen in Brandenburg frühzeitig Anpassungsprozesse in Gang setzten werden, die von der Modellierung der Angebotsverteilung im Berechnungsmodell nicht berücksichtigt werden können. Es ist anzunehmen, dass sich die tatsächlichen Werte zwischen den Extremwerten der Über- und Unterversorgung einpendeln werden. Wird die gesamte Region betrachtet, würde der Personalmangel der Fachärzte im Jahr 2030 rund 2.300 VZÄ betragen. Bezogen auf die Gesamtnachfrage in der Region Berlin-Brandenburg, würden rund 28% der benötigten Facharztstellen nicht besetzt werden können. Dieser Wert ist mit anderen Regionen vergleichbar.

Neben den ärztlichen Berufen werden im Gesundheits- und Pflegewesen in der Region Berlin-Brandenburg in Zukunft vor allem die Krankenpfleger (853) und Krankenpflegehelfer (854), Sprechstundenhelfer (856) sowie Altenpfleger und Altenpflegehelfer (861) besonders stark nachgefragt. Die Entwicklung der nichtärztlichen Berufsordnungen wird im Folgenden erläutert.

413 Im Jahr 2011 waren 70,0% aller in der Region Berlin-Brandenburg bei der Ärztekammer registrierten Ärzte in Berlin registriert. Im gleichen Jahr standen in Berlin 56,6% der der Krankenhausbetten in der Region zur Verfügung.

Tab. 6-8: Einrichtungs- und berufsspezifische Betrachtung der nichtärztlichen Berufe im Gesundheits- und Pflegewesen in Berlin und Brandenburg im Jahr 2020

	Nachfrage					Angebot	Engpass	
	Gesundheitswesen		Pflegewesen		Alle Einrichtungen			
	ambulant	stationär	ambulant	stationär				
				Berlin				
852	3.499	1.611	9	81	5.200	6.446	-1.246	*-24,0%*
853	1.265	18.566	3.809	3.691	27.331	19.107	8.224	*30,1%*
854	1.793	3.621	865	1.290	7.569	4.775	2.794	*36,9%*
855	198	174	-	-	372	268	104	*28,0%*
856	18.710	1.443	-	-	20.153	17.775	2.378	*11,8%*
857	682	1.633	-	-	2.315	2.110	205	*8,9%*
861	1.168	1.269	2.099	8.898	13.434	12.199	1.235	*9,2%*
				Brandenburg				
852	3.505	1.260	4	61	4.830	5.005	-175	*-3,6%*
853	1.461	14.532	2.867	2.756	21.616	18.065	3.551	*16,4%*
854	2.072	2.813	851	573	6.309	4.443	1.866	*29,6%*
855	199	136	-	-	335	227	108	*32,2%*
856	18.741	1.130	-	-	19.871	14.763	5.108	*25,7%*
857	682	1.278	-	-	1.960	1.789	171	*8,7%*
861	1.350	992	2.520	5.555	10.417	9.910	507	*4,9%*

852: Masseure, Krankengymnasten und verwandte Berufe; 853: Krankenschwestern, -pfleger, Hebammen; 854: Helfer in der Krankenpflege; 855: Diätassistenten, Pharmazeutisch-technische Assistenten; 856: Sprechstundenhelfer; 857: Medizinallaboranten; 861: Altenpfleger

Quelle: Eigene Darstellung.

Die Berufsordnung der Krankenschwestern und -pfleger (853) ist im Jahr 2020 sowohl in Berlin als auch in Brandenburg mit rund 19.100 bzw. 18.100 VZÄ die voraussichtlich beschäftigungsstärkste nichtärztliche Berufsordnung. In beiden Bundesländern entsteht die Nachfrage nach dieser Berufsordnung zu rund zwei Drittel in den stationären Einrichtungen des Gesundheitswesens. In Berlin könnte sie mit rund 27.300 VZÄ im Vergleich zu Brandenburg mit 20.200 VZÄ allerdings deutlich höher ausfallen. Daraus resultiert in Berlin ein Engpass von rund 8.200 VZÄ bzw. 30,1%. In Brandenburg fällt der Personalengpass mit 16,4% bzw. 3.600 VZÄ voraussichtlich moderater aus.

Den höchsten relativen Personalengpass in Berlin könnten die Krankenpflegehelfer erwarten. Möglicherweise stehen im Jahr 2020 rund 2.800 VZÄ bzw. 36,9% zu wenig zur Verfügung. Für Brandenburg weisen die Berechnungsergebnisse dagegen bei der Berufsklassifizierung 855 mit 32,2% den höchsten relativen Engpass aus. Auch wenn dieser nur rund 100 VZÄ beträgt.

Die Sprechstundenhelfer (856) sind die Berufsordnung mit der zweithöchsten Personalnachfrage in der Region Berlin-Brandenburg. Die Berechnungsergebnisse zeigen im Vergleich zu den bisher analysierten Bundesländern eine untypische Entwicklung auf. Im Jahr 2020 könnten in Berlin etwa 2.400 VZÄ auf dem Arbeitsmarkt fehlen, was rund 11,8% der gesamten Nachfrage entspricht. In Brandenburg könnten es mit 5.100 VZÄ sogar 25,7% sein. Ein relativer als auch absoluter Mangel in dieser Höhe kann in keiner anderen Region für diese Berufsordnung festgestellt werden.

Die dritthöchste Personalnachfrage im Jahr 2020 erfahren voraussichtlich die Altenpfleger (861). Dabei entsteht in der gesamten Region eine Nachfrage von rund 23.800 VZÄ, die zu 56,3% in Berlin entsteht. Da in Berlin den Berechnungsergebnissen zufolge nur 55,2% des gesamten Personalangebots von rund 22.100 vorhanden sein könnten, entsteht dort ein relativer Engpass von 9,2%, während er in Brandenburg voraussichtlich nur 4,2% beträgt.

Die Personalsituation der nichtärztlichen Berufe in Berlin und Brandenburg im Jahr 2030 ist in Tab. 6-9 dargestellt.

Tab. 6-9: Einrichtungs- und berufsspezifische Betrachtung der nichtärztlichen Berufe im Gesundheits- und Pflegewesen in Berlin und Brandenburg im Jahr 2030

	Nachfrage					Angebot	Engpass	
	Gesundheitswesen		Pflegewesen		Alle Einrichtungen			
	ambulant	stationär	ambulant	stationär				
				Berlin				
852	3.707	1.707	12	95	5.521	6.811	-1.290	*-23,4%*
853	1.340	19.427	4.403	4.360	29.530	17.773	11.757	*39,8%*
854	1.899	3.839	1.000	1.523	8.261	4.401	3.860	*46,7%*
855	210	183	-	-	393	324	69	*17,6%*
856	19.822	1.512	-	-	21.334	19.364	1.970	*9,2%*
857	722	1.709	-	-	2.431	1.961	470	*19,3%*
861	1.237	1.332	2.426	10.510	15.505	12.223	3.282	*21,2%*
				Brandenburg				
852	3.799	1.370	6	78	5.253	5.449	-196	*-3,7%*
853	1.584	15.484	3.605	3.568	24.241	15.979	8.262	*34,1%*
854	2.246	3.068	1.070	742	7.126	3.984	3.142	*44,1%*
855	216	146	-	-	362	275	87	*24,0%*
856	20.307	1.206	-	-	21.513	16.020	5.493	*25,5%*
857	740	1.362	-	-	2.102	1.692	410	*19,5%*
861	1.462	1.064	3.167	7.192	12.885	10.058	2.827	*21,9%*

852: Masseure, Krankengymnasten und verwandte Berufe; 853: Krankenschwestern, -pfleger, Hebammen; 854: Helfer in der Krankenpflege; 855: Diätassistenten, Pharmazeutisch-technische Assistenten; 856: Sprechstundenhelfer; 857: Medizinallaboranten; 861: Altenpfleger

Quelle: Eigene Darstellung.

Die Nachfrage der Berufsordnung der Krankenschwestern und -pfleger (853) nimmt zwischen den Jahren 2020 und 2030 in Brandenburg mit 12,1% stärker zu als in Berlin mit 8,0%. Gleichzeitig kann laut den Berechnungsergebnissen davon ausgegangen werden, dass das Angebot in Brandenburg in diesem Zeitraum mit 11,5% stärker abnimmt als in Berlin mit 7,0%. Folge dieser Entwicklung könnte sein, dass sich die relativen Engpässe in beiden Bundesländern annähern. In Berlin könnten dann 39,8% und in Brandenburg 34,1% der nachgefragten Stellen nicht besetzt werden. Tendenziell gleiche Entwicklungen erfahren die Krankenpflegehelfer. Sowohl in Berlin als auch in Brandenburg bricht das Angebot ein, während die Nachfrage weiter steigt. Daraus resultieren in beiden Bundesländern die höchsten relativen Personalengpässe mit 46,7% bzw. 44,1%.

Dagegen ist bei den Sprechstundenhelfern (856) mit einem weiteren Anstieg des Angebotspotenzials zu rechnen, der sowohl in Berlin als auch in Brandenburg über dem möglichen Nachfrageanstieg liegt. Dadurch reduzieren sich in beiden Bundesländern die Personalengpässe in dieser Berufsordnung auf 9,2% in Berlin und 25,5% in Brandenburg. Dennoch sind die möglichen Personalengpässe im Jahr 2030 mit 7.500 VZÄ bzw. über 17% der Gesamtnachfrage in der gesamten Region immer noch auf vergleichsweise hohem Niveau.

Die stärkste Nachfragesteigerung zwischen den Jahren 2020 und 2030 erfahren auch in dieser Region die Altenpfleger. In Berlin könnte die Nachfrage um 15,4% auf 15.500 VZÄ zunehmen, in Brandenburg sogar um 23,7% auf 12.900 VZÄ. In beiden Bundesländern bleibt das Arbeitsangebot dagegen nahezu konstant. Damit vergrößert sich die mögliche Personallücke auf 3.300 VZÄ in Berlin bzw. 2.800 VZÄ in Brandenburg. Die relativen Personalengpässe in den Bundesländern wären damit nahezu identisch. Die weiteren berufsspezifischen Ergebnisse für das Jahr 2030 sind in Tabelle 6-9 dargestellt. In Tabelle 6-10 sind beide Bundesländer für das Jahr 2030 zusammengefasst.

Tab. 6-10: Einrichtungs- und berufsspezifische Betrachtung in der Region Berlin-Brandenburg im Jahr 2030

	Nachfrage					Angebot	Engpass	
	Gesundheitswesen		Pflegewesen		Alle Einrichtungen			
	ambulant	stationär	ambulant	stationär				
8410/ 8411	5.983	10.810	-	-	16.793	14.988	1.805	*10,7%*
8412	868	1.601	-	-	2.469	1.670	799	*32,4%*
8413	274	100	-	-	374	200	174	*46,5%*
8414	371	73	-	-	444	238	206	*46,4%*
8415	681	50	-	-	731	683	48	*6,6%*
8416	283	323	-	-	606	336	270	*44,6%*
8418	681	645	-	-	1.326	1.546	-220	*-16,6%*
8419	845	1.532	-	-	2.377	1.292	1.085	*45,6%*
852	7.506	3.077	18	173	10.774	12.260	-1.486	*-13,8%*
853	2.924	34.911	8.008	7.928	53.771	33.752	20.019	*37,2%*
854	4.145	6.907	2.070	2.265	15.387	8.385	7.002	*45,5%*
855	426	329	-	-	755	599	156	*20,7%*
856	40.129	2.718	-	-	42.847	35.384	7.463	*17,4%*
857	1.462	3.071	-	-	4.533	3.653	880	*19,4%*
861	2.699	2.396	5.593	17.702	28.390	22.281	6.109	*21,5%*

8410/8411: Praktische Ärzte, Ärzte, o.n.A., Allgemein-(fach)-,Kinderärzte, Internisten; 8412: Chirurgen, Orthopäden; 8413: Hals-, Nasen- und Ohrenärzte; 8414: Augenärzte; 8415: Frauenärzte; 8416: Radiologen; 8418: Neurologen, Psychiater, Psychotherapeuten (Ärzte); 8419: andere Fachärzte; 852: Masseure, Krankengymnasten und verwandte Berufe; 853: Krankenschwestern, -pfleger, Hebammen; 854: Helfer in der Krankenpflege; 855: Diätassistenten, Pharmazeutisch-technische Assistenten; 856: Sprechstundenhelfer; 857: Medizinallaboranten; 861: Altenpfleger

Quelle: Eigene Darstellung.

6.3 Szenarienanalyse

In Kapitel 3.4.2 wurden die entscheidenden Entwicklungstrends der Erwerbstätigkeit aufgezeigt. Dabei hat sich gezeigt, dass die Entwicklung der Erwerbstätigkeit insbesondere von der Teilnahme der Gesundheitsdienstberufe an der gesundheitlichen Versorgung (Teilnahmequote) und der Zunahme der Teilzeitarbeitsverhältnisse (Vollzeitquote) geprägt war. In den bisher dargestellten Ergebnissen wurden diese Quoten auf dem Stand von 2009 belassen.[414] In diesem Abschnitt wird nun analysiert, wie sich eine Erhöhung der Teilnahmequote (TQ) und Vollzeitquote (VZQ) auf das Arbeitsangebot auswirken könnte. Darüber hinaus wurde in einem weiteren Szenario zusätzlich das Renteneintrittsalter angehoben.

In der nachfolgenden Tabelle sind die Annahmen der Einflussfaktoren im Basisszenario sowie deren Variation in Szenario 1 und Szenario 2 dargestellt (vgl. Tab. 6-11).

Tab. 6-11: Darstellung der Szenarien und der zugrundeliegenden Annahmen

Szenario	Renteneintrittsalter				berufsspezifische TQ		berufsspezifische VZQ	
	Ärzte amb.	Ärzte stat.	andere amb.	andere stat.	Ärzte	andere	Ärzte	andere
Basis	66	64	62	60	Siehe Tabelle A-7		Siehe Tabelle A-8	Siehe Tabelle A-9
Szenario 1	66	64	62	60	+10% (2030)	+10% (2030)	+10% (2030)	+10% (2030)
Szenario 2	68	66	64	62	+10% (2030)	+10% (2030)	+10% (2030)	+10% (2030)

Quelle: Eigene Darstellung.

Im Basis-Szenario werden die Einflussfaktoren auf dem aktuellen Stand des Jahres 2009 belassen. In Szenario 1 wurden die berufsspezifischen Teilnahme- und Vollzeitquoten schrittweise bis 10% (2030) erhöht. Jedoch sei angemerkt, dass diese Quoten per Definition nicht größer 1 werden können. Hätte ein Beruf beispielsweise eine Vollzeitquote von 0,93 so ließe sie sich maximal um 7,5% auf 1,00 steigern. In Szenario 2 wurde zusätzlich zu den beschriebenen Maßnahmen des Szenarios 1 eine Erhöhung des Renteneintrittsalters um zwei Jahre im Vergleich zum Basis-Szenario vorgenommen.

414 Eine Übersicht aller Quoten findet sich im Anhang in Tab. A-7, Tab. A-8 und Tab. A-9.

6.3.1 Nordrhein-Westfalen

Im Rahmen der differenzierten regionalen Analyse wurden in Kapitel 6.2.1 die möglichen berufsspezifischen Personalengpässe für Nordrhein-Westfalen aufgezeigt und analysiert. In Tabelle 6-12 sind die Berufe mit den höchsten Engpässen in Nordrhein-Westfalen in den Jahren 2020 und 2030 erneut zusammengefasst.

Tab. 6-12: Berufe mit den höchsten Engpässen in Nordrhein-Westfalen in den Jahren 2020 und 2030

	Engpass			
	2020		2030	
	absolut	relativ	absolut	relativ
8410/8411: Praktische Ärzte, Ärzte, o.n.A., Allgemein-(fach)-,Kinderärzte, Internisten;	6.495	*15,4%*	11.161	*24,5%*
8412: Chirurgen, Orthopäden	-280	*-4,2%*	1.219	*17,2%*
8413: Hals-, Nasen- und Ohrenärzte	111	*10,5%*	394	*35,7%*
8414: Augenärzte	163	*13,1%*	520	*39,6%*
8416: Radiologen	-94	*-5,7%*	393	*22,7%*
8418: Neurologen, Psychiater, Psychotherapeuten (Ärzte)	44	*1,2%*	880	*22,9%*
8419: andere Fachärzte	469	*7,3%*	2.355	*34,3%*
853: Krankenschwestern, -pfleger, Hebammen	26.676	*19,7%*	48.298	*32,8%*
854: Helfer in der Krankenpflege	11.444	*32,0%*	16.186	*41,3%*
857: Medizinallaboranten	1.953	*16,5%*	2.802	*22,3%*
861: Altenpfleger	5.334	*7,8%*	14.966	*18,8%*

Quelle: Eigene Darstellung.

Im weiteren Verlauf dieses Kapitels soll nun analysiert werden, wie sich das Angebot in ausgewählten Berufen abhängig von den zuvor beschriebenen Szenarien entwickeln und welche Auswirkungen diese Entwicklung auf die regionalen und berufsspezifischen Personalengpässe haben könnte. Zunächst ist in Abb. 6-14 die mögliche Entwicklung des Angebotspotenzials in Vollzeitäquivalente der Facharztrichtung 8410/8411 dargestellt.

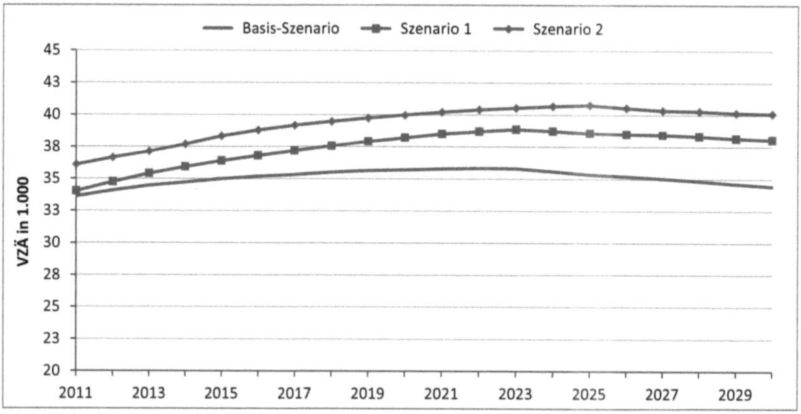

Quelle: Eigene Darstellung.

Abb. 6-14: Angebotspotenzial der Allgemeinmediziner (8410/8411) in Nordrhein-Westfalen in verschiedenen Szenarien

Unter den eingangs des Kapitels beschriebenen Annahmen könnte bei einer Erhöhung der Teilnahme- und Vollzeitquote um 10% (Szenario 1) das Angebotspotenzial in VZÄ im Jahr 2030 um 10,5% auf über 38.000 VZÄ gesteigert werden. Im Basisszenario betrug es rund 34.400. Wäre es darüber hinaus möglich, das Renteneintrittsalter wie beschrieben anzuheben (Szenario 2), könnte das Angebotspotenzial im Jahr 2030 um weitere rund 2.000 VZÄ erhöht werden. Dies entspräche einem Zuwachs von 16,5% im Jahr 2030. Unter den beschriebenen Entwicklungen ließe sich der Personalengpass im Jahr 2030 in dieser ärztlichen Berufsklasse auf rund 7.500 VZÄ bzw. 5.500 VZÄ reduzieren. Dies entspräche einem relativen Personalengpass von 16,5% bzw. 12,0%.

Die Entwicklung des Angebotspotenzials der Gruppe der anderen Fachärzte ist für die drei Szenarien in Abb. 6-15 dargestellt. Anders als bei den bisher dargestellten ärztlichen Berufsklassen, geht das Angebot in allen drei Szenarien deutlich zurück. In Szenario 1 könnte es durch eine Erhöhung der Teilnahme- und Vollzeitquote gelingen, das Angebotspotenzial in VZÄ im Jahr 2030 um 10,7% auf rund 5.000 VZÄ zu erhöhen. Dies entspräche einem Zuwachs von ca. 500 VZÄ im Vergleich zum Basisszenario. Bei einer zusätzlichen Erhöhung des Renteneintrittsalters (Szenario 2), würde sich sogar eine Erhöhung des Angebotspotenzials im Jahr 2030 um 24,0% im Vergleich zum Basisszenario ergeben. Dies entspräche einem Zuwachs von 16,5% im Jahr 2030. Damit könnte ausgehend von einem Personalengpass von rund 2.400 VZÄ im Basisszenario eine Verringerung auf 1.900 VZÄ in Szenario 1 bzw. 1.300 VZÄ in Szenario 2 erreicht werden. Damit beliefe sich der relative Engpass auf 27,2% bzw. 18,5%.

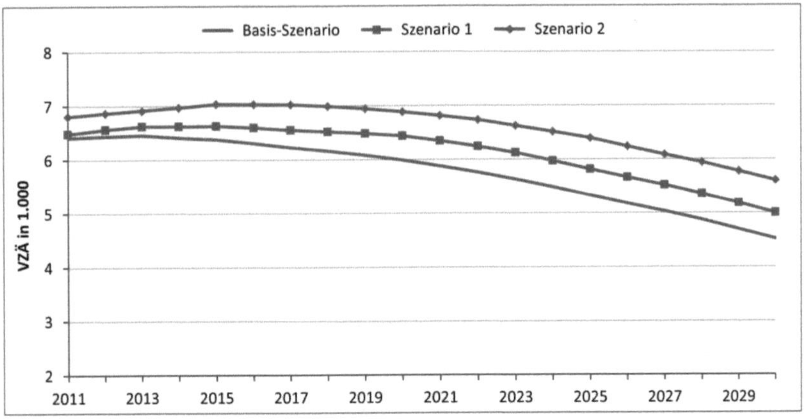

Quelle: Eigene Darstellung.

Abb. 6-15: Angebotspotenzial der „anderen Fachärzte" (8419) in Nordrhein-Westfalen in verschiedenen Szenarien

Die Entwicklung des Angebotspotenzials ausgewählter nichtärztlicher Berufe wird im Folgenden analysiert. In Abb. 6-16 ist die Entwicklung des Angebotspotenzials in der Berufsordnung der Krankenschwestern und -pfleger dargestellt.

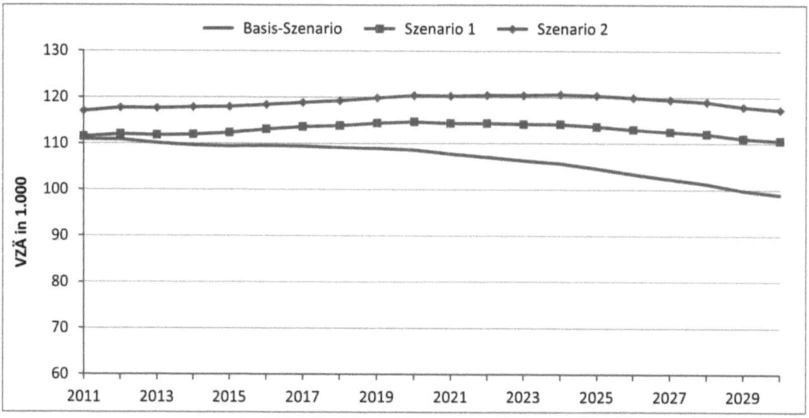

Quelle: Eigene Darstellung.

Abb. 6-16: Angebotspotenzial der Krankenschwestern, -pfleger, Hebammen (853) in Nordrhein-Westfalen in verschiedenen Szenarien

Im Basisszenario ist mit einem Angebotsrückgang von 10,9% zwischen den Jahren 2011 und 2030 auszugehen. Durch eine Erhöhung der Teilnahme- und Vollzeitquote um 10% (Szenario 1) könnte das Angebotspotenzial in VZÄ im Jahr 2030 nahezu das Niveau des Ausgangsjahres halten, es ist lediglich von einem Rückgang um 0,8% auszugehen. Das Angebotspotenzial könnte im Vergleich zum Basisszenario um 11,8% auf über 110.000 VZÄ gesteigert werden. Bei einer zusätzlichen Anhebung des Renteneintrittsalters unter den in Szenario 2 beschrieben Annahmen, könnte das Angebotspotenzial in Vollzeitäquivalenten sogar um 18,6% erhöht werden. Dies entspräche einem gesamten Zuwachs von rund 18.400 VZÄ im Vergleich zum Basisszenario. Die beschriebene Steigerung des Angebotspotenzials in den beiden Szenarien könnte dazu führen, dass sich der Personalengpass dieser Berufsordnung im Jahr 2030 auf rund 36.600 VZÄ bzw. 29.900 VZÄ reduzieren ließe. Dies entspräche einem relativen Engpass von 24,9% bzw. 20,3%.

Als zweite nichtärztliche Berufsordnung soll die Gruppe der Altenpfleger (862) analysiert werden, da diese insbesondere durch den starken Nachfrageanstieg in den ambulanten und stationären Einrichtungen des Pflegewesens eine hohe Zunahme der absoluten Personalengpässe erwarten lässt. In Abbildung 6-17 ist die Entwicklung in den Szenarien dargestellt.

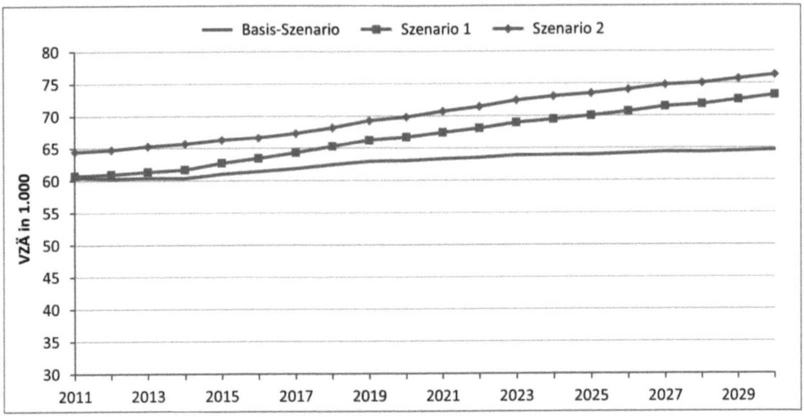

Quelle: Eigene Darstellung.

Abb. 6-17: Angebotspotenzial der Altenpfleger (861) in Nordrhein-Westfalen in verschiedenen Szenarien

Im Vergleich zur Berufsklassifikation 853 ist bei den Altenpflegern auch im Basisszenario von einem Anstieg des Angebotspotenzials auszugehen. Zwischen den Jahren 2011 und 2030 könnte das Angebot um 7,0% zunehmen. Szenario 1 könnte dazu beitragen, dass sich das Angebotspotenzial in VZÄ im Jahr 2030 um 13,1% auf rund 73.200 VZÄ erhöhen ließe. In Szenario 2 könnte die zusätzliche Erhöhung des Renteneintrittsalters zu einer weiteren Steigerung des Angebotspotenzials um rund 3.000 VZÄ führen. Die Steigerung um rund 11.600 VZÄ im Jahr 2030 im Vergleich zum Basisszenario bedeutet eine Zunahme des Angebotspotenzials um 18,0%. Somit könnte der im Basisszenario auftretende Engpass von rund 15.000 VZÄ bereits in Szenario 1 mehr als halbiert werden. Hier würde sich voraussichtlich ein Personalengpass von rund 6.500 VZÄ einstellen. Dies entspricht 8,1% der Nachfrage. In Szenario 2 würde der Mangel weiter auf rund 3.300 VZÄ bzw. 4,2% schrumpfen.

Zusammenfassend ist die Entwicklung der berufsspezifischen Personalengpässe im Jahr 2030 in den drei Szenarien in Tabelle 6-13 dargestellt.

Tab. 6-13: Engpässe nach Berufen in Nordrhein-Westfalen in den Szenarien im Jahr 2030

	Engpass 2030					
	Basisszenario		Szenario 1		Szenario 2	
	absolut	relativ	absolut	relativ	absolut	relativ
8410/8411: Praktische Ärzte, Ärzte, o.n.A., Allgemein-(fach)-, Kinderärzte, Internisten	11.161	*24,5%*	7.534	*16,5%*	5.482	*12,0%*
8412: Chirurgen, Orthopäden	1.219	*17,2%*	894	*12,6%*	265	*3,7%*
8413: Hals-, Nasen- und Ohrenärzte	394	*35,7%*	315	*28,5%*	230	*20,8%*
8414: Augenärzte	520	*39,6%*	429	*32,7%*	320	*24,4%*
8416: Radiologen	393	*22,7%*	243	*14,0%*	67	*3,9%*
8418: Neurologen, Psychiater, Psychotherapeuten (Ärzte)	880	*22,9%*	581	*15,1%*	229	*6,0%*
8419: andere Fachärzte	2.355	*34,3%*	1.873	*27,2%*	1.272	*18,5%*
853: Krankenschwestern, -pfleger, Hebammen	48.298	*32,8%*	36.584	*24,9%*	29.862	*20,3%*
854: Helfer in der Krankenpflege	16.186	*41,3%*	13.290	*33,9%*	11.880	*30,3%*
857: Medizinallaboranten	2.802	*22,3%*	1.545	*12,3%*	990	*7,9%*
861: Altenpfleger	14.966	*18,8%*	6.473	*8,1%*	3.325	*4,2%*

Quelle: Eigene Darstellung.

6.3.2 Baden-Württemberg

In Kapitel 6.2.2 wurden die möglichen berufsspezifischen Personalengpässe im Gesundheits- und Sozialwesen in Baden-Württemberg analysiert. In Tab. 6-14 sind jene Berufe dargestellt, die in den Jahren 2020 und 2030 einen Personalengpass verzeichnen könnten.

Tab. 6-14: Berufe mit den höchsten Engpässen in Baden-Württemberg in den Jahren 2020 und 2030

	Engpass			
	2020		2030	
	absolut	relativ	absolut	relativ
8410/8411: Praktische Ärzte, Ärzte, o.n.A., Allgemein-(fach)-,Kinderärzte, Internisten	4.027	*16,1%*	6.677	*25,0%*
8412: Chirurgen, Orthopäden	335	*8,4%*	1.001	*24,0%*
8413: Hals-, Nasen- und Ohrenärzte	142	*22,5%*	274	*42,0%*
8414: Augenärzte	152	*20,5%*	321	*41,5%*
8415: Frauenärzte	-144	*-11,2%*	132	*10,2%*
8416: Radiologen	92	*9,4%*	309	*30,3%*
8418: Neurologen, Psychiater, Psychotherapeuten (Ärzte)	146	*6,6%*	634	*27,9%*
8419: andere Fachärzte	629	*16,3%*	1.596	*39,4%*
853: Krankenschwestern, -pfleger, Hebammen	22.787	*27,9%*	33.077	*37,9%*
854: Helfer in der Krankenpflege	6.722	*34,7%*	8.437	*40,9%*
857: Medizinallaboranten	1.840	*25,4%*	2.249	*29,6%*
861: Altenpfleger	8.937	*20,9%*	12.666	*26,4%*

Quelle: Eigene Darstellung.

Anschließend erfolgt die Analyse des Angebotspotenzials ausgewählter ärztlicher und nichtärztlicher Berufe unter den Rahmenbedingungen der zuvor definierten Szenarien. Es wird ferner aufgezeigt, welche Auswirkungen auf die regionalen und berufsspezifischen Personalengpässe daraus resultieren. Abbildung 6-18 zeigt die in den drei Szenarien mögliche Entwicklung des Angebotspotenzials der Facharztrichtung 8410/8411 (Allgemeinmediziner). Auch wenn diese ärztliche Berufsklasse eher durchschnittliche relative Fachkräfteengpässe aufweisen könnte, ist sie aufgrund ihrer Beschäftigungsstärke für die Sicherstellung der ärztlichen Versorgung entscheidend.

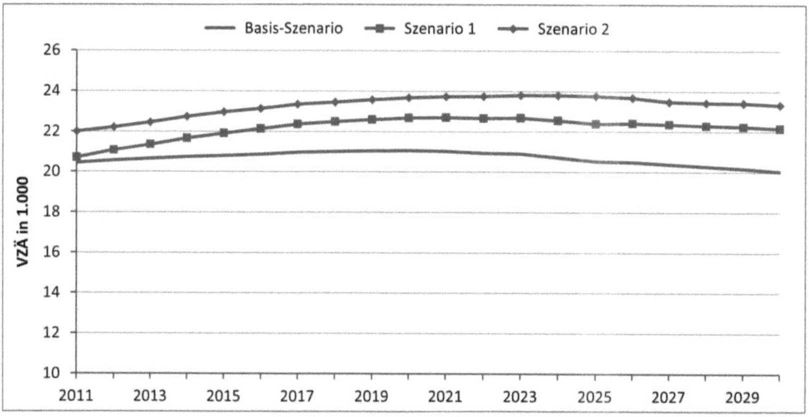

Quelle: Eigene Darstellung.

Abb. 6-18: Angebotspotenzial der Allgemeinmediziner (8410/8411) in Baden-Württemberg in verschiedenen Szenarien

Die Berechnungsergebnisse zeigen im Basis-Szenario einen Rückgang des Angebotspotenzials von 1,9% zwischen den Jahren 2011 und 2030. Durch Erhöhung der Teilnahme- und Vollzeitquote um 10% in Szenario 1 könnte das Angebotspotenzial im Jahr 2030 um über 2.100 VZÄ gesteigert werden. Bei einer Anpassung des Renteneintrittsalters zu den in Szenario 2 getroffenen Annahmen, würde sich das Angebotspotenzial in Vollzeitäquivalente abermals um ca. 1.200 VZÄ auf dann rund 23.300 VZÄ erhöhen lassen. Damit ließe sich der Personalengpass im Jahr 2030 auf ca. 4.600 VZÄ (Szenario 1) bzw. 3.400 VZÄ (Szenario 2) reduzieren. Im besten Fall bliebe so nur etwa jede 10. benötigte Stelle (12,0%) unbesetzt.

Darüber hinaus zeigen die eingangs dargestellten Berechnungsergebnisse, dass bei HNO-Ärzten der höchste relative Personalengpass entstehen könnte. Die Entwicklung des Angebotspotenzials in den drei Szenarien wird in Abbildung 6-19 für diese Facharztgruppe dargestellt.

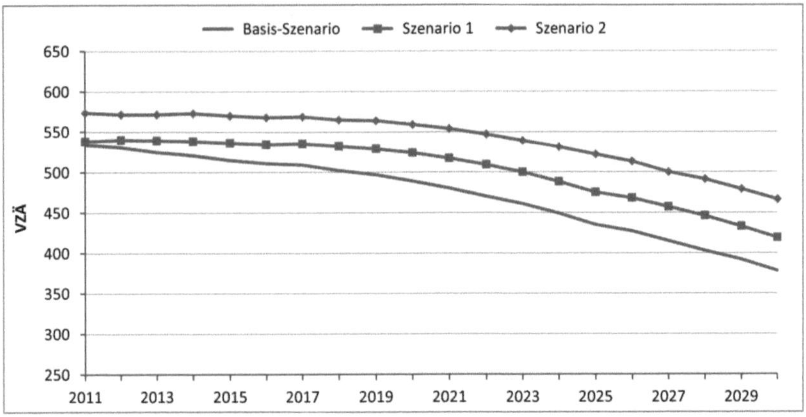

Quelle: Eigene Darstellung.

Abb. 6-19: Angebotspotenzial der HNO-Ärzte (8413) in Baden-Württemberg in verschiedenen Szenarien

Im Basis-Szenario sinkt das Angebotspotenzial der HNO-Ärzte im Betrachtungszeitraum um 29,2%. Auch in den übrigen beiden Szenarien ist mit einem Rückgang zu rechnen. In Szenario 1 ließe sich das Angebotspotenzial im Jahr 2030 um 10,8% auf über 400 VZÄ steigern. Mit Szenario 2 ließen sich sogar rund 23,3% mehr Vollzeitäquivalente in dieser Berufsklasse im Jahr 2030 gewinnen. Der Personalengpass im Jahr 2030 ließe sich durch Erhöhung der Teilnahme- und Vollzeitquote sowie des Renteneintrittsalter von 42,0% auf 28,5% der Nachfrage reduzieren. Dennoch würde knapp 200 Vollzeitäquivalente mehr nachgefragt als im Bundesland Baden-Württemberg angeboten.

Die höchsten relativen Personalengpässe der nichtärztlichen Berufe ergeben sich laut den Berechnungsergebnissen bei den Berufskennziffern 853 und 854. Zunächst ist die Entwicklung des Angebotspotenzials der Berufsordnung der Krankenschwestern und -pfleger (853) in Abbildung 6-20 dargestellt.

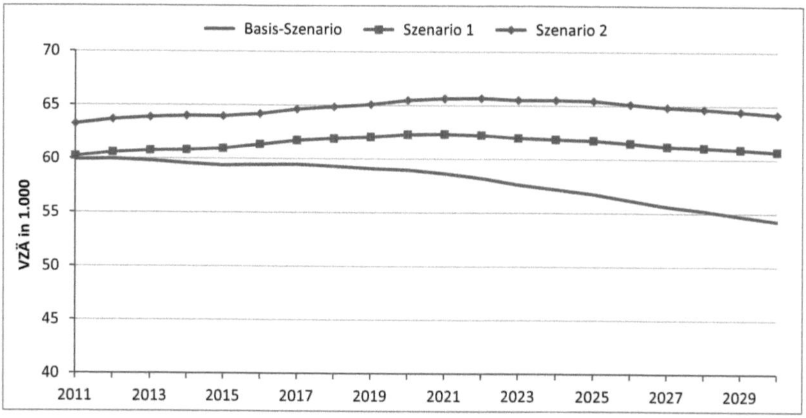

Quelle: Eigene Darstellung.

Abb. 6-20: Angebotspotenzial der Krankenschwestern, -pfleger, Hebammen (853) in Baden-Württemberg in verschiedenen Szenarien

Das Basisszenario zeigt auch hier einen Angebotsrückgang von 9,4% im Betrachtungszeitraum. Die Annahmen des Szenario 1 würden zunächst für einen deutlichen Angebotsanstieg um bis zu 3,5% im Jahr 2020 führen, bis zum Ende Jahr 2030 würde sich das Angebot allerdings auf dem Niveau des Startjahres einpendeln. Dennoch ließe sich so das Angebotspotenzial im Jahr 2030 um rund 11,9% auf rund 60.700 VZÄ heben. Würde zusätzlich das Renteneintrittsalter angehoben, würde sich das Angebotspotenzial im Jahr 2030 auf rund 64.200 VZÄ erhöhen. Damit ließen sich die zuvor dargestellten Personalengpässe auf 26.600 VZÄ (Szenario 1) bzw. 23.100 VZÄ verringern. Dennoch wäre auch in Szenario 2 noch 26,5% der Nachfrage nicht durch das Angebot in Baden-Württemberg gedeckt.

Der zweithöchste relative Personalengpass der nichtärztlichen Berufe in Baden-Württemberg könnte laut den Berechnungsergebnissen bei den Krankenpflegehelfern (854) auftreten. In Abbildung 6-21 ist die Entwicklung dieser Berufsordnung in Abhängigkeit der drei Szenarien dargestellt.

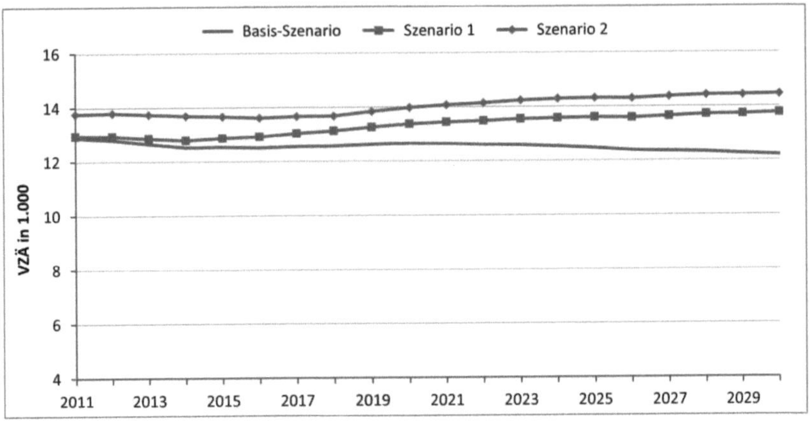

Quelle: Eigene Darstellung.

Abb. 6-21: Angebotspotenzial der Krankenpflegehelfer (854) in Baden-Württemberg in verschiedenen Szenarien

Im Vergleich zur Berufsklassifikation 853 geht das Angebotspotenzial der Krankenpflegehelfer voraussichtlich weniger stark zurück. Im Betrachtungszeitraum ist mit einem Rückgang von 5,2% zu rechnen. Mit einer um 10% höheren Teilnahme- und Vollzeitquote ließe sich das Angebotspotenzials im Jahr 2030 um bis zu 12,7% erhöhen (Szenario 1). Dann ständen 13.800 Vollzeitäquivalente zur Verfügung, in Szenario 2 sogar 14.400 VZÄ. Selbst im besten Szenario ließe sich Personalengpass „nur" auf 6.200 VZÄ bzw. 30% der Nachfrage reduzieren. Die weiteren berufsspezifischen Personalengpässe, die sich im Jahr 2030 in den Szenarien 1 und 2 einstellen könnten, sind in Tab. 6-15 zusammenfassend dargestellt.

Tab. 6-15: Engpässe nach Berufen in Baden-Württemberg in den Szenarien im Jahr 2030

	Engpass 2030					
	Basisszenario		Szenario 1		Szenario 2	
	absolut	relativ	absolut	relativ	absolut	relativ
8410/8411: Praktische Ärzte, Ärzte, o.n.A., Allgemein-(fach)-, Kinderärzte, Internisten	6.677	*25,0%*	4.560	*17,1%*	3.384	*12,7%*
8412: Chirurgen, Orthopäden	1.001	*24,0%*	808	*19,4%*	484	*11,6%*
8413: Hals-, Nasen- und Ohrenärzte	274	*42,0%*	233	*35,7%*	186	*28,5%*
8414: Augenärzte	321	*41,5%*	269	*34,8%*	216	*27,9%*
8416: Radiologen	309	*30,3%*	227	*22,2%*	144	*14,1%*
8418: Neurologen, Psychiater, Psychotherapeuten (Ärzte)	634	*27,9%*	460	*20,3%*	273	*12,0%*
8419: andere Fachärzte	1.596	*39,4%*	1.328	*32,8%*	1.014	*25,0%*
853: Krankenschwestern, -pfleger, Hebammen	33.077	*37,9%*	26.624	*30,5%*	23.148	*26,5%*
854: Helfer in der Krankenpflege	8.437	*40,9%*	6.889	*33,4%*	6.204	*30,0%*
857: Medizinallaboranten	2.249	*29,6%*	1.555	*20,5%*	1.264	*16,6%*
861: Altenpfleger	12.666	*26,4%*	7.997	*16,7%*	6.374	*13,3%*

Quelle: Eigene Darstellung.

6.3.3 Mecklenburg-Vorpommern

In Kapitel 6.2.3 wurden die möglichen berufsspezifischen Personalengpässe im Gesundheits- und Pflegewesen in Mecklenburg-Vorpommern analysiert. In Tab. 6-16 sind die Berufe mit den höchsten Engpässen zusammenfassend dargestellt.

Tab. 6-16: Berufe mit dem höchsten Engpass in Mecklenburg-Vorpommern in den Jahren 2020 und 2030

	Engpass			
	2020		2030	
	absolut	relativ	absolut	relativ
8410/8411: Praktische Ärzte, Ärzte, o.n.A., Allgemein-(fach)-, Kinderärzte, Internisten;	554	*13,8%*	668	*15,5%*
8412: Chirurgen, Orthopäden	-24	*-3,6%*	86	*12,4%*
8416: Radiologen	14	*8,6%*	70	*41,4%*
8418: Neurologen, Psychiater, Psychotherapeuten (Ärzte)	29	*8,4%*	95	*27,2%*
8419: andere Fachärzte	103	*16,0%*	222	*33,0%*
853: Krankenschwestern, -pfleger, Hebammen	3.547	*23,3%*	5.975	*36,4%*
854: Helfer in der Krankenpflege	1.148	*30,6%*	1.648	*40,6%*
861: Altenpfleger	1.112	*14,7%*	1.956	*22,9%*

Quelle: Eigene Darstellung.

Die Berufsklasse mit dem höchsten relativen Personalengpass im Jahr 2030 ist die Gruppe der Radiologen (8416). In Abb. 6-22 ist die Entwicklung des Angebotspotenzials in Vollzeitäquivalenten in den drei Szenarien dargestellt.

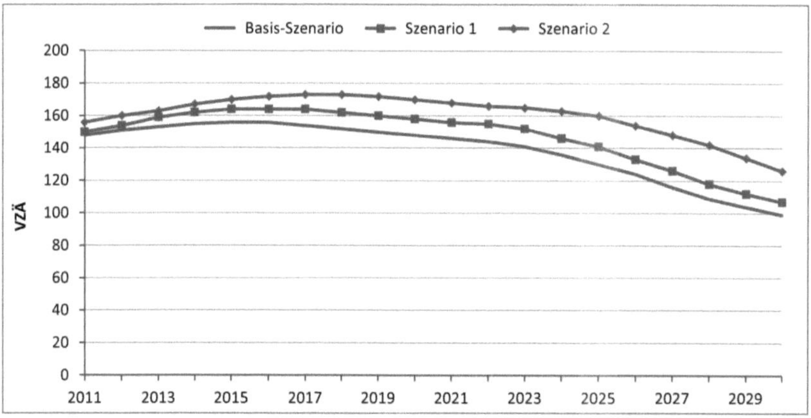

Quelle: Eigene Darstellung.

Abb. 6-22: Angebotspotenzial der Radiologen (8416) in Mecklenburg-Vorpommern in verschiedenen Szenarien

Im Basisszenario sinkt das Angebotspotenzial im Betrachtungszeitraum voraussichtlich um 33,1%. Durch eine Erhöhung der Teilnahme- und Vollzeitquote um 10% (Szenario 1) ließe sich das Angebotspotenzial in VZÄ im Jahr 2030 um 8,1% steigern. Eine deutlich größere Auswirkung hätte den Berechnungsergebnissen zufolge eine zusätzliche Erhöhung des Renteneintrittsalters (Szenario 2). Dadurch könnte das Angebotspotenzial im Jahr 2030 sogar um 27,3% erhöht werden. In Szenario 1 würde sich der Personalengpass im Jahr 2030 damit auf 36,7%, in Szenario 2 immerhin auf 25,4% reduzieren.

Die zweithöchsten absoluten Engpässe der ärztlichen Berufe treten im Jahr 2030 voraussichtlich bei der Gruppe der „anderen Fachärzte" auf. Aus Abbildung 6-23 ist ersichtlich, dass das Angebotspotenzial im Basisszenario im Betrachtungszeitraum um 14,9% sinkt, der relative Engpass im Jahr 2030 beträgt 33,0%. Die Annahmen des Szenario 1 würden zu einer Erhöhung des Angebots um 10,8% führen. Die Erhöhung des Renteneintrittsalters in Szenario 2 würde das Angebotspotenzial im Jahr 2030 sogar um 20,8% im Vergleich zum Basisszenario erhöhen. Damit ließen sich die relativen Personalengpässe auf 19,0% der Nachfrage reduzieren. Neben einer vorübergehenden Erhöhung des Personalangebots könnte damit im Jahr 2030 das Niveau des Ausgangsjahres gehalten werden.

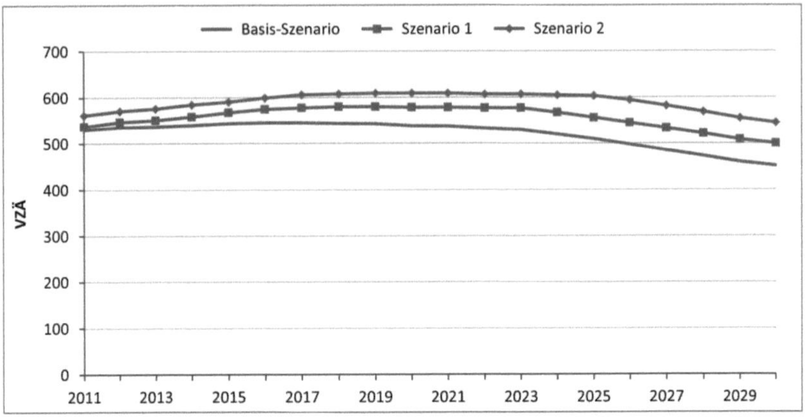

Quelle: Eigene Darstellung.

Abb. 6-23: Angebotspotenzial der „anderen Fachärzte" (8419) in Mecklenburg-Vorpommern in verschiedenen Szenarien

Die beschäftigungsstärkste nichtärztliche Berufsordnung im gesamten Gesundheits- und Pflegewesen in Mecklenburg-Vorpommern ist die Gruppe der Krankenschwestern, -pfleger und Hebammen (853). In Abb. 6-24 ist die Entwicklung des Angebotspotenzials dieser Berufsordnung dargestellt.

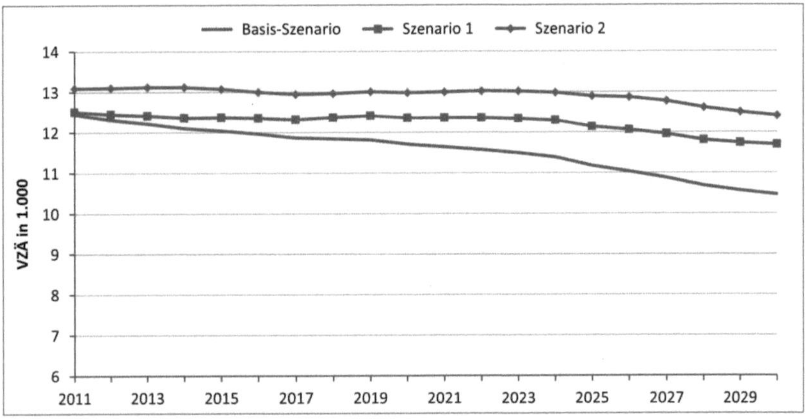

Quelle: Eigene Darstellung.

Abb. 6-24: Angebotspotenzial der Krankenschwestern, -pfleger, Hebammen (853) in Mecklenburg-Vorpommern in verschiedenen Szenarien

Unter den Annahmen des Basisszenarios könnte das Angebotspotenzial im Betrachtungszeitraum um 15,9% sinken. In Szenario 1 könnte es gelingen, das Angebot im Jahr 2030 um 11,8% auf 11.700 VZÄ zu erhöhen. Damit würde der Rückgang im Betrachtungszeitraum nur 6,5% betragen. Mit Szenario 2 ließe sich das Beschäftigungsniveau des Ausgangsjahres erreichen, dann könnten im Jahr 2030 etwa 12.400 VZÄ zur Verfügung stehen. Unter diesen Voraussetzungen würde sich der Personalengpass in dieser Berufsordnung auf 4.000 VZÄ reduzieren. Dennoch blieben etwa ein Viertel der benötigen Stellen unbesetzt. Die Hebung des Angebotspotenzials kann den erwarteten Nachfrageanstieg nicht ausgleichen.

Die zweithöchsten absoluten Personalengpässe im Gesundheits- und Pflegewesen werden bei den Altenpflegern (862) erwartet. Abb. 6-25 stellt die Entwicklung des Angebotspotenzials in den drei Szenarien dar.

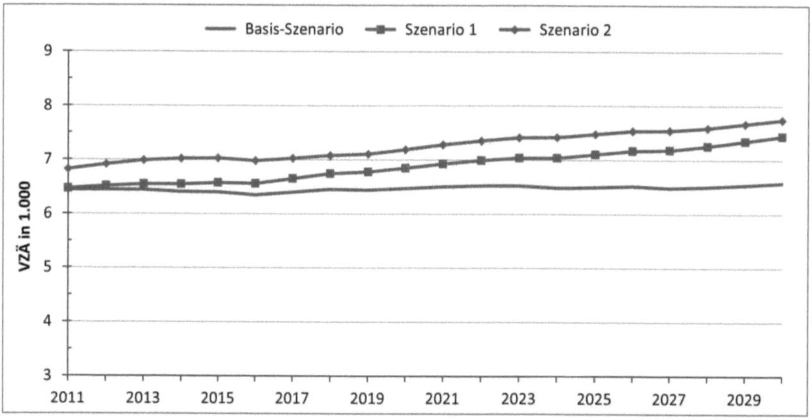

Quelle: Eigene Darstellung.

Abb. 6-25: Angebotspotenzial der Altenpfleger (861) in Mecklenburg-Vorpommern in verschiedenen Szenarien

Bereits im Basisszenario bleibt das Angebotspotenzial stabil auf dem Niveau des Ausgangsjahres und kann leicht um 2,2% zunehmen. Durch Erhöhung der Teilnahme- und Vollzeitquote um 10% wäre eine deutliche Steigerung des Personalangebots möglich. Im Jahr 2030 könnten in Szenario 1 rund 13,1% bzw. knapp 900 Vollzeitäquivalente mehr zur Verfügung stehen. Szenario 2 würde zu einem zusätzlichen Anstieg von 300 VZÄ führen. Dann könnten im Jahr 2030 rund 7.700 VZÄ zur Verfügung stehen. Damit ließe sich der Personalengpass auf rund 1.100 VZÄ bzw. 12,8% in Szenario 1 und sogar auf rund 800 VZÄ bzw. 9,3% in Szenario 2 reduzieren. In Tabelle 6-17 ist die Entwicklung aller Engpassberufe in Abhängigkeit der Szenarien 1 und 2 zusammenfassend dargestellt.

Tab. 6-17: Engpässe nach Berufen in Mecklenburg-Vorpommern in den Szenarien im Jahr 2030

	Engpass 2030					
	Basisszenario		Szenario 1		Szenario 2	
	absolut	relativ	absolut	relativ	absolut	relativ
8410/8411: Praktische Ärzte, Ärzte, o.n.A., Allgemein-(fach)-, Kinderärzte, Internisten;	668	*15,5%*	277	*6,4%*	151	*3,5%*
8412: Chirurgen, Orthopäden	86	*12,4%*	53	*7,7%*	2	*0,3%*
8416: Radiologen	70	*41,4%*	62	*36,7%*	43	*25,4%*
8418: Neurologen, Psychiater, Psychotherapeuten (Ärzte)	95	*27,2%*	70	*20,1%*	35	*10,0%*
8419: andere Fachärzte	222	*33,0%*	173	*25,7%*	128	*19,0%*
853: Krankenschwestern, -pfleger, Hebammen	5.975	*36,4%*	4.741	*28,8%*	4.022	*24,5%*
854: Helfer in der Krankenpflege	1.648	*40,6%*	1.344	*33,1%*	1.194	*29,4%*
861: Altenpfleger	1.956	*22,9%*	1.096	*12,8%*	791	*9,3%*

Quelle: Eigene Darstellung.

6.3.4 Berlin-Brandenburg

In Kapitel 6.2.4 wurden die berufsspezifische Entwicklung und die sich daraus ergebenden berufsspezifischen Engpässe im Gesundheits- und Pflegewesen in der Region Berlin-Brandenburg analysiert. Die Berufe mit einem möglichen Engpass sind in Tab. 6-18 zusammengefasst.

Tab. 6-18: Berufe mit dem höchsten Engpass in der Region Berlin-Brandenburg in den Jahren 2020 und 2030

	Engpass			
	2020		2030	
	absolut	relativ	absolut	relativ
8410/8411: Praktische Ärzte, Ärzte, o.n.A., Allgemein-(fach)-, Kinderärzte, Internisten;	400	*2,6%*	1.805	*10,7%*
8412: Chirurgen, Orthopäden	360	*15,4%*	799	*32,4%*
8413: Hals-, Nasen- und Ohrenärzte	43	*12,0%*	174	*46,5%*
8414: Augenärzte	78	*18,6%*	206	*46,4%*
8416: Radiologen	110	*19,2%*	270	*44,6%*
8419: andere Fachärzte	470	*20,9%*	1.085	*45,6%*
853: Krankenschwestern, -pfleger, Hebammen	11.775	*24,1%*	20.019	*37,2%*
854: Helfer in der Krankenpflege	4.660	*33,6%*	7.002	*45,5%*
855: Diätassistenten, Pharmazeutisch-technische Assistenten	212	*30,0%*	156	*20,7%*
856: Sprechstundenhelfer	7.486	*18,7%*	7.463	*17,4%*
857: Medizinallaboranten	376	*8,8%*	880	*19,4%*
861: Altenpfleger	1.742	*7,3%*	6.109	*21,5%*

Quelle: Eigene Darstellung.

Die Facharztrichtungen der Praktischen Ärzte, Allgemeinärzte, Kinderärzte und Internisten (8410/8411) weist mit 10,7% den geringsten relativen Personalmangel im Jahr 2030 auf. Dennoch ist diese größte ärztliche Berufsklasse für die Sicherstellung der gesundheitlichen Versorgung entscheidend. Ob sich die Personallücke von rund 1.800 VZÄ durch Anhebung der Teilnahme- und Vollzeitquote (Szenario 1) sowie zusätzlich des Renteneintrittsalters (Szenario 2) schließen lässt, soll im Folgenden analysiert werden. In Abb. 6-26 ist das Angebotspotenzial in der Region Berlin-Brandenburg in Abhängigkeit der drei Szenarien dargestellt.

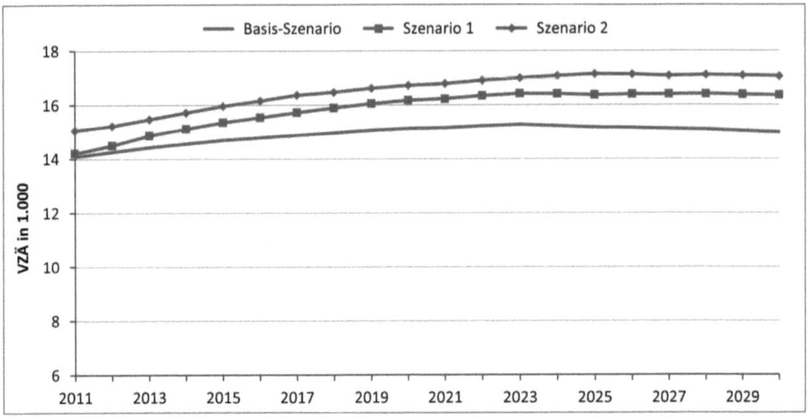

Quelle: Eigene Darstellung.

Abb. 6-26: Angebotspotenzial der Allgemeinmediziner (8410/8411) in der Region Berlin-Brandenburg in verschiedenen Szenarien

Im Basisszenario steigt das Angebotspotenzial im Betrachtungszeitraum um 6,4% auf rund 15.000 VZÄ. In Szenario 1 könnte das Angebotspotenzial um 9,1% auf rund 16.400 VZÄ gehoben werden. Bei einer zusätzlichen Anhebung des Renteneintrittsalters um zwei Jahre (Szenario 2), könnte das Angebotspotenzial im Jahr 2030 um insgesamt 13,8% gesteigert werden. Damit ließe sich bereits in Szenario 1 der mögliche Personalmangel auf rund 400 VZÄ bzw. 2,6% reduzieren. In Szenario 2 könnte die Personallücke sogar vollständig geschlossen werden, es würde sich gar ein rechnerischer Überschuss von 1,6% einstellen.

Bei der ärztlichen Berufsklasse der „anderen Fachärzte" könnte im Jahr 2030 sowohl ein sehr hoher relativer Personalengpass als auch der zweithöchste absolute Engpass aller ärztlichen Berufe auftreten. Die Entwicklung des Angebotspotenzials in den drei Szenarien ist für diese Berufsklasse in Abb. 6-27 dargestellt.

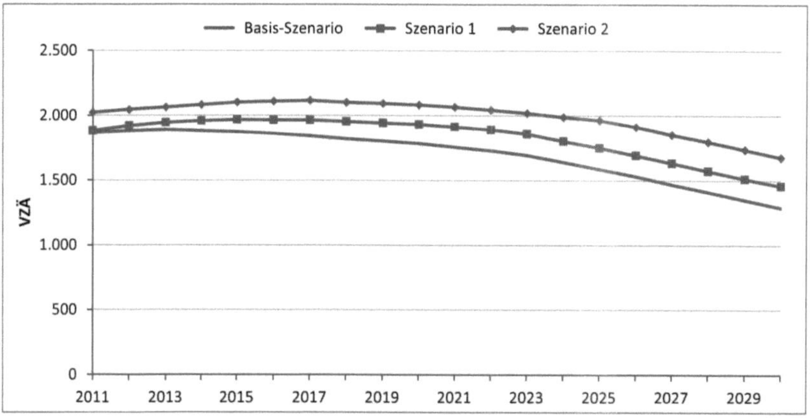

Quelle: Eigene Darstellung.

Abb. 6-27: Angebotspotenzial der „übrigen Fachärzte" (8419) in der Region Berlin-Brandenburg in verschiedenen Szenarien

Im Basisszenario sinkt das Angebotspotenzial im Betrachtungszeitraum um 30,8%. Die Erhöhung der Quoten in Szenario 1 könnten zu einer Anhebung des Angebotspotenzials im Jahr 2030 um 12,8% führen. Die zusätzliche Erhöhung des Renteneintrittsalters um zwei Jahre würde sogar zu einer Erhöhung von 29,9% auf knapp 1.700 Vollzeitäquivalente führen. Dadurch ließe sich der ursprüngliche Personalengpass von rund 1.100 VZÄ im Jahr 2030 auf 700 VZÄ reduzieren. Dennoch blieben auch unter den Annahmen des besten Szenarios noch 29,4% der nachgefragten Stellen unbesetzt.

Die Zusammenfassung in Tab. 6-18 hat gezeigt, dass die absolut höchsten Personalengpässe bei den nichtärztlichen Berufen in der Region Berlin-Brandenburg bei den Krankenpflegehelfern (854) und den Sprechstundenhelfern (856) entstehen könnten. Zunächst wird in Abbildung 6-28 die Entwicklung des Angebotspotenzials der Krankenpflegehelfer in Abhängigkeit der drei Szenarien dargestellt.

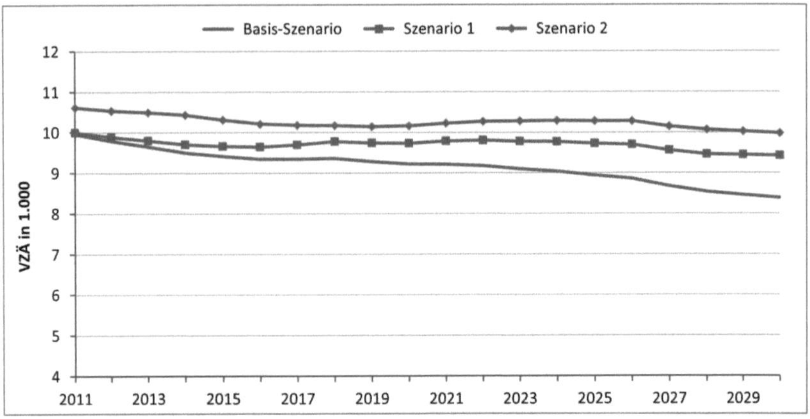

Quelle: Eigene Darstellung.

Abb. 6-28: Angebotspotenzial der Krankenpflegehelfer (854) in der Region Berlin-Brandenburg in verschiedenen Szenarien

Der im Basisszenario festgestellte Rückgang des Angebotspotenzials von 15,7% im Betrachtungszeitraum, ließe sich durch die Erhöhung der Teilnahme- und Vollzeitquote um 10% (Szenario 1) bereits deutlich reduzieren. Im Jahr 2030 könnten damit bereits rund 1.000 VZÄ bzw. 12,3% mehr Vollzeitäquivalente als im Basisszenario erreicht werden. Der Engpass dieser Berufsordnung würde damit von 7.000 VZÄ auf 6.000 VZÄ bzw. 38,8% der Nachfrage sinken. Durch Anhebung des Renteneintrittsalters um zwei Jahre, könnte das vorhandene Angebotspotenzial noch besser genutzt werden, so dass im Jahr 2030 ca. 600 weitere VZÄ zur Verfügung stehen könnten. Insgesamt könnte dann ein Angebotspotenzial von knapp 10.000 VZÄ erreicht werden, was dem Niveau des Ausgangsjahres entspricht. Damit würde sich der Engpass der Krankenpfleger auf ca. 5.400 VZÄ bzw. 35,1% reduzieren.

Die nichtärztliche Berufsordnung mit dem zweithöchsten Beschäftigungsumfang nach der BKZ 853 stellt die Gruppe der Sprechstundenhelfer (856) dar. Im Vergleich zu den bisher analysierten Bundesländern zeigte sich, dass die Berechnungsergebnisse für Berlin-Brandenburg einen Personalengpass ausweisen. Aus diesem Grund ist in Abbildung 6-29 die Entwicklung des Angebotspotenzials unter Berücksichtigung der Szenarien dargestellt.

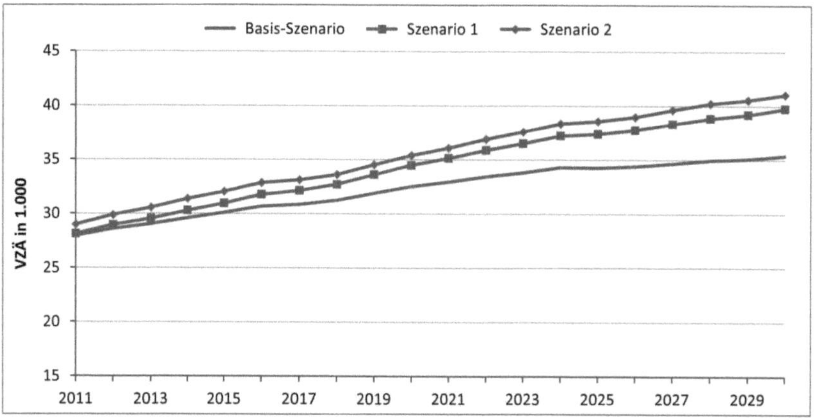

Quelle: Eigene Darstellung.

Abb. 6-29: Angebotspotenzial der Sprechstundenhelfer (856) in der Region Berlin-Brandenburg in verschiedenen Szenarien

Im Vergleich zu den bisher analysierten nichtärztlichen Berufsordnungen ist bei den Sprechstundenhelfern auch in Zukunft mit einem Anstieg des Angebotspotenzials zu rechnen. Im Basisszenario steigt das Angebot in der Region Berlin-Brandenburg um 26,6%. Wenn sich die Teilnahme- und Vollzeitquote dieser Berufsordnung um 10% steigern ließe (Szenario 1), könnten im Jahr 2030 ca. 4.400 zusätzliche VZÄ zur Verfügung stehen; ein Anstieg von 12,4% im Vergleich zum Basisszenario. Die Anpassung des Renteneintrittsalters in Szenario 2 hat mit einem zusätzlichen Potenzial von ca. 1.300 VZÄ dagegen einen geringeren Hebel. Insgesamt ließe sich in diesem Szenario eine Steigerung des Angebots von 16,0% im Jahr 2030 im Vergleich zum Basisszenario erreichen. Ausgehend von einem Engpass im Basisszenario von rund 7.500 VZÄ, könnten die Personalengpässe in Berlin-Brandenburg auf 3.100 VZÄ bzw. 7,2% in Szenario 1 oder ca. 1.800 VZÄ bzw. 4,2% in Szenario 2 reduziert werden. Die Entwicklung des Engpasses der übrigen Berufe ist in Tab. 6-19 dargestellt.

Tab. 6-19: Engpässe nach Berufen in der Region Berlin-Brandenburg in den Szenarien im Jahr 2030.

	Engpass 2030					
	Basisszenario		Szenario 1		Szenario 2	
	absolut	relativ	absolut	relativ	absolut	relativ
8410/8411: Praktische Ärzte, Ärzte, o.n.A., Allgemein-(fach)-, Kinderärzte, Internisten;	1.805	*10,7%*	438	*2,6%*	-265	*-1,6%*
8412: Chirurgen, Orthopäden	799	*32,4%*	689	*27,9%*	478	*19,4%*
8413: Hals-, Nasen- und Ohrenärzte	174	*46,5%*	147	*39,3%*	102	*27,3%*
8414: Augenärzte	206	*46,4%*	178	*40,1%*	142	*32,0%*
8416: Radiologen	270	*44,6%*	224	*37,0%*	167	*27,6%*
8419: andere Fachärzte	1.085	*45,6%*	920	*38,7%*	699	*29,4%*
853: Krankenschwestern, -pfleger, Hebammen	20.019	*37,2%*	16.026	*29,8%*	13.746	*25,6%*
854: Helfer in der Krankenpflege	7.002	*45,5%*	5.969	*38,8%*	5.407	*35,1%*
856: Sprechstundenhelfer	7.463	*17,4%*	3.084	*7,2%*	1.797	*4,2%*
857: Medizinallaboranten	880	*19,4%*	418	*9,2%*	185	*4,1%*
861: Altenpfleger	6.109	*21,5%*	3.198	*11,3%*	2.077	*7,3%*

Quelle: Eigene Darstellung.

7 Fazit und Ausblick

Ziel dieser Arbeit war die Beantwortung der zentralen Fragestellung, wie sich die Personalnachfrage und das Personalangebot im Gesundheits- und Pflegewesen in den kommenden Jahren bis 2030 entwickeln könnten und in welchen Berufen, Einrichtungen und Regionen somit zukünftig mit Personalengpässen zu rechnen ist, die womöglich die Sicherstellung einer flächendeckenden Versorgung gefährden. Dazu wurde unter Berücksichtigung der für die gesundheitliche Versorgung wichtigen Berufe und Einrichtungen aufgezeigt, welche Qualifikationen (Berufe, Fachrichtungen), zu welchem Zeitpunkt (Jahr) und in welcher Einrichtung (Sektor) benötigt werden und ob diese Nachfrage durch das vorhandene Angebotspotenzial gedeckt werden kann. Zur Beantwortung der Fragestellung dieser Arbeit wurde ein empirisches Berechnungsmodell zur Quantifizierung der zukünftigen Personalnachfrage und des Personalangebots im Gesundheits- und Pflegewesen in Deutschland entwickelt.

Vorab muss betont werden, dass der Arbeitsmarkt im Gesundheits- und Pflegewesen in Deutschland sehr heterogen ist und mögliche Personalengpässe kein flächendeckendes, einrichtungs- oder berufsspezifisches Phänomen ist. Insbesondere auf regionaler Ebene können sich Personalangebot und -nachfrage sehr unterschiedlich entwickeln. Daher wurden die genannten Dimensionen um die regionale Analysemöglichkeit auf Bundeslandebene ergänzt. Ferner unterliegt das Gesundheits- und Pflegewesen einem stetigen institutionellen Wandel und wird von zahlreichen Trends, wie z. B. der demografischen Entwicklung oder dem medizinisch-technischen Fortschritt, geprägt. Um diesem Sachverhalt Rechnung zu tragen, wurde als weitere Prämisse des Modells die Notwendigkeit einer kontinuierlichen Datenaktualisierung berücksichtigt. Aus diesem Grund wurde bei der Berechnung auf Primärerhebungen verzichtet und es fließen ausschließlich amtliche, frei zugängliche und regelmäßig erhobene Statistiken in das Berechnungsmodell ein.

Zunächst wurden in Kapitel 2 bestehende Bedarfsplanungsrichtlinien skizziert und ausgewählte Personalbedarfsprognosen vorgestellt. Es hat sich gezeigt, dass sich diese nur auf Teilbereiche des Gesundheits- und Pflegewesen beziehen oder bestimmte Berufe herausgreifen. In Kapitel 3 wurden anschließend die zentralen Einflussfaktoren auf Personalangebot und -nachfrage identifiziert. In Kapitel 4 erfolgte die einrichtungs- und berufsspezifische Abgrenzung des Untersuchungsgebietes. Dort wurde auch die Quantifizierbarkeit der zuvor identifizierten Einflussfaktoren vor dem Hintergrund der verfügbaren Datenbasis beurteilt. Die wesentlichen und im Berechnungsmodell berücksichtigten Komponenten sind epidemiologische und demografische Komponenten. Dazu gehören insbesondere die geschlechts-, alters- und regionalspezifische Verteilung der (Erwerbs-) Bevölkerung, die sowohl Auswirkungen auf die Angebots- als auch auf die Nachfrageseite haben. Auf der Nachfrageseite wirken diese auf die Morbidität bzw. Pflegebedürftigkeit ein, die in Form von alters- und geschlechtsspezifischen Morbiditäts- und Pflegequoten in das Modell einfließen. Auf der Angebotsseite wird die Alters- und Geschlechtsstruktur der Beschäftigten verwendet, um berufsspezifische Renteneintritte zu bestimmen. Außerdem wurden berufsspezifische Teilnahme- und Vollzeitquoten berücksichtigt. Letztere erlauben Umrechnungen der Beschäftigten in Vollzeitäquivalente. Eine weitere Komponente der Angebotsseite sind die zukünftigen Studien- und Ausbildungsabsolventen, die die Neuzugänge in den relevanten Berufen darstellen. Die Zusammenführung dieser Einflussfaktoren im Berechnungsmodell wurde in Kapitel 5 beschrieben.

Die Analyse der Ergebnisse in Kapitel 6 hat gezeigt, dass zur Beantwortung der Frage möglicher Engpässe eine differenzierte Analyse der Dimensionen Beruf bzw. Qualifikation, Zeitpunkt, Einrichtung und Region vorgenommen werden muss. Für das Aggregat aller Beschäftigten in Deutschland zeigen die Ergebnisse zunächst, dass die potenzielle Nachfrage nach Gesundheitspersonal sowohl gegenwärtig als auch zukünftig das Angebot übersteigen könnte. Zwar nimmt das Angebotspotenzial in den betrachteten Berufen zwischen den Jahren 2011 und 2030 um 3,6% auf 1,82 Mio. Vollzeitäquivalente zu, im gleichen Zeitraum ist jedoch mit einem Nachfrageanstieg von 17,7% zu rechnen. Entsprechend des Berechnungsmodells könnte im Jahr 2030 ein Personalengpass im Gesundheits- und Pflegewesen in Deutschland von ca. 410.000 VZÄ bzw. 18,4%. der Gesamtnachfrage entstehen.

Diese Entwicklung ist jedoch nach Einrichtungen und Berufen im Zeitverlauf unterschiedlich. Die höchste Personalnachfrage entsteht dabei voraussichtlich in den stationären Einrichtungen des Gesundheitswesens. Im Jahr 2030 könnte die Nachfrage dort 892.000 Vollzeitäquivalente betragen. Für den starken Anstieg der Personalnachfrage sind jedoch maßgeblich die stationären Einrichtungen des Pflegewesens verantwortlich. In diesen Einrichtungen könnte die Nachfrage zwischen den Jahren 2011 und 2030 voraussichtlich um 46,6% auf 326.000 VZÄ ansteigen. In den ambulanten Pflegeeinrichtungen ist der Anstieg mit 45,7% auf 184.000 VZÄ nur unwesentlich geringer.

Aus den skizzierten Entwicklungen resultieren Personalengpässe, die sich jedoch berufsspezifisch deutlich unterscheiden können. Die höchsten absoluten Personalengpässe innerhalb der Ärzte treten den Berechnungsergebnissen zufolge bei den Allgemeinmedizinern (8410/8411) auf. Dort könnte im Jahr 2030 die mögliche Personallücke rund 46.000 Vollzeitäquivalente bzw. 22,0% betragen. Bezüglich des relativen Engpasses sind insbesondere die Facharztgruppen (8412

-8419) hervorzuheben, denen im Jahr 2030 ca. bzw. 25,5% der Nachfrage fehlen könnten. Hier ergeben sich zudem starke berufsspezifische Differenzen, die von einem ausgeglichenen Arbeitsmarkt bei den Frauenärzten (8415) bis zu einem Engpass von 38,6% bei den Augenärzten (8514) reichen.

Bei den nichtärztlichen Berufen drohen vor allem in Pflegeberufen hohe Engpässe. Hier zeigt die vorliegende Arbeit, dass insbesondere bei der Berufsgruppe der „Krankenpflegehelfer" (854) eine hohe Diskrepanz zwischen Personalangebot und -nachfrage herrscht. Unter den Rahmenbedingungen des Basisszenarios könnten im Jahr 2030 etwa 69.500 VZÄ fehlen. Dies entspricht 39,1% der nachgefragten Vollzeitäquivalenten. In der Berufsgruppe der „Krankenschwestern, -pfleger, Hebammen" (853) fällt der Engpass im Jahr 2030 mit ca. 236.000 fehlenden VZÄ, bedingt durch den deutlich größeren Beschäftigungsumfang, höher aus. Der relative Engpass ist hier mit 34,5% etwas geringer. Für die Altenpfleger und Altenpflegehelfer (861) zeigen die Berechnungsergebnisse einen Engpass von ca. 48.000 Vollzeitäquivalenten bzw. 14,2% im Jahr 2030.

Neben diesen Beispielen für berufs- und einrichtungsspezifischen Engpässe hat die Arbeit jedoch auch gezeigt, dass es in einigen Berufsgruppen zu einem ausgeglichenen Arbeitsmarkt kommen kann. So könnte im Jahr 2030 bei den Sprechstundenhelfern, die die beschäftigungsstärkste Berufsgruppe im Gesundheits- und Pflegewesen darstellen, kein Engpass auftreten. Eine Überversorgung ist bei der Berufsgruppe der „Masseure, Krankengymnasten und verwandten Berufe" zu erwarten. Unter den Rahmenbedingungen des Basisszenarios könnten im Jahr 2030 etwa 29.500 VZÄ bzw. 22,5% mehr Vollzeitäquivalente zur Verfügung stehen, als in den betrachteten Einrichtungen des Gesundheits- und Pflegewesens nachgefragt werden.

Neben Unterschieden hinsichtlich der Berufe und Einrichtungen konnten in dieser Arbeit große regionale Unterschiede herausgestellt werden. Zwar zeigt die Analyse, dass sich die wesentlichen Trends auch regional entfalten, dennoch kann es regional zu deutlich unterschiedlichen Ausprägungen der Engpässe kommen. So beträgt beispielsweise der prognostizierte Personalengpass der Allgemeinmediziner in Nordrhein-Westfalen im Jahr 2030 ca. 24,5% der Nachfrage, während er in der Region Berlin-Brandenburg voraussichtlich nur 10,7% beträgt (vgl. Kapitel 6.2). Des Weiteren konnte gezeigt werden, dass insbesondere in den Bundesländern Nordrhein-Westfalen und Baden-Württemberg mit 89.000 VZÄ bzw. 66.000 VZÄ ein hoher absoluter Personalengpass bestehen könnte. In Brandenburg und Mecklenburg-Vorpommern ist dagegen mit 28,2 % bzw. 21,5% der Nachfrage ein hoher relativer Personalengpass in den Regionen zu erwarten.

Durch die durchgeführte Szenarienanalyse konnte gezeigt werden, dass sich Stellschrauben, wie z. B. eine Erhöhung der Teilnahme- und Vollzeitquote oder ein um zwei Jahre höheres Renteneintrittsalter, unterschiedlich auf die berufsspezifischen Angebotspotenziale auswirken. Die Ergebnisse weisen darauf hin, dass durch die gewählten Stellschrauben zwar eine zum Teil deutliche Reduzierung der berufsspezifischen Engpässe möglich wird, eine gänzliche Verhinderung der Personalengpässe jedoch nur in einigen Berufen möglich wäre (vgl. Kapitel 6.3).

Insgesamt müssen die Ergebnisse vor dem Hintergrund interpretiert werden, dass die Nachfrageberechnung einer Status-Quo-Fortschreibung entspricht. Dieser Status-Quo bezieht sich auf die im Basisjahr geltenden Relationen von Personal zu Krankenhausfällen, Krankheitskosten oder Pflegefällen, die auf die zukünftig zu erwartenden Krankheits- und Pflegefälle angewendet werden. Dennoch lassen die hier vorgestellten Projektionen erkennen, mit welchen Entwicklungen in welchen Einrichtungen und Berufen zu rechnen sein könnte, wenn die heutigen Maßstäbe bezüglich der Personalrelationen auch in Zukunft angelegt werden.

Das vorgestellte Berechnungsmodell erlaubt somit erstmals regional differenzierte und objektive Ergebnisse, die auf einer einheitlichen Methodik aufbauen und deshalb einen Vergleich der Bundesländer zulassen. Somit leistet die Arbeit einen Beitrag dazu, wie die zukünftigen Herausforderungen der Personalsituation im Gesundheits- und Pflegewesen empirisch gemessen werden können. Auf Basis dieser Daten könnten Handlungsempfehlungen ausgesprochen werden, um adäquate Maßnahmen zu ergreifen. Beispielsweise könnten die Analysen bei der Steuerung des Gesundheits- und Pflegewesens im Rahmen der Anwendung von Bedarfsplanungsrichtlinien verwendet werden (vgl. Kapitel 2.1). Ferner besteht die Möglichkeit, die Planung der Ausbildungskapazitäten an dem so ermittelten Bedarf auszurichten. Darüber hinaus hat die Szenarienanalyse gezeigt, wie sich bestimmte Handlungsoptionen, die durch Variation einzelner Modellparameter abgebildet wurden, auf das Ergebnis bzw. auf die zu erwartenden Personalengpässe auswirken.

Zukünftige Forschungstätigkeiten sollten sich insbesondere auf die Schaffung einer besseren Datenbasis für den ambulanten Sektor des Gesundheitswesens konzentrieren. Zum einen fehlt es beispielsweise an einer umfangreichen Morbiditätsstatistik für diesen Bereich. Zum anderen werden dort dringend detaillierte regionale Beschäftigungsstatistiken für die nichtärztlichen Berufe benötigt. Dies ist erforderlich, um die Qualität der regionalen Personalbedarfsprognose langfristig zu verbessern.

Darüber hinaus muss bei der regionalen Berechnung von berufs- und einrichtungsspezifischem Personalangebot und -nachfrage bedacht werden, dass die Bundeslandebene kein geeigneter Indikator für die lokale Versorgungslage darstellt. Somit müsste der Heterogenität innerhalb der Bundesländer, beispielsweise zwischen ländlichen und urbanen Regionen stärker Rechnung getragen werden. Um lokal auftretende Versorgungsengpässe zu identifizieren, bieten sich die regulären Grenzen der Gebietskörperschaften – wie etwa die Landkreise – nicht an. Sie sind kein geeignetes Abgrenzungskriterium, da die medizinische und pflegerische Versorgung häufig über Landkreisgrenzen hinweg sichergestellt wird bzw. werden muss. Hier müssten eher lokale Versorgungsradien definiert werden, die an den Entfernungen vom Wohnort zu den Einrichtungen des Gesundheits- und Pflegewesens gemessen werden.

Abschließend sei angemerkt, dass sich die Beschäftigten in dem in dieser Arbeit abgegrenzten Untersuchungsgebiet, in einem gesamtwirtschaftlichen Kontext bewegen, der bei der Quantifizierung von zukünftigem Personalangebot und -nachfrage im Gesundheits- und Pflegewesen ausgeklammert wird. Es ist jedoch entscheidend, dass die demografische Entwicklung nicht nur im Untersuchungsgebiet zu einer Angebotsverknappung führen könnte, sondern dass dadurch in allen anderen Wirtschaftszweigen in Deutschland zukünftig regionale oder überregionale Personalengpässe drohen bzw. bereits heute bestehen.[415] Folglich stehen die Einrichtungen des Gesundheits- und Pflegewesens mit Unternehmen anderer Branchen im Wettbewerb um Personal, insbesondere Nachwuchskräfte. Vor dem Hintergrund eines generell schrumpfenden Erwerbspersonenpotenzials wird dieser Wettbewerb in Zukunft maßgeblich über den Lohn entschieden, den die Unternehmen bereit sind, für qualifiziertes Personal zu bezahlen. Hierbei könnte das Gesundheits- und Pflegewesen, als staatlich regulierter und budgetierter Teilbereich der deutschen Wirtschaft, das Nachsehen haben. Die in dieser Arbeit vorgestellten Ergebnisse beruhen auf der zurückliegenden relativen Attraktivität der Gesundheitsdienstberufe. Wird sich die Lohnrelation zukünftig zu Ungunsten der Gesundheitsdienstberufe verschieben, ist davon auszugehen, dass weniger junge Menschen eine Ausbildung in diesen Berufe ergreifen und als Resultat die Personalengpässe im Gesundheits- und Pflegewesen noch größer ausfallen könnten, als in dieser Arbeit vorgestellt.

415 Vgl. u. a. BMWi (2013); Kettner (2012); Biersack et al. (2007).

Quellenverzeichnis

Abraham, K. G. (1991): Mismatch and Labour Mobility: Some Final Remarks. In: Padoa-Schioppa, F. (Hrsg.): Mismatch and Labour Mobility. Cambridge University Press, Cambridge u. a. S. 453-485.

Afentakis, A. / Böhm, K. (2009): Beschäftigte im Gesundheitswesen. In: Robert Koch-Institut (Hrsg.): Gesundheitsberichterstattung des Bundes, Heft 46, Berlin.

Afentakis, A. / Maier, T. (2010): Projektionen des Personalbedarfs und -angebots in Pflegeberufen bis 2025. In: Statistisches Bundesamt (Hrsg.): Wirtschaft und Statistik 11/2010. Wiesbaden. S. 990-1002.

Albrecht, M. / Nolting, H.-D. / Schliwen, A. / Schwinger, A. (2012): Neuordnung der ärztlichen Bedarfsplanung. Wissenschaftliches Gutachten im Auftrag der Patientenvertretung im Gemeinsamen Bundesausschuss nach §140f SGB V. IGES Institut GmbH, Berlin. URL: http://www.iges.de/presse07/pressemeldungen_2012/bedarfsplanung/e11838/infoboxContent11841/IGESInstitut_GutachtenzurNeuordnungderrztlichenBedarfsplanung_Mai2012_ger.pdf, letzter Abruf 08.12.2012.

Andersen, H. H. / Schwarze, J. (1997): Angebotsinduzierte Nachfrage bei zunehmendem Wettbewerb – Eine empirische Analyse der Inanspruchnahme ambulanter ärztlicher Leistungen. Veröffentlichungsreihe des Berliner Zentrums Public Health, Berlin. URL: http://bsph.charite.de/fileadmin/user_upload/microsites/m_cc01/bsph/Blaue_Reihe/1997-05_ger.pdf, letzter Abruf 12.03.2012.

Andersen, H. H. / Schwarze, J. (2003): Bedarfsprofile in der gesetzlichen Krankenversicherung (GKV). Zur Analyse gruppenspezifischer Unterschiede bei der Inanspruchnahme des Gesundheitsversorgungssystems. Veröffentlichungsreihe des Berliner Zentrums Public Health, Berlin. URL: http://bsph.charite.de/fileadmin/user_upload/microsites/m_cc01/bsph/Blaue_Reihe/2003-05_ger.pdf, letzter Abruf 12.03.2012.

Andersen, R. / Newman, J. F. (2005): Societal and Individual Determinants of Medical Care Utilization in the United States. The Milbank Quarterly, Vol. 83 (4), S. 1-28.

Andersen, R. M. (1995): Revisiting the Behavioral Model and Access to Medical Care: Does It Matter? Journal of health and social behavior, Vol. 36, S. 1-10.

AOK (2010): Bedarfsplanung Ärzte, Zahnärzte. URL: http://www.aok-bv.de/lexikon/b/index_00228.html, letzter Abruf 10.03.2010.

Apolte, T. (2004): Arbeitsmarktökonomik. URL: http://www.wiwi.uni-muenster.de/ioeb/Downloads/studieren/VERANSTALTUNGEN/WS04 05/041656/Arbeitsmarktoekonomik.pdf, letzter Abruf 29.03.20212.

Asef, D. / Wanger, S. / Zapf, I. (2011): Statistische Messung des Arbeitseinsatzes – Erkenntnisgewinn durch die Berechnung von Arbeitsvolumen und Vollzeitäquivalenten der Erwerbstätigen. In: Statistisches Bundesamt (Hrsg.): Wirtschaft und Statistik 11/2011. Wiesbaden. S. 1058-1064.

Bährle, J. (2011): Praxisrecht für Therapeuten – Rechtstipps von A bis Z. Springer, Berlin, Heidelberg.

Behrendt, S. (2009): Morbidität in den Arztpraxen. Optionen zur Abbildung von Krankheitshäufigkeiten in der ambulant-ärztlichen Gesundheitsversorgung – ein Pilotprojekt. In: Statistisches Bundesamt (Hrsg.): Wirtschaft und Statistik, 11/2009. Wiesbaden. S. 1099-1108.

Bellach, B.-M. / Knopf, H. / Thefeld, W. (1998): Der Bundes-Gesundheitssurvey 1997/98. Das Gesundheitswesen, Vol. 60 (2), S. 59-68.

Beske, F. / Becker, E. / Katalinic, A. / Krauss, C. / Pritzkuleit, R. (2007): Gesundheitsversorgung 2050 – Prognose für Deutschland und Schleswig-Holstein. Fritz Beske Institut für Gesundheits-System-Forschung, Kiel.

Beske, F. / Katalinic, A. / Peters, E. / Pritzkuleit, R. (2009): Morbiditätsprognose 2050 – Ausgewählte Krankheiten für Deutschland, Brandenburg und Schleswig-Holstein. Fritz Beske Institut für Gesundheits-System-Forschung, Kiel.

Biersack, W. / Kettner, A. / Schreyer, F. (2007): Fachkräftebedarf: Engpässe, aber noch kein allgemeiner Ingenieurmangel. IAB Kurzbericht Nr.16 – 04.09.2007, URL: http://doku.iab.de/kurzber/2007/kb1607.pdf, letzter Abruf: 15.03.2013.

Birch, S. et al. (2007): Health human resources planning and the production of health: Development of an extended analytical framework for needs-based health human resources planning. SEDAP Research Paper No. 168. URL: http://journals.lww.com/jphmp/Fulltext/2009/11001/Health_Human_Resources_Planning_and_the_Production.14.aspx#, letzter Abruf 12.03.2012.

Blanchard, O. / Illing, G. (2004): Makroökonomie. 3., aktualisierte Auflage, Pearson Studium, München.

Bloor, K. / Maynard, A. (2003): Planning human resources in health care: Towards an economic approach. An international comparative review. Canadian Health Services Research Foundation, Ottawa. URL: http://www.chsrf.ca/Migrated/PDF/ResearchReports/CommissionedResearch/bloor_report.pdf, letzter Abruf 12.03.2012.

Blossfeld, H.-P. / Bos, W. / Daniel, H.-D. / Hannover, B. / Lenzen, D. / Prenzel, M. / Wößmann, L. (2011): Bildungsreform 2000 – 2010 – 2020. Jahresgutachten 2011. Vbw – Vereinigung der Bayerischen Wirtschaft (Hrsg.). VS Verlag, Wiesbaden.

Blum, K. / Löffert, S. (2010): Ärztemangel im Krankenhaus – Ausmaß, Ursachen, Gegenmaßnahmen. Forschungsgutachten im Auftrag der Deutschen Krankenhausgesellschaft. Deutsches Krankenhausinstitut, Düsseldorf.

Blum, K. / Löffert, S. / Offermanns, M. / Steffen, P. (2011): Krankenhaus Barometer 2011. Deutsches Krankenhausinstitut, Düsseldorf.

Blum, K. / Offermanns, M. (2009): Krankenhaus Barometer 2009. Deutsches Krankenhausinstitut, Düsseldorf.

bpa – Bundesverband privater Anbieter sozialer Dienste e.V. (2013): Analyse: Fachkräftemangel in der Pflege nimmt weiter drastisch zu. bpa Pressemitteilung, 11. Januar 2013 (Nr. 1/12), Berlin. URL: http://www.bpa.de/uploads/media/PM_Fachkraefteengpassanalyse_BA_red.pdf, letzter Abruf 30.01.2013.

Bräuninger, M. / Sattler, C. / Kriedel, N. / Vöpel, H. / Straubhaar, T. (2007): Gesundheitsentwicklung in Deutschland bis 2037 – Eine volkswirtschaftliche Kostensimulation. HWWI Policy Papers 1-6, Hamburgisches WeltWirtschaftsInstitut (HWWI).

Breyer, F. /Zweifel, P. (1997): Gesundheitsökonomie. 2. Auflage, Springer, Berlin.

Bundesagentur für Arbeit (2009): Klassifizierung der Berufe nach dem Stand vom 1. September 1988. URL: http://statistik.arbeitsagentur.de/Navigation/Statistik/Grundlagen/Klassifikation-der-Berufe/KldB1975-1992/KldB 1975-1992-Nav.html, letzter Abruf 28.12.2012.

Bundesagentur für Arbeit (2012a): Fachkräfteengpässe in Deutschland – Analyse Dezember 2012. URL: http://statistik.arbeitsagentur.de/Statischer-Content/Arbeitsmarktberichte/Berichte-Broschueren/Arbeitsmarkt/Generische-Publikationen/BA-FK-Engpassanalyse-2012-12.pdf, letzter Abruf 30.01.2013.

Bundesagentur für Arbeit (2012b): Klassifikation der Berufe 2010. URL: http://statistik.arbeitsagentur.de/Navigation/Statistik/Grundlagen/Klassifikation-der-Berufe/KldB2010/KldB2010-Nav.html, letzter Abruf 30.03.2013.

Bundesärztekammer (2010): Grundlagen für die Bedarfsplanung im ambulanten und stationären Sektor verbessern. Bundesärztekammer, Berlin. URL: http://www.bundesaerztekammer.de/page.asp?his=0.2.23.8260.8265.8464.8465, letzter Abruf 25.11.2012.

Bundesärztekammer (2011): Ergebnisse der Ärztestatistik zum 31. Dezember 2011. Arbeitsgemeinschaft der deutschen Ärztekammern, Berlin. URL: http://www.bundesaerztekammer.de/downloads/Stat11Abbildungsteil1.pdf, letzter Abruf 25.02.2013.

Bundesministerium für Wirtschaft und Technologie (BMWi) (2013): Engpassanalyse 2013 – Besondere Betroffenheit in den Berufsfeldern Energie und Elektro sowie Maschinen- und Fahrzeugtechnik. Berlin.

Bundesrat (2011): Beschluss des Deutschen Bundestages: Gesetz zur Verbesserung der Versorgungsstrukturen in der gesetzlichen Krankenversicherung (GKV-Versorgungsstrukturgesetz - GKV-VStG). Bundesrat- Drucksache 785/11 vom 02.12.2011. URL: http://www.bundesrat.de/cln_235/SharedDocs/Drucksachen/2011/0701-800/785-11,templateId=raw,property=publicationFile.pdf/785-11.pdf, letzter Abruf 12.03.2012.

Bundesregierung (2011): Entwurf eines Gesetzes zur Verbesserung der Versorgungsstrukturen in der gesetzlichen Krankenversicherung (GKV-Versorgungsstrukturgesetz – GKV-VStG). Bundestags-Drucksache 17/6909 vom 05.09.2011. URL: http://dipbt.bundestag.de/dip21/btd/17/069/1706906.pdf, letzter Abruf 12.03.2012.

Burkhart, M. / Ostwald, D. A. / Ehrhard, T. (2012): 112 – und niemand hilft. Herausgegeben von PricewaterhouseCoopers AG Wirtschaftsprüfungsgesellschaft (PwC) in Kooperation mit dem Wirtschaftsforschungsinstitut WifOR.

Buttler, F. / Gerlach, K. (1988): Arbeitsmarkttheorien. In: Albers, W. / Born, K. E. / Durr, E. / Zottmann, A. (Hrsg.): Handwörterbuch der Wirtschaftswissenschaft: (HdWW), Band 9. Fischer u. a., Stuttgart u. a.. S. 686–696.

Deutsche Krankenhausgesellschaft (2012): Bestandsaufnahme zur Krankenhausplanung und Investitionsfinanzierung in den Bundesländern, Stand Juli 2012. URL: http://www.dkgev.de/media/file/11986.DKG_Bestandsaufnahme_KH-Planung_Investitionsfinanzierung_030812.pdf, letzter Abruf 23.11.2012.

Deutscher Bundestag (2011): Beschlussempfehlung und Bericht des Ausschusses für Gesundheit (14. Ausschuss). Drucksache 17/8005 vom 30.11.2011. URL: http://dipbt.bundestag.de/dip21/btd/17/080/1708005.pdf, letzter Abruf 12.03.2012.

Duan, N. / Manning, W. G. / Morris, C. N. / Newhouse, J. P. (1984): Choosing between the sample-selection model and the multi-part model. In: Journal of Business & Economic Statistics 2 (3), July, S. 283-289.

Dubois, C.-A. / McKee, M. / Nolte, E. (2006): Human resources for health in Europe. European Observatory on Health Systems and Policies series.

URL: http://www.euro.who.int/__data/assets/pdf_file/0006/98403/E87923 .pdf, letzter Abruf 21.08.2012.

Dussault, G. / Buchan, J. / Sermeus, W. / Padaiga, Z. (2010a): Analyse des zukünftigen Personalbedarfs im Gesundheitswesen. Themenüberblick für die Konferenz der belgischen Ratspräsidentschaft „In die europäischen Gesundheitsexperten von morgen investieren: Spielraum für Innovation und Zusammenarbeit" (La Hulpe, 9.-10. September 2010), Weltgesundheitsorganisation. URL: http://www.euro.who.int/__data/assets/pdf_file/0003/124554/e94295G.pdf, letzter Abruf 08.02.2013.

Dussault, G. / Buchan, J. / Sermeus, W. / Padaiga, Z. (2010b): Assessing future health workforce needs. Policy brief produced by the European Observatory on Health systems and Policies and the Health Evidence Network of WHO/Europe. URL: http://www.euro.who.int/__data/assets/pdf_file/0019/124417/e94295.pdf, letzter Abruf 08.03.2012.

Ehrhard, T. / Ostwald, D. A. / Franz, P (2011): Neue Berufe und Aufgabenneuverteilung im Gesundheitswesen. Stand und Perspektiven. In: Hensen, P. / Kölzer, C. (Hrsg.): Die gesunde Gesellschaft – Sozioökonomische Perspektiven und sozialethische Herausforderungen. VS Verlag, Wiesbaden. S. 105-120.

Entorf, H. (1996): Strukturelle Arbeitslosigkeit in Deutschland: Mismatch, Mobilität und technischer Wandel. In: Gahlen, B. / Hesse, H. / Ramser, H. J. (Hrsg.): Arbeitslosigkeit und Möglichkeiten ihrer Überwindung. Mohr, Tübingen, S. 139–170.

Franz, W. (1999): Arbeitsmarktökonomik, 4. Auflage, Springer, Berlin.

Garloff, A. (2003): Lohndispersion und Arbeitslosigkeit: Neuere Ansätze in der Suchtheorie. ZEW-Discussion Paper No. 03-60. URL: ftp://ftp.zew.de/pub/zew-docs/dp/dp0360.pdf, letzter Abruf 22.03.2012.

Gartner, H. (2012): Makroökonomie des Arbeitsmarktes – Die Matchingtheorie und die Entwicklung der Arbeitslosigkeit in Deutschland. WiSt Heft 2, Februar 2012.

GBE (2012a): Beschäftigte im Gesundheitswesen in 1.000. Gliederungsmerkmale: Jahre, Deutschland, Geschlecht, Art der Einrichtung, Berufe. Tabelle (gestaltbar), abrufbar unter www.gbe-bund.de, letzter Abruf 17.04.2012.

GBE (2012b): Definition Einrichtungen nach der Gesundheitsausgabenrechnung des Statischen Bundesamtes. URL: https://www.gbe-bund.de/gbe10/ergebnisse.prc_fid_anzeige?p_fid=8855&p_fund_typ=DEF&p_sprachkz=D&p_uid=gast&p_aid=32477946&p_prot=1, letzter Abruf 20.04.2012.

GBE (2012c): GPR - Methodik [generell]. URL: http://www.gbe-bund.de/gbe10/ergebnisse.prc_tab?fid=8861&suchstring=gesundheitspersonalrech

nung&query_id=&sprache=D&fund_typ=DQM&methode=2&vt=1&verwandte=1&page_ret=0&seite=1&p_lfd_nr=6&p_news=&p_sprachkz=D&p_uid=gast&p_aid=32626125&hlp_nr=3&p_janein=J, letzter Abruf 29.12.2012.

GBE (2013a): Bei den Ärztekammern registrierte Ärztinnen und Ärzte mit Gebiets- und Facharztbezeichnung (absolut, je 100.000 Einwohner und Einwohner je Arzt), abrufbar unter www.gbe-bund.de, letzter Abruf 23.02.2013.

GBE (2013b): Betten in Krankenhäusern und Vorsorge- oder Rehabilitationseinrichtungen (Anzahl und je 100.000 Einwohner, Nutzungsgrad und Fallzahl je Bett). abrufbar unter www.gbe-bund.de, letzter Abruf 03.04.2013.

GBE (2013c): Beschäftigte im Gesundheitswesen in 1.000. Gliederungsmerkmale: Jahre, Deutschland, Alter, Geschlecht, Art der Beschäftigung, Berufe. Tabelle (gestaltbar), abrufbar unter www.gbe-bund.de, letzter Abruf 25.04.2013.

GBE (2013d): Beschäftigte im Gesundheitswesen in 1.000. Gliederungsmerkmale: Jahre, Deutschland, Geschlecht, Art der Einrichtung, Berufe. Tabelle (gestaltbar), abrufbar unter www.gbe-bund.de, letzter Abruf 25.04.2013.

GBE (2013e): Vollkräfte (Vollzeitäquivalente) im Gesundheitswesen in 1.000. Gliederungsmerkmale: Jahre, Deutschland, Geschlecht, Art der Einrichtung, Berufe. Tabelle (gestaltbar), abrufbar unter www.gbe-bund.de, letzter Abruf 25.04.2013.

GBE (2013f): Diagnosedaten der Krankenhäuser ab 2000 (Fälle/Sterbefälle, Berechnungs- und Belegungstage, durchschnittliche Verweildauer). Gliederungsmerkmale: Jahre, Behandlungsort, Alter, Geschlecht, Verweildauer, ICD10. Tabelle (gestaltbar), abrufbar unter www.gbe-bund.de, letzter Abruf 02.03.2013.

GBE (2013g): Krankheitskosten je Einwohner in €. Gliederungsmerkmale: Jahre, Deutschland, Alter, Geschlecht, ICD10, Einrichtungen. Tabelle (gestaltbar), abrufbar unter www.gbe-bund.de, letzter Abruf 04.03.2013.

GBE (2013h): Pflegebedürftige (absolut, je 100.000 Einwohner, in Prozent). Gliederungsmerkmale: Jahre, Region, Alter, Geschlecht, Pflegestufe, Art der Betreuung. Tabelle (gestaltbar), abrufbar unter www.gbe-bund.de, letzter Abruf 04.03.2013.

GBE (2013i): Ambulante Operationen im Krankenhaus bei Versicherten der gesetzlichen Krankenversicherung, Leistungsfälle (Anzahl). Gliederungsmerkmale: Jahre, Geschlecht, Kassenart, Versichertengruppe. Tabelle (gestaltbar), abrufbar unter www.gbe-bund.de, letzter Abruf 25.04.2013.

Gemeinsamer Bundesausschuss (2012a): Richtlinie des Gemeinsamen Bundesauschusses über die Bedarfsplanung sowie die Maßstäbe zur Feststellung von Überversorgung und Unterversorgung in der vertragsärztlichen Versorgung (Bedarfsplanungs-Richtlinie), in der Neufassung vom 15. Februar 2007 veröffentlicht im Bundesanzeiger 2007 S. 3 491, zuletzt geändert am 6. September 2012, veröffentlicht im Bundesanzeiger (BAnz AT 21.09. 2012 B4), in Kraft getreten am 6. September 2012. URL: http://www.g-ba.de/downloads/62-492-637/BPL-RL_2012-09-06.pdf, letzter Abruf 23.11.2012.

Gemeinsamer Bundesausschuss (2012b): Glossar, URL: http://www.g-ba.de/institution/sys/glossar/, letzter Abruf 23.11.2012.

Gemeinsamer Bundesausschuss (2012c): Bedarfsplanung Ärzte, URL: http://www.g-ba.de/institution/themenschwerpunkte/bedarfsplanung/aerzte/, letzter Abruf 23.11.2012.

GKV-Spitzenverband (2010): Kein Ärztemangel in Krankenhäusern. Pressemeldung vom 17.02.2010, URL: https://www.gkv-spitzenverband.de/Statement_Lanz_Aerzte_Krankenhaus_20100217.gkvnet, letzter Abruf 08.03.2012.

GMK (2010): Gewährleistung einer flächendeckenden medizinischen Grundversorgung. Beschluss der 83. Gesundheitsministerkonferenz der Länder vom 1.7.2010, TOP 5.3.2., URL: http://www.gmkonline.de/?&nav=beschluesse_83&id=83_05.03.02, letzter Abruf 17.01.2012.

GMK (2011): Wissenschaftliche Analysen zur Ermittlung des zukünftigen medizinischen und pflegerischen Fachkräftebedarfs. Beschluss der 84. Gesundheitsministerkonferenz der Länder vom 30.06.2011, TOP 9.1., URL: http://www.gmkonline.de/?&nav=beschluesse_84&id=84_09.01, letzter Abruf 17.01.2012.

Grossman, M. (1972): On the Concept of Health Capital and the Demand for Health. Journal of Political Economy. Vol 80 (2), S. 223-255.

Guggisberg, J. / Spycher, S. (2005): Nachfrage, Inanspruchnahme, Bedarf und Angebotsinduzierung in der ambulanten medizinischen Versorgung. Eine methodenkritische Literaturübersicht. Forschungsprotokoll 3 des Schweizerischen Gesundheitsobservatoriums (Obsan). URL: http://www.buerobass.ch/pdf/2005/Obsan%20Demographie%20Medicale%20Zusammenfassung.pdf, letzter Abruf 11.06.2013.

Hackmann, T. (2009): Arbeitsmarkt Pflege: Bestimmung der künftigen Altenpflegekräfte unter Berücksichtigung der Berufsverweildauer. FZG Diskussionsbeiträge No. 40, Forschungszentrum Generationenverträge

(FZG), Universität Freiburg. URL: http://www.fiwi1.uni-freiburg.de/publikationen/242.pdf, letzter Abruf 02.12.2012.

Hackmann, T. (2012): Arbeitsmarkt Pflege: Bestimmung der künftigen Altenpflegekräfte unter Berücksichtigung der Berufsverweildauer. Sozialer Fortschritt, Jahrgang 61, Heft 2-3, Februar/März, S. 47-49.

Hackmann, T. / Moog, S (2008): Pflege im Spannungsfeld von Angebot und Nachfrage. FZG Diskussionsbeiträge No. 33, Forschungszentrum Generationenverträge (FZG), Universität Freiburg. URL: http://www.fiwi1.uni-freiburg.de/publikationen/224.pdf, letzter Abruf 02.12.2012.

Hackmann, T. /Müller, D. (2012): Berufsausstieg in der Pflege – Herausforderungen an die betriebliche Praxis. Sozialer Fortschritt, Jahrgang 61, Heft 9, September, S. 227-236.

Hajen, L. / Paetow, H. / Schumacher, H. (2011): Gesundheitsökonomie: Strukturen – Methoden – Praxis. 6. überarbeitete und erweiterte Auflage. Verlag W. Kohlhammer, Stuttgart.

Härtel, U. (1985): Soziale Determinanten des Gesundheits- und Krankheitsverhaltens – Ergebnisse und Folgerungen aus der Münchner Blutdruckstudie. Dissertation, Hartung-Gorre Verlag, Konstanz.

Hellmeier, W. / Brand, H. /Laaser, U. (1993): Epidemiologische Methoden der Gesundheitswissenschaften. In: Hurrelmann, K. / Laaser, U. (Hrsg.): Gesundheitswissenschaften: Handbuch für Lehre, Forschung und Praxis. S. 91 ff.

Isfort, M. / Weidner, F. / Gehlen, D. (2012): Pflege-Thermometer 2012. Eine bundesweite Befragung von Leitungskräften zur Situation der Pflege und Patientenversorgung auf Intensivstationen im Krankenhaus. Herausgegeben von: Deutsches Institut für angewandte Pflegeforschung e.V. (dip), Köln. URL: http://www.dip.de/fileadmin/data/pdf/projekte/Pflege_Thermometer_2012.pdf, letzter Abruf 23.11.2012.

Jacobs, K. / Schräder, W. F. / Wasem, J. (2012): Regionalität – Anmerkungen aus ordnungspolitischer Sicht. In: Klauber, J. / Geraedts, M. / Friedrich, J. / Wasem, J. (Hrsg.): Krankenhausreport 2012 – Schwerpunkt: Regionalität. Stuttgart. S. 3-18.

Kassenärztliche Bundesvereinigung (2009): Die Zukunft der vertragsärztlichen Versorgung - Vorschläge zur Weiterentwicklung der ambulanten Medizin. URL: http://www.liberale-aerzte.de/files/21795/KBV_Reformpositionen.pdf, letzter Abruf 17.01.2012.

Kassenärztliche Bundesvereinigung (2010): KBV Kompakt. Newsletter vom 13. Januar 2010, URL: http://www.kbv.de/media/pdf/Kompakt01v130110.pdf, letzter Abruf 08.03.2012.

Kassenärztliche Bundesvereinigung (2012): Klartext – Zukunftskonzept Bedarfsplanung, URL: http://www.kbv.de/print/40757.html, letzter Abruf 25.11.2012.

Kassenärztliche Vereinigung Berlin (2010): Bedarfsplanung. URL: http://www.kvberlin.de/20praxis/10zulassung/55bedarfsplanung/index.html, letzter Abruf 10.03.2010.

Kassenärztliche Vereinigung Niedersachsen (2008): Prognose zur Entwicklung der Arztzahlen für das Jahr 2020 im Gebiet der Kassenärztlichen Vereinigung Niedersachsen. URL: http://www.kvn.de/icc/internet/med/e6b/e6b7012a-a9fd-4821-48ae-85b06fa453d5,11111111-1111-1111-1111-111111111111,isDownload.pdf, letzter Abruf 06.12.2012.

Kassenärztliche Vereinigung Rheinland-Pfalz (2010): Nachbesetzungsbedarf 2020. URL: http://www.kv-rlp.de/no_cache/presse/service.html?cid=9783&did=2524&sechash=1f1c60be, letzter Abruf 06.12.2012.

Kettner, A. (2012): Fachkräftemangel und Fachkräfteengpässe in Deutschland: Befunde, Ursachen und Handlungsbedarf. Dissertation. Berlin.

Kiesche, R. (2012): Bedarfsplanung der ambulanten medizinischen Versorgung – Regionaldialog Havelland-Fläming. Kassenärztliche Vereinigung Brandenburg, Präsentation, URL: http://www.mil.brandenburg.de/sixcms/media.php/4055/Regionaldialog_HF_09022012_Bedarfsplanung-ambulante-medizinische-Versorgung_Kiesche.pdf, letzter Abruf 25.11.2012.

Klingenberger, D. / Ostwald, D. A. / Daume, P. / Petri, M. / Micheelis, W. (2012): Wachstums- und Beschäftigungseffekte der Mundgesundheitswirtschaft – Ergebnisse einer gesundheitsökonomischen Trendanalyse bis 2030. Herausgeber: Institut der deutschen Zahnärzte (IDZ), Deutscher Zahnärzte Verlag, DÄV, Köln.

König, H. (1979): Job-Search-Theorien. In: Bombach, G. / Gahlen, B. / Ott, A. E. (Hrsg.): Neuere Entwicklungen in der Beschäftigungstheorie und -politik. Mohr, Tübingen, S. 63–115.

Kopetsch, T. (2010): Dem deutschen Gesundheitswesen gehen die Ärzte aus. Studie zur Altersstruktur- und Arztzahlentwicklung. 5. aktualisierte und komplett überarbeitete Auflage. Bundesärztekammer und Kassenärztliche Bundesvereinigung, Berlin. URL: http://baek.de/downloads/Arztzahlstudie_03092010.pdf, letzter Abruf 28.11.2012.

Krüger, R. / Müller, R. D. (2008): Fachkräfte in der Gesundheitswirtschaft – Veränderte Strukturen, neue Ausbildungswege und Studiengänge. Jahrbuch HealthCapital Berlin-Brandenburg 2008, Berlin.

Kultusministerkonferenz der Länder (2005): Prognose der Studienanfänger, Studierenden und Hochschulabsolventen bis 2020. URL: http://

www.kmk.org/fileadmin/veroeffentlichungen_beschluesse/2005/2005_10_01-Studienanfaenger-Absolventen-2020.pdf, letzter Abruf 12.11.2011.

Kultusministerkonferenz der Länder (2007): Vorausberechnung der Schüler- und Absolventenzahlen 2005 bis 2020. URL: http://www.kmk.org/fileadmin/veroeffentlichungen_beschluesse/2007/2007_05_01-Vorausberechnung-Schueler-Absolventen-05-2020.pdf, letzter Abruf 12.11.2011

Kultusministerkonferenz der Länder (2009): Vorausberechnung der Studienanfängerzahlen 2009-2020 – Zwischenstand. URL: http://www.kmk.org/fileadmin/pdf/Statistik/Zwischenstand_Vorausberechnung_Studienanfaengerzahlen_2009_2020.pdf, letzter Abruf 12.11.2011.

Kultusministerkonferenz der Länder (2011): Vorausberechnung der Schüler- und Absolventenzahlen 2010 bis 2025. URL: http://www.kmk.org/fileadmin/pdf/Statistik/Dokumentation_Nr._192.pdf, letzter Abruf 11.03.2013

Kultusministerkonferenz der Länder (2012): Vorausberechnung der Studienanfängerzahlen 2012-2025 – Fortschreibung. URL: http://www.kmk.org/fileadmin/pdf/Statistik/Vorausberechnung_der_Studienanfaengerzahlen_2012-2025_01.pdf, letzter Abruf 11.03.2013.

Kultusministerkonferenz der Länder (2013): Wir über uns. URL: http://www.kmk.org/wir-ueber-uns/gruendung-und-zusammensetzung.html, letzter Abruf 11.03.2013

Lärm, T. (1982): Arbeitsmarkttheorie und Arbeitslosigkeit: Systematik und Kritik arbeitsmarkttheoretischer Ansätze. R. G. Fischer, Frankfurt (Main).

Leu, R. E. / Doppmann, R. J. (1986): Gesundheitszustand und Nachfrage nach Gesundheitsleistungen. In: Wille, E. (Hrsg.): Informations- und Planungsprobleme in öffentlichen Aufgabenbereichen. Bern. S. 1-90.

Leu, R. E. / Gerfin, M. (1992): Die Nachfrage nach Gesundheit – Ein empirischer Test des Grossman-Modells. In: Oberender, P. (Hrsg.): Steuerungsprobleme im Gesundheitswesen. Baden-Baden. S. 61-78.

Lippman, S. A. / McCall, J. J. (1976): The Economics of Job Search: A Survey. In: Economic Inquiry, Oxford University Press, Vol. 14(3), S. 347-368.

Loo, J. Van / Tessaring, M. / Descy, P. (2009): Skill mismatch * identifying priorities for future research. (Cedefop working paper, 03), Thessaloniki, 27 S. URL: http://www.cedefop.europa.eu/EN/Files/6103_en.pdf, letzter Abruf 31.03.2012.

Magvas, E. / Spitznagel, E. (2001): Gesamtwirtschaftliches Stellenangebot: Arbeitskräftemangel – Bereits Hemmnis für Wachstum und Beschäftigungsentwicklung? (IAB-Kurzbericht, 13/2001), Nürnberg, 10 S. URL: http://doku.iab.de/kurzber/2001/kb1301.pdf, letzter Abruf 28.03.2012.

Marburger Bund (2011): Mitgliederbefragung 2010. Zur beruflichen Situation der angestellten und beamteten Ärztinnen und Ärzte, Ergebnisse im Überblick. URL: http://www.marburger-bund.de/umfragen/2010_mitglieder-umfrage/Ergebnisse-im-Ueberblick.pdf, letzter Abruf 05.03.2012.

Martin, K. / Henke, K.-D. (2008): Gesundheitsökonomische Szenarien zur Prävention. Nomos, Baden-Baden.

McCall, J. J. (1972): Information and Job Search: Reply. The Quarterly Journal of Economics, MIT Press, Vol. 86 (1), S. 132-134.

Muurinen, J.-M. (1982): Demand for Health: A Generalised Grossman Model. Journal of Health Economics. Vol. 1 (1), S. 5-28.

Newhouse, J. P. / Phelps, C. E. (1974): New Estimates of Price and Income Elasticities of Medical Care Services. In: Rosette, R. N. (Hrsg.): The Role of Health Insurance in the Health Services Sector. New York: National Bureau of Economic Research, S. 261-312.

O'Brien-Pallas, L. et al. (2007): Health Human Resources Modelling: Challenging the Past, Creating the Future. Canadian Health Services Research Foundation (www.chrsf.ca), Ottawa.

OECD / Eurostat / WHO (2011): A System of Health Accounts. OECD Publishing. Doi: 10.1787/9789264116016-en, letzter Abruf 20.12.2012.

Ostwald, D. A. (2009): Wachstums- und Beschäftigungseffekte der Gesundheitswirtschaft in Deutschland. MWV Medizinisch Wissenschaftliche Verlagsgesellschaft, Berlin.

Ostwald, D. A. / Ehrhard, T. / Bruntsch, F. / Schmidt, H. / Friedl, C. (2010): Fachkräftemangel – Stationärer und ambulanter Bereich bis zum Jahr 2030. Herausgegeben von PricewaterhouseCoopers AG Wirtschaftsprüfungsgesellschaft, Frankfurt am Main.

Ostwald, D. A. / Ranscht, A. (2007): Wachstums- und Beschäftigungspotenziale der Gesundheitswirtschaft in Berlin-Brandenburg. Studie im Auftrag von HealthCapital Berlin-Brandenburg, Berlin.

Padberg, S. / Winschuh, T. (2008): Entwicklungstrends in der Berliner Gesundheitswirtschaft und ihre Folgen für Organisations- und Personalentwicklung, In: Krüger R.; Müller R.-D. (Hrsg.): Fachkräfte in der Gesundheitswirtschaft. Veränderte Strukturen, neue Ausbildungswege und Studiengänge, Jahrbuch Health Capital Berlin-Brandenburg 2008, Berlin. S. 29-42.

Peterson, R. L. (1972): Information and Job Search: Another View. The Quarterly Journal of Economics, MIT Press, Vol. 86(1), S. 127-131.

Rothgang, H. / Iwansky, S. / Müller, R. / Sauer, S. / Unger, R. (2010): BARMER GEK Pflegereport 2010. URL: http://www.barmer-gek.de/barmer/web/Portale/Presseportal/Subportal/Presseinformationen/Archiv/

2010/101130-Pflegereport/PDF-Pflegereport-2010,property=Data.pdf, letzter Abruf 03.02.2013.

Rothgang, H. / Müller, R. / Unger, R. (2012): Themenreport „Pflege 2030". Was ist zu erwarten – was ist zu tun? Bertelsmann Stiftung. URL: http://www.bertelsmann-stiftung.de/cps/rde/xbcr/SID-AB460440-61C3 B221/bst/xcms_bst_dms_36979__2.pdf, letzter Abruf 23.11.2012.

Schaeffer, D. / Ewers, M. (2001): Ambulantisierung – Konsequenzen für die Pflege. GGW 1/2001 (Juli), 1. Jg. URL: http://www.wido.de/fileadmin/wido/downloads/pdf_ggw/GGW_1-01_13-20.pdf, letzter Abruf 13.03.2013.

Schelhase, T. (2012): Statistische Krankenhausdaten: Diagnosedaten der Krankenhauspatienten 2009. In: Klauber, J. / Geraedts, M. / Friedrich, J. / Wasem, J. (Hrsg.): Krankenhausreport 2012 – Schwerpunkt: Regionalität. Stuttgart, S. 377-405.

Schettkat, R. (1992): Mismatch in West Germany Labour Market? Economic Restructures and Unemployment in the 1980s. Labour, No. 6, S. 121-139.

Schmid, A. / Baden, C. (2003): IAB-Betriebspanel Hessen 2001, Abschlussbericht. In: ABF aktuell, 24.01.2003, 135 S. URL: http://doku.iab.de/betriebspanel/2003/panelabschluss_hessen.pdf, letzter Abruf 30.03.2012.

Schmid, A. / Wagner, B. / Weinbörner, A. (2002): Mismatch auf dem Arbeitsmarkt. Ursachen für die Nichtbesetzung offener Stellen am Beispiel des Arbeitsamtsbezirkes Kassel. Studie im Auftrag des Landesarbeitsamtes Hessen, Dezember 2002, URL: http://doku.iab.de/externe/2002/k030617 f21.pdf, letzter Abruf 26.03.2012.

Sesselmeier, W. / Funk, L. / Waas, B. (2010): Arbeitsmarkttheorien. Eine ökonomisch-juristische Einführung. 3. vollständig überarbeitete und erweiterte Neuausgabe, Springer, Heidelberg.

Simon, M. (2012): Prognosen zum Thema „Fachkräftemangel in der Pflege": Limitationen amtlicher Statistiken und methodische Probleme bisheriger Studien. Sozialer Fortschritt, Jahrgang 61, Heft 2-3, Februar/März, S. 25-38.

Sozialer Fortschritt (2012): Fachkräftemangel in der Pflege? Hrsg. Gesellschaft für Sozialen Fortschritt e.V., Köln. Jahrgang 61/2012/Heft 2-3, Februar/März.

Statistische Ämter des Bundes und der Länder (2010): Demografischer Wandel in Deutschland - Heft 2 - Auswirkungen auf Krankenhausbehandlungen und Pflegebedürftige.

Statistische Ämter des Bundes und der Länder (2011): Demografischer Wandel in Deutschland. Heft 1 – Bevölkerungs- und Haushaltsentwicklung im Bund und in den Ländern. Wiesbaden.

Statistisches Bundesamt (1992): Klassifikation der Berufe 1992 (KldB 92) - Gliederungstruktur bis zur 4 Steller-Ebene. URL: https://www.destatis.de/DE/Methoden/Klassifikationen/GueterWirtschaftklassifikationen/klassifikationkldb92_4st.pdf;jsessionid=EB31467C175F7390128E11BBFB4EA0A4.cae3?__blob=publicationFile, letzter Abruf 28.12.2012.

Statistisches Bundesamt (1998): Gesundheitsbericht für Deutschland: Gesundheitsberichterstattung des Bundes. Metzler-Poeschel, Stuttgart.

Statistisches Bundesamt (2008): Statistisches Jahrbuch 2008 für die Bundesrepublik Deutschland, Wiesbaden.

Statistisches Bundesamt (2009): Bevölkerung Deutschlands bis 2060 – 12. koordinierte Bevölkerungsvorausberechnung, Wiesbaden.

Statistisches Bundesamt (2013): Pflegestatistik 2011. Pflege im Rahmen der Pflegeversicherung – Deutschlandergebnisse, Wiesbaden.

Statistisches Bundesamt (mehrere Jahre): Fachserie 11, Reihe 2. Bildung und Kultur – Berufliche Schulen., Wiesbaden.

Statistisches Bundesamt (mehrere Jahre): Fachserie 11, Reihe 3. Bildung und Kultur – Berufliche Bildung, Wiesbaden.

Statistisches Bundesamt / Deutsches Zentrum für Altersfragen / Robert Koch-Institut (2009): Beiträge zur Gesundheitsberichterstattung des Bundes – Gesundheit und Krankheit im Alter, Berlin, URL: http://www.gbe-bund.de/gbe10/owards.prc_show_pdf?p_id=11828&p_sprache=D, letzter Abruf: 12.03.2012.

Thefeld, W. / Stolzenberg, H. / Bellach, B.-M. (1999): Bundes-Gesundheitssurvey: Response, Zusammensetzung der Teilnehmer und Non-Responder Analyse. Das Gesundheitswesen, 61, Sonderheft 2, S. 57-61.

Thode, N. / Bergmann, E. / Kamtsiuris, P. / Kurth, B.-M. (2004): Einflussfaktoren auf die Inanspruchnahme des deutschen Gesundheitswesens und mögliche Steuerungsmechanismen. Schlussbericht; Vorhaben des Förderschwerpunkts "Versorgungsforschung" der DLR, Berlin. URL: http://www.rki.de/DE/Content/Gesundheitsmonitoring/Themen/Versorgung/projektbericht.pdf?__blob=publicationFile, letzter Abruf 20.02.2013.

Verdi (2009): Personalbemessung in der stationären Pflege – Rechtliche Rahmenbedingungen. URL: http://www.pflegesoft.de/forum/index.php?action=dlattach;topic=1733.0;attach=1725, letzter Abruf 04.04.2013.

Wagner, T. / Jahn, E. J. (1997): Neue Arbeitsmarkttheorien. Werner, Düsseldorf.

Wagstaff, A. (1986): The Demand for Health: Some New Empirical Evidence. Journal of Health Economics. Vol. 5 (3), S. 195-233.

WHO (2006): The world health report 2006: working together for health. URL: http://www.who.int/whr/2006/whr06_en.pdf, letzter Abruf 02.03.2012.

WHO (2010): Models and tools for health workforce planning and projections. Human Resources for Health Observer - Issue No. 3. World Health Organization. URL: http://whqlibdoc.who.int/publications/2010/9789241599016_eng.pdf, letzter Abruf 29.02.2012.

Wipp, M. (2013): Definition Pflegeschlüssel/Personalschlüssel. URL: http://www.michael-wipp.de/kennzahlen/definitionpflege.html, letzter Abruf 22.04.2013.

Zweifel, P. (1985): The Effect of Aging on the Demand and Utilization of Medical Care. In: Tilquin, C. (Hrsg.): Systems Science in Health and Social Services for the Elderly and Disabled. Toronto. S. 313-318.

Anhang

Einwohner / Arztrelation (Allgemeine Verhältniszahlen)
für die nach dem 3. Abschnitt, § 6 definierten Raumgliederungen

Raumgliederung	Anästhesisten Einwohner je Arzt	Augenärzte Einwohner je Arzt	Chirurgen Einwohner je Arzt	Fachärztlich tätige Internisten Einwohner je Arzt	Frauenärzte Einwohner je Arzt	HNO-Ärzte Einwohner je Arzt	Haut-Ärzte Einwohner je Arzt	Kinderärzte Einwohner je Arzt	Nervenärzte Einwohner je Arzt	Orthopäden Einwohner je Arzt	Psychotherapeuten Einwohner je Arzt	Radiologen Einwohner je Arzt	Urologen Einwohner je Arzt	Hausärzte Einwohner je Arzt
0	1	2	3	4	5	6	7	8	9	10	11	12	13	14
Große Verdichtungsräume														
1 Kernstädte	25 958	13 177	24 469	12 276	6 916	16 884	20 812	14 188	12 864	13 242	2 577	25 533	26 641	1 585
2 Hochverdichtete Kreise	60 689	20 840	37 406	30 563	11 222	28 605	40 046	17 221	30 212	22 693	8 129	61 890	49 814	1 872
3 Normalverdichtete Kreise	71 726	23 298	44 367	33 541	12 236	33 790	42 167	23 192	34 947	26 854	10 139	83 643	49 536	1 767
4 Ländliche Kreise	114 062	23 195	48 046	34 388	13 589	35 403	51 742	24 460	40 767	30 575	15 692	67 265	53 812	1 752
Verdichtungsansätze														
5 Kernstädte	18 383	11 017	21 008	9 574	6 711	16 419	16 996	12 860	11 909	13 009	3 203	24 333	26 017	1 565
6 Normalverdichtete Kreise	63 546	22 154	46 649	31 071	12 525	34 822	41 069	20 399	28 883	26 358	8 389	82 413	52 604	1 659
7 Ländliche Kreise	117 612	25 778	62 036	44 868	14 701	42 129	55 894	27 809	47 439	34 214	16 615	156 813	69 695	1 629
Ländliche Regionen														
8 Verdichtete Kreise	53 399	19 639	44 650	23 148	10 930	28 859	35 586	20 489	30 339	20 313	10 338	60 678	43 026	1 490
9 Ländliche Kreise	137 442	25 196	48 592	31 876	13 697	37 794	60 026	26 505	46 384	31 398	23 106	136 058	55 159	1 474
Sonderregion														
10 Ruhrgebiet	58 218	20 440	34 591	24 396	10 686	25 334	35 736	19 986	31 373	22 578	8 743	51 392	37 215	2 134

Quelle: Statistik der KBV und Bundesamt für Bauwesen und Raumordnung (BBR) Berechnungsgrundlage: BBR-Typisierung 1997, Bevölkerungsstand und Arztzahlen: Bundesländer West zum 31. Dezember 1990, Anästhesisten (31. Dezember 1997), Psychotherapeuten (Einw.: 31. Dezember 1997, Psy.: 1. Januar 1999), Hausärzte und fachärztlich tätige Internisten (gültig ab 1. Januar 2001, Einwohner- und Arztzahlen zum 31. Dezember 1995 in der Regionalstruktur vom 31. Dezember 1998): Bundesgebiet insgesamt

Quelle: Gemeinsamer Bundesausschuss (2012), S. 20.

Abb. A-1: Ärztliche Verhältniszahlen der Bedarfsplanungsrichtlinie

$$\text{Fallzahl} = \frac{\text{Patientenzugang} + \text{Patientenabgang}}{2}$$

c) Die Krankenhaushäufigkeit (KH) ist die Relation der in einem bestimmten Gebiet wohnenden Patienten, die im Laufe des Jahres stationär behandelt werden, zu der Einwohnerzahl des betreffenden Gebietes.

$$\text{KH} = \frac{\text{Fallzahl} \times 1000}{\text{E}}$$

d) Der Bettennutzungsgrad (BN) kann zum einen über die Formel

$$\text{BN} = \frac{\text{Pflegetage} \times 100}{\text{Betten} \times 365}$$

erfolgen. In den meisten Fällen wird dieser jedoch vom jeweiligen Ministerium vorgegeben (s. dazu auch 3.4).

Unter der Berücksichtigung der vorhergehenden Faktoren lautet die Hill-Burton-Formel (HBF) dann wie folgt:

$$\text{HBF} = \frac{\text{E} \times \text{KH} \times \text{VD} \times 100}{\text{BN} \times 1000 \times 365} = \text{Bettenbedarf}.$$

Quelle: Deutsche Krankenhausgesellschaft (2012), S. 9f.

Abb. A-2: Hill-Burton-Formel

Tab. A-1: Personal-Richtwerte in Pflegeeinrichtungen in den Bundesländern

Bundesland	Vertrag vom/in Kraft	Personal-Richtwerte (Verhältnis Beschäftigte zu Pflegebedürftige)
Baden-Württemberg	Zuletzt ergänzt 12. 9. 2002	Pflegestufe I 1:3,96 bis 1:3,13 Pflegestufe II 1:2,83 bis 1:2,23 Pflegestufe III 1:2,08 bis 1:1,65
Bayern	1. 10. 1998	Pflegestufe 0 1:6,70 Pflegestufe I 1:3,00 Pflegestufe II 1:2,25 Pflegestufe III 1:1,90
Berlin	Zuletzt geändert 1. 4. 2005	Pflegestufe I 1:4,1 Pflegestufe II 1:2,5 Pflegestufe III 1:1,97
Brandenburg	1. 5. 1997	Nur allgemeine Regelung nach SGB XI und HeimPersV. Berechnungsgrundlage für Pflegesatzverhandlung, Beispiel 80-Betten-Haus: Pflegestufe I 1:4,28 Pflegestufe II 1:3,04 Pflegestufe III 1:2,08 Härtefälle 1:1,8
Bremen	Rahmenvereinbarung aus den 90ern	Personalrichtwerte für Pflegesatzverhandlungen, gestaffelt nach Größe der Einrichtung (21 Klassen mit Zugrundelegung einer Modellbelegungsstruktur): Pflegestufe 0 1:6,79 bis 6,28 Pflegestufe I 1:4,08 bis 3,77 Pflegestufe II 1:2,55 bis 2,35 Pflegestufe III 1:2,04 bis 1,88
Hamburg	Zuletzt geändert 6. 12. 2003	Pflegestufe I 1:4,22 bis 1:4,06 Pflegestufe II 1:2,48 bis 1:2,39 Pflegestufe III 1:1,76 bis 1:1,69
Hessen	Rahmenvertrag gemäß Beschluss der Schiedsstelle vom 14. 10. 2005	Grundlage der Berechnung ist ein Personalanhangswert von 1:3,40 bezogen auf die Pflegestufe I. Den übrigen Pflegestufen werden dazu Äquivalenzziffern zu diesem Wert zugeordnet: Pflegestufe 0 Äquivalenzziffer 0,70 Pflegestufe I Äquivalenzziffer 1,00 Pflegestufe II Äquivalenzziffer 1,40 Pflegestufe III Äquivalenzziffer 1,80
Mecklenburg-Vorpommern	Schiedsstelle Spruch 3. 5. 2006	Pflegestufe I 1:4,71 bis 1:4,07 Pflegestufe II 1:3,38 bis 1:2,64 Pflegestufe III 1:2,24 bis 1:1,83
Niedersachsen	1. 1. 2009	Pflegestufe I 1:4,5 bis 1:3,65 Pflegestufe II 1:3,0 bis 1:2,43 Pflegestufe III 1:2,2 bis 1:1,82 Pflegestufe G 1:14,5 bis 1:12,16
Nordrhein-	1. 10. 1999	Nur allgemeine Regelung nach SGB XI und HeimPersV.

Bundesland	Vertrag vom/in Kraft	Personal-Richtwerte (Verhältnis Beschäftigte zu Pflegebedürftige)
Westfalen		Geringfügig Beschäftigte Anteil bis 20 % möglich. Ermittlungsbogen für Versorgungsvertrag enthält Orientierungswerte: Pflegestufe 0 1:8 Pflegestufe I 1:4 Pflegestufe II 1:2,5 Pflegestufe III 1:1,8
Rheinland-Pfalz	Zuletzt geändert 1. 1. 2007	Pflegestufe 0 1:8,6 Pflegestufe I 1:4,2 Pflegestufe II 1:2,8 Pflegestufe III 1:1,8
Saarland	Zuletzt geändert 1. 9. 2005	Pflegestufe I 1:3,92 Pflegestufe II 1:2,81 Pflegestufe III 1:2,07
Sachsen	1. 10. 1997	Nur allgemeine Regelung nach SGB XI und HeimPersV. Keine Richtwerte. Personalbemessung der Pflegesatzverhandlung vorbehalten.
Sachsen-Anhalt	Zuletzt geändert 23. 4. 2004	Nur allgemeine Regelung nach SGB XI und HeimPersV, aber geringfügig Beschäftigte Anteil bis 30 % möglich. Formular für Versorgungsvertrag enthält Richtwerte: Pflegestufe I 1:4,5 bis 1:3,65 Pflegestufe II 1:3,0 bis 1:2,43 Pflegestufe III 1:2,2 bis 1:1,82
Schleswig-Holstein	1. 7. 1996	Nur allgemeine Regelung nach SGB XI und HeimPersV. Geringfügig Beschäftigte Anteil bis 20 % möglich. Grundlage für die Pflegesatzverhandlungen sind Personalrichtwerte: Pflegestufe 0 1:12 bis 1:9 Pflegestufe I 1:6 bis 1:4,05 Pflegestufe II 1:4 bis 1:3,05 Pflegestufe III 1:2,8 bis 1:2,28
Thüringen	Zuletzt geändert 21. 10. 1998	Nur allgemeine Regelung nach SGB XI und HeimPersV. Keine Richtwerte. Personalbemessung der Pflegesatzverhandlung vorbehalten.

Quelle: Verdi (2009), S. 12ff.

Tab. A-2: Einrichtungen des Gesundheits- und Pflegewesens mit Beispielen

Einrichtungen	darunter zusammengefasst
A: Gesundheitsschutz	Gesundheitsämter, Einrichtungen der Länder mit Aufgaben wie Wasserschutz, Lebensmittelkontrolle, Lebensmittelüberwachung, Kommunalhygiene und Umweltmedizin, Landesgesundheitsbehörden und Landesministerien, Bundesanstalten für Arbeitsschutz-, Arbeitsmedizin bzw. die Bundeszentrale für gesundheitliche Aufklärung.
B: Ambulante Einrichtungen	
B.1: Arztpraxen	Einzelpraxen, Gruppenpraxen, Praxen von Allgemeinmedizinern, Praxen von Fachärzten, Mund- und Kieferchirurgen
B.2: Zahnarztpraxen	Praxen von Kieferorthopäden
B.3: Praxen sonstiger medizinischer Berufe	physio-, sprach-, ergo- und musiktherapeutische Praxen, Massagepraxen, Praxen von Hebammen, Heilpraktikern oder medizinischen Fußpflegern
B.4: Apotheken	alle öffentlichen Apotheken gerechnet, nicht aber Krankenhausapotheken und Notapotheken
B.5: Gesundheitshandwerk/-einzelhandel	Augenoptik, Zahntechnik, Sanitätsfachhandel oder Sanitätshäuser, Drogerien, die neben Produkten der Schönheitspflege auch freiverkäufliche Arzneimittel
B.6: Ambulante Pflege	Selbständige Einrichtungen der ambulanten Pflegedienste
B.7: Sonstige ambulante Einrichtungen	Beratungsstellen, sozialpsychiatrische und psychosoziale Dienste, Tagesstätten für psy. Kranke und Behinderte sowie Krankenhaussozialdienste. gewerbliche Mahlzeitendienste
C: Stationäre/teilstationäre Einrichtungen	
C.1: Krankenhäuser	Auch Entbindungsheime mit regelmäßiger ärztlicher Behandlung, Krankenhäuser und -abteilungen in Justizvollzugsanstalten und die Bundeswehrkrankenhäuser. Hochschulkliniken
C.2: Vorsorge-/Rehabilitationseinrichtungen	Vorsorge- und Rehabilitationseinrichtungen
C.3: Stationäre/teilstationäre Pflege	Altenpflegeheime/Altenkrankenheime sowie Einrichtungen der Tages-, Nacht- und Kurzzeitpflege
D: Rettungsdienste	Krankentransportes und der Notfallrettung
E: Verwaltung	fiktive Einrichtung in der GAR, darunter werden die Verwaltungskosten der gesetzlichen Krankenversicherung und der weiteren Ausgabenträger zusammengefasst.
F: Sonstige Einrichtungen	Einrichtungen anderer Wirtschaftszweige (Taxiunternehmen, Forschungseinrichtungen etc.), private Haushalte
G: Vorleistungsindustrien	
G.1: Pharmazeutische Industrie	
G.2: Medizintechnische und augenoptische Industrie	
G.3: Medizinische Laboratorien und Großhandel	

Quelle: GBE (2012b).

Tab. A-3: Berufe und Berufsgruppe im Gesundheits- und Pflegewesen nach Kategorien der Gesundheitspersonalrechnung

In der GPR ausgewiesene Gesundheitsdienstberufe	Darunter subsumiert
A: Ärzte	
A.1: Ärzte für allgemeine/innere Med., Kinderheilk.	Ärzte für Innere und Allgemeinmedizin, Innere Medizin, Kinder und Jugendmedizin
A.2: Ärzte für Chirurgie, Orthopädie	Ärzte für Chirurgie, Mund-Kiefer-Gesichtschirurgie, Neurochirurgie, Orthopädie
A.3: Ärzte für Frauenheilkunde/Geburtshilfe	
A.4: Ärzte für Neurologie, Psychiatrie	Ärzte für Neurologie, Psychiatrie und Psychotherapie, Kinder- und Jugendpsychiatrie und -psychotherapie, Psychosomatische Medizin und Psychotherapie
A.5: Ärzte o.n.F., praktische Ärzte	
A.6: andere Fachärzte	u. a. Ärzte für Augenheilkunde, Hals-, Nasen-, Ohrenheilkunde, Haut- und Geschlechtskrankheiten, Radiologie, Urologie
B: Apotheker	
C: psychologische Psychotherapeuten (ab 2007)	Psychologen, auch psychologische Psychotherapeuten und Kinder- und Jugendlichenpsychotherapeuten1
D: Zahnärzte	
F: übrige Gesundheitsdienstberufe	
F.1: medizinische Fachangestellte/zahnmedizinische Fachangestellte	
F.2: Diätassistenten	Diätassistenten, Ernährungsberater, andere Ernährungsfachleute
F.3: Heilpraktiker	
F.4: Gesundheits- und Krankenpflegehelfer	Gesundheits- und Krankenpflegehelfer, Rettungsassistenten, Rettungssanitäter
F.5: Gesundheits- und Krankenpfleger	Gesundheits- und Krankenpfleger, Gesundheits- und Kinderkrankenpfleger, Hebammen und Entbindungspfleger
F.6: Physiotherapeuten, Masseure, med. Bademeister	Physiotherapeuten, Masseure, Medizinische Bademeister, Krankengymnasten, Bewegungstherapeuten
F.7: medizinisch-technische Assistenten	Medizinisch-technische Assistenten für Funktionsdiagnostik, Medizinisch-technische Laboratoriumsassistenten, Medizinisch-technische Radiologieassistenten, Zytologieassistenten,

In der GPR ausgewiesene Gesundheitsdienstberufe	Darunter subsumiert
	andere medizinisch-technischen Assistenten
F.8: pharmazeutisch-technische Assistenten	
F.9: therapeutische Berufe a.n.g.	Ergotherapeuten, Logopäden, Orthoptisten, Therapeuten ohne nähere Angabe
G: soziale Berufe	
G.1: Altenpfleger	Altenpfleger, Altenpflegehelfer
G.2: Heilerziehungspfleger	Heilerziehungspfleger, Heilerziehungspflegehelfer
G.3: Heilpädagogen	Heilpädagogen, Heilpädagogische Helfer
H: Gesundheitshandwerker	
H.1: Augenoptiker	
H.2: Orthopädiemechaniker	Orthopädiemechaniker und Bandagisten
H.3: Zahntechniker	Zahntechniker, Zahntechnikerhelfer
H.4: sonstige Gesundheitshandwerker	Hörgeräteakustiker, Orthopädieschuhmacher
I: sonstige Gesundheitsfachberufe	
I.1: Gesundheitsingenieure	Ingenieure im technischen Gesundheitswesen und Umweltschutz, Pharmazieingenieure
I.2: gesundheitssichernde Berufe	Gesundheitsaufseher, Desinfektoren, Fleischbeschauer, andere gesundheitssichernde Berufe
I.3: Gesundheitstechniker	
I.4: Pharmakanten	
I.5: pharmazeutisch-kaufmännische Angestellte	
J: andere Berufe im Gesundheitswesen	z. B. Naturwissenschaftler, Sozialarbeiter, Handwerker, Kurierdienste, Reinigungs- und Küchenpersonal

Quelle: Afentakis/Böhm (2009).

Tab. A-4: Weitere Statistiken der Gesundheitsberichterstattung des Bundes (GBE)

Häufigste Diagnosen in Prozent der Behandlungsfälle in Arztpraxen in Nordrhein (Rang und Anteil). Gliederungsmerkmale: Jahre, Nordrhein, Geschlecht, ICD10, Arztgruppe. Abrufbar unter: www.gbe-bund.de.
Auszubildende und Abgänger mit bestandener Abschlussprüfung in Ausbildungsberufen des Gesundheitswesens. Gliederungsmerkmale: Jahre, Region, Geschlecht, Ausbildungsberuf. Abrufbar unter: www.gbe-bund.de.
Absolventen mit bestandener Abschlussprüfung von Schulen des Gesundheitswesens. Gliederungsmerkmale: Schuljahre, Region, Geschlecht, Berufe des Gesundheitswesens. Abrufbar unter: www.gbe-bund.de.
Tätige Personen und Personalaufwendungen in Arztpraxen. Gliederungsmerkmale: Jahre, Deutschland, Einnahmegruppen, Art der Fachrichtung. Abrufbar unter: www.gbe-bund.de.

Quelle: eigene Darstellung.

Tab. A-5: Verwendete Bevölkerungsprognosen der Statistischen Landesämter

Amt für Statistik Berlin-Brandenburg (2008): Bevölkerungsprognose des Landes Brandenburg, 2007 bis 2030, Berlin.
Bayerisches Landesamt für Statistik und Datenverarbeitung (2011): Einzeldaten der Bevölkerungsvorausberechnung nach Altersjahren und Geschlecht bis 2029, München.
Hessisches Statistisches Landesamt (2011): Bevölkerungsentwicklung in Hessen 2010 bis 2030 nach Einzelalter und Geschlecht, Wiesbaden.
Information und Technik Nordrhein-Westfalen (IT.NRW) (2009): Vorausberechnung der Bevölkerung in den kreisfreien Städten und Kreisen Nordrhein-Westfalens 2008 bis 2030/2050, Düsseldorf.
Landesbetrieb für Statistik und Kommunikationstechnologie Niedersachsen (LSKN) (2011): Entwicklung der Bevölkerung von 2009 bis 2060 – 12. koordinierte Bevölkerungsvorausberechnung (Basis: 31.12.2008), Hannover.
Senatsverwaltung für Stadtentwicklung Berlin (2011): Bevölkerungsprognose für Berlin und die Bezirke 2007-2030, Quelle: amtliche Bevölkerungsfortschreibung, Berlin.
Statistikamt Nord (2011): Bevölkerungsprognose Hamburg und Schleswig-Holstein: Entwicklung der Bevölkerung von 2009 bis 2060, 12. koordinierte Bevölkerungsvorausberechnung, Basis: 31.12.2008, Hamburg.
Statistisches Amt Mecklenburg Vorpommern (2009): 4. Landesprognose (Basisjahr 2006) – Bevölkerungsentwicklung in Mecklenburg-Vorpommern bis 2030, Schwerin.
Statistisches Amt Saarland (2010): Die Entwicklung der Bevölkerung im Saarland 2009 bis 2060 – Ergebnisse der 12. koordinierten Bevölkerungsvorausberechnung, Saarbrücken.
Statistisches Landesamt Baden-Württemberg (2011): Voraussichtliche Bevölkerungsentwicklung in Baden-Württemberg – Ergebnisse der Landesvorausrechnung auf Basis 31.12.2008 (Hauptvariante), Stuttgart.
Statistisches Landesamt Bremen (2011): Vorausschätzung: Bevölkerung nach Altersjahren und Geschlecht (Basis 31.12.2008), Bremen.
Statistisches Landesamt des Freistaates Sachsen (2011): Bevölkerung im Freistaat Sachsen am 31. Dezember 2010 bis 2030 nach Altersjahren (in 1 000) – 5. Regionalisierte Bevölkerungsprognose für den Freistaat Sachsen bis 2025 und Modellrechnung für den Freistaat Sachsen bis 2030, Kamenz.
Statistisches Landesamt Rheinland-Pfalz (2012): Bevölkerungsvorausberechnungen (Basisjahr 2010) nach Geschlecht und Altersjahren in Rheinland Pfalz, Bad Ems.
Statistisches Landesamt Sachsen-Anhalt (2011): Ergebnisse der 5. Regionalisierten Bevölkerungsvorausberechnung mit Ergebnissen bis zum Jahr 2025, Halle (Saale).

Thüringer Landesamt für Statistik (2011):
Entwicklung der Bevölkerung Thüringens von 2010 bis 2030 – 12. koordinierte Bevölkerungsvorausberechnung, Erfurt.

Tab. A-6: Verwendete regionale Krankenhaus- und Pflegestatistiken der Statistischen Landesämter

Bundesland/ Institution	Statistik
Statistisches Landesamt Baden-Württemberg	» **Pflege in Baden-Württemberg (verschiedene Jahre)**: Die Personalstruktur. » **Statistischer Bericht: A IV 2 (verschiedene Jahre)**: Krankenhausstatistik Baden-Württemberg.
Bayerisches Landesamt für Statistik und Datenverarbeitung	» **Pflegestatistik Bayern**: Pflegepersonal: Bayern, Pflegepersonal, Geschlecht/Träger, Berufsabschluss, Beschäftigungsverhältnis (7), Jahr. GENESIS-Online Datenbank (Code 22400-007s). » **Statistischer Bericht A IV 2 (verschiedene Jahre)**: Krankenhausstatistik : Grunddaten, Diagnosen und Kostennachweis.
Amt für Statistik Berlin-Brandenburg	» **Statistischer Bericht K VIII 1 (verschiedene Jahre)**: Ambulante und stationäre Pflegeeinrichtungen sowie Empfänger von Pflegegeldleistungen im Land Berlin. » **Statistischer Bericht A IV 2 (verschiedene Jahre)**: Krankenhäuser im Land Berlin. » **Statistischer Bericht K VIII 1 (verschiedene Jahre)**: Ambulante und stationäre Pflegeeinrichtungen sowie Empfänger von Pflegegeldleistungen im Land Brandenburg » **Statistischer Bericht A IV 2 (verschiedene Jahre)**: Krankenhäuser im Land Brandenburg
Statistik Bremen	» **Tabelle 338-53**: Ambulante Pflegeeinrichtungen (Pflegedienste): Personal nach Berufsabschluss und Geschlecht (Bremen Infosystem). » **Tabelle 338-63**: Stationäre Pflegeeinrichtungen (Pflegeheime): Personal nach Berufsabschluss und Geschlecht (Bremen Infosystem).
Statistisches Amt für Hamburg und Schleswig-Holstein	» **Statistischer Bericht K II 8 (verschiedene Jahre)**: Pflegestatistik in Hamburg und Schleswig-Holstein.
Hessisches Statistisches Landesamt	» **Statistischer Bericht K VIII 1 (verschiedene Jahre)**: Die Pflegeeinrichtungen in Hessen. » **Statistischer Bericht AIV 2 (verschiedene Jahre)**: Die Krankenhäuser in Hessen.
Statistisches Amt Mecklenburg-Vorpommern	» **Statistischer Bericht K VIII (verschiedene Jahre)**: Pflegeversicherung in Mecklenburg-Vorpommern Hessen » **Statistischer Bericht A IV (verschiedene Jahre)**: Krankenhäuser, Vorsorge- oder Rehabilitationseinrichtungen in Mecklenburg-Vorpommern.

Landesbetrieb für Statistik und Kommunikations-technologie Niedersachsen	» **Statistischer Bericht AIV 1 (verschiedene Jahre)**: Gesundheitswesen. » **Statistischer Bericht K II 6 (verschiedene Jahre)**: Gesetzliche Pflegeversicherung – Ergebnisse der Pflegestatistik.
Information und Technik Nordrhein-Westfalen	» **Statistischer Bericht A IV (verschiedene Jahre)**: Krankenhäuser und Vorsorge- oder Rehabilitationseinrichtungen in Nordrhein-Westfalen. » **Statistischer Bericht K VIII (verschiedene Jahre)**: Pflegeeinrichtungen sowie Empfängerinnen und Empfänger von Pflegegeldleistungen in Nordrhein-Westfalen.
Statistisches Landesamt Rheinland-Pfalz	» **Statistischer Bericht K VIII (verschiedene Jahre)**: Pflegeeinrichtungen und Pflegegeldempfänger – Ergebnisse der Pflegestatistik. » **Gesundheitsberichterstattung**: Gesundheits-Indikatoren 8.18-8.23, 8.25. Online abrufbar unter http://www.infothek.statistik.rlp.de/gbe/themen.aspx?tf=8.
Statistische Amt des Saarlandes	» **Statistischer Bericht K VIII (verschiedene Jahre)**: Pflegestatistik im Saarland. » **Statistischer Bericht A IV 2 (verschiedene Jahre)**: Krankenhäuser im Saarland.
Statistisches Landesamt Sachsen	» **Gesundheitsberichterstattung**: Gesundheits-Indikatoren 8.18-8.23, 8.25. Online abrufbar unter http://www.statistik.sachsen.de/21/08_00/GBE_NEU/GBE/Gesundheit_Start.htm.
Statistisches Landesamt Sachsen-Anhalt	» **Gesundheitsberichterstattung**: Gesundheits-Indikatoren 8.18-8.23, 8.25. Online abrufbar unter http://www.sachsen-anhalt.de/fileadmin/Elementbibliothek/Bibliothek_Politik_und_Verwaltung/Bibliothek_LAV/Start_LAV/gbe/gbe-net/indikatoren/gesamtliste.html.
Thüringer Landesamt für Statistik	» **Statistischer Bericht A IV (verschiedene Jahre)**: Krankenhäuser, Vorsorge- oder Rehabilitationseinrichtungen in Thüringen. » **Statistischer Bericht K VIII (verschiedene Jahre)**: Ambulante Pflegedienste und stationäre Pflegeeinrichtungen in Thüringen.

Quelle: Eigene Darstellung.

Tab. A-7: Berufsspezifische Teilnahmequoten

Bezeichnung	BKZ	Weiblich	Männlich	Gesamt
Ärztliche Berufe				
Praktische Ärzte, Ärzte, o.n.A.	8410	0,70	0,83	-
Allgemein-(fach)-,Kinderärzte, Internisten	8411	0,73	0,80	-
Chirurgen, Orthopäden	8412	0,80	0,81	-
Hals-, Nasen- und Ohrenärzte	8413	0,78	0,76	-
Augenärzte	8414	0,74	0,78	-
Frauenärzte	8415	0,83	0,73	-
Radiologen	8416	0,79	0,77	-
Neurologen, Psychiater, Psychotherapeuten (Ärzte)	8418	0,82	0,86	-
andere Fachärzte	8419	0,75	0,81	-
Nichtärztliche Berufe				
Masseure, Krankengymnasten und verwandte Berufe	852	-	-	0,93
Krankenschwestern, -pfleger, Hebammen	853	-	-	0,95
Helfer in der Krankenpflege	854	-	-	0,91
Diätassistenten, Pharmazeutisch-technische Assistenten	855	-	-	0,12
Sprechstundenhelfer	856	-	-	0,95
Medizinallaboranten	857	-	-	0,86
Altenpfleger	861	-	-	0,82

Quelle: Eigene Berechnung.

Tab. A-8: Vollzeitquoten der Ärzte

Bezeichnung	BKZ	Ambulant		Stationär	
		Weiblich	Männlich	Weiblich	Männlich
Praktische Ärzte, Ärzte, o.n.A.	8410	0,88	1,00	0,88	0,97
Allgemein-(fach)-,Kinderärzte, Internisten	8411	0,83	0,90	0,89	0,94
Chirurgen, Orthopäden	8412	1,00	0,91	1,00	1,00
Hals-, Nasen- und Ohrenärzte	8413	0,84	0,92	0,84	0,96
Augenärzte	8414	0,84	0,92	0,84	0,96
Frauenärzte	8415	0,83	0,80	0,67	1,00
Radiologen	8416	0,84	0,92	0,84	0,96
Neurologen, Psychiater, Psychotherapeuten (Ärzte)	8418	0,80	0,83	0,75	1,00
andere Fachärzte	8419	0,80	0,94	0,70	0,94

Quelle: GBE (2013d), GBE (2013d), eigene Berechnung.

Tab. A-9: Vollzeitquoten der nichtärztlichen Berufe

Bezeichnung	BKZ	Gesundheitswesen		Pflegewesen	
		Ambulant	Stationär	Ambulant	Stationär
Masseure, Krankengymnasten und verwandte Berufe	852	0,75	0,73	0,75	0,50
Krankenschwestern, -pfleger, Hebammen	853	0,63	0,73	0,55	0,78
Helfer in der Krankenpflege	854	0,73	0,68	0,67	0,78
Diätassistenten, Pharmazeutisch-technische Assistenten	855	0,74	0,57	0,74	0,57
Sprechstundenhelfer	856	0,74	0,67	0,74	1,00
Medizinallaboranten	857	0,85	0,71	0,85	0,71
Altenpfleger	861	0,69	0,79	0,64	0,80

Quelle: GBE (2013d), GBE (2013d), eigene Berechnung.

SOZIALÖKONOMISCHE SCHRIFTEN

Herausgegeben von Professor Dr. Dr. h.c. Bert Rürup und
Professor Dr. Werner Sesselmeier

Band 1 Marietta Jass: Erfolgskontrolle des Abwasserabgabengesetzes. Ein Konzept zur Erfassung der Gesetzeswirkungen verbunden mit einer empirischen Untersuchung in der Papierindustrie. 1990.

Band 2 Frank Schulz-Nieswandt: Stationäre Altenpflege und "Pflegenotstand" in der Bundesrepublik Deutschland. 1990.

Band 3 Helmut Böhme, Alois Peressin (Hrsg.): Sozialraum Europa. Die soziale Dimension des Europäischen Binnenmarktes. 1990.

Band 4 Stephan Ruß: Telekommunikation als Standortfaktor für Klein- und Mittelbetriebe. Telekommunikative Entwicklungstendenzen und regionale Wirtschaftspolitik am Beispiel Hessen. 1991.

Band 5 Reinhard Grünewald: Tertiärisierungsdefizite im Industrieland Bundesrepublik Deutschland. Nachweis und politische Konsequenzen. 1992.

Band 6 Bert Rürup, Uwe H. Schneider (Hrsg.): Umwelt und Technik in den Europäischen Gemeinschaften. Teil I: Die grenzüberschreitende Entsorgung von Abfällen. Bearbeitet von: Thomas Kemmler, Thomas Steinbacher. 1993.

Band 7 Mihai Nedelea: Erfordernisse und Möglichkeiten einer wachstumsorientierten Steuerpolitik in Rumänien. Dargestellt am Beispiel der Textil- und Bekleidungsindustrie. 1995.

Band 8 Andreas Schade: Ganzjährige Beschäftigung in der Bauwirtschaft – Eine Wirkungsanalyse. Analyse und Ansätze für eine Reform der Winterbauförderung. 1995.

Band 9 Frank Schulz-Nieswandt: Ökonomik der Transformation als wirtschafts- und gesellschaftspolitisches Problem. Eine Einführung aus wirtschaftsanthropologischer Sicht. 1996.

Band 10 Werner Sesselmeier, Roland Klopfleisch, Martin Setzer: Mehr Beschäftigung durch eine Negative Einkommensteuer. Zur beschäftigungspolitischen Effektivität und Effizienz eines integrierten Steuer- und Transfersystems. 1996.

Band 11 Sylvia Liebler: Der Einfluß der Unabhängigkeit von Notenbanken auf die Stabilität des Geldwertes. 1996.

Band 12 Werner Sesselmeier: Einkommenstransfers als Instrumente der Beschäftigungspolitik. Negative Einkommensteuer und Lohnsubventionen im Lichte moderner Arbeitsmarkttheorien und der Neuen Institutionenökonomik. 1997.

Band 13 Stefan Lorenz: Der Zusammenhang von Arbeitsgestaltung und Erwerbsleben unter besonderer Berücksichtigung der Erwerbstätigkeiten von Frauen und Älteren. 1997.

Band 14 Volker Ehrlich: Arbeitslosigkeit und zweiter Arbeitsmarkt. Theoretische Grundlagen, Probleme und Erfahrungen. 1997.

Band 15 Philipp Hartmann: Grenzen der Versicherbarkeit. Private Arbeitslosenversicherung. 1998.

Band 16 Martin Setzer, Roland Klopfleisch, Werner Sesselmeier: Langzeitarbeitslose und Erster Arbeitsmarkt. Eine kombinierte Strategie zur Erhöhung der Wiederbeschäftigungschancen. 1999.

Band 17 Dorothea Wenzel: Finanzierung des Gesundheitswesens und Interpersonelle Umverteilung. Mikrosimulationsuntersuchung der Einkommenswirkung von Reformvorschlägen zur GKV-Finanzierung. 1999.

Band 18 Ingo Schroeter: Analyse und Bewertung der intergenerativen Verteilungswirkungen einer Substitution des Umlage- durch das Kapitalstocksverfahren zur Rentenfinanzierung. 1999.

Band 19 Roland Klopfleisch: Fiskalische Konsequenzen der Europäischen Währungsunion. Die Veränderung des Seigniorage und dessen Bedeutung für die nationalen EWU-11 Haushalte. 2000.

Band 20 Klaus Heubeck, Bert Rürup: Finanzierung der Altersversorgung des öffentlichen Dienstes. Probleme und Optionen. 2000.

Band 21 Manon Pigeau: Der Einfluß der Arbeitszeit auf die Erwerbsbeteiligung von Frauen. Empirische Befunde, mikroökonomische Modellierung und politische Konsequenzen. 2002.

Band 22 Carsten Müller: Existenzgründungshilfen als Instrument der Struktur- und Beschäftigungspolitik. 2002.

Band 23 Stefan Lewe: Wachstumseffiziente Unternehmensbesteuerung. 2003.

Band 24 Erscheinen unbestimmt.

Band 25 Alexander Meindel: Intergenerative Verteilungswirkung beim Übergang zu einer nachgelagerten Rentenbesteuerung. 2004.

Band 26 Jochen Gunnar Jagob: Das Äquivalenzprinzip in der Alterssicherung. 2004.

Band 27 Tobias Fehr: Recht des außerbörslichen Aktienhandels vor dem Hintergrund des Rechts des börslichen Aktienhandels. Das Kapitalmarktszenario für kapitalmarktaktive Aktiengesellschaften, deren Unternehmensführungen und aktuelle und potentielle Aktionäre und für Wertpapierdienstleister. 2006.

Band 28 Stefan Fetzer: Zur nachhaltigen Finanzierung des gesetzlichen Gesundheitssystems. 2006.

Band 29 Oliver Ehrentraut: Alterung und Altersvorsorge. Das deutsche Drei-Säulen-System der Alterssicherung vor dem Hintergrund des demografischen Wandels. 2006.

Band 30 Martin Debus: Arbeitsmarkteffekte des demografischen Wandels. 2007.

Band 31 Jens Hujer: Regionalökonomische Effekte von Flughäfen. 2008.

Band 32 Zulia Gubaydullina: Nicht-monetäre Inflationsursachen in Russland. Eine empirische Analyse. 2008.

Band 33 Jasmin Häcker: Die Soziale Pflegeversicherung: Eine Generationenbilanz. 2008.

Band 34 Christina Benita Wilke: German Pension Reform. On Road Towards a Sustainable Multi-Pillar System. 2009.

Band 35 Stefan Pfaffenbach: Nachhaltigkeit in der Gesetzlichen Rentenversicherung – Was leistet die kinderzahlabhängige Rente. 2009.

Band 36 Anabell Kohlmeier: Die Ausweitung des Versichertenkreises der Gesetzlichen Rentenversicherung. Bestimmungsgründe und Verteilungswirkungen. 2009.

Band 37 Matthias Heidler: Reformen der gesetzlichen Rentenversicherung: Politisches Risiko und intergenerative Umverteilung. 2009.

Band 38 Anna Rosinus: Vermögensdekonzentration und Mitarbeiterkapitalbeteiligungsgesetz. 2009.

Band 39 Gabriele Somaggio: Start mit Hindernissen. Eine theoretische und empirische Analyse der Ursachen von Arbeitslosigkeit nach der dualen Berufsausbildung. 2009.

Band 40 Johannes Kalusche: Ausmaß und Stärke der automatischen Stabilisatoren in Deutschland vor dem Hintergrund der jüngsten Steuer- und Sozialreformen. 2010.

Band 41 Nicolas Gatzke: Public Private Partnerships und öffentliche Verschuldung. PPP-Modelle im Licht deutscher und europäischer Verschuldungsregeln und ihre Transparenz in den öffentlichen Haushalten. 2010.

Band 42 Olaf Weddige: Measuring Public Pension Liabilities in the European Union. 2011.

Band 43 Christina Boll: Lohneinbußen von Frauen durch geburtsbedingte Erwerbsunterbrechungen. Der Schattenpreis von Kindern und dessen mögliche Auswirkungen auf weibliche Spezialisierungsentscheidungen im Haushaltszusammenhang. Eine quantitative Analyse auf Basis von SOEP-Daten. 2011.

Band 44 Jörg Schoder: Theorie und Empirie der Alterssicherung in Deutschland. Eine Bestandsaufnahme zu den Versorgungswegen des Drei-Schichten-Modells unter Berücksichtigung regionaler Aspekte. 2011.

Band 45 Robert Arnold / Angelika Oelschläger / Jeanine Staber: Sozialversicherungsbeiträge und Steuern von Selbständigen und Arbeitnehmern im Vergleich. Bestandsaufnahme und Reformvorschläge. 2012.

Band 46 Sebastian Hesse: Input und Output der Gesundheitswirtschaft. Eine Stabilitätsanalyse der Gesundheitswirtschaft in Bezug auf die gesamtwirtschaftliche Bedeutung in den Jahren der Finanz- und Wirtschaftskrise. 2013.

Band 47 Dirk Heeger: Quantitative Analyse der ökonomischen Bedeutung eines Unternehmens. Vor dem Hintergrund neuer Herausforderungen der Industriepolitik. 2013.

Band 48 Tobias Ehrhard: Personalbedarfsprognose im Gesundheits- und Pflegewesen. Eine berufs-, einrichtungs- und regionalspezifische Betrachtung für Deutschland. 2014.